L'intégralité de votre livre* accessible en ligne

avec une simple connexion Internet !

OFFERT
LIVRE EN LIGNE

+ Des outils utiles et intuitifs :

- sommaire interactif
- surlignage en couleurs
- notes personnelles et marque-page.

W0402823

Pour ACTIVER votre livre en ligne

- Rendez-vous sur www.nathan.fr/livre-en-ligne.
- Créez un compte **Nathan** en suivant les indications en ligne
- Cliquez sur « Activer un livre », saisissez votre clé d'activation personnelle puis le mot du livre qui vous sera demandé.

Votre clé d'activation personnelle :

AHL7CW-DQ3-B24G

Pour toute CONNEXION ULTÉRIEURE

Connectez-vous sur www.nathan.fr/livre-en-ligne avec vos identifiants **Nathan**.

IMPORTANT

Votre clé d'activation est unique et personnelle : une fois utilisée, elle ne sera plus valide. Elle offre un accès de 24 mois à compter de la date d'activation. Elle est réservée à un seul utilisateur et ne peut être partagée.

Configuration minimale requise : Internet Explorer 8, Mozilla Firefox 3.4, Chrome, Safari, Opera toutes versions.

Retrouvez les conditions générales d'utilisation sur www.nathan.fr/livre-en-ligne.

*Service disponible à partir du 27 juillet 2022.

BTS NDRC 978-2-09-167590-9

Nathan

BTS NDRC

Réflexe

1re / 2e années

Négociation et Digitalisation de la Relation Client

Toutes les matières

Les fiches « Je gère mon BTS »
Marie José Chacon Benito
Christel Pommier
Sophie Turconi

Relation client et négociation-vente
Marie José Chacon Benito
Laurence Garnier
Laure Manoury

Relation client à distance et digitalisation
Marie José Chacon Benito
Sophie Turconi

Relation client et animation de réseaux
Stéphanie Gauthier-Roy
Catherine Gazon

CEJM
Pascal Besson
Marie José Chacon Benito
Laurence Garnier

Culture générale et expression
Christel Pommier

Anglais
Daniel Bonnet-Piron

Nathan

Édition : Sara Wlodarczyk/Sandra Vavdin
Fabrication : Emmanuelle Perrier
Coordination artistique : Vincent Rioult
Conception couverture : Vincent Rioult
Maquette intérieure : David Bart
Composition : Nord Compo

ISBN : 978-2-09-167590-9
N° projet: 10279523 - juillet 2022 -Imprimé en Espagne par Graficas Estella

Sommaire

Je gère mon BTS

RELATION CLIENT ET NÉGOCIATION-VENTE

Savoirs

RELATION CLIENT À DISTANCE ET DIGITALISATION

Savoirs

RELATION CLIENT ET ANIMATION DE RÉSEAUX

Savoirs

CULTURE ÉCONOMIQUE, JURIDIQUE ET MANAGÉRIALE

Savoirs

CULTURE GÉNÉRALE ET EXPRESSION

Savoirs

ANGLAIS

Savoirs

S'organiser en BTS

1 Les spécificités du BTS

Le BTS est un diplôme d'études courtes qui vise à vous spécialiser dans un domaine particulier. Vous devez donc prendre conscience que vos matières de spécialité sont prépondérantes dans vos résultats et la réussite à l'examen. Cela ne signifie pas pour autant qu'il faille négliger les matières d'enseignement plus générales. Elles sont tout aussi importantes pour valoriser vos compétences et vous différencier sur le marché du travail.
Les périodes en milieu professionnel sont également des moments de formation importants.
Le choix de l'organisation d'accueil, son contexte et le contenu des actions professionnelles réalisées doivent nécessairement être en cohérence avec le référentiel de formation. Cela conditionne la pertinence des productions présentées lors des épreuves orales et pratiques à l'examen, d'ailleurs fortement coefficientées.
Il faut donc organiser la recherche :
– en anticipant son argumentaire (présentation du BTS et des épreuves professionnelles) ;
– en structurant le cadre des missions et des projets à réaliser ;
– en créant un calendrier de recherche des organisations (dates d'envoi des candidatures, des relances et des prises de rendez-vous).

2 Comment travailler ?

La régularité du travail est très importante pour acquérir des connaissances solides.
– N'attendez pas le moment des examens ou des tests pour revoir vos leçons. Vous comprendrez beaucoup plus facilement les cours suivants si vous avez des bases solides.
– N'hésitez pas à faire **des fiches de synthèse** tout au long de l'année. Vous pouvez aussi vous procurer des **annales** pour comprendre l'esprit des épreuves et ce qu'on attend de vous.
– N'oubliez pas que les machines programmables disposent dorénavant d'un mode examen qui empêche l'étudiant d'accéder à ses données pendant l'épreuve. Seules les calculatrices comportant le logo « Mode examen intégré » sont autorisées. **Ne comptez** donc **pas sur votre calculatrice** pour vous servir de mémoire !
– Pensez à **revoir vos cours avant d'entamer la seconde année**. C'est en effet la continuité de votre programme et la reprise sera m ins difficile.

3 Comment réviser ?

– **N'oubliez pas que les examens du BTS portent sur les deux années du programme**. Vous pouvez donc avoir à l'examen des sujets comportant des notions de la première année, ou même parfois des sujets portant exclusivement sur le programme de première année. Ne négligez donc pas cette partie dans vos révisions.
– Établissez un **planning prévisionnel** sur plusieurs semaines, en prévoyant à l'avance des créneaux libres qui vous serviront à ajuster vos révisions en fonction des contraintes de dernière minute.
– **Alternez les matières et les compétences** : par exemple, notions à apprendre plutôt dans la matinée, exercices d'application en début d'après-midi et de nouveau acquisition de connaissances en fin d'après-midi.
– **Prévoyez de revoir plusieurs fois vos leçons**. La mémoire à long terme ne se mobilise qu'une fois la notion revue plusieurs fois.

L'épreuve E4
Relation client et négociation-vente

1 Le format de l'épreuve et ses objectifs

Coefficient : 5 – Modalité : CCF ou épreuve orale de 40 minutes

Le format de l'épreuve E4 Relation client et négociation-vente est, selon votre situation :
- soit un **contrôle en cours de formation** (CCF) avec deux situations d'évaluation ;
- soit une **épreuve ponctuelle** (oral de 40 minutes) à la fin des deux années de formation.

Elle permet d'évaluer l'acquisition des compétences associées au bloc 1 de compétences « Relation client et négociation-vente ».

2 La préparation du dossier support de l'épreuve

Quelle que soit sa forme (ponctuelle ou en CCF), l'épreuve s'appuie sur des activités réelles, vécues ou observées pendant votre formation. Vous devez présenter ces activités dans un dossier support contenant **deux fiches descriptives d'activités professionnelles** :
- une fiche sur la négociation-vente et l'accompagnement d'une relation client ;
- une fiche sur l'organisation et l'animation d'un événement commercial.

Pour chacune de ces fiches, qui doivent être rédigées à l'aide du modèle officiel, vous devez présenter une analyse amont (ciblage, prospection de clientèle), informationnelle (connaissance du marché, veille, partage d'informations) et réflexive (difficultés rencontrées, solutions mises en œuvre, points à améliorer).
Vous devez joindre à ce dossier les attestations de stage et/ou certificats de travail qui attestent de ces activités professionnelles.

3 Le déroulement de l'épreuve

La commission apporte des modifications à une des deux fiches pour créer, pour chaque candidat, une fiche-sujet afin de procéder à son évaluation. Vous devrez analyser les changements de paramètres effectués par la commission.

3.1. Le contrôle en cours de formation (CCF)

Le CCF a lieu lors de deux situations d'évaluation :

Situation A : ciblage et prospection de clientèle – exploitation et mutualisation de l'information commerciale	**Situation B :** simulation de 20 minutes
L'évaluation porte sur vos compétences mobilisées dans les deux activités professionnelles présentées dans le dossier support. La commission évalue votre capacité à expliciter vos démarches, les travaux effectués, les outils mobilisés et les résultats obtenus, et à réaliser un bilan réflexif.	Vous simulez l'activité décrite dans la fiche-sujet. Après la simulation, un entretien vous permet de justifier vos choix et de faire une analyse réflexive de la simulation.

3.2. L'épreuve ponctuelle orale

Vous disposez de 40 minutes de préparation en loge afin d'analyser la fiche-sujet. L'épreuve orale d'une heure se déroule ensuite en trois phases :

Exposé et entretien relatifs au ciblage et à la prospection de clientèle (20 minutes)	**Simulation** (20 minutes)	**Présentation et entretien relatifs à l'exploitation et la mutualisation de l'information commerciale** (20 minutes)
Vous présentez et dressez un bilan réflexif de l'activité choisie avant les modifications (10 minutes) puis vous répondez aux questions de la commission (10 minutes).	Vous simulez l'activité décrite dans la fiche-sujet puis répondez aux questions de la commission.	Vous présentez les démarches, travaux, outils et résultats relatifs à l'exploitation et la mutualisation de l'information commerciale dans les **deux activités** du dossier (10 minutes) puis vous répondez aux questions de la commission (10 minutes).

L'épreuve E5
Relation client à distance et digitalisation

1 Le format de l'épreuve et ses objectifs

Coefficient : 4 – Modalité : épreuve écrite de 3 heures et épreuve pratique de 40 minutes

L'épreuve E5 Relation client à distance et digitalisation est une épreuve ponctuelle **en deux parties** :
– une **épreuve écrite d'une durée de 3 heures** (coefficient 2) ;
– une **épreuve pratique sur poste informatique de 40 minutes** (coefficient 2).
Elle permet d'évaluer l'acquisition des compétences associées au bloc 2 de compétences « Relation client à distance et digitalisation ».

2 Le déroulement de l'épreuve ponctuelle écrite

2.1. Le sujet de l'épreuve écrite : l'étude de cas

L'épreuve ponctuelle écrite, d'une durée de 3 heures, prend la forme d'une étude de cas qui repose sur un contexte réel d'organisation ayant des activités de relation client à distance. L'organisation utilise des outils digitaux et est engagée dans une stratégie de communication unifiée dans le cadre d'un contact omnicanal. Le sujet comprend une quinzaine de pages.

2.2. La structure de l'étude de cas

Cette étude de cas est structurée en plusieurs dossiers conduisant à résoudre une problématique commerciale. Chaque dossier contient :
– **un court descriptif du thème, de la mise en situation et de la problématique** (ex. : une agence de voyages propose une expérience globale à ses clients et s'est engagée dans une stratégie omnicanale. Elle mobilise différents outils digitaux – site Web, CRM – et cherche désormais à fidéliser sa clientèle en développant sa présence sur les réseaux sociaux) ;
– **des questions formulées à l'aide de verbes à l'infinitif** (ex. : rédiger un e-mail commercial, analyser le trafic d'un site, évaluer les résultats d'une campagne de téléprospection, proposer des solutions pour animer l'équipe de téléacteurs) ;
– **des annexes regroupées par dossier** (documents, tableaux, explications littérales, extraits de textes légaux, etc.).
Le sujet peut également comporter une question de réflexion commerciale, en lien avec le contexte du sujet. Cette question doit vous amener à élargir votre champ de réflexion et à développer des raisonnements structurés sur une trentaine de lignes maximum.

EXEMPLE DE QUESTION DE RÉFLEXION COMMERCIALE

À partir du cas de l'entreprise X, montrer les intérêts et les contraintes d'une présence sur les réseaux sociaux pour une organisation.

Peut-on reproduire les choix digitaux faits par l'entreprise X à une administration ou une association ?

2.3. L'évaluation de l'étude de cas

L'épreuve écrite est notée sur 40 points. La réflexion commerciale peut représenter jusqu'à un quart des points. L'orthographe, la syntaxe et la présentation sont évaluées pour chaque question.

2.4. Conseils pour l'étude de cas

Prenez connaissance de l'intégralité du sujet pendant 20 minutes maximum et notez la problématique au brouillon afin de ne pas la perdre de vue. Apportez des réponses à chaque question en soignant la qualité de votre rédaction et de votre analyse, et en mobilisant les outils de gestion et de communication commerciale à distance et/ou digitale adaptés. Vous devez faire des choix argumentés.
Selon les activités à réaliser, vous pourrez être amené(e) à mobiliser des éléments de culture économique, juridique et managériale appliquée (ex. : respecter la règle de l'*opt-in* avant l'envoi de *newsletters* à des prospects).

3 Le déroulement de l'épreuve ponctuelle pratique

L'épreuve ponctuelle pratique se déroule sur poste informatique dans un centre d'examen, sans temps de préparation. Elle dure 40 minutes.

3.1. Le sujet de l'épreuve pratique

Le sujet s'appuie sur un contexte digital d'une organisation (site Web ou site d'e-commerce) conçu au niveau national.

EXEMPLE DE CONTEXTE DIGITAL : Une entreprise spécialisée dans la vente de café aux CHR (cafés, hôtels, restaurants) souhaite diversifier sa clientèle (notamment les collectivités et les entreprises). Le PDG souhaite profiter de cette nouvelle orientation pour dynamiser les ventes de son site d'e-commerce.

Ce contexte de référence est ensuite décliné en autant de sujets que nécessaire aux interrogations. Un sujet est structuré autour de questions à traiter et peut comporter des annexes. Vous pourrez être amené(e) à :
- **effectuer des opérations sur le site** (ex. : créer une sous-catégorie produit sur PrestaShop ou appliquer une promotion produit, améliorer le référencement d'un article sur WordPress) ;
- **produire des contenus digitaux** (ex. : rédiger un article sur WordPress, rédiger une fiche produit sur PrestaShop) ;
- **résoudre des problèmes** (ex. : traiter une réclamation client sur PrestaShop, améliorer l'arborescence d'un site sur WordPress).

3.2. L'évaluation de l'épreuve pratique

Vous traitez le sujet proposé sous le regard de l'examinateur qui peut, en cours d'épreuve, vous inviter à expliciter vos choix. L'évaluation s'appuie sur des niveaux de compétences : du niveau 1 (compétence peu ou pas maîtrisée) au niveau 4 (compétence maîtrisée).

3.3. Conseils pour l'épreuve pratique

Afin de réussir l'épreuve pratique, vous devez :
- comprendre rapidement le contexte digital de l'organisation ;
- traiter et répondre aux questions du cas en mobilisant les savoirs que vous avez acquis concernant le bloc 2 « Relation client à distance et digitalisation » (référencement, arborescence, remise, page d'accueil…) ;
- réaliser et maîtriser les opérations techniques demandées (par exemple, modifier l'image de la couverture d'un produit) sur les différents logiciels ;
- respecter les règles de la communication écrite (orthographe, syntaxe) et digitale (codes de rédaction propres aux médias proposés).

L'épreuve E6
Relation client et animation de réseaux

1 Le format de l'épreuve et ses objectifs

Coefficient : 3 – CCF ou épreuve orale de 40 minutes

Le format de l'épreuve E6 Relation client et animation de réseaux est, selon votre situation :
– soit un **contrôle en cours de formation** (CCF) avec deux situations d'évaluation ;
– soit une **épreuve ponctuelle** (oral de 40 minutes) à la fin des deux années de formation.
L'épreuve permet d'évaluer l'acquisition des compétences associées au bloc 3 de compétences « Relation client et animation de réseaux ».

2 La préparation du dossier support de l'épreuve

Quelle que soit sa forme, l'épreuve s'appuie sur un dossier support contenant :
– **3 fiches d'activités professionnelles :** ces fiches doivent présenter le réseau d'une activité professionnelle (contexte, diagnostic, animations, méthodologies, etc.). Elles doivent être rédigées à l'aide du modèle officiel et porter sur les différents types de réseau (réseau de distributeurs, de partenaires ou de vente directe). Au moins une d'entre elles doit porter sur une expérience réelle vécue dans un réseau ;
– **une étude réflexive sur le réseau :** cette étude rédigée doit montrer comment vous avez réinvesti l'ensemble de vos expériences réseau dans l'analyse d'un thème ou d'une problématique transversale de votre choix concernant le pôle 3 d'activités. Elle doit être structurée, argumentée, illustrée et enrichie par des aspects juridiques, économiques et managériaux en lien avec le développement de la relation client en réseau. Elle ne doit pas dépasser 2 pages recto verso ;
– **les attestations de stage ou certificats de travail :** ils attestent des activités professionnelles que vous avez décrites dans les fiches d'activités.

3 L'organisation et le déroulement de l'épreuve

3.1. Le contrôle en cours de formation (CCF)

Deux situations d'évaluation auront lieu pendant la deuxième année de formation :

Situation A : exposé et entretien relatifs à une expérience réelle vécue au sein d'un réseau	**Situation B :** exposé et entretien relatifs aux autres expériences réseau et à l'étude réseau réflexive
Durée : 15 minutes maximum Présentation, en 10 minutes maximum, d'une expérience réelle vécue au sein d'un réseau, que vous aurez choisie, suivie d'un entretien de 5 minutes maximum avec la commission.	**Durée : 25 minutes maximum** Présentation des autres expériences réseau figurant dans le dossier support et présentation de l'étude réseau. Réponse aux questions de la commission.

3.2. L'épreuve ponctuelle orale

L'épreuve orale dure 40 minutes et comporte deux phases :

1. Exposé et entretien relatifs à une expérience réelle vécue au sein d'un réseau	**2.** Exposé et entretien relatifs aux autres expériences réseau et à l'étude réseau réflexive
Durée : 15 minutes maximum Présentation, en 10 minutes maximum, d'une expérience réelle vécue au sein d'un réseau, que vous aurez choisie, suivie d'un entretien de 5 minutes maximum avec la commission.	**Durée : 25 minutes maximum** Présentation des autres expériences réseau figurant dans le dossier support et présentation de l'étude réseau. Réponse aux questions de la commission.

L'épreuve E3 Culture économique, juridique et managériale (CEJM)

1 Le format de l'épreuve et ses objectifs

Coefficient : 3 – Modalité : épreuve écrite de 4 heures

L'épreuve E3 Culture économique juridique et managériale (CEJM) est une épreuve ponctuelle écrite présentée à la fin des deux années de formation. Elle permet d'évaluer les compétences économiques, juridiques et managériales relatives à l'enseignement de CEJM.
L'épreuve dure 4 heures.

Le sujet, un dossier documentaire de 10 pages maximum, vous présente une situation d'entreprise et vous demande de répondre à une série de questions d'ordres économique, juridique et managérial. Il comprend :
– la **présentation d'une situation contextualisée d'entreprise** qui contient des problématiques de nature économique ou juridique ou managériale ;
– une **base documentaire** économique, juridique et managériale ;
– une **série de questions** permettant de structurer et d'orienter le travail à réaliser.

2 Que faire pendant l'épreuve E3 ?

2.1. Analyser la situation et identifier le ou les problèmes économiques, juridiques et de management

Il est important de commencer par lire attentivement la situation de l'entreprise afin de l'analyser précisément. Vous pouvez recopier au brouillon la problématique et résumer en dessous :
– les éléments importants du contexte, très utiles pour l'introduction du rapport (conditions, circonstances dans lesquelles se produit la situation, type et taille de l'organisation…) ;
– les causes liées à la problématique ;
– les conséquences (vous pouvez relier par des flèches les causes et leurs conséquences).

2.2. Présenter la solution retenue ou à retenir

En fonction du problème identifié, vous devez :
– proposer des solutions en apportant les arguments nécessaires ;
– établir un diagnostic afin de préparer la prise de décision ;
– présenter les décisions opérationnelles possibles.

Vous devez, dans vos réponses aux questions, exploiter le dossier documentaire et exposer vos analyses et vos propositions de manière construite et argumentée.
Vous devez être capable de mobiliser les méthodologies propres à chacun des 3 champs disciplinaires (économie, droit et management).

EXEMPLE

Mobiliser le modèle PESTEL pour identifier les facteurs environnementaux ayant une influence sur la prise de décision dans l'entreprise en fonction des opportunités et des menaces du macro-environnement.

L'épreuve de culture générale et expression

1 La présentation de l'épreuve

L'épreuve de culture générale et expression (CGE) dure 4 heures.
Elle est composée de deux écrits :
– la **synthèse de documents** (sur 40 points) : cette épreuve a pour objectif de confronter les documents d'un corpus dans une synthèse organisée.
– l'**écriture personnelle** (sur 20 points) : il s'agit de répondre, de manière argumentée, à une question.
La note sur 60 est ramenée à une note sur 20. Les deux écrits portent sur un des deux thèmes au programme et étudiés au cours de la 2e année.
La synthèse de documents et l'écriture personnelle portent sur un corpus de documents (entre 3 et 5) composé de **textes** extraits :
– d'œuvres littéraires (roman, pièce de théâtre…) ;
– d'essais (ouvrages de réflexion) ;
– d'articles de presse.
Le corpus peut également inclure un **document iconographique** : affiche publicitaire, tableau, dessin de presse…

2 Les attentes de l'épreuve

Les **principales compétences** mises en œuvre pour réussir l'épreuve de CGE sont :
– comprendre les textes ;
– synthétiser ;
– confronter ;
– argumenter ;
– travailler à partir de thèmes.
Les compétences déjà développées dans les cursus des étudiants sont nombreuses. Les textes argumentatifs ont été étudiés au collège et au lycée et la confrontation de documents fait partie des savoir-faire développés pour l'épreuve anticipée de français ou le bac professionnel. Tous les étudiants sont habitués à travailler par thèmes. La nouveauté en BTS tient au fait que les textes étudiés sont plus longs que dans les cycles précédents.
Il est important d'avoir une bonne connaissance des **deux thèmes** :
– pour la synthèse de documents : vos connaissances vous permettront, d'une part, de bien comprendre les documents et, d'autre part, de trouver plus facilement un plan ;
– pour l'écriture personnelle : de construire une argumentation pertinente, avec des références précises.
Exemples de thèmes : « Corps naturel, corps artificiel », « Seuls avec tous » (2018-2019).

3 Se préparer à l'épreuve

- Préparer de manière méthodique les deux exercices.
- Ne pas négliger l'écriture personnelle sous prétexte que l'épreuve est notée sur 20 points.
- S'intéresser, dès la 1re année, au thème qui sera maintenu l'année suivante.
- Lire, en 2e année, des ouvrages consacrés aux deux thèmes.
- Travailler tout au long des deux années l'expression, l'orthographe et le lexique.

L'épreuve d'anglais

1 Objectifs

L'épreuve d'anglais a pour but d'évaluer le niveau B2 du Cadre européen commun de référence pour les langues.

2 Le format de l'épreuve

Durée : **30 minutes** – Coefficient **3**

L'épreuve d'anglais est une épreuve orale. Elle dure 30 minutes et est précédée de 30 minutes de préparation. Elle comporte trois parties distinctes :
- un compte rendu d'un document inconnu ;
- un entretien d'embauche ;
- un sketch de négociation-client (jeu de rôles).

3 Que faire pendant l'épreuve ?

3.1. Le compte rendu à l'oral d'un document inconnu (10 minutes)

L'épreuve consiste en un entretien prenant appui sur un ou plusieurs documents textuels, iconographiques et/ou enregistrements audio ou vidéo en relation avec l'activité commerciale.
On attend du candidat qu'il soit capable de comprendre, rendre compte, et dégager l'intérêt du document par des commentaires personnels appropriés et d'apprécier le document et d'exprimer un point de vue personnel.

3.2. L'entretien d'embauche (10 minutes)

Le candidat se présente à un entretien d'embauche. Il devra être capable d'échanger, de parler avec l'examinateur sur sa formation à la fois théorique et pratique. Il devra s'adapter à l'annonce et montrer son aptitude à pourvoir le poste proposé. Il devra également être capable de poser des questions pertinentes à l'examinateur/recruteur quant aux détails concernant les missions qu'il devra effectuer, la rémunération, les avantages en nature, etc.

3.3. La situation de négociation-client via un jeu de rôles (10 minutes)

Le candidat devra « vendre » à l'examinateur un produit ou un voyage sélectionné sur un document de type catalogue ou publicité en anglais fourni par l'examinateur et comportant notamment un descriptif du produit, son prix, éventuellement une fiche technique, des photographies ou des dessins. La situation de vente (par ex. porte-à-porte, magasin, téléphone, etc...) ainsi que le type de client (par ex. jeune couple dynamique, retraité, acheteur d'entreprise, etc.) seront clairement précisés au candidat par l'examinateur avant la préparation. On attend du candidat qu'il fasse preuve de conviction et d'argumentation, qu'il soit capable de négocier en anglais, de réagir et de s'adapter au comportement de son interlocuteur.

Savoir 1

Le marché et la politique commerciale de l'entreprise

Le marché est le lieu de rencontre, physique ou virtuel, entre des offreurs qui vendent un bien ou un service et des demandeurs qui proposent de la monnaie en échange.

1 Le marché

Le marché permet de fixer le prix de vente du bien ou du service. Son analyse permet de repérer les opportunités et les menaces pour l'entreprise.

1.1. Les acteurs du marché

LES OFFREURS	Producteurs ou fabricants, revendeurs tels que grossistes, détaillants, etc.
LES DEMANDEURS	Consommateurs, particuliers ou professionnels, acheteurs ou décideurs, prescripteurs recommandant l'achat d'un produit ou d'une marque.

1.2. Les indicateurs du marché

Les indicateurs du marché s'expriment en valeur (euros) et en volume (quantité). La position de leader est occupée par l'entreprise détenant la part de marché la plus importante (en valeur ou en volume). Le challenger occupe la deuxième place, les suivants sont les suiveurs (ou « outsiders »).

2 Les composantes du marché

2.1. L'offre

LA CONCURRENCE DIRECTE	LA CONCURRENCE INDIRECTE
Elle comprend les entreprises produisant ou commercialisant un produit similaire sur un même marché.	Elle correspond aux entreprises présentes sur le marché et proposant des produits différents.

2.2. La demande

La demande peut être analysée quantitativement, en calculant la part de marché absolue ou relative, et qualitativement (ex. : la mesure de la satisfaction des clients *via* des enquêtes) :

LE TAUX DE FIDÉLITÉ	Il correspond à la part des acheteurs ou clients de la marque en période N étant encore clients en période N+1.	$\frac{\text{Nombre de clients fidèles}}{\text{Nombre total de clients}} \times 100$
LE TAUX D'ATTRITION	Il mesure la perte de clients par rapport au nombre total de clients sur une période.	$\frac{\text{Nombre de clients perdus}}{\text{Nombre total de clients}} \times 100$

2.3. L'environnement

L'étude du marché doit aussi prendre en compte les éléments de l'environnement qui influencent de manière positive ou négative l'entreprise. Le modèle PESTEL distingue les facteurs politique, économique, sociologique (démographie...), technologique (brevets...), écologique (normes sur l'environnement) et légal (lois).

3 Le marketing stratégique

À l'issue de l'étude du marché, l'entreprise met en place sa stratégie marketing, qui regroupe les décisions pour personnaliser l'offre.

LE DIAGNOSTIC	Le diagnostic du marché peut être externe (analyser l'environnement de l'entreprise pour déceler des opportunités et des menaces) ou interne (analyser les forces et les faiblesses de l'entreprise par rapport à ses concurrents). La matrice SWOT peut permettre de résumer ce diagnostic.
LA SEGMENTATION	Il s'agit de découper le marché en sous-segments distincts et homogènes, regroupant des profils de prospects similaires (ex. : critères socio-économiques, démographiques).
LE CIBLAGE	Le ciblage consiste à regrouper les consommateurs auxquels l'entreprise décide de s'adresser et qu'il faut, selon les cas, conquérir, fidéliser, relancer, etc.
LE POSITIONNEMENT	Le positionnement correspond à l'image qu'une entreprise veut donner à ses clients (ex. : haut de gamme).

4 La politique commerciale

Le mix marketing est la déclinaison cohérente du marketing stratégique au niveau opérationnel. Il regroupe cinq domaines opérationnels, appelés les « 5P » :

PRODUCT (PRODUIT)	Définition des caractéristiques des produits, de leurs fonctionnalités, des services associés (ex. : livraison, SAV), du design, du conditionnement, de l'emballage, de la marque et de la gamme.
PRICE (PRIX)	Choix des prix qui peuvent être variables en fonction de la rentabilité attendue, de la demande, des concurrents et selon les étapes de la vie du produit : stratégies d'écrémage (prix plus élevé que ceux de la concurrence), d'alignement (prix identique à celui la concurrence) et de pénétration (prix plus faible que ceux des concurrents).
PLACE (DISTRIBUTION)	Choix des circuits et canaux de distribution, des méthodes de vente et du marchandisage. La distribution peut être monocanale, multicanale (plusieurs canaux indépendants) ou omnicanale (canaux interconnectés), et intensive (maximum de distributeurs), sélective (sélection de distributeurs) ou exclusive (une seule catégorie de distributeurs).
PROMOTION (COMMUNICATION)	Choix des outils et stratégies de communication : – *Paid Media* (audiences achetées : TV, affichage publicitaire...) ; – *Owned Media* (audience contrôlée par l'entreprise : site Internet...) ; – *Earned Media* (audience générée par les conversations : blogs, forums, réseaux sociaux).
PEOPLE (PERSONNEL)	Choix des personnes au service de la clientèle et de la relation client : personnel à l'écoute, aimable afin d'influencer la décision d'achat.

Mots clés Ciblage • Demandeurs • Diagnostic • Mix marketing • Offreurs • PESTEL • Positionnement • Segmentation • Stratégie marketing

Savoir 2

Les politiques de produit et de marque

Qu'il s'agisse d'un bien ou d'un service, le produit est un ensemble de caractéristiques destinées à satisfaire au mieux les besoins des consommateurs.

1 La politique de produit

Le produit se caractérise par trois dimensions : matérielle (caractéristiques techniques du produit comme la forme, la taille, etc.), fonctionnelle (ce à quoi sert le produit) et d'image (position et notoriété du produit qui s'expriment à travers le conditionnement, le nom, la marque, le style, le design ou l'étiquette du produit).

1.1. Le cycle de vie d'un produit

Il illustre la vie du produit en fonction de l'évolution des ventes au cours des années. Tous les produits n'ont pas le même cycle de vie. Il est toutefois possible de distinguer quatre phases :

LANCEMENT	Arrivée du produit sur le marché. La concurrence est faible. Le volume des ventes est faible et le produit n'est pas encore rentabilisé. Il faut investir pour parvenir à le faire connaître.
CROISSANCE	Progression des ventes et développement de la concurrence. L'entreprise tend à accroître sa part de marché et à se différencier.
MATURITÉ	Les ventes sont au niveau maximal et les parts de marché se stabilisent. Le profit augmente. Le but est maintenant de fidéliser les clients : diminuer les prix de vente, augmenter les promotions, etc. L'entreprise doit investir dans de nouveaux produits.
DÉCLIN	Les ventes et les bénéfices baissent. Le produit devient coûteux pour l'entreprise. Celle-ci peut choisir l'abandon ou la relance du produit.

1.2. Les gammes de produits

Une gamme de produits est un ensemble de produits susceptibles de satisfaire les mêmes besoins. La gamme est composée de familles (ou lignes) de produits qui regroupent les produits qui ont une caractéristique commune.

LES DIMENSIONS DE LA GAMME	**LA LONGUEUR**	Nombre total de produits de toutes les familles.
	LA LARGEUR	Nombre de familles existantes.
	LA PROFONDEUR	Nombre de produits par famille.
	L'entreprise choisira une gamme longue (ou large) pour augmenter son CA ou une gamme courte (ou étroite) si elle souhaite minimiser les coûts.	
LA STRUCTURE ET LA GESTION DE LA GAMME	Les produits au sein de la gamme peuvent avoir des rôles différents (ex. : les produits leaders assurent la plus grande partie du CA). La vie d'une gamme peut être consolidée (nouveau produit pour compléter l'offre), élargie (nouveau produit sur un nouveau marché), rajeunie (actualisation des produits), etc.	

1.3. La différenciation des produits

Il s'agit de rendre les produits différenciables par le consommateur afin qu'ils occupent une place spécifique dans leur esprit. Pour cela, le marketing peut mettre en avant la durabilité des produits, l'innovation, le design, les caractéristiques techniques ou commerciales, la livraison, le SAV, l'image du produit, etc.

2 La politique de marque

L'Institut national de la propriété industrielle (INPI) définit la marque comme un signe distinctif servant à identifier, personnaliser un bien ou un service et le distinguer des produits concurrents. La marque rassure les consommateurs grâce à l'identification des caractéristiques du produit et contribue à la fidélisation de la clientèle.
Il existe plusieurs formes de marque : un signe verbal (ex. : le jingle de la SNCF), des chiffres (ex. : la Peugeot 308), des lettres, un nom patronymique (ex. : Chanel) ou géographique, un signe figuratif, une combinaison de couleurs...

2.1. Les qualités et les conditions de dépôt d'une marque

LES QUALITÉS COMMERCIALES D'UNE MARQUE	LES CONDITIONS DE DÉPÔT À L'INPI
La marque doit : – évoquer les qualités essentielles du produit ; – être mémorisable facilement ; – être facilement prononçable (euphonique) ; – se démarquer des autres marques (distinctive) ; – permettre de décliner des noms de produits (déclinable) ; – être utilisable à l'international (exportable).	La protection accordée par l'INPI est valable 10 ans, renouvelable indéfiniment à partir du dépôt. Pour être déposée, la marque doit être : – non générique (le vocabulaire ne doit pas être courant) ; – non déceptive (elle ne doit pas tromper sur l'origine et la nature du produit) ; – licite ; – disponible.

Si la marque est reproduite ou imitée sans autorisation de son propriétaire, une action en contrefaçon peut être ouverte auprès des juridictions civiles ou pénales.

2.2. Les stratégies de marque

On distingue deux types de stratégies de marque :

LES STRATÉGIES DES PRODUCTEURS	LES STRATÉGIES DES DISTRIBUTEURS
– La marque globale : un même nom de marque est choisi pour tous les produits commercialisés dans le monde entier. – La marque ombrelle : une même marque est utilisée pour des produits de familles différentes. – La marque gamme ou ligne : un même nom est utilisé pour toute une gamme de produits.	– La marque enseigne reprend le nom de l'enseigne sur tous les produits ou pour les produits « cœur de gamme ». – La marque propre permet de décliner une famille d'articles spécifiques. – La marque premier prix propose des produits de qualité inférieure à des prix plus attractifs.

Mots clés Cycle de vie • Différenciation • Gamme • INPI • Produits leaders • Stratégies de marque

Savoir 3

L'analyse des indicateurs commerciaux

Analyser des indicateurs commerciaux consiste à étudier différents éléments d'une population donnée, appelés « variables ».

1 Les variables qualitatives

Les variables qualitatives ne se mesurent pas.

EXEMPLES La nature des produits achetés, le type de client, ses activités.

Toutefois, il est possible de les analyser en calculant leur fréquence, exprimée en pourcentage, qui permet de faire des comparaisons et de suivre l'évolution.

$$\text{Fréquence (fi)} = \frac{\text{Nombre d'individus présentant la modalité étudiée (ni)}}{\text{Effectif total (N)}}$$

EXEMPLE L'entreprise Eco Clean est spécialisée dans le service de nettoyage écologique. Elle propose différentes solutions mais 45 clients sur 120 ont choisi le ménage ponctuel, soit une fréquence de : (45 / 120) × 100 = 37,5 %.

2 Les variables quantitatives

Les variables quantitatives sont mesurables et peuvent être exprimées en valeur numérique : nombre de commandes par client, nombre de clients par tranche de chiffres d'affaires, etc.

2.1. Les indicateurs de position

Les indicateurs de position donnent l'ordre de grandeur des observations :

LE MODE (Mo)	C'est l'effectif le plus élevé.	-
LA MÉDIANE (Me)	Elle coupe la série (préalablement rangée dans l'ordre croissant) en deux effectifs égaux.	$Me = \frac{N}{2}$
LA MOYENNE ($\overline{X}$)	C'est le rapport entre la somme des valeurs de la variable étudiée (CA, nombre de commandes, etc.) et l'effectif total.	$\overline{x} = \frac{\sum xi\,ni}{\sum ni}$

2.2. Les indicateurs de dispersion

Les indicateurs de dispersion complètent l'analyse précédente et évaluent la dispersion de la série autour de la valeur centrale.

LA VARIANCE	Elle permet de calculer l'écart-type.	$V(x) = \frac{\sum ni\,(xi - \overline{x})^2}{\sum ni}$
L'ÉCART-TYPE	C'est la racine carrée de la variance. Il donne une idée de l'importance de la dispersion de la série autour de la valeur moyenne : plus la valeur de l'écart-type est faible, plus les données sont resserrées autour de la moyenne.	$\sigma = \sqrt{V(x)}$

EXEMPLE L'entreprise de covoiturage CarTogether analyse le nombre de réservations hebdomadaires par client sur une période déterminée. L'effectif le plus élevé est 45 clients pour deux réservations par semaine, donc Mo = 2.
L'entreprise cherche la dispersion des réservations autour de la moyenne par le calcul de l'écart-type.

Nombre de réservations (xi)	1	2	3	TOTAL
Nombre de clients (ni)	30	45	25	**100**
ni xi	30	90	75	**195**
$x_i - \bar{x}$	– 0,95	0,05	1,05	
$(x_i - \bar{x})^2$	0,902	0,0025	1,102	
$n_i (x_i - \bar{x})^2$	27,06	0,1125	27,55	**54,72**

Calcul de la moyenne : $\bar{x} = 195 / 100 = 1{,}95$

Calcul de la variance : $V(x) = 54{,}72 / 100 = 0{,}5472$

Calcul de l'écart-type : $\sigma = \sqrt{0{,}5472} = 0{,}7397$

Analyse : un client passe 1,95 commande en moyenne et le nombre de réservations s'écarte de 0,7397 par rapport au nombre moyen de réservations, soit 1,95. L'écart-type est assez faible car il n'y a que très peu de disparité dans le nombre de commandes passées par les clients de ce portefeuille.

3 Les représentations graphiques

Il est pertinent de représenter les indicateurs commerciaux sous forme de graphique pour faciliter la compréhension du portefeuille de produits, de la clientèle de l'entreprise, et ainsi préciser le ciblage et la prospection.

LE DIAGRAMME CIRCULAIRE	LE DIAGRAMME EN BÂTONS
Il représente la répartition des effectifs en pourcentage sous la forme d'un disque. Le disque représente des pourcentages de part. L'ensemble du disque correspond à 100 %.	Il permet les comparaisons. La hauteur des bâtons est proportionnelle au pourcentage.
Répartition du CA par catégories de clients 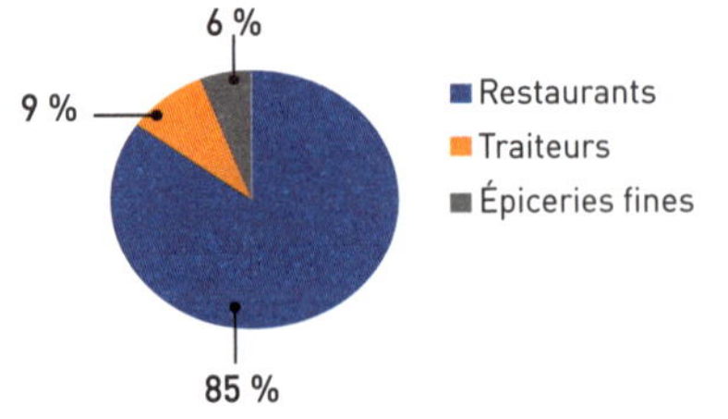	Répartition des montants de commandes des clients 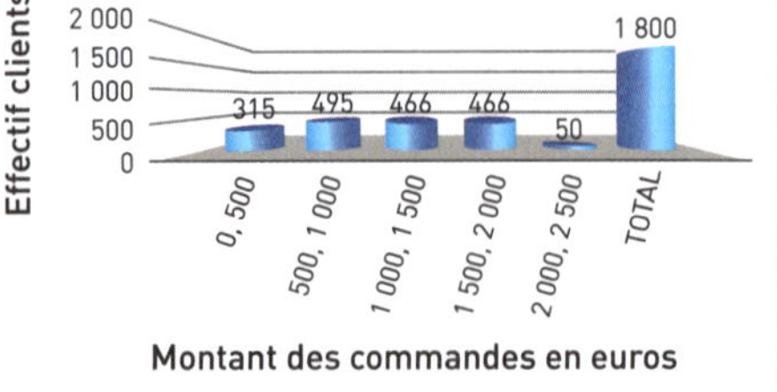

Mots clés Écart-type • Fréquence • Graphique • Indicateurs • Médiane • Mode • Moyenne • Variables

Savoir 4 La prévision des ventes

La prévision des ventes consiste à évaluer les futures ventes ou le chiffre d'affaires potentiel d'un ou de plusieurs produits, en tenant compte de la stratégie de l'entreprise et du marché. Il s'agit d'un outil essentiel pour gérer la production, le personnel mais également les objectifs de négociation fournisseurs et des commerciaux.

1 La prévision statistique simple

1.1. Prévoir le futur à partir du passé : l'extrapolation

Lorsque le produit est commercialisé par l'entreprise depuis une ou plusieurs années, l'analyse des ventes des années antérieures permet de prévoir les ventes futures : c'est l'extrapolation.
L'extrapolation linéaire s'appuie sur l'observation de l'évolution des données d'un intervalle à l'autre afin de tenter de reproduire cette évolution dans le futur. Les intervalles de la série chronologique doivent être réguliers pour obtenir une estimation fiable.

EXEMPLE Le CA d'une entreprise de *coworking* est de 100 000 € en 2017, 110 000 € en 2018 et 121 000 € en 2019. On observe qu'il progresse donc de 10 % par an. Si la tendance est maintenue, on peut extrapoler un CA de : 121 000 × 1,1 = 133 100 € en 2020.

1.2. Tracer une droite d'ajustement linéaire (ou droite de tendance)

Les CA progressent rarement de la même manière d'une année sur l'autre. Des variations, plus ou moins fortes, d'une année sur l'autre sont observées. Dans ce cas, l'extrapolation s'appuie non pas sur des données précises mais sur une droite de tendance.
La représentation graphique des données permet de visualiser la tendance : elle est représentée par une droite qui passe entre les points.
La droite de tendance est représentée par une équation mathématique de type :

$$y = ax + b$$

Plusieurs méthodes statistiques permettent de trouver les valeurs de a (coefficient directeur qui indique la pente de la droite) et b (l'ordonnée à l'origine).

EXEMPLE À partir des chiffres d'affaires des années 2015 à 2019 (5 années consécutives), on calcule la droite d'ajustement. On peut la prolonger sur le graphique pour lire le CA prévisionnel de l'année suivante. On peut aussi remplacer dans l'équation x par l'année recherchée et y par le CA : y = 1 000x + 86 800. Le CA de la 6e année (année 2020) sera de : (1 000 × 6) + 86 800 = 92 800 €.

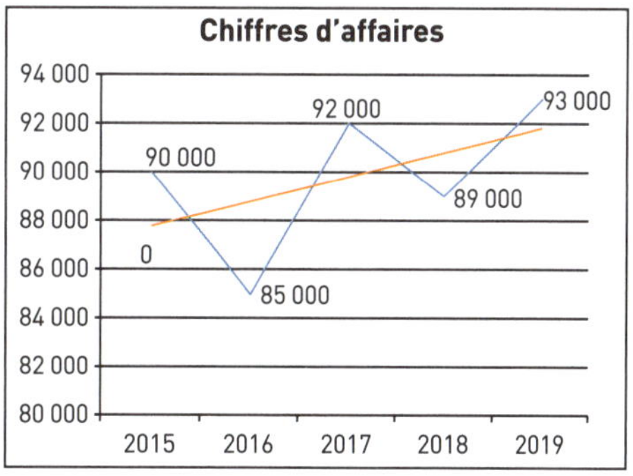

2 La prévision par la méthode de Mayer

2.1. La méthode de calcul

La méthode de Mayer, ou double moyenne, s'appuie sur tous les points de la série pour construire la droite de tendance à partir de laquelle on pourra prévoir les futurs chiffres d'affaires. Les deux points qui serviront de référence pour trouver le système d'équation sont des moyennes de points.

Étape 1 : trouver les coordonnées des deux points à partir de la série des ventes des années précédentes.

EXEMPLE

Correspond à la valeur x dans l'équation → Années

Correspond à la valeur y dans l'équation → CA

Moyenne = (1 + 2 + 3) /3 = **2** Moyenne = (4 + 5 + 6) /3 = **5**

Années	1	2	3	4	5	6
CA	93 250	105 00	110 000	120 000	127 000	131 000

Moyenne = (93 250 + 105 000 + 110 000) /3 = **102 750**
↓
Coordonnées (2, 102 750)
Équation = 102 750 = 2a + b

Moyenne = (120 000 + 127 000 + 131 000) /3 = **126 000**
↓
Coordonnées (5, 126 000)
Équation = 126 000 = 5a + b

Étape 2 : résoudre un système de deux équations avec deux inconnues (a et b) pour trouver les valeurs a et b de la droite de tendance.

Étape 3 : en déduire la droite de tendance puis le CA prévisionnel.

EXEMPLE

102 750 = 2a + b 126 000 = 5a + b	a = 7 750 b = 87 250	Avec la méthode de Mayer, la droite de tendance est : y = 7 750x + 87 250

Le chiffre d'affaires de la 7e année est de : y = (7 750 × 7) + 87 250 = 141 500 €.

Dans le cas d'une série avec un nombre impair, le second groupe de données doit être plus important de façon à favoriser la tendance des dernières années.

2.2. Les limites de la méthode de Mayer

La méthode de Mayer se base sur deux moyennes : les ventes ne doivent pas être trop irrégulières pour que l'extrapolation des ventes soit réaliste.

Une autre méthode permet de prendre en compte des ventes irrégulières : la méthode des moindres carrés. Elle peut être réalisée par des logiciels.

Mots clés Coefficient directeur • Droite de tendance • Extrapolation • Méthode de Mayer • Méthode des moindres carrés

S'ENTRAÎNER AU BTS
Exercice 1 : p. 79

Savoir 5

L'analyse du portefeuille clients

Un portefeuille clients regroupe les clients dont un commercial est responsable. Son analyse permet d'orienter l'effort commercial en privilégiant les gros clients, sans délaisser les petits qui peuvent permettre de renouveler la clientèle.

1 La segmentation selon la loi de Pareto, ou méthode des 20/80

Comme le montre la loi de Pareto (20 % des causes engendrent 80 % des effets), on peut effectuer une segmentation du portefeuille clients.

Cette méthode consiste à diviser la clientèle en deux catégories ou groupes :

LES 20/80	20 % des clients (gros clients) engendrent 80 % des ventes.
LES 80/20	80 % des clients (petits clients ou autres clients) génèrent 20 % des ventes.

EXEMPLE Le portefeuille clients du commercial de la jardinerie Truvert comporte 10 clients, principalement des professionnels :

CLIENTS	% CLIENTS	CA (EN MILLIERS D'EUROS)[1]	% CA	% CUMUL CLIENTS[2]	% CUMUL CA[3]	TYPE DE CLIENTS
Mairie de Dravil	10 %	363	44,2 %	10 %	44,2 %	Gros
Centre de santé Elys	10 %	290	35,3 %	20 %	79,5 %	Gros
Mairie de Chaveil	10 %	36	4,4 %	30 %	83,9 %	Petit
Centre de santé Blin	10 %	34	4,1 %	40 %	88,1 %	Petit
Centre de loisirs IO	10 %	33	4,0 %	50 %	92,1 %	Petit
Gymnase Blue	10 %	25	3,0 %	60 %	95,1 %	Petit
Centre Beauté+	10 %	14	1,7 %	70 %	96,8 %	Petit
Mairie de Garme	10 %	13	1,6 %	80 %	98,4 %	Petit
M. Martin	10 %	12	1,5 %	90 %	99,9 %	Petit
M. Benoit	10 %	1	0,1 %	100 %	100 %	Petit
Total	**100 %**	**821**	**100 %**			

1. Classement des clients par ordre d'importance du CA décroissant.

2. Calcul du chiffre d'affaires cumulé à partir de la part de chaque client dans le portefeuille.

3. CA total du portefeuille et du pourcentage cumulé croissant.

À partir du pourcentage cumulé croissant, il y a scission en 2 groupes (20/80 et 80/20).

2 La segmentation selon la méthode ABC

Plus précise que celle des 20/80, la méthode ABC distingue trois groupes :

LE GROUPE A (GROS CLIENTS)	20 % des clients génèrent 80 % des ventes ou du CA.
LE GROUPE B (CLIENTS MOYENS)	30 % des clients suivants génèrent 15 % du CA.
LE GROUPE C (PETITS CLIENTS)	50 % des clients restants génèrent 5 % du CA.

EXEMPLE (SUITE)

CLIENTS	% CLIENTS	CA (EN MILLIERS D'EUROS)	% CA	% CUMUL CLIENTS	% CUMUL CA	GROUPE DE CLIENTS
Mairie de Dravil	10 %	363	44,2 %	10 %	44,2 %	A
Centre de santé Elys	10 %	290	35,3 %	20 %	79,5 %	A
Mairie de Chaveil	10 %	36	4,4 %	30 %	83,9 %	B
Centre de santé Blin	10 %	34	4,1 %	40 %	88,1 %	B
Centre de loisirs IO	10 %	33	4,0 %	50 %	92,1 %	B
Gymnase Blue	10 %	25	3,0 %	60 %	95,1 %	C
Centre Beauté+	10 %	14	1,7 %	70 %	96,8 %	C
Mairie de Garme	10 %	13	1,6 %	80 %	98,4 %	C
M. Martin	10 %	12	1,5 %	90 %	99,9 %	C
M. Benoit	10 %	1	0,1 %	100 %	100 %	C
Total	**100 %**	**821**	**100 %**			

– Groupe A : 2 gros clients (comme dans la méthode 20/80).
– Groupe B : 3 clients (30 %) réalisant : 79,5 – 95,1 = 15,6 % du CA.
– Groupe C : 5 clients (50 %) restants réalisant : 100 – 95,1 = 4,9 % du CA.

Mots clés Loi de Pareto • Méthode ABC • Segmentation

S'ENTRAÎNER AU BTS
Exercice 2 : p. 79

Savoir 6

L'évaluation de la valeur du portefeuille clients

L'évaluation de la valeur du portefeuille clients permet d'améliorer l'efficacité des actions commerciales en les orientant vers les clients à fort potentiel. Pour ce calcul, on attribue un score à chaque client et on détermine sa valeur à vie.

1 Le scorage

La technique du scorage consiste à attribuer une note (score) à chaque client du portefeuille selon des critères comme l'âge, le sexe, le revenu, la fréquence d'achat, etc. Le score est la somme des notes obtenues pour chaque critère. Les clients qui obtiennent les scores les plus élevés sont la cible privilégiée pour les actions commerciales.
Le score RFM (récence, fréquence, montant), qui classe les clients selon la date de leur dernier achat, leur fréquence d'achat et leur montant d'achats, est l'un des plus utilisés.

EXEMPLE (SUITE DU SAVOIR 5) Truvert veut cerner les très bons clients destinataires d'un cadeau de fidélité.

CLIENTS	CA (EN MILLIERS D'EUROS)	RÉCENCE	NOTE	FRÉQUENCE	NOTE	MONTANT MOYEN	NOTE	SCORE RFM	TYPE DE CLIENTS
Mairie de Dravil	363	1	5	29	5	12,52 €	5	15	Très bon
Centre de santé Elys	290	2	5	20	5	14,50 €	5	15	Très bon
Mairie de Chaveil	36	3	5	12	5	3,00 €	2	12	Bon
Centre de santé Blin	34	5	5	10	5	3,40 €	2	12	Bon
Centre de loisirs IO	33	9	2	6	5	5,50 €	2	12	Bon
Gymnase Blue	25	8	2	4	5	6,25 €	0	7	Bon
Centre Beauté+	14	22	0	2	2	7,00 €	0	2	Tiède
Mairie de Garme	13	24	0	2	2	6,50 €	0	2	Tiède
M. Martin	12	12	0	2	2	6,00 €	0	2	Tiède
M. Benoit	1	6	0	1	2	1,00 €	0	2	Tiède
Total	**821**								

RÉCENCE				FRÉQUENCE			
Nombre de mois depuis le dernier achat	< 6	Entre 6 et 12	> 12	Nombre de commandes dans l'année	< 1	Entre 1 et 3	> 3
Points	**5**	**2**	**0**	**Points**	**0**	**2**	**5**
RÉCENCE				**TYPE DE CLIENTS**			
Montant de la commande moyenne en euros	< 30	Entre 30 et 150	> 150	Clients	Très bons	Bons	Tièdes
Points	**0**	**2**	**5**	**Points**	**> 13**	**Entre 7 et 12**	**Entre 1 et 6**

Seuls les deux très bons clients auront le cadeau de fidélité. Une autre action peut être prévue pour inciter les bons clients à augmenter leurs commandes (une invitation à une journée VIP, par exemple).

2 La valeur client ou « *Life Time Value* » (LTV)

2.1. Les coûts de la relation commerciale

Le coût de la relation commerciale comprend :

LE COÛT D'ACQUISITION DU CLIENT	Il comprend tout ce que dépense l'entreprise pour conquérir un nouveau client ou réactiver un ancien client.
LE COÛT D'ACCROISSEMENT OU DE DÉVELOPPEMENT DE LA CLIENTÈLE	Il comprend tous les coûts pour entretenir la relation et la développer, notamment les coûts des contacts et de gestion commerciale (facturation...) et les coûts financiers (conditions commerciales, réductions accordées au client).
LE COÛT DE FIDÉLISATION	Une fois le client conquis, l'entreprise engage des actions pour éviter l'attrition (la perte de clientèle) qui représente un coût important (coûts administratifs, manque à gagner suite au départ du client). Il peut s'agir de mettre en place des actions de fidélisation (cartes de fidélité avec points et remises, clubs VIP, etc.) ou des actions de rétention, qui consistent à retenir les clients (conditions commerciales plus favorables, remises).

2.2. Le concept de valeur client ou LTV

La valeur client montre le potentiel d'un client et permet de fixer l'intensité de la relation commerciale à mener avec lui. Il s'agit de la somme des CA qui seront générés par un client pendant toute la relation commerciale, déduction faite des coûts de la relation commerciale.

Valeur client = CA HT – Coût des produits – Coûts de la relation commerciale

2.3. L'actualisation

Pour évaluer la valeur prévisionnelle du client, il est nécessaire d'actualiser les gains qui seront générés par un client pendant toute la relation commerciale.

Valeur client actualisée = Valeur annuelle × Coefficient d'actualisation
Coefficient d'actualisation = $(1 + t)^{-n}$
Avec t = taux d'actualisation et n = nombre de périodes retenues

EXEMPLE (SUITE) Truvert mène des actions de téléprospection pour conquérir des clients, puis les fidélise pendant la durée moyenne de la relation, qui est de 3 ans. L'entreprise calcule la valeur à vie de ses clients sachant que le taux d'actualisation est de 2 %.

ANNÉE	1	2	3
Marge annuelle (en K€)	237	237	237
Coût d'acquisition (en K€)	40	0	0
Coût d'accroissement et de fidélisation (en K€)	0	26	26
Valeur client	197	211	211
Coût d'actualisation	0	$(1{,}02)^{-1} = 0{,}98$	$(1{,}02)^{-2} = 0{,}96$
Valeur client actualisée		206,78	202,56

Valeur client = 197 + 206,78 + 202,56 = 606,34 €.

Mots clés
Actualisation • Scorage • Score RFM • Valeur client

S'ENTRAÎNER AU BTS
Exercice 2 : p. 79

Savoir 7

L'élaboration d'un plan de prospection

La prospection commerciale désigne l'ensemble des actions permettant à une entreprise de transformer des clients potentiels en clients effectifs. Elle est une des étapes les plus importantes pour développer le chiffre d'affaires de l'entreprise.

1 Les objectifs

Le premier objectif de la prospection est de conquérir de nouveaux clients. L'entreprise peut utiliser la prospection afin de pallier un déficit de clients, de diversifier sa clientèle ou de conquérir des clients d'un nouveau secteur géographique. Pour le commercial, les objectifs de la prospection sont d'ordre :

QUANTITATIF	Augmentation du chiffre d'affaires à réaliser, nombre de prospects à contacter, nombre de rendez-vous obtenus, etc.
QUALITATIF	Augmentation de la notoriété de l'entreprise, enrichissement de la base de données prospects, etc.

2 Les cibles

Il s'agit d'identifier les clients potentiels à atteindre dans le cadre de la prospection. Il convient donc de déterminer les prospects susceptibles d'avoir besoin des biens ou services de l'entreprise. Pour déterminer la cible, différents critères peuvent être utilisés.

EXEMPLES En B to B, le chiffre d'affaires ; en B to C, la profession, le revenu, etc.

3 La recherche de prospects et la création d'un fichier

3.1. La création d'un fichier prospects

Le commercial peut créer un fichier prospects en utilisant des logiciels tels qu'Excel, Access, ou un logiciel de GRC (CRM).
Plusieurs solutions permettent d'alimenter un fichier prospects :

LA RÉCUPÉRATION DES CONTACTS SUR LE SITE INTERNET DE L'ENTREPRISE	Inciter les visiteurs du site à prendre contact avec l'entreprise (ex. : en proposant de s'inscrire à une *newsletter*, de télécharger un contenu).
L'UTILISATION DES RÉSEAUX SOCIAUX	Publier des contenus afin de susciter les prises de contact des visiteurs.
L'UTILISATION DES MOTEURS DE RECHERCHE OU DES ANNUAIRES	Utiliser des moteurs de recherche (ex. : Google) ou des annuaires (ex. : PagesJaunes) permet de trouver des prospects dans une zone géographique précise.
L'OBTENTION DE RECOMMANDATIONS DE LA PART DES CLIENTS	Inciter les clients à recommander l'entreprise (ex. : par le biais d'un système de parrainage avec une récompense à la clé).

3.2. La location d'un fichier

L'entreprise peut demander à une société spécialisée dans la location de fichiers prospects de réaliser un ciblage prédéfini pour réaliser l'opération de prospection. Moins coûteuse que l'achat, cette solution est toutefois limitée dans le temps.

3.3. L'achat d'un fichier

L'entreprise peut acheter un fichier de prospects, moyennant un prix élevé, auprès de sociétés spécialisées comme Kompass.

3.4. La structuration et la qualification des fichiers

Il est nécessaire de structurer et de mettre à jour régulièrement le fichier afin de pouvoir l'exploiter : actualiser les informations, corriger les erreurs, compléter certaines informations manquantes, créer des rubriques de classement pertinentes.

4 Les techniques d'approche

En fonction des cibles recherchées et du budget de l'entreprise, celle-ci aura le choix entre de nombreuses méthodes pour contacter les prospects.

L'E-MAILING	Peu coûteux, il permet de contacter de nombreux prospects qu'il sera sans doute utile de relancer par téléphone.
LE TÉLÉPHONE	Il est souvent utilisé pour la prise de rendez-vous car il permet un contact direct avec les prospects.
LA TOURNÉE DE PROSPECTION	Consistant à se rendre directement chez le prospect, cette méthode est de moins en moins utilisée.
LES SALONS PROFESSIONNELS	Participer à des salons professionnels avec des entreprises d'un même secteur d'activité peut permettre de rencontrer certains prospects.
LES RÉSEAUX SOCIAUX PROFESSIONNELS	Ces réseaux (LinkedIn, etc.) permettent de repérer les profils de prospects qui pourraient être intéressés et d'établir un premier contact avec eux. Cette méthode est appelée « *social selling* ».

Le commercial peut également avoir recours à la stratégie appelée « *inbound marketing* » ou « marketing entrant ». Cette stratégie consiste à attirer les visiteurs en leur proposant, *via* les différents outils digitaux (mail, site, réseaux sociaux, etc.), des contenus de qualité susceptibles de les intéresser.
Le but est de les convertir en prospects en les incitant, par exemple, à communiquer leur adresse mail pour télécharger un livre blanc, s'abonner à une *newsletter*, etc.

5 La typologie des prospects

Selon les étapes de la prospection, on distingue plusieurs catégories de prospects :

LES SUSPECTS	Ils n'ont pas encore été contactés.
LES PROSPECTS FROIDS	Ils n'ont pas réagi à la sollicitation de l'entreprise.
LES PROSPECTS TIÈDES	Ils réagissent positivement mais sans projet d'achat immédiat.
LES PROSPECTS CHAUDS	Ils réagissent positivement avec un projet d'achat immédiat.

Mots clés Cible • Fichier • Inbound marketing • Objectif • Prospection commerciale

Savoir 8

L'élaboration d'un e-mailing de prospection

L'e-mailing est utilisé pour acquérir de nouveaux clients mais aussi pour les fidéliser, gérer la relation client après-vente et connaître les appréciations des clients sur l'entreprise.

1 Les objectifs de l'e-mailing

Une campagne d'e-mailing consiste à envoyer des mails personnalisés à un grand nombre de destinataires ciblés, c'est-à-dire susceptibles d'être intéressés par l'offre proposée.
Elle peut permettre de prospecter de nouveaux clients, de générer du trafic sur un point de vente, sur un site Internet, de relancer des clients, de les fidéliser.

2 Les règles de l'e-mailing

LES RÈGLES DE FOND	– Le mail doit avoir un objet clair et concis qui interpelle le destinataire. Les prospects et clients reçoivent en effet un grand nombre de mails et de *spams* (envois massifs et répétés d'e-mails sans autorisation) et il faut se démarquer afin que le mail ait une chance d'être ouvert et lu. L'objet peut prendre la forme d'une question ou commencer par un verbe d'action. EXEMPLE « Profitez de notre offre exceptionnelle » – Le message doit être personnalisé avec le nom et le prénom du destinataire, et énoncer le motif de la prise de contact. – L'offre proposée doit être présentée de manière claire et mettre en avant les avantages pour le destinataire du mail afin de l'inciter à l'action. – Le mail doit se terminer par une formule finale de politesse, accompagnée des coordonnées de l'expéditeur EXEMPLES Téléphone, adresse mail.
LES RÈGLES DE FORME	– Le mail doit être court (moins d'une dizaine de lignes) et adapté à la lecture sur différents supports (ordinateur, smartphone, tablette). – Il est possible d'insérer un lien vers le site Internet de l'entreprise afin de transmettre plus d'informations. – Il est indispensable d'éviter les fautes d'orthographe et de grammaire, et d'avoir recours aux formules de politesse.
LES RÈGLES JURIDIQUES	La publicité par e-mail est réglementée, notamment par le règlement général sur la protection des données (RGPD). Une entreprise ne peut pas envoyer un e-mail publicitaire à un contact qui ne l'a pas autorisée au préalable. Les contacts doivent avoir explicitement donné leur accord à l'entreprise concernant l'envoi d'e-mails ou de SMS publicitaires (principe de l'*opt-in*).

Mots clés E-mailing • Opt-in • RGPD • Spams

Savoir 9

Le guide d'entretien téléphonique et le traitement des objections

La prospection téléphonique ne s'improvise pas et doit se préparer avec rigueur en construisant un guide d'entretien téléphonique et en anticipant les objections.

1 Le guide d'entretien téléphonique (GET)

Le GET est un support qui reprend le scénario type d'une conversation téléphonique. Il doit être conçu pour créer une véritable relation entre le prospect et l'entreprise. Pour construire un GET, il est possible d'utiliser la méthode CROC :

CONTACT	Saluer, se présenter et identifier l'interlocuteur. Les éventuels barrages au standard et au secrétariat doivent être traités avec courtoisie. EXEMPLE « Bonjour, Jacques Roset de la société Carmin, je souhaite m'entretenir avec M. Jean-François Letellier. – Il n'est pas là. – Quand me conseillez-vous de le rappeler ? »
RAISON DE L'APPEL	Après avoir vérifié l'identité de l'interlocuteur, il faut se présenter, présenter brièvement l'entreprise, puis essayer d'interpeller l'interlocuteur par une accroche.
OBJET DE L'APPEL	Il faut exposer de manière claire l'objet de l'appel, puis argumenter afin de mettre en avant les avantages de la proposition, en traitant de manière efficace les éventuelles objections.
CONCLUSION	Il faut résumer les éléments importants de l'appel, confirmer le rendez-vous ou la vente à l'interlocuteur, le remercier et le saluer. EXEMPLE « Nous notons donc mercredi 11 h dans vos bureaux. Je vous remercie. Au revoir, monsieur. »

2 Le traitement des objections

Pour traiter les objections, il faut :
– faire preuve de compréhension vis-à-vis de l'interlocuteur

EXEMPLE « Vous avez raison de soulever ce point » ;

– répondre par une question pour creuser ce qu'a dit le prospect ou abonder dans le sens du prospect

EXEMPLES « Qu'entendez-vous par... ? »
« C'est la raison pour laquelle je souhaite vous rencontrer » ;

– susciter l'adhésion du prospect une fois l'objection traitée et vérifier qu'il adhère par une question de contrôle

EXEMPLE « Êtes-vous rassuré ? ».

Mots clés Barrages • Guide d'entretien téléphonique • Objections

Savoir 10

Le *social selling* et les réseaux sociaux

L'essor d'Internet s'est accompagné du développement de la pratique du *social selling*, qui consiste à utiliser les réseaux sociaux pour entrer en contact avec des acheteurs potentiels et développer les ventes.

1 La prospection *via* les réseaux sociaux

Les réseaux sociaux sont des plateformes en ligne qui regroupent des individus autour de centres d'intérêt communs.

1.1. Les réseaux sociaux généralistes

FACEBOOK	– Il donne la possibilité à l'entreprise de créer gratuitement une page pour promouvoir sa marque, ses activités, etc. – Il permet de proposer des contenus de qualité susceptibles d'intéresser les prospects afin de susciter des « J'aime » et des abonnements à la page.
TWITTER	Il permet de publier de courts messages (280 caractères maximum) à destination des prospects (tweets). EXEMPLE Tweet sur l'actualité de l'entreprise (promotion, événement, etc.).
INSTAGRAM	Il permet aux entreprises : – de créer un compte certifié, synchronisé avec leurs autres comptes (Facebook, etc.) ; – de publier sur ce compte des photos et des vidéos sur l'entreprise.
SNAPCHAT	Il permet aux entreprises d'atteindre une cible très jeune (moins de 25 ans), particulièrement adepte de ce réseau social, en diffusant des messages, des photos ou des vidéos visibles uniquement pendant un temps défini.

1.2. Les réseaux sociaux professionnels

LINKEDIN	Pour une entreprise, ce réseau est efficace pour : – identifier et communiquer avec les prospects ; – faire connaître l'entreprise par le biais de publications ; – faire de la veille sur un secteur d'activité et avoir accès à des articles et conseils d'experts ; – détecter des opportunités d'embauche ou d'affaires.
VIADEO	Basé sur le même principe que LinkedIn mais moins utilisé, il facilite la rencontre entre professionnels.
LES RÉSEAUX SOCIAUX PROFESSIONNELS SPÉCIALISÉS	Ces réseaux, de niveau national ou régional, regroupent des professionnels d'un même secteur d'activité. EXEMPLE Digikaa est le réseau social des professionnels du digital.

2 La stratégie de *social selling*

Les entreprises doivent élaborer une stratégie de *social selling* afin de prospecter efficacement. La méthode PEPSI regroupe les enjeux majeurs pour réussir à capter les prospects sur les réseaux sociaux.

Cette méthode consiste à :

CRÉER UN PROFIL	Le profil sur un réseau social doit comporter une photo et une courte présentation. Il s'agit de séduire les prospects et de leur donner envie de découvrir l'entreprise en lui donnant une image positive et attrayante.
ÉTENDRE LE RÉSEAU	Pour développer l'engagement des internautes envers l'entreprise (ex. : *likes*, commentaires, partages), il est possible, sur les différents réseaux sociaux, d'inviter des contacts à suivre la page de l'entreprise. Il ne s'agit pas d'inviter tous les membres du réseau mais uniquement des contacts ciblés selon des critères précis (ex. : secteur d'activité professionnelle).
PUBLIER	Il faut susciter l'intérêt des contacts et construire une image d'expert en publiant des contenus de qualité, à la fois sur la forme et sur le fond, en lien avec l'activité de l'entreprise et à celle des prospects ou clients. EXEMPLE Livre blanc contenant des conseils à télécharger.
STIMULER LE RÉSEAU	Pour bâtir des relations durables et obtenir des rendez-vous, il faut interagir de manière adaptée avec les contacts. Il est possible de réagir à la publication d'un contact, de répondre à son commentaire ou de le contacter directement pour essayer d'obtenir un rendez-vous par téléphone, par Skype ou en face-à-face.
UTILISER DES INDICATEURS	Pour exploiter les données chiffrées (le nombre de contacts, de *likes*, de commentaires, etc.), un bilan doit être réalisé pour mettre en œuvre d'éventuelles améliorations.

3 Le développement d'un réseau d'affaires

Le réseautage, ou *networking*, consiste à entrer en contact avec un grand nombre de personnes pour se constituer un réseau relationnel. Les objectifs sont de se faire connaître, de bénéficier de recommandations, de partager des carnets d'adresses, des expériences et des conseils afin de saisir de nouvelles opportunités d'affaires. La construction d'un réseau relationnel professionnel peut se faire lors d'événements variés (salons professionnels, etc.).
À ces occasions, il convient de se présenter aux autres participants de manière brève et claire grâce à un *pitch* commercial réfléchi (nom, prénom, nom et activité de l'entreprise, fonction). Il s'agit ensuite de créer un climat de confiance et de bâtir des relations pérennes qui seront entretenues par des échanges de courriers, des rencontres, etc.
Il est également possible d'intégrer un club d'affaires, dont le rôle est de mettre en relation des professionnels d'une même zone géographique dans des secteurs d'activité variés.

Mots clés Méthode PEPSI • Networking • Réseautage • Réseaux sociaux • *Social selling*

Savoir 11

L'évaluation de la prospection

Les entreprises doivent choisir les indicateurs de performance adaptés à leur activité afin d'évaluer leurs actions de prospection. Ces indicateurs peuvent être synthétisés dans un tableau de bord.

1 L'évaluation d'une campagne d'e-mailing de prospection

À partir du nombre de mails envoyés, on peut calculer différents indicateurs :

INDICATEURS	CALCULS	ANALYSES
LE TAUX DE REBOND	$\frac{\text{Nombre de mails non délivrés}}{\text{Nombre de mails envoyés}}$	Le taux de rebond est en général de l'ordre de 5 %.
LE TAUX DE DÉLIVRABILITÉ	$\frac{\text{Nombre de mails délivrés}}{\text{Nombre de mails envoyés}}$	Un taux de délivrabilité faible indique qu'un nombre important d'adresses n'est plus valable et qu'il faut actualiser le fichier. Il est en moyenne de 95 % (taux de rebond de 5 %).
LE TAUX D'OUVERTURE	$\frac{\text{Nombre de mails ouverts}}{\text{Nombre de mails envoyés}}$	Il se situe entre 20 et 30 %, et dépend de l'adresse de l'expéditeur et de la formulation de l'objet du mail.
LE TAUX DE CLICS	$\frac{\text{Nombre de clics sur le mail}}{\text{Nombre de mails envoyés}}$	En moyenne de l'ordre de 3 %, il permet de savoir si le mail est adapté ou non à la cible.
LE TAUX DE CONVERSION	$\frac{\text{Nombre de rendez-vous obtenus}}{\text{Nombre de mails envoyés}}$	Il est souvent faible (inférieur à 3 %).

2 L'évaluation de la prospection téléphonique

INDICATEURS	CALCULS	ANALYSES
LE TAUX DE VALIDITÉ DU FICHIER	$\frac{\text{Nombre d'appels aboutis}}{\text{Nombre d'appels réalisés}}$	Il mesure la qualité du fichier.
LE TAUX D'APPELS ARGUMENTÉS	$\frac{\text{Nombre d'appels argumentés}}{\text{Nombre d'appels aboutis}}$	Il montre la capacité du commercial à susciter de l'intérêt dans les premières secondes de l'appel.
LE TAUX DE CONVERSION	$\frac{\text{Nombre de rendez-vous obtenus}}{\text{Nombre d'appels réalisés}}$	Il indique la capacité du commercial à obtenir des rendez-vous. Il dépend de son aisance au téléphone, de la pertinence de la cible visée et de la qualité des outils utilisés.

3 L'évaluation de la prospection terrain

INDICATEURS	CALCULS	ANALYSES
L'EFFORT DE PROSPECTION	$\frac{\text{Nombre de prospects visités}}{\text{Nombre de visites réalisées}}$	Il évalue la proportion de prospects visités.
LE TAUX DE TRANSFORMATION	$\frac{\text{Nombre de rendez-vous obtenus}}{\text{Nombre de prospects visités}}$	Il démontre la capacité du commercial à obtenir des rendez-vous sur le terrain.

4 L'évaluation de la prospection digitale

INDICATEURS	CALCULS	ANALYSES
LE TAUX D'ENGAGEMENT	$\frac{\text{Nombre d'interactions}}{\text{Nombre de visiteurs}}$	Il évalue le succès d'une publication.
LE TAUX DE CONVERSATION	$\frac{\text{Nombre d'interactions}}{\text{Nombre de suiveurs}}$	Personnes ayant une page sur un réseau social (appelées « fans » ou « *followers* »).
LE TAUX DE CONVERSION DES VISITEURS EN MQL	$\frac{\text{Nombre de MQL}}{\text{Nombre de visiteurs}}$	Il évalue la proportion de *Marketing Qualified Leads* (MQL : contacts qui ont laissé leurs coordonnées) et donc l'efficacité des moyens pour inciter les contacts à laisser leurs coordonnées.
LE TAUX DE CONVERSION DES MQL EN SQL	$\frac{\text{Nombre de SQL}}{\text{Nombre de visiteurs}}$	Il évalue la proportion de personnes qui ont été contactées par la force de vente (*Sales Qualified Leads* : SQL) lors d'actions de qualification.
LE TAUX DE CONVERSION DES SQL EN RDV	$\frac{\text{Nombre de RDV obtenus}}{\text{Nombre de SQL}}$	Il évalue la capacité des commerciaux à obtenir des rendez-vous.

5 La présentation des indicateurs dans un tableau de bord

Le tableau de bord présente de manière synthétique les résultats obtenus à partir des indicateurs pertinents, afin de prendre les décisions adéquates. Il permet de visualiser les résultats en comparant les objectifs à leur réalisation.

EXEMPLE Une entreprise suit l'activité d'un commercial à partir du tableau de bord suivant :

MOIS DE FÉVRIER	COMMERCIAL : BRICE DELPLAN		
INDICATEURS	OBJECTIF	RÉSULTAT	TAUX DE RÉALISATION
Chiffre d'affaires réalisé	10 000 €	11 000 €	Bon
Nombre de commandes	75	78	Bon
Taux de marge commerciale après remises	15 %	10 %	À travailler

L'analyse du tableau de bord montre que les bons résultats du commercial sont au prix d'un effort sur sa marge commerciale suite à des remises trop importantes accordées aux clients.

Mots clés Indicateurs • MQL • SQL • Tableau de bord

S'ENTRAÎNER AU BTS
Exercice 3 : p. 80

Savoir 12

La maîtrise de la communication interpersonnelle

La communication consiste, d'une part, à faire passer un contenu (informations, opinions, jugements, sentiments, attentes, etc.) et, d'autre part, à entrer en relation avec les autres.

1 Le concept de communication interpersonnelle

1.1. L'évolution des concepts

Les théories ont évolué d'une conception « circulaire » liée à un ensemble de d'interactions entre un émetteur et un récepteur à l'idée que « tout communique ». La communication est donc permanente, tout est signe (y compris un silence, une inaction) et « on ne peut pas ne pas communiquer ».
Le développement du digital a bouleversé la communication : les échanges sont quasi permanents et utilisent tous les canaux (courrier, mail, SMS, réseaux sociaux).

1.2. Les formes de communication

LA COMMUNICATION VERBALE	Mots utilisés
LA COMMUNICATION PARAVERBALE	Moyens avec lesquels s'exprime la voix (volume, intensité, etc.)
LA COMMUNICATION NON VERBALE OU LE PARALANGAGE	Ensemble des comportements du visage et du corps (mimiques, regard, etc.).

1.3. Les situations de communication

LE FACE-À-FACE	Il permet la rencontre physique entre un commercial et son client.
LE TÉLÉPHONE	La relation se fait à distance, à l'oral, pour obtenir un rendez-vous et/ou vendre, obtenir des informations, etc.
LE CONTACT À DISTANCE	La relation se fait par écrit, entre un commercial et son client, *via* un mail, un site Internet, un réseau social, un SMS, etc.

1.4. Les acteurs de la communication

LE STATUT DES ACTEURS	Il caractérise la position d'un individu dans un système, une structure sociale, une organisation, un groupe ou une classe sociale.
LE(S) RÔLE(S) ASSOCIÉ(S) AU STATUT	Il(s) s'exprime(nt) par des comportements, eux-mêmes soumis à des règles sociales, des conduites attendues en fonction de la position, du statut d'un individu dans le champ social.
LE « RAPPORT DE PLACE »	Il indique la façon dont les individus se positionnent les uns par rapport aux autres, en cherchant un équilibre acceptable pour chacun.
LA PERSONNALITÉ	Elle détermine les comportements d'un individu et dicte ses actions. Elle s'exprime dans les attitudes qui ne peuvent s'observer de l'extérieur.
L'IDENTITÉ	Elle est constituée par le contexte familial et socioculturel, les études, le langage, les modes de vie, les normes, les rituels sociaux, les valeurs, la profession de l'individu.

2 La connaissance de soi et le comportement professionnel

Se connaître est capital pour s'adapter aux codes des divers environnements afin de se montrer professionnel et crédible en toutes circonstances. Pour parvenir à se connaître, il est possible d'analyser :
– sa personnalité (combinaison de caractéristiques émotionnelles, d'attitudes et de comportements) ;
– ses traits de caractère (adaptabilité, sociabilité, combativité, etc.) ;
– ses émotions et leur origine : elles ont un impact sur l'échange entre les acteurs.
Cette analyse doit permettre de clarifier l'image que l'on a de soi pour repérer ses forces et ses faiblesses.
Il faut ensuite les accepter afin de développer sa confiance en soi qui sera nécessaire pour gérer le stress provoqué par certaines situations.
Le commercial peut avoir recours au « marketing de soi », ou *personal branding*, qui consiste à appliquer à soi-même les techniques marketing qui sont généralement utilisées pour promouvoir une marque.

3 Le comportement professionnel

La réalisation de soi par l'action dans le domaine professionnel place les individus sous le regard des autres (clients, supérieurs, collègues).
Il convient donc de prendre soin de son comportement dans toutes les situations de communication :

EN FACE-À-FACE	– Les codes de la communication en face-à-face doivent être maîtrisés et respectés : formule et rituel de politesse, écoute active, reformulation, etc. – La posture doit être professionnelle.
AU TÉLÉPHONE	– La voix, l'articulation, le débit et l'expression doivent être soignés. – Le matériel et les outils nécessaires à l'émission ou la réception d'appels doivent avoir été préparés au préalable : bureau rangé, scripts sous les yeux et maîtrisés, contacts identifiés. – L'attitude du commercial doit rester positive tout au long de l'entretien : le sourire s'entend au téléphone.
DANS LES ÉCHANGES ÉCRITS	– L'orthographe doit être irréprochable. – Les règles de communication écrite (ex. : les codes de politesse) doivent être respectées. – Le style doit être adapté à la cible et au média utilisé (clair, concis, percutant et vivant pour accrocher les personnes visées).
SUR LES RÉSEAUX SOCIAUX	– L'e-réputation (image véhiculée sur Internet) du commercial doit être soignée : photographie professionnelle, publications adaptées, etc. – Le professionnalisme, les compétences et atouts du commercial peuvent être mis en avant afin de développer son *personal branding*.

Mots clés Confiance en soi • Émotions • Identité • Personal branding • Personnalité • Rapport de place • Rôle • Statut

Savoir 13

L'efficacité relationnelle

Les commerciaux doivent être capables d'exprimer leurs pensées et leurs idées avec assurance, en faisant preuve d'assertivité (capacité de s'affirmer tout en respectant autrui) et en s'aidant de techniques pour être plus professionnels.

1 L'analyse transactionnelle (AT)

Tout individu fonctionne à partir de trois « états » psychologiques qui cohabitent en lui, sans qu'aucun d'eux ne soit supérieur aux autres.
Tel ou tel état du moi est activé selon les circonstances et les interlocuteurs, ce qui est particulièrement intéressant pour un commercial à l'écoute.
L'analyse transactionnelle distingue :

L'ÉTAT PARENT (L'APPRIS)	Il résulte des valeurs, des règles, des normes que chaque individu s'est forgées tout au long de son existence et qui ont été influencées par la société, l'éducation, etc. C'est l'état avec lequel l'individu adopte, à travers ses faits et gestes, une attitude éducative et un comportement. On distingue deux sous-états : – le parent nourricier (PN), qui soutient, encourage et aide ; – le parent critique (PC), qui juge et ordonne.
L'ÉTAT ADULTE (LE PENSÉ)	Il se situe à la frontière entre les exigences de l'état Parent, celles de l'état Enfant et celles de l'appréciation objective de la réalité. C'est le domaine du raisonnement, de la logique et de l'analyse. L'individu étudie et vérifie. L'attitude adulte est une position d'ouverture et de réflexion.
L'ÉTAT ENFANT (LE SENTI)	Il relève du domaine de l'humour, de la soumission à ses émotions, des sentiments, des souvenirs, des besoins et des désirs. On distingue : – l'enfant adapté soumis (EAS), qui accepte ce qu'on lui dit ou impose ; – l'enfant adapté rebelle (EAR), qui refuse l'autorité ; – l'enfant adapté créatif (EAC), qui invente ; – l'enfant spontané (ES), qui laisse ses émotions s'exprimer.

2 La programmation neurolinguistique (PNL)

La méthode de programmation neurolinguistique défend l'idée selon laquelle le langage structure et reflète la façon dont nous pensons puisqu'il est le véhicule de nos expériences, de nos perceptions et de nos représentations.

Chaque individu a tendance à privilégier, selon les situations ou les interlocuteurs, de façon différente, les 3 canaux sensoriels principaux :
- visuel (images) ;
- auditif (sons) ;
- kinesthésique (sensations).

Le commercial doit chercher à détecter les canaux sensoriels prédominants de son prospect ou client et doit tenter de s'y adapter.

Mots clés Analyse transactionnelle • Programmation neurolinguistique

Savoir 14 Les types de clients et leur comportement d'achat

Il convient d'identifier la diversité des clients sur son marché, d'en analyser l'importance respective et leur évolution. Il faut en effet apprécier le potentiel du marché auquel l'entreprise s'intéresse et en mesurer la place.

1 Les types de clients

LES PARTICULIERS (B TO C, *BUSINESS TO CONSUMER*)	Il s'agit des consommateurs finals, qui constituent la cible principale pour beaucoup d'entreprises.	
LES PROFESSIONNELS (B TO B, *BUSINESS TO BUSINESS*)	**Les TPE et PME**	Les petites entreprises sont une cible plus restreinte mais plus informée et la négociation se fait souvent directement avec le dirigeant.
	Les grandes entreprises	Elles possèdent souvent un service dédié aux négociations, appelé « centrale d'achat ». Les négociations sont donc plus longues et plus compliquées.
	Les distributeurs	Ils commercialisent un bien ou service, sont souvent très exigeants lors des négociations, notamment sur les accords de référencement avec les producteurs.
LES ADMINISTRATIONS (B TO G, *BUSINESS TO GOVERNMENT*)	Il s'agit des acteurs institutionnels : État, administrations, mairies, lycées, etc. Ils sont des cibles intéressantes car ce sont parfois de gros marchés avec peu de risques financiers.	

2 Les clients potentiels

LES CLIENTS ACTUELS OU EFFECTIFS	Ce sont les clients de l'entreprise et les clients des entreprises concurrentes qui consomment à l'heure actuelle le bien ou service. EXEMPLE Pour une marque de yaourts au lait de vache, tous les consommateurs qui mangent des yaourts.
LES NON-CONSOMMATEURS RELATIFS (NCR)	Ce sont les personnes qui ne consomment pas le bien ou service mais qui pourraient être amenées à le consommer dans le futur. EXEMPLE (SUITE) Les bébés qui ne mangent pas encore de yaourts.
LES NON-CONSOMMATEURS ABSOLUS (NCA)	Ce sont les personnes qui, pour des raisons physiques, matérielles, psychologiques, sont dans l'impossibilité de consommer le produit. EXEMPLE (SUITE) Les personnes allergiques au lactose.

La clientèle potentielle de l'entreprise comprend les consommateurs actuels (ou effectifs) et les non-consommateurs relatifs.

3 La position sur le marché

Pour se situer sur le marché, l'entreprise doit calculer et analyser :

SA PART DE MARCHÉ PAR RAPPORT À LA DEMANDE EFFECTIVE	$\frac{\text{Nombre de clients de l'entreprise}}{\text{Nombre de clients actuels ou effectifs}}$
SA PART DE MARCHÉ PAR RAPPORT À LA DEMANDE POTENTIELLE	$\frac{\text{Nombre de clients de l'entreprise}}{\text{Nombre de clients potentiels théoriques}}$

4 Le comportement d'achat des clients

4.1. Les besoins des clients

Les besoins sont des sentiments de manque créés par des facteurs physiques, psychiques ou sociétaux qui entraînent une volonté d'agir et donc des désirs. L'objectif du commercial est de transformer les besoins du consommateur en désir d'achat du bien ou service qu'il vend. La classification de Maslow prend la forme d'une pyramide à 5 niveaux.

Les besoins des niveaux 4 et 5 ne peuvent jamais être pleinement satisfaits, contrairement aux autres besoins. Un consommateur ne peut pas passer au niveau supérieur si le niveau précédent n'est pas satisfait. Cependant, certains individus peuvent parfois chercher à satisfaire des besoins d'ordre supérieur alors que leurs besoins inférieurs ne sont pas satisfaits.

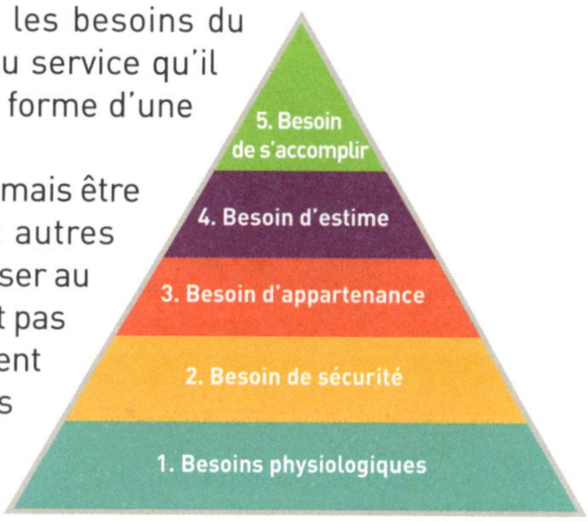

4.2. Les motivations et les freins des clients

Les pulsions guident les choix des consommateurs. On distingue les motivations positives, qui poussent les consommateurs à acheter, et les motivations négatives, appelées « freins », qui incitent les consommateurs à ne pas acheter le produit.

LES MOTIVATIONS	LES FREINS
On distingue : – les **motivations hédonistes** : envie de profiter des plaisirs de l'existence ; – les **motivations oblatives** : désir de faire du bien à autrui ; – les **motivations d'auto-expression** : désir de se distinguer des autres, d'exprimer sa personnalité avec des produits socialement valorisant.	On distingue : – les **inhibitions** : le consommateur juge l'achat peu convenable par rapport à ses valeurs et croyances ou celles de son entourage ; – les **peurs** : craintes rationnelles ou irrationnelles liées aux difficultés d'achat ou d'utilisation du produit ; – les **risques** : incertitudes liées à des achats impliquant financièrement ou d'un point de vue corporel.

Mots clés : B to B • B to C • B to G • Freins • Motivations

S'ENTRAÎNER AU BTS
Exercice 4 : p. 80

Savoir 15 Le processus d'achat selon les types de clients

Le processus d'achat varie en fonction de la typologie de clients : B to C, B to B, B to G.

1 Le processus d'achat

L'acheteur prend souvent sa décision à l'issue d'un certain nombre d'étapes :

1. Prise de conscience d'un besoin → 2. Recherche d'informations → 3. Comparaison des solutions possibles → 4. Prise de décision → 5. Évaluation post-achat

La dernière étape, l'évaluation post-achat, est déterminante car il faut qu'elle soit positive pour fidéliser le client.
Le processus d'achat est plus ou moins long selon le type d'achat (réfléchi, impulsif ou répétitif).

2 Les processus d'achat selon la cible

EN B TO C	EN B TO B	EN B TO G
La prise de décision peut être partagée entre de nombreux intervenants : – le prescripteur conseille ou ordonne l'achat ; – le décideur prend la décision d'achat ; – l'acheteur réalise l'acte d'achat ; – le payeur paie le prix du bien ; – l'utilisateur se sert du produit acheté ; – le leader oriente le choix vers un produit par sa forte notoriété (publique ou dans le groupe), sa réputation, sa fonction, son statut ; – le conseiller guide le client dans l'achat.	– processus est souvent long, nécessitant de nombreux rendez-vous. – La négociation avec des professionnels porte souvent sur une solution complète (technique et financière). – Le professionnel réalise la plupart du temps une comparaison des fournisseurs. – Les interlocuteurs sont nombreux : utilisateur, conseiller, décideur, prescripteur, acheteur. – Le commercial doit analyser l'organigramme (relations formelles) et le sociogramme (relations informelles entre les membres) afin de comprendre le processus de décision.	– public gère l'argent des contribuables. Il doit satisfaire l'intérêt général. – Ses besoins sont liés à son fonctionnement propre mais aussi à son activité d'intérêt général, pour fournir des prestations au public. – Au sein des collectivités publiques les plus grandes, la décision d'acheter peut faire intervenir l'utilisateur, l'acheteur, le bureau des marchés (agents administratifs et juridiques), le comptable du Trésor (agent de l'État qui effectue le paiement).

Mots clés Prescripteur • Processus d'achat • Type d'achat

Savoir 16

La connaissance client et la stratégie de négociation

Il est capital de bien connaître les clients pour les fidéliser, augmenter les ventes et développer le chiffre d'affaires.

1 L'optimisation de la connaissance client

Une connaissance client précise permet d'adapter et de mieux vendre l'offre de l'entreprise. Tout comme la gestion de la relation client, elle est incontournable pour consolider et pérenniser l'activité de l'entreprise.

1.1. L'enrichissement des informations clients

Les bases de données de l'entreprise doivent être le plus qualifiées possible, c'est-à-dire structurées pour faciliter les tris, les mises à jour régulièrement, etc. Le logiciel de CRM (*Customer Relationship Management*), ou GRC (gestion de la relation client), permet de centraliser toutes les données sur les clients afin de comprendre leurs besoins et de soigner la relation avec eux.
Le travail d'enrichissement des informations clients contenues dans les bases de données est différent s'il est fait en B to C et en B to B.

	IDENTIFICATION	PRÉCISIONS SUR LE CONTACT	HISTORIQUE AVEC LE CONTACT
EN B TO C	– Nom et prénom – Adresse – Mail – Téléphone...	– Date de naissance – Situation matrimoniale – Enfants – Situation professionnelle – Type d'habitation – Centres d'intérêt...	– Détail des produits commandés – Montant des commandes passées – Historique des mails ou appels – Documents contractuels – Préférences et délais de paiement – Historique des éventuels incidents – Pages visitées sur le site Internet
EN B TO B	– Raison sociale – Activité de l'entreprise – Adresse – Téléphone – Site Internet – Noms et prénoms des interlocuteurs – Fonction des interlocuteurs...	– Secteur d'activité – Biens ou services proposés – Effectif – Structure juridique – CA – SIREN...	

1.2. L'exploitation des informations clients

Il est important d'analyser les informations collectées sur les clients afin d'évaluer leur impact sur le CA et la rentabilité de l'entreprise. En fonction de ces informations, des cibles prioritaires de clients peuvent être définies, ce qui permettra d'améliorer la rentabilité du portefeuille clients.

EXEMPLE Un client fidèle qui commande régulièrement pour un montant important de commande sera plus souvent relancé et l'entreprise pourra éventuellement lui accorder des conditions commerciales avantageuses.

1.3. L'élaboration d'un *persona*

Un *persona* est le « portrait-robot » du client type ciblé et représentatif du portefeuille de l'entreprise, ou d'une nouvelle cible visée sur le marché.
L'entreprise décèle les tendances majeures du comportement de ce client type à partir des données qu'elle détient sur les clients actuels. Un nom est donné au *persona*, considéré comme un vrai individu (homme ou femme). Son profil contient des informations descriptives (ex. : âge, profession, sexe) et des éléments de motivation.

En B to B, sont retenus les aspects liés à la profession, au lieu de travail…, tandis qu'en B to C, on repère le mode de vie, la place dans la cellule familiale, les comportements d'achat.
Cette symbolisation de clients « idéaux » permet aux commerciaux de mieux comprendre leur profil d'acheteur et leurs habitudes de consommation.

2 La préparation de la négociation client

Après avoir collecté et analysé les informations sur le marché, le produit, le prospect/client, le commercial prépare la stratégie de négociation qu'il utilisera lors du rendez-vous avec le prospect/client :

DÉFINITION DES OBJECTIFS	Le commercial doit définir des objectifs qualitatifs et quantitatifs mesurables, cohérents, hiérarchisés et clairement définis, avec des hypothèses hautes, basses, voire de repli.
DÉFINITION DE LA STRATÉGIE	Le commercial doit : – définir la stratégie la plus efficace pour contacter son prospect (téléphone, courriel, réseaux sociaux, terrain) ; – évaluer à la fois ses propres marges de manœuvre, c'est-à-dire ce qui est négociable et ce qui ne l'est pas, à savoir les réductions, les conditions de paiement…, mais aussi la marge de manœuvre du prospect (dispose-t-il d'une autre solution ? A-t-il déjà reçu d'autres offres ?) ; – choisir une stratégie d'approche : selon la situation, le commercial peut choisir de privilégier une stratégie de découverte qui consiste à questionner de manière approfondie le prospect afin de cerner ses besoins ou de favoriser une stratégie d'argumentation lorsqu'il dispose déjà de nombreuses informations sur le prospect.
PRÉPARATION DU DÉROULEMENT DE L'ENTRETIEN	Le commercial anticipe le déroulement de l'entretien en préparant : – son plan d'action ; – ses outils d'aide à la vente (plan de questionnement…) ; – un *pitch* (argumentaire) qui doit convaincre le prospect d'acheter.

Mots clés CRM • GRC • Persona • Pitch

Savoir 17 La prise de contact en face-à-face et en e-relation

Quelle que soit la forme de la relation client (en présentiel, à distance ou en e-relation), la prise de contact du commercial avec les clients/prospects est déterminante.

1 La prise de contact en face-à-face

La prise de contact en présentiel se joue lors des premières minutes. Le commercial doit faire une bonne impression et inspirer confiance au client/prospect en créant une ambiance favorable. Pour cela, il doit être ponctuel, porter une tenue professionnelle et respecter la règle des 4 × 20 :

LES 20 PREMIÈRES SECONDES	Elles sont décisives : le commercial doit adopter une attitude positive, être courtois et assuré.
LES 20 PREMIERS GESTES/PAS	Le commercial doit avoir une démarche assurée et une poignée de main franche.
LES 20 PREMIERS MOTS	La prise de contact doit commencer par une formule de politesse. Le commercial doit articuler, soigner son vocabulaire, son intonation et travailler son accroche.
LES 20 CENTIMÈTRES DU VISAGE	Le commercial doit sourire, avoir un regard franc et ne pas s'approcher trop près de son interlocuteur.

2 La prise de contact en e-relation

Dans le processus de vente digitalisé (appelé « vente *inbound* »), la prise de contact peut être inversée : le client/prospect est amené à contacter directement l'entreprise, de manière spontanée, et ce n'est plus uniquement l'entreprise qui contacte ses clients/prospects.
Les entreprises développent en effet la stratégie d'*inbound marketing*, qui consiste à publier des contenus sur les médias sociaux et le site Internet de l'entreprise afin d'inciter les clients/prospects à réagir, à s'intéresser à l'entreprise et à la contacter.
Le commercial doit donc effectuer une veille sur les réseaux sociaux, blogs, forums, afin de repérer les clients/prospects qui laissent des commentaires, qui « likent » des publications, etc.
Ces « signaux numériques » lui permettent de cerner en amont les profils, les centres d'intérêt et les processus de décision des clients/prospects avant d'entrer en contact avec eux.
Lors de la prise de contact *via* les réseaux sociaux, un blog, un forum ou le site de l'entreprise, le commercial doit se présenter comme un partenaire, interagir en essayant de répondre à la problématique exposée par le client/prospect et essayer de susciter son intérêt pour l'entreprise.

Mots clés Prise de contact • Règle des 4 × 20 • Vente inbound

S'ENTRAÎNER AU BTS
Exercice 5 : p. 80

Savoir 18 Le diagnostic client

Même s'il a collecté différentes informations sur son client sur les réseaux sociaux ou lors de la prospection, le commercial doit chercher à le connaître plus précisément et à le comprendre.

1 Les objectifs de la découverte du client

CERNER LES ATTENTES DU CLIENT	En questionnant le client, le commercial repère ses attentes, ses besoins rationnels ainsi que son parcours d'achat, ce qui lui permet d'identifier une solution, un bien ou un service à proposer à ce client.
COMPRENDRE LA PERSONNALITÉ DU CLIENT	Le commercial tente de comprendre les besoins irrationnels du client afin de choisir la manière la plus appropriée pour lui proposer une solution, un bien ou un service. Il est nécessaire de décoder son profil psychologique en le conduisant à livrer ses expériences, ses craintes, ses croyances et ses attentes. La typologie SONCASE (Sympathie, Orgueil, Nouveauté, Confort, Argent, Sécurité, Environnement) permet de classifier les motivations exprimées par le client pour y répondre par la suite.

2 Le questionnement

Le commercial réfléchit en amont aux questions qu'il va poser au client.

	OBJECTIFS	EXEMPLES
QUESTIONS OUVERTES	Faire parler, pousser à des développements pour obtenir de nombreuses informations.	« Comment... ? », « Qu'est-ce que... ? », « Que... ? », « Quel... ? », « Pourquoi... ? »
QUESTIONS FERMÉES	Obtenir des réponses précises du client en appelant des réponses de type « oui/non » ou en demandant un nom, une quantité, une date...	« Qui... ? », « Quand... ? », « Combien... ? », « Lequel... ? », « Par quels moyens... ? », « Souhaitez-vous... ? », « Pensez-vous que... ? », « Pouvez-vous... ? »
QUESTIONS ALTERNATIVES	Orienter le dialogue pour faciliter la conclusion, en proposant un choix.	« Préférez-vous ... ou ... ? »
QUESTIONS EN RETOUR	Renvoyer la question à l'interlocuteur afin qu'il approfondisse un point.	« À quoi correspond cette notion pour vous ? », « C'est-à-dire ? »
BALLONS D'ESSAI	Émettre une hypothèse pour en vérifier la pertinence.	« La sécurité de vos collaborateurs vous importe, n'est-ce pas ? »
QUESTIONS RELAIS	Faire compléter une réponse qui mérite un développement.	« Que voulez-vous dire par... ? », « Pouvez-vous me donner un exemple ? »
QUESTIONS DE DÉDUCTION	Pousser le client à préciser sa pensée.	« Donc, pour vous... ? »

3 La structure du questionnement

3.1. Le plan de découverte

Le plan de questionnement, ou *check-list*, doit être préparé par le vendeur avant de mener l'entretien de vente. Il doit dresser la liste de tous les thèmes à aborder pour découvrir les besoins et les mobiles d'achat du client.

QUE FAIT-IL ?	Il s'agit de découvrir le « présent » du prospect : comment pratique-t-il son activité actuellement ? Cela revient à le faire parler de sa fonction, de son rôle, de son environnement et de ses contraintes. Comment fonctionnait-il jusqu'à présent ? Quelles étaient ses habitudes concernant l'utilisation du bien ou du service concerné ? L'essentiel est de découvrir ses motifs d'insatisfaction actuels (ex. : coûts, pannes).
QUE VEUT-IL ?	Il faut aussi découvrir le « futur » du prospect en l'aidant à se projeter dans un avenir immédiat, en lui faisant développer ce qui serait la réponse à ses préoccupations actuelles, ses projets ou ses souhaits. Le vendeur doit orienter ses questions pour comprendre les évolutions et solutions attendues par le prospect.
QUI EST-IL ?	Il est important de découvrir également la « psychologie » du prospect. En parlant de sa situation actuelle et de la solution qu'il espère trouver, le prospect livre ses préoccupations, ses motivations et ses freins.

3.2. La reformulation / le diagnostic

Il est utile d'effectuer régulièrement une reformulation d'engagement. Bien dosée, elle offre au commercial le triple avantage de montrer au client l'intérêt qu'il a porté à ce qu'il vient de dire (écoute active), de vérifier que les informations obtenues ont été bien comprises et d'encourager le client à en dire plus.
La prise de notes réalisée pendant cette étape sert de récapitulatif, permettant ensuite d'orienter le client vers l'offre qui lui convient.

3.3. La synthèse

Réaliser une synthèse orientée vers la solution qui sera proposée au client lors de l'argumentation est une étape charnière.
L'objectif est en effet de réaliser un bilan judicieux de la découverte, déjà orienté vers la solution que le commercial proposera au client lors de l'argumentation.

EXEMPLE « Si je comprends bien, vous souhaitez une enceinte sans fil, qui puisse se connecter en Bluetooth, qui soit design et qui ait un son de qualité pour un budget de maximum 100 €. C'est bien cela ? »

Mots clés Attentes • Besoins • Écoute active • Plan de questionnement • Reformulation • SONCASE

S'ENTRAÎNER AU BTS
Exercice 5 : p. 80

Savoir 19 Le diagnostic du client institutionnel B to G

Les entreprises peuvent être amenées à négocier avec des clients institutionnels (État, collectivités locales, établissements publics, hôpitaux, etc.) et doivent connaître la réglementation et les procédures spécifiques au B to G.

1 La réglementation des marchés publics

Une administration ou une institution peut conclure un marché public avec une entreprise afin d'acquérir des biens (mobilier de bureau, fournitures, véhicules, etc.) ou des services (formation, prestations informatiques, etc.).
Afin de garantir la transparence et l'égalité, des procédures sont établies par le droit des marchés publics :

SI LE BESOIN EXPRIMÉ EST < 25 000 €	L'administration peut conclure un marché public de gré à gré avec une société, en direct et sans mise en concurrence. Les entreprises doivent donc chercher à se faire connaître auprès des services concernés.
SI LE BESOIN EXPRIMÉ EST > 25 000 €	Une procédure de mise en concurrence, précédée d'une publicité, doit être obligatoirement mise en place, sauf exceptions.

2 Les appels d'offres

2.1. Le principe de l'appel d'offres

L'appel d'offres désigne la procédure par laquelle un acheteur potentiel demande à différents offreurs de faire une proposition commerciale chiffrée afin de choisir celle qu'il jugera la plus avantageuse.
L'avis d'appel public à la concurrence (AAPC) résume le lieu, l'objet du marché, les contraintes particulières, l'estimation des besoins, les critères d'attribution et la date limite de dépôt des dossiers.

2.2. La découverte des besoins et la candidature aux appels d'offres

L'entreprise doit repérer les appels d'offres intéressants et préparer sa candidature. Pour cela, elle peut consulter des sites Internet dédiés (www.boamp.fr, marchepublic.fr, etc.) et analyser les besoins décrits dans l'appel d'offres afin de proposer une offre adaptée.
La proposition commerciale qu'elle effectue doit répondre au cahier des charges, document dans lequel sont détaillées les caractéristiques des biens ou prestations de services recherchés par l'acheteur public.
Après avoir reçu les différentes réponses des entreprises candidates à l'appel d'offres, l'acheteur public, appelé « pouvoir adjudicateur », choisit l'offre la plus avantageuse économiquement. Les critères de sélection doivent être objectifs et connus des entreprises candidates.

Mots clés Appel d'offres • Cahier des charges • Marchés publics • Pouvoir adjudicateur

Savoir 20 L'argumentaire de vente

L'argumentation est la suite naturelle de la découverte. Son objectif est de démontrer au client que le produit ou la solution proposé(e) répond à ses attentes.

1 Les arguments pour convaincre le client

Les arguments sont des raisonnements mis en avant pour prouver quelque chose. Plusieurs méthodes d'argumentation existent et le vendeur peut utiliser la méthode CAP (Caractéristiques, Avantages, Preuves) pour construire son argumentaire.

<table>
<tr><td rowspan="4">CARACTÉRISTIQUES
(CE QUI FAIT LE PRODUIT)</td><td colspan="2">Il s'agit, dans un premier temps, de lister les caractéristiques du bien ou du service proposé, ce qui suppose d'avoir une bonne connaissance des produits et de l'entreprise. On distingue :</td></tr>
<tr><td>Les caractéristiques techniques</td><td>Couleur, taille, performances, etc.</td></tr>
<tr><td>Les caractéristiques commerciales</td><td>Prix, délai de livraison, conditions de Òpaiement, garantie, service après-vente, assistance.</td></tr>
<tr><td>Les caractéristiques « entreprise »</td><td>Chiffre d'affaires, localisation géographique, etc.</td></tr>
<tr><td>AVANTAGES
(CE QU'ATTEND LE CLIENT)</td><td colspan="2">Une caractéristique doit être transformée en avantages pour le client. Le vendeur argumente, non pas sur les caractéristiques du produit, mais sur les avantages que celui-ci est susceptible d'apporter au client compte tenu de ce qu'il a exprimé auparavant. Les avantages concernent le client et doivent correspondre à ses motivations exprimées lors de la découverte (SONCASE). Le vendeur met en évidence la motivation première à satisfaire, son but étant d'obtenir un « oui » de la part du client. Les avantages présentés doivent apporter au client un réel bénéfice.

EXEMPLES
Sécurité : « Ce produit est très robuste, vous pourrez le garder longtemps. »
Orgueil : « Il s'agit d'un modèle unique. »
Nouveauté : « C'est notre dernier modèle. »
Confort : « Il est très simple à utiliser. »
Argent : « C'est un excellent rapport qualité/prix ! »
Sympathie : « La couleur de ce produit est vraiment chaleureuse. »
Écologie : « Cela vous fera faire des économies d'énergie. »</td></tr>
<tr><td>PREUVES
(CE QUI RASSURE LE CLIENT)</td><td colspan="2">Il s'agit des preuves à apporter au client lorsqu'il en émet le besoin. Les preuves utilisées à bon escient ont le pouvoir de rassurer le client. Toutefois, il ne faut pas abuser de preuves car cela peut engendrer le doute chez le client.

EXEMPLES
Montrer des tests techniques, faire une démonstration, faire lire un extrait de presse.</td></tr>
</table>

2 La création de l'argumentaire

L'argumentaire est un support d'entretien, présenté sous forme de tableau selon la méthode SONCASE. Il contient l'ensemble des arguments susceptibles d'être utilisés durant l'entretien. Les arguments sont choisis par le commercial en fonction des besoins repérés en amont chez son interlocuteur.

EXEMPLE

CARACTÉRISTIQUES		AVANTAGES	PREUVES	MOTIVATIONS
CARACTÉRISTIQUES DE L'ENTREPRISE	Créée il y a 20 ans	Expérience, notoriété. → « C'est pour vous la certitude d'un savoir-faire… »	– Catalogue – Presse – Références	– Sécurité – Orgueil
CARACTÉRISTIQUES TECHNIQUES DU PRODUIT	Design récent	Nouveau, original. → « Donc, c'est un atout pour vous… »	Démonstration	Nouveauté
CARACTÉRISTIQUES COMMERCIALES	SAV sous 48 heures	Rapidité d'intervention. → « Vous avez ainsi l'assurance de ne pas subir de gêne. »	Contrat	Confort

3 La personnalisation de l'argumentation face au client

Pour mieux convaincre le client, il est préférable d'adapter et de personnaliser ses arguments en fonction du type de client, de ses besoins, de ses centres d'intérêt et de son profil SONCASE. Il est conseillé de sélectionner les arguments et de développer tout au plus deux à trois arguments forts, pertinents, adaptés à la situation et à la typologie du client.
Tout au long de l'entretien, le commercial doit également rester attentif aux réactions du client afin d'adapter ses arguments. Il doit s'assurer, en posant des questions de contrôle et en reformulant, que le client a bien compris et qu'il est d'accord avec les arguments avancés.

4 Le comportement du commercial

Afin de renforcer ses propos, le commercial doit s'adapter au comportement verbal et paraverbal (posture, gestes, etc.) de son interlocuteur. Il doit adopter une attitude positive, rester souriant et courtois.
Le discours du commercial doit être précis et clair. Il est préférable d'éviter le conditionnel, qui fait naître des doutes, et de privilégier le présent ou le futur proche afin que le client se projette plus facilement.
Le commercial peut, selon les cas, soutenir son argumentaire avec des éléments visuels, un book de vente, des photos de produits, des articles de presse, des échantillons, des schémas, un diaporama, une démonstration, etc.

Mots clés Argumentaire • Argumentation • Avantages • Caractéristiques • Preuves

S'ENTRAÎNER AU BTS
Exercice 6 : p. 81

Savoir 21 Le traitement des objections

Cette étape de l'entretien de vente consiste à « convaincre » le client/prospect en prenant en compte ses éventuelles objections et en les traitant pour obtenir son adhésion.

1 Les différents types d'objections

Pour traiter les objections, le commercial doit savoir apprécier si elles sont fondées ou non et utiliser les techniques appropriées pour les réfuter.
On distingue plusieurs types d'objections que le commercial doit savoir reconnaître :

TYPES D'OBJECTIONS	CARACTÉRISTIQUES	ATTITUDES À ADOPTER
LES OBJECTIONS JUSTIFIÉES	Elles sont sincères et fondées, c'est-à-dire que le bien ou service proposé au client/prospect ne peut pas répondre à ses besoins.	Il faut les compenser par des arguments forts.
LES OBJECTIONS NON JUSTIFIÉES	Elles sont sincères car émises de bonne foi, mais elles sont non fondées.	Il faut apporter des éclaircissements supplémentaires au client/prospect sur la proposition qui lui a été faite.
LES OBJECTIONS « PRÉTEXTES »	Elles ne sont pas sincères mais fondées : elles sont justifiées et volontairement grossies par le client/prospect.	Il faut les ignorer ou les minimiser.
LES OBJECTIONS « FAUSSE BARBE »	Elles ne sont ni sincères ni fondées. Elles sont utilisées par le client/prospect pour se défendre ou en vue de déstabiliser l'interlocuteur.	Il faut faire diversion ou ignorer le propos pour que le client/prospect s'exprime davantage.

2 Le traitement des objections

2.1. L'acceptation et la valorisation

Il est conseillé de laisser le client/prospect exprimer son objection tout en soulignant son intérêt sans l'interrompre. Pour éviter tout conflit, le commercial doit s'interdire d'être trop réactif, et faire preuve d'écoute et d'empathie.

EXEMPLE « Vous avez raison, la solidité est en effet un point important... »

2.2. L'approfondissement

Il faut chercher à comprendre le contenu et les raisons de l'objection afin de savoir si elle est fondée ou non fondée. Pour cela, il faut poser des questions d'approfondissement au client/prospect.

EXEMPLES « C'est-à-dire ? », « Dites-m'en plus. »

2.3. L'adoption de stratégies

LA STRATÉGIE D'INFORMATION	Elle est à utiliser lorsque l'objection est sincère et non fondée, c'est-à-dire lorsque le reproche fait au produit n'est pas justifié. Il faut donc argumenter en expliquant davantage et en donnant des preuves.
LA STRATÉGIE D'ACCEPTATION	Il faut l'utiliser si l'objection est sincère et fondée, c'est-à-dire si le reproche fait au produit est justifié, et compenser en rappelant d'autres avantages. EXEMPLE « Oui, notre produit est plus cher, mais... »
LA STRATÉGIE D'IGNORANCE OU DE MINIMISATION	Elle est à utiliser lorsque l'objection est non sincère, c'est-à-dire lorsque le reproche n'est qu'un prétexte pour réduire la portée de l'objection.

2.4. L'utilisation de techniques

Il est nécessaire de personnaliser le traitement par rapport à la situation du client/prospect et il est possible d'utiliser d'autres techniques :

TECHNIQUES	DESCRIPTIONS	EXEMPLES	
		CLIENT	VENDEUR
LE BOOMERANG	Appuyer sur ce que le client vient de dire.	« J'ai déjà un fournisseur. »	« C'est la raison pour laquelle je voulais vous rencontrer. »
L'AFFAIBLISSEMENT	Diminuer la force de l'objection.	« Je ne suis pas intéressé. »	« Si je comprends bien, vous hésitez encore... »
LA COMPENSATION	Compenser l'objection par un autre avantage.	« Ce n'est pas esthétique. »	« Je comprends votre point de vue mais avec ce produit, vous pourrez... »
LA REFORMULATION INTERROGATIVE	Reprendre l'objection sous la forme d'une question.	« Je vais perdre du temps. »	« En fait, vous vous demandez... C'est bien cela ? »
LE TÉMOIGNAGE	S'appuyer sur le témoignage d'un client.	« Votre société n'est pas connue. »	« Voici quelques-uns de nos clients... »
L'IMPLICATION	Amener le client à répondre lui-même à l'objection.	« Votre offre est inadaptée à ma clientèle ? »	« D'après vous, qu'est-ce qui serait de nature à convaincre vos clients ? »

Il faut enfin s'assurer de l'adhésion du client/prospect par une question de contrôle, sinon l'objection peut revenir plus tard.

EXEMPLE « Ai-je répondu à votre attente ? »

Mots clés Écoute • Empathie • Objections justifiées • Objections non justifiées

Savoir 22 La présentation et la défense du prix

Le respect des étapes précédentes permet d'aborder le prix en rassurant le client/prospect sur la concordance du prix avec l'offre proposée.

1 La présentation du prix

Il ne faut pas présenter le prix trop tôt au cours de l'entretien de vente. Avant cela, il est en effet conseillé d'attendre que le client/prospect soit convaincu de l'intérêt de l'offre du commercial et d'avoir validé son adhésion à la solution proposée par une question de contrôle.
Il existe plusieurs techniques pour présenter un prix au client/prospect :

TECHNIQUES	DESCRIPTIONS	EXEMPLES
LA TECHNIQUE DE LA BOULE DE NEIGE	Elle consiste à annoncer le prix puis à rappeler quelques avantages importants pour le client/prospect.	« Pour 4 200 €, cette solution va améliorer vos performances, faire la différence avec vos concurrents tout en valorisant votre image de marque. »
LA TECHNIQUE DU SANDWICH	Elle consiste à rappeler un avantage puis à annoncer le prix avant de mentionner un autre avantage.	« Cette solution, qui va améliorer vos performances, est vendue au prix de 4 200 €. Elle va vous assurer un avantage concurrentiel capital. »

2 Les objections sur le prix

Le client ou prospect émet très fréquemment une objection sur le prix.

EXEMPLES « Le prix est trop élevé pour mon budget », « Ce prix est exagéré. »

Le commercial doit chercher à repérer si cette objection est fondée ou non et à comprendre la raison de cette objection.
Les objections lui permettent d'évaluer si le client a admis ou non que le prix correspond à la valeur matérielle et psychologique du bien ou du service.

3 La défense du prix

Le prix doit être assumé par le vendeur, qui doit être lui-même convaincu que ce prix est justifié par rapport aux caractéristiques du bien ou du service et des avantages matériels et symboliques qu'il pourra procurer au client/prospect.
Le commercial doit défendre son prix pour préserver :
- la marge et la rentabilité de l'entreprise ;
- l'image et la valeur psychologique du produit ;
- sa propre rémunération s'il reçoit une commission sur la marge réalisée.

Il doit estimer si la concession demandée est trop importante et s'il est prêt à prendre le risque de perdre le client.

4 Le traitement des objections sur le prix

Il existe plusieurs techniques pour réfuter les objections des clients sur le prix :

TECHNIQUES	DESCRIPTIONS	EXEMPLES
L'ISOLATION	Isoler le prix afin de s'assurer que le bien ou service en lui-même correspond bien aux attentes du client/prospect.	« Mis à part le prix, le produit vous convient-il ? »
L'ADDITION DES AVANTAGES	Rappeler les avantages acceptés pour justifier le prix.	« Vous bénéficiez en plus d'une garantie de 2 ans. »
LA SOUSTRACTION	Souligner une perte d'argent en cas de non-achat immédiat.	« Ce prix n'est encore valable que quelques jours. »
LA MULTIPLICATION	Amplifier les avantages en les multipliant par leur durée d'utilisation.	« Avec ce modèle, vous économisez 1 litre au 100, soit 1 200 litres sur 3 ans. »
LA DIVISION	Diviser le prix du produit par sa durée d'utilisation.	« Cet abonnement revient à 1 euro par jour. »

Le commercial doit donc, suite à l'objection émise par le client sur le prix, s'assurer que le produit convient bien à son interlocuteur en l'interrogeant.

EXEMPLE « Ma proposition vous convient-elle ? »

Le cas échéant, le commercial doit tenter de comprendre pourquoi son interlocuteur trouve le prix trop élevé en le questionnant.

EXEMPLES « Qu'est-ce qui vous fait penser que le prix est trop élevé ? », « Cher ? Par rapport à quoi ? »

Le commercial doit, si besoin, expliquer, justifier ou relativiser le prix.
Si, malgré ses explications, le client/prospect continue d'être réticent, le commercial peut envisager d'effectuer une remise raisonnable en ne dépassant pas sa marge de manœuvre. Lorsque le vendeur accorde une remise, il peut demander une contrepartie au client.

EXEMPLES Paiement au comptant, recommandations de proches.

Mots clés Objection • Prix • Remise • Technique de la boule de neige • Technique du sandwich

S'ENTRAÎNER AU BTS
Exercice 7 : p. 81

Savoir 23

La négociation du prix et la préservation de la marge

Au cours de la négociation du prix, le commercial recherche le maximum de rentabilité dans sa vente. Il mesure sa marge pour connaître sa marge de manœuvre.

NÉGOCIATION-VENTE

1 La marge commerciale

La marge commerciale correspond au gain brut réalisé par l'entreprise par rapport à ses achats.

Marge commerciale = Prix de vente HT – Prix d'achat HT

EXEMPLE Une entreprise vend 124,58 € HT une paire de chaussures qu'elle a achetée 100 € HT. La marge commerciale est de : 124,58 – 100 = 24,58 €.

2 Le taux de marge

Le taux de marge correspond à la marge commerciale exprimée en pourcentage du coût d'achat.

$$\text{Taux de marge} = \frac{\text{Marge commerciale}}{\text{Prix d'achat HT}} \times 100$$

EXEMPLE Un magasin de matériel de sports d'hiver revend 300 € TTC des chaussures de ski qu'il a achetées 200 € à un commerçant. Le taux de TVA est de 20 %.
PV HT = 300 / 1,20 = 250 €

Marge commerciale = 250 – 200 = 50 €

Taux de marge = (50 / 200) × 100 = 25 %

3 Le taux de marque

Le taux de marque correspond à la marge exprimée en pourcentage du prix de vente HT.

$$\text{Taux de marge} = \frac{\text{Marge commerciale}}{\text{Prix de vente HT}} \times 100$$

EXEMPLE (SUITE) Taux de marque = (50 / 250) × 100 = 20 %. La marge est de 20 % du PV.

4 Le coefficient multiplicateur

Le coefficient multiplicateur permet le calcul rapide du prix de vente TTC (prix indiqué sur l'étiquette dans le point de vente) à partir du prix d'achat HT.

$$\text{Coefficient multiplicateur} = \frac{\text{Prix de vente TTC}}{\text{Prix d'achat HT}} \times 100$$

Prix de vente TTC = Prix d'achat HT × Coefficient multiplicateur

EXEMPLE (SUITE) PV TTC = 250 × 1,20 = 300 €

5 L'incidence des réductions sur la marge

Lors de la négociation, le commercial peut accorder à son client des réductions ou un escompte, par exemple en contrepartie d'une quantité achetée plus importante :

	DÉFINITIONS	EXEMPLES
LA REMISE	Réduction accordée en fonction de la quantité commandée par le client ou de l'importance du client pour l'entreprise.	– Un produit acheté, le deuxième offert. – 20 % de remise pour un client fidèle qui commande régulièrement.
LA RISTOURNE	Geste commercial calculé sur le montant total des ventes réalisées avec un client sur une période déterminée. La ristourne prend souvent la forme d'un avoir.	Un client a commandé des fournitures pour 78 000 € HT au cours de l'année N et on lui accorde une ristourne annuelle de 2 % sur cette somme.
LE RABAIS	Réduction accordée au client en compensation d'un dysfonctionnement, d'un défaut ou d'une erreur sur le produit.	Réduction de 10 % sur le prix d'un canapé en raison d'un pied abîmé.
L'ESCOMPTE	Réduction pour les clients qui règlent au comptant.	5 % d'escompte si le client paye le canapé en une seule fois.

Les réductions commerciales et l'escompte ont pour effet de diminuer la marge commerciale réalisée sur les ventes.

EXEMPLE Le commercial accorde une remise de 20 % sur la vente d'un véhicule au prix HT de 18 000 €.
18 000 × 20 % = 5 400 €. Il diminue le prix de 5 400 € et également sa marge.

Lorsqu'il accorde la réduction au client, le commercial doit donc veiller à maintenir sa marge globale sur la vente en fonction des quantités commandées. Il doit se poser la question suivante : « Quelle réduction puis-je accorder au client tout en conservant la marge totale ? »

EXEMPLE (SUITE) Le commercial peut accorder une remise de 20 % pour l'achat de deux véhicules : (18 000 × 2) × 20 % = 7 200 €, soit 3 600 € par véhicule.

La diminution de la marge peut être compensée lorsque ces réductions rendent les produits plus attractifs ou lorsqu'elles permettent d'accroître les quantités commandées.

Mots clés Coefficient multiplicateur • Escompte • Marge commerciale • Rabais • Remise • Ristourne • Taux de marge • Taux de marque

S'ENTRAÎNER AU BTS
Exercices 8, 9, 10, 11 : p. 81-82

Savoir 24

La conclusion de la vente

La dernière étape de la négociation, appelée « conclusion », permet de concrétiser un accord entre le vendeur et l'acheteur. La relation mise en place avec un client se poursuivra dans le temps et préparera la vente suivante avec ce même client.

1 La finalisation de la négociation

1.1. Les signaux d'achat

La conclusion peut être redoutée par le vendeur s'il manque d'assurance ou craint un refus de la part de son client. Il doit donc être à l'écoute et professionnel pour détecter les signaux d'achat lui signalant le moment de conclure.
Les signaux d'achat sont de deux types :

SIGNAUX	DÉFINITIONS	EXEMPLES
VERBAUX	Phrases ou questions du client qui montrent qu'il a pris une décision.	– Question sur les conditions de vente – Argumentation du client sur le produit – Question sur les conditions d'utilisation
NON VERBAUX	Modification dans la posture, les gestes, les mimiques qui traduisent une ouverture ou de la détente.	– Les jambes se décroisent. – Les mains s'ouvrent. – Le client hoche la tête positivement.

1.2 Les étapes du processus de conclusion

ÉTAPE 1	Résumé des principaux avantages acceptés par le client. Si le client montre une réticence, reformuler les autres avantages acceptés ou un avantage nouveau.	
ÉTAPE 2	La conclusion directe	Formulation directe de la proposition : « Ce logiciel est celui qui vous convient le mieux, n'est-ce pas ? »
	La conclusion alternative	Le commercial propose deux solutions : « Préférez-vous le logiciel pour 5 utilisateurs ou celui avec un nombre illimité d'utilisateurs ? »
	La conclusion implicite	Le commercial fait comme si le client avait pris sa décision : « Je vous propose de mettre en service ce logiciel dès demain... »
ÉTAPE 3	Proposition : – soit d'une vente additionnelle : proposer au client un autre produit qui n'a pas de rapport avec celui ou ceux qu'il achète ; – soit d'une vente complémentaire : proposer au client un bien ou un service complémentaire à celui qu'il achète (ex. : un contrat d'entretien).	
ÉTAPE 4	Calcul du montant de la commande HT et TTC, négociation des conditions de règlement, remplissage du bon de commande, du devis, puis signature par le client.	

1.3. La prise de congé

Deux cas de figure sont possibles :

EN CAS DE VENTE RÉUSSIE	Le commercial félicite le client sur son choix et le remercie. Pour préparer une autre visite, il montre sa disponibilité en lui remettant sa carte de visite et/ou en fixant un rendez-vous, puis salue le client.
EN CAS DE VENTE NON RÉUSSIE	Le commercial reste souriant et remercie le client pour le temps qu'il lui a accordé. Il prépare une prochaine visite ou une relance en lui remettant sa carte de visite. Enfin, il salue le client sans précipitation.

2 La concrétisation de la commande

2.1. Le bon de commande

Le bon de commande valide la transaction et concrétise la décision d'achat de l'acheteur. Comme la facture, il doit obligatoirement comporter :
- l'identification du vendeur et celle du client ;
- la description de la commande (biens/service, quantité, durée, montants HT, TTC, TVA) ;
- les modalités de paiement et de livraison.

Il est signé par les deux parties.

2.2. Les conditions générales de vente (CGV)

Les CGV représentent les éléments juridiques de la négociation. Elles doivent être communiquées à tout client qui en fait la demande. Elles mentionnent : les modalités de livraison, les réductions de prix (rabais, remises et ristournes), les conditions de règlement (délais et pénalités de retard).

2.3. La taxe sur la valeur ajoutée (TVA)

La TVA est un impôt indirect sur la consommation facturée au consommateur final lors de l'achat d'un bien ou d'un service. Les entreprises la collectent et la reversent à l'administration fiscale.

Montant de la TVA = Prix de vente HT × Taux de TVA/100
Prix de vente TTC = Prix de vente HT × (1 + Taux de TVA/100)

Il existe 4 taux de TVA :

LE TAUX NORMAL : 20 %	Il concerne la majorité des biens et des services.
LE TAUX INTERMÉDIAIRE : 10 %	Restauration, produits alimentaires préparés, transports...
LE TAUX RÉDUIT : 5,5 %	Produits alimentaires non préparés, électricité...
LE TAUX SUPER RÉDUIT : 2,1 % (MÉTROPOLE)	Presse, médicaments...

2.4. Le calcul du montant de la commande

Montant de la commande brut HT = Quantité × Prix unitaire HT
Montant net à payer TTC = Montant net HT + TVA

Les réductions sont retirées du montant HT, puis l'escompte. On ajoute les frais de livraison avant d'ajouter la TVA.

Mots clés Bon de commande • CGV • Conclusion • Prise de congé • Signaux d'achat • TVA

Savoir
25 L'évaluation du risque client

Le commercial collecte des renseignements sur la santé financière de son futur partenaire (client, distributeur et parfois fournisseur). La lecture du bilan lui permet d'obtenir des informations complémentaires sur les risques de travailler ou non avec ce partenaire.

1 Le bilan comptable

Le bilan comptable est une « photographie » à une date donnée (souvent au 31 décembre) du patrimoine de l'entreprise : ce qu'elle possède (actif) et ce qui a financé ce qu'elle possède (passif).

ACTIF	PASSIF
Actif immobilisé Il regroupe les possessions durables de l'entreprise. Ces immobilisations peuvent être : – corporelles (immeuble, machine...) ; – incorporelles (brevet...) ; – financières (vente d'un terrain...). **Actif circulant** Il varie en fonction de l'activité commerciale et regroupe les valeurs qui « circulent », c'est-à-dire qui ne sont pas destinées à rester durablement dans l'entreprise : – stocks ; – créances clients ; – disponibilités (argent dont dispose une entreprise sur un compte bancaire, dans sa caisse...).	**Capitaux propres** Fonds propres de l'entreprise et de ses actionnaires (capital, réserves, résultat...) **Dettes** Ressources que l'entreprise doit rembourser à plus ou moins long terme (emprunts, dettes fournisseurs, dettes fiscales et sociales...)
Total Actif : il doit être égal au total du passif pour que le bilan soit équilibré.	**Total Passif :** il doit être égal au total de l'actif.

La lecture du bilan d'une entreprise donne des informations sur sa santé financière : résultat, trésorerie.

EXEMPLE

ACTIF	Brut	Amort.	Net N	Net N-1	PASSIF	N	N-1
Immobilisations	98 915	63 522	35 393	44 840	Capital	76 225	76 225
Stocks de marchandises	42 090		42 090	27 500	Réserves	366	366
Créances clients	8 897		8 897	7 749	Report à nouveau	– 11 396	– 12 653
Caisse	383		383	390	Résultat	– 6 327	1 258
					Emprunts	5 793	6 403
					Dettes	9 392	6 726
					Banque	12 708	2 154
Totaux	**150 285**	**63 522**	**86 763**	**80 479**	**Totaux**	**86 761**	**80 479**

Les résultats ne sont pas satisfaisants : en N-1, l'entreprise dégage un bénéfice minime de 1 258 € et en N, elle enregistre une perte de – 6 327 €. Le stock de marchandises s'accroît, bien que les achats aient diminué. L'entreprise ne vend pas suffisamment.

2 Le bilan fonctionnel

Pour estimer au mieux le risque de défaillance du partenaire (principalement le non-paiement des factures), une analyse financière est nécessaire *via* le bilan fonctionnel établi en reclassant et réorganisant les postes du bilan comptable.

ACTIF	PASSIF
Emplois stables Biens durables (prix d'acquisition) en valeur brute (immobilisations incorporelles + corporelles + financières)	**Ressources stables** Sources de financement à long terme : capitaux propres, dettes à long terme...
Actif circulant Stocks et créances clients en valeur brute	**Dettes circulantes** Dettes liées à l'activité de l'entreprise : dettes fournisseurs, fiscales, sociales...
Trésorerie active Disponibilités brutes : liquidités détenues par l'entreprise	**Trésorerie passive** Dettes bancaires que l'entreprise doit rembourser à court terme : découverts bancaires et concours bancaires
Total Actif	Total Passif

3 L'analyse du bilan fonctionnel

Le bilan fonctionnel permet de calculer 3 indicateurs qui permettent de connaître de manière plus précise la situation financière de l'entreprise.

LE FONDS DE ROULEMENT NET GLOBAL (FRNG)	Excédent de ressources stables par rapport aux emplois stables. Un FRNG positif est un signe de bonne santé financière. FRNG = Ressources stables – Emplois stables
LE BESOIN EN FONDS DE ROULEMENT (BFR)	Décalage entre les décaissements (dépenses) et les encaissements (paiement des clients). Si le BFR est positif, l'entreprise a donc un besoin de financement, mais qui peut être compensé par l'excédent de FRNG. BFR = Actif circulant – Dettes circulantes
LA TRÉSORERIE NETTE	Somme qui reste à l'entreprise après qu'elle a financé son activité pour faire face aux décaissements imprévus. Trésorerie nette = Trésorerie active – Trésorerie passive

4 L'analyse par les ratios

Pour affiner l'analyse du risque client, il est possible de calculer des ratios :

INDÉPENDANCE FINANCIÈRE	Ce ratio mesure le degré d'endettement. S'il est < 0,5, l'entreprise est surendettée. Ratio d'indépendance financière = Capitaux propres / Ressources stables
LIQUIDITÉ DE L'ACTIF	Ce ratio mesure la capacité à dégager des disponibilités rapidement pour faire face à un problème (ex. : combler un découvert). Ratio de liquidité de l'actif = (Actif circulant + Trésorerie) / Passif circulant

Mots clés Actif • BFR • Bilan comptable • Bilan fonctionnel • FRNG • Passif • Ratios

S'ENTRAÎNER AU BTS
Exercice 13 : p. 83

Savoir 26 Le règlement de la commande et le suivi de la relation client

Lors de la conclusion de la négociation, le commercial peut proposer des conditions de paiement et des solutions de financement afin que le client puisse régler le bien ou service qu'il souhaite acheter. Il veille ensuite au respect des délais, du paiement et de la satisfaction du client pour établir une relation durable avec lui.

1 Les conditions de paiement

1.1. Le paiement au comptant ou à crédit

Le client peut payer sa commande :

AU COMPTANT	Paiement dans un délai relativement bref (15 jours en moyenne) par chèque, virement ou carte de paiement. Le commercial peut proposer une réduction financière appelée « escompte » (de 1 % à 3 % du montant de la facture).
À CRÉDIT	Paiement entre 30 et 60 jours après réception de la marchandise ou maximum 45 jours fin de mois après émission de la facture. Ce paiement différé peut être utilisé comme argument commercial.

1.2. L'impact du paiement à crédit pour l'entreprise

En accordant un crédit à un client, l'entreprise joue le rôle de banquier auprès de son client. Ce décalage entre les dépenses engagées et les sommes encaissées peut être difficile à gérer pour l'entreprise.
Face à cette situation, l'entreprise peut avoir recours à différentes solutions :

LA FACILITÉ DE CAISSE	Autorisation de découvert bancaire.
L'AVANCE SUR FACTURE (AFFACTURAGE)	Financement des créances par un organisme spécialisé en contre-partie d'une commission.
LE CRÉDIT DE TRÉSORERIE	Emprunt bancaire à court terme. $I = C \times (i / 100) \times (j / 360)$ Avec I = montant des intérêts, C = capital prêté, i = taux d'intérêt annuel et j = durée du prêt évaluée en nombre de jours. EXEMPLE Un magasin de matériel de bâtiment pour les professionnels emprunte 12 000 € sur 60 jours au taux annuel de 3,5 %. Le montant des intérêts sera de : $I = 12\,000 \times 0{,}035 \times (60 / 360) = 70$ €.

2 Les solutions de financement proposées aux clients

Pour financer un investissement comme des biens d'équipement, le commercial peut proposer plusieurs possibilités de financement à son client.

2.1. L'emprunt

L'entreprise fait appel à un organisme financier pour proposer au client d'emprunter une somme d'argent afin de financer son achat et de devenir propriétaire du bien.

Le client rembourse chaque mois (ou trimestre) un pourcentage de la somme empruntée et paye en contrepartie des intérêts. Il ne doit pas être trop endetté pour avoir recours à cette solution. Le commercial doit lui présenter un tableau d'amortissement de l'emprunt.
L'amortissement est la partie du capital à rembourser à chaque échéance (mois, trimestre...). L'annuité (ou mensualité) est le montant total à rembourser à chaque échéance.

Annuité = Amortissement + Intérêts

Si le client rembourse la même somme à chaque échéance, on peut calculer le montant de l'annuité à l'aide de la formule suivante :

$$\text{Annuité constante} = C \times i/[1 - (1 + i)^{-n}]$$

Avec C = capital emprunté, n = durée de l'emprunt et i = taux d'intérêt.

2.2. La location longue durée (LDD)

Le vendeur peut proposer la mise à disposition d'un bien moyennant le paiement d'un loyer pour une durée déterminée. L'entreprise bailleur reste propriétaire du bien. À l'issue du contrat de location, le locataire restitue le bien.
Les prestations d'assurance et d'entretien peuvent être intégrées au loyer.
Le contrat de location peut être assorti d'une possibilité d'achat en fin de contrat pour un montant prédéterminé lors de la signature. On appelle cette possibilité la location avec option d'achat (LOA), crédit-bail ou « *leasing* ».

3 Le suivi de la relation client

Cette phase vise à satisfaire et fidéliser le client afin de générer de nouvelles ventes.

SUIVRE LA FACTURATION, LA LIVRAISON ET ASSURER LE SERVICE APRÈS-VENTE	La facture, avec toutes les mentions obligatoires, est envoyée au client. L'entreprise s'assure auprès de celui-ci que le produit est livré dans les délais convenus, en conformité avec les termes du contrat, puis reste disponible afin que le client puisse la contacter en cas de problème sur le produit livré.
METTRE À JOUR LES INFORMATIONS CLIENTS	Les informations sur les clients sont actualisées pour préparer les actions futures à mener, informer régulièrement les clients sur les produits et la vie de l'entreprise, leur envoyer des invitations à des événements, des bons cadeaux ou des offres promotionnelles.
GÉRER LES LITIGES ET LES RÉCLAMATIONS	Le commercial doit : – prendre le temps d'écouter le client ; – reformuler les raisons du mécontentement ; – trouver une solution qui peut être accompagnée d'un geste commercial (remplacement du produit défectueux, avoir...).

Mots clés Amortissement • Annuité • Conditions de paiement • Emprunt • Litiges • Location longue durée • Réclamations

S'ENTRAÎNER AU BTS
Exercice 12 : p. 82

Savoir 27

Les stratégies de communication

La stratégie de communication représente un enjeu capital pour l'entreprise. Elle peut se mettre en place de différentes façons.

1 Les objectifs d'une stratégie de communication

Une stratégie de communication peut avoir un ou plusieurs objectifs :

OBJECTIF COGNITIF	Faire connaître l'entreprise, la marque, ses produits.
OBJECTIF AFFECTIF	Faire aimer la marque, un produit.
OBJECTIFS CONATIFS	Faire acheter, augmenter la fréquentation d'un site/d'un point de vente.

2 La communication média

La communication média désigne les actions publicitaires *via* les médias traditionnels de masse : télévision, radio, cinéma, Internet, presse, affichage publicitaire. Cette stratégie de communication « (at)tire » le client vers le produit (stratégie « pull »).

3 La communication hors média

La communication hors média regroupe les actions de communication qui ne s'effectuent pas en utilisant les médias traditionnels :
- les opérations de marketing direct (ex. : e-mailing, SMS-mailing, *phoning*) ;
- les actions de communication moins traditionnelles (ex. : *street marketing*) ;
- les techniques de promotion des ventes (ex. : jeu-concours) ;
- la communication événementielle (ex. : salon, foire).

La communication hors média privilégie la relation avec le consommateur, vers lequel elle « pousse » le produit (stratégie « push »). Elle va au-devant des clients sans attendre que ceux-ci se renseignent sur l'offre. On parle de « marketing *one to one* » car elle est davantage personnalisée que la communication média.

4 La communication digitale

La communication digitale regroupe l'ensemble des actions de communication menées *via* les supports digitaux : réseaux sociaux, site Internet, blog, forum, etc. L'avènement de ce nouveau type de communication rend la distinction entre communication média et communication hors média plus floue car l'entreprise peut aussi acheter des espaces publicitaires sur des sites Internet.
La communication digitale permet de créer une relation personnalisée avec les prospects. L'entreprise doit faire face à la très grande réactivité des internautes et publier régulièrement des contenus afin de les fidéliser et les transformer en ambassadeurs de la marque.

Mots clés : **Communication digitale • Communication événementielle • Communication hors média • Communication média • Salon • Stratégie « pull » • Stratégie « push »**

NÉGOCIATION-VENTE

Savoir 28 Les différents types d'événements commerciaux

L'entreprise peut organiser de nombreux événements commerciaux pour découvrir et rencontrer les clients, les fidéliser et/ou améliorer sa visibilité.

1 Les objectifs d'un événement

En organisant un événement, l'entreprise peut viser différents objectifs selon la cible définie : faire connaître ses activités (ses nouveaux produits, ses orientations stratégiques, etc.) pour développer sa notoriété, faire parler d'elle dans la presse ou sur les blogs, se différencier des concurrents, partager des expériences, renforcer l'esprit d'équipe, etc.
Un événement doit permettre de créer un lien avec les cibles, de faire vivre aux participants une expérience inoubliable.

2 Les cibles et les types d'événements

Le choix du type d'événement doit se faire en fonction de la cible retenue :

CIBLES	DESCRIPTIONS	TYPES D'ÉVÉNEMENTS
LE GRAND PUBLIC	Consommateurs, citoyens.	Spectacle, concert, festival, opération de *street marketing*, salon.
LES PROFESSIONNELS	Entreprises clientes, actionnaires, partenaires.	Salon, séminaire, journée clients.
LA PRESSE	Journalistes, blogueurs, influenceurs.	Conférence de presse, soirée, congrès, déjeuner de presse.
LE PUBLIC INTERNE	Salariés de l'entreprise, manager.	Séminaire, congrès.

3 Les salons

Un salon peut permettre :
- de prospecter et/ou de fidéliser des clients, de développer des partenariats ;
- de développer les ventes en finalisant de nouveaux contrats ;
- d'améliorer la visibilité et la notoriété de l'entreprise ;
- de présenter et de faire essayer de nouveaux produits, etc.

Il existe trois types de salons :

LE SALON PROFESSIONNEL	Il est réservé aux professionnels du secteur qui y sont invités EXEMPLE Le Salon des professionnels du marketing digital.
LE SALON GRAND PUBLIC	Il s'adresse à tous les consommateurs et leur propose la vente directe de biens ou services EXEMPLE Le Salon de l'automobile.
LE SALON VIRTUEL	Il se déroule en ligne, sans que les participants n'aient à se déplacer EXEMPLE Le Salon virtuel des entrepreneurs.

4 Les animations commerciales

Les animations commerciales peuvent permettent de développer le trafic d'un magasin ou d'un site marchand, d'attirer ou de fidéliser les clients, de générer des ventes, d'améliorer la notoriété et l'image de la marque.
On distingue plusieurs types d'animations commerciales :

LES JOURNÉES PORTES OUVERTES (JPO)	Journées pendant lesquelles une entreprise ouvre ses portes au grand public ou à des prospects. Leur but est de créer du lien entre les collaborateurs de l'entreprise et les clients. Des animations peuvent être organisées tout au long de cet événement : spectacle, cocktail, présentation, etc. EXEMPLE Renault organise chaque année des journées portes ouvertes durant tout un week-end dans l'ensemble de ses concessions et propose aux visiteurs de découvrir les nouveaux modèles de la marque, de bénéficier d'offres promotionnelles. De nombreuses animations y sont organisées.
LE *ROADSHOW*	Tournée promotionnelle itinérante dans plusieurs villes, souvent organisée à l'occasion du lancement d'un nouveau produit ou d'une campagne promotionnelle. Elle peut être animée par des conférences, des spectacles, des actions de *street marketing*, des distributions d'échantillons, des démonstrations de produits, etc. L'objectif est d'aller à la rencontre du public, de faire découvrir les produits et de marquer les esprits par son aspect spectaculaire. EXEMPLE Pour le lancement de la nouvelle canette Slim Can 33 cl, Perrier a organisé durant l'été une tournée promotionnelle de 15 jours dans plusieurs villes avec distributions d'échantillons, organisation de dégustations, animations, etc.
LE MAGASIN ÉPHÉMÈRE OU *POP-UP STORE*	Point de vente installé pour une courte durée, souvent dans un centre commercial ou un grand magasin. Le *pop-up store* peut permettre à une marque de renforcer le lien avec les consommateurs, de tester de nouveaux marchés tout en limitant les investissements et de se faire connaître. La scénarisation des produits doit créer une atmosphère et immerger le consommateur dans l'univers de la marque. EXEMPLE Le *pop-up store* Magnum, installé pendant l'été dans le cœur de Paris, propose aux clients de créer leur glace « sur mesure ».
LES ANIMATIONS DIGITALES	Animations commerciales et promotionnelles en ligne, sur le site Internet de l'entreprise ou sur les réseaux sociaux. EXEMPLES Site éphémère, événement ou jeu-concours Facebook, webinaire (conférence en ligne), etc.

Mots clés Journées portes ouvertes • Magasin éphémère • Pop-up store • Roadshow • Salon grand public • Salon professionnel • Salon virtuel

Savoir 29 Le calcul des coûts commerciaux

Lorsque l'entreprise décide d'organiser un événement ou une opération commerciale, elle doit en évaluer le coût, constitué de toutes les dépenses nécessaires pour organiser l'action commerciale. Cela lui permet d'en évaluer la faisabilité financière.

1 Les charges directes et indirectes

LES CHARGES DIRECTES	Elles concernent un seul bien ou service. EXEMPLES La location d'un stand, l'achat de matériel pour l'événement.
LES CHARGES INDIRECTES	Elles concernent plusieurs actions ou produits. Elles sont affectées au coût de l'opération de manière proportionnelle à leur utilisation. EXEMPLES Les salaires, les charges sociales du personnel, le loyer des locaux de l'entreprise.

2 Les charges fixes et variables

LES CHARGES FIXES (CF)	Elles n'ont pas de lien avec l'activité. Leur montant reste donc le même quel que soit le niveau de l'activité. EXEMPLES Les loyers, les salaires fixes, les frais de fonctionnement (chauffage, téléphone, entretien…).
LES CHARGES VARIABLES (CV)	Elles varient suivant l'ampleur de l'activité de l'entreprise. Leur montant est donc proportionnel au niveau d'activité ou à l'importance de l'opération. EXEMPLES Les achats de marchandises ou de matières premières, les commissions des commerciaux et les charges sociales liées, les frais de logistique ou d'expédition.

3 Le calcul du coût de revient des produits

Un coût est la somme de plusieurs charges. Le coût de revient correspond à la somme de toutes les charges directes et indirectes occasionnées par :
- les achats (coût d'achat) ;
- la production du produit (coût de production) ;
- la distribution du produit (coût de distribution) ;

$$\text{Coût de revient} = \frac{\text{Charges directes} + \text{Charges indirectes}}{\text{Quantité produite}}$$

Mots clés Charges directes • Charges fixes • Charges indirectes • Charges variables • Coût de revient

S'ENTRAÎNER AU BTS
Exercice 14 : p. 84

Savoir 30

La rentabilité d'un événement commercial

Un événement commercial devient rentable quand les coûts sont inférieurs au chiffre d'affaires qu'il dégage. Il est possible d'évaluer sa rentabilité prévisionnelle grâce au calcul du seuil de rentabilité.

1 L'analyse du compte de résultat différentiel

Le seuil de rentabilité (SR) est le chiffre d'affaires minimum que l'entreprise doit réaliser pour que l'opération commerciale soit rentable. Le calcul du SR se base sur l'analyse du compte de résultat différentiel, qui permet de mettre en évidence :

	DESCRIPTIONS	CALCULS
LA MARGE SUR COÛT VARIABLE (MCV)	Somme qui reste à l'entreprise après déduction des charges variables.	MCV = CA HT – CV
LE TAUX DE MARGE SUR COÛT VARIABLE (TMCV)	Taux de marge dégagé pour 100 € de CA. Il sert à calculer le seuil de rentabilité.	$TMCV = \frac{MCV}{CA\ HT} \times 100$
LE RÉSULTAT (R)	CA HT dont on a déduit les charges fixes et variables.	R = CA – CV – CF ou R = MCV – CF

EXEMPLE Compte de résultat différentiel :

ÉLÉMENTS	MONTANT	% DU CA
Chiffre d'affaires (CA)	80 000	100 %
– Charges variables (CV)	44 000	55 %
= Marge sur coût variable (MCV)	36 000	45 %
– Charges fixes (CF)	12 800	16 %
= Résultat	23 200	29 %

2 Le calcul du SR et du point mort

Le SR peut être calculé grâce à la formule suivante :

SR = Charges fixes / Taux de marge sur coût variable

On peut également le représenter graphiquement.
Le point mort est la date à laquelle est atteint le SR si l'activité est régulière.

Point mort = SR / CA moyen journalier

Mots clés : **Marge sur coût variable** • **Point mort** • **Résultat** • **Seuil de rentabilité** • **Taux de marge sur coût variable**

S'ENTRAÎNER AU BTS
Exercices 14, 15 : p. 84

Savoir 31 La planification et l'organisation d'un événement commercial

Afin de garantir le bon déroulement d'un événement commercial, celui-ci doit être organisé de manière rigoureuse, les équipes internes mobilisées et les moyens logistiques, matériels et financiers prévus en amont.

1 La préparation d'un événement commercial

La préparation d'un événement commercial suit plusieurs étapes :

DÉFINITION DES OBJECTIFS	Il faut définir précisément le ou les objectifs de l'événement : faire découvrir une nouvelle gamme de produits, améliorer l'image de l'entreprise, séduire des clients, partager des expériences, lancer un nouveau produit, échanger des connaissances…
DÉFINITION DE LA CIBLE	La cible doit être clairement définie : particuliers, professionnels, collaborateurs, journalistes…
CHOIX DU FORMAT	Il convient de choisir un format adapté à la cible et aux objectifs visés : salon, conférence, animation…
CHOIX DU THÈME	Il s'agit de trouver un thème qui saura interpeller et plaire à la cible.
CHOIX DE LA DATE	Il faut trouver une date « idéale » ne risquant pas d'être perturbée si l'événement se déroule en extérieur. EXEMPLE : conditions climatiques Selon les disponibilités des clients, l'opération peut se dérouler sur un week-end ou une journée (plutôt pour les particuliers). Pour recevoir une clientèle de professionnels, une journée en semaine peut suffire.
DÉFINITION DU PROGRAMME	Le programme doit être prévu longtemps à l'avance : déterminer les étapes de préparation et du déroulement de l'événement…
PRÉPARATION DES INVITATIONS ET DE LA COMMUNICATION	Il faut : – cibler les contacts à inviter ; – préparer le contenu des messages ; – choisir le support de diffusion (e-mailing, cartons d'invitation, *post* sur les réseaux sociaux, distribution de *flyers*…) ; – définir la fréquence d'envoi des messages.
ANTICIPATION DE LA LOGISTIQUE	Il peut s'agir de réserver un lieu, un traiteur, de prévoir des commandes de mobilier, de produits…
PRÉPARATION DES ÉQUIPES	Il est nécessaire de choisir et/ou de recruter et former les équipes dédiées à l'événement. Une ou des réunions d'échanges peuvent être organisées avec les équipes afin de les informer, de réfléchir à plusieurs, de prendre des décisions…

2 L'évaluation du budget de l'événement

Afin de calculer le budget alloué à l'événement, il est nécessaire d'estimer toutes les dépenses nécessaires à l'organisation de l'événement : coût des réservations, du traiteur, du mobilier, de la décoration, de l'assurance, etc.
Plusieurs hypothèses, avec une fourchette haute et basse ainsi qu'une colonne « Écart », sont présentées dans le budget.

L'écart se calcule grâce à la formule :

Écart = Dépenses réelles – Dépenses prévisionnelles

Une fois les différents coûts du projet estimés, l'entreprise doit faire des choix entre les différents prestataires (traiteur, etc.). Elle leur demande des devis puis les compare, en particulier pour les dépenses les plus importantes.

L'entreprise peut choisir de faire appel à une agence événementielle pour organiser l'événement. Une agence connaît très bien les prestataires et les prix pratiqués dans l'événementiel mais elle conserve une marge de 15 % sur les prestations.

Pour financer l'événement, l'entreprise organisatrice peut avoir recours à un sponsor, c'est-à-dire un partenaire qui lui apportera un soutien financier en échange de différentes formes de visibilité lors de l'événement (publicité, etc.).

3 La planification de l'événement

L'événement doit être planifié rigoureusement. La planification consiste à :
- lister les tâches avant, pendant et après l'événement ;
- estimer la durée de chacune des tâches ;
- classer les tâches par ordre chronologique (selon leur degré d'urgence) et les hiérarchiser selon leur importance.

Des outils permettent de faciliter la hiérarchisation des tâches (matrice Eisenhower) et la visualisation du planning des tâches (logiciel GanttProject).

4 Le déroulement et le suivi de l'événement commercial

Les hôtes/hôtesses d'accueil, les équipes de sécurité et la signalétique permettent d'assurer le bon déroulement de l'événement et la satisfaction des invités.

L'ACCUEIL	L'accueil doit être chaleureux et marquant pour les visiteurs, qu'ils soient particuliers ou professionnels (accueil VIP).
L'ANIMATION	L'animation doit rendre l'événement unique et exceptionnel. Il faut jouer sur la mise en scène et la dimension affective des participants. Il est important de faire participer les invités et de les impliquer. Un animateur, présentateur (ex. : célébrité, journaliste) ou conférencier peut être chargé d'animer l'événement. Les discours et les animations peuvent différer en fonction des invités.
LE SUIVI	Il convient de prévoir la campagne de remerciements, un questionnaire d'évaluation, une relance des contacts, de suivre les publications et les réactions des participants sur les réseaux sociaux.

Mots clés Agence événementielle • Animation • Budget • Planification

S'ENTRAÎNER AU BTS
Exercice 16 : p. 84

Savoir 32 L'animation de l'événement grâce au marketing expérientiel

Tout événement commercial doit faire vivre aux prospects/clients une expérience marquante, riche en émotions et qui leur laissera une bonne image de l'entreprise.

1 La notion d'expérience client

L'expérience client désigne l'ensemble des sentiments et émotions ressentis par le client durant tout son parcours d'achat : avant, pendant et après l'achat.
Elle a un impact fort sur la satisfaction et la fidélisation des clients.

2 Le marketing expérientiel

Le marketing expérientiel a pour objectif de faire vivre une expérience unique au client. Il s'appuie sur le marketing sensoriel, qui vise à éveiller les cinq sens du client (le toucher, l'ouïe, la vue, le goût, l'odorat) et sur le marketing immersif, qui consiste à plonger le client dans un univers. Il bouleverse la relation client-vendeur et fait souvent largement appel aux supports et outils digitaux.

EXEMPLES Lunettes 3D, vidéos, casque de réalité augmentée, etc.

3 La mise en place d'un événement expérientiel

Afin de mettre en place un événement expérientiel, il faut prévoir :
– une théâtralisation, c'est-à-dire une mise en scène de l'offre, du service ou du point de vente qui saura surprendre et procurer des émotions au client ;
– la possibilité pour le client de toucher le produit et de participer à l'expérience afin que celui-ci se sente impliqué.

EXEMPLE Dans certains de ses magasins, la marque Lego propose à ses clients de les prendre en photo pour qu'ils fabriquent eux-mêmes leur portrait en briques Lego.

Il faut ensuite inciter le client à partager son expérience (sur les réseaux sociaux, les blogs, etc.) afin qu'il devienne un ambassadeur de la marque.
Afin de mettre en place un événement expérientiel, il est nécessaire :
– d'anticiper en amont les investissements nécessaires, les coûts pouvant être très élevés ;
– de définir précisément la cible visée car ce type d'événement n'est pas forcément adapté à toutes les cibles (par exemple, les professionnels).

Mots clés Expérience client • Marketing expérientiel • Marketing immersif • Marketing sensoriel • Théâtralisation

Savoir 33

L'évaluation des résultats d'un événement

Un événement étant un investissement financier et humain pour l'entreprise organisatrice, celle-ci doit pouvoir en mesurer les résultats et l'efficacité. L'évaluation sera à la fois qualitative et quantitative.

NÉGOCIATION-VENTE

1 L'évaluation en interne

Le premier bilan de l'événement peut être réalisé en interne, en interrogeant les collaborateurs qui ont participé à son organisation et en rédigeant une analyse écrite de la manifestation (qui en rappelle les objectifs, les participants, les détails). Il convient d'y intégrer les points positifs et négatifs de l'organisation ainsi que les axes d'amélioration.
Cette analyse doit être réalisée dès la fin de l'événement. Elle permettra d'améliorer les futures opérations.

2 L'évaluation de la satisfaction des participants

Dans un premier temps, il est important de remercier les participants pour leur présence lors de l'événement.
Il faut ensuite recueillir leurs avis et évaluer leur satisfaction en leur proposant de remplir une enquête de satisfaction à la fin de l'événement.

EXEMPLES Questionnaire en ligne accessible avec un QR Code, questionnaire envoyé par mail.

Des questions variées permettent de connaître l'avis des participants.

EXEMPLE Demander de noter sur une échelle de 1 à 4, par exemple, la qualité de l'organisation, la logistique, la documentation distribuée, le choix des sujets, des intervenants et des animations.

Un rapport d'étonnement pourra aussi leur être soumis pour leur demander des suggestions d'amélioration en vue de l'organisation de futurs événements.

3 L'évaluation de la participation et des retombées

Pour affiner son évaluation, l'entreprise peut utiliser un certain nombre d'indicateurs quantitatifs utilisés pendant ou après l'événement :

LE NOMBRE DE PARTICIPANTS	Nombre de personnes concernées par l'événement
LE TAUX DE RÉPONSE	Nombre de personnes ayant répondu présent / Nombre d'invités
LE TAUX DE PRÉSENCE	Nombre de personnes présentes / Nombre de personnes ayant répondu présent
LE TAUX DE SATISFACTION	Nombre de participants satisfaits / Nombre de personnes présentes

Les retombées, c'est-à-dire les conséquences et l'écho qu'a pu générer un événement auprès de son public et de la presse, peuvent se mesurer à l'aide :
- d'indicateurs quantitatifs : nombre de mentions « J'aime », de pages partagées, de commentaires, nombre de visites sur le site suite à l'événement, nombre d'articles publiés sur l'événement, etc. ;
- d'indicateurs qualitatifs : ton et nature des commentaires et des articles, notoriété de celui qui a écrit la publication sur l'événement, etc.

Ces indicateurs permettent d'évaluer l'impact de l'événement sur la notoriété et l'image de l'entreprise.

4 L'évaluation de la performance commerciale de l'événement

4.1. Les indicateurs de prospection et de vente

Afin d'évaluer la performance et l'efficacité de l'événement en termes d'acquisition de nouveaux clients et de ventes, les indicateurs suivants peuvent être analysés :
- le nombre de contacts qualifiés collectés lors de l'événement ;
- le nombre de rendez-vous obtenus suite à l'événement ;
- le nombre de ventes générées par l'événement.

4.2. Le calcul du retour sur investissement (ROI)

Le calcul du ROI permet d'évaluer les retombées financières d'un événement.

ROI = Ventes générées / Coût de l'événement
Ou ROI = Marge nette / Coût de l'événement

EXEMPLE Une entreprise investit 25 000 € dans l'organisation d'un événement. Elle évalue que les clients devenus *leads* dépenseront 100 000 € dans les 6 mois suivant l'opération. L'estimation du ROI est donc de : 100 000 / 25 000 = 4. Cela signifie que pour 1 € dépensé, l'entreprise récupérera 4 €.

5 La réalisation du bilan global de l'événement

Afin de dresser un bilan de l'événement, il est nécessaire :
- de choisir et de synthétiser les indicateurs pertinents dans un tableau de bord ;
- de réaliser une analyse de ces indicateurs, qui consiste à les comparer aux objectifs fixés afin de voir s'ils ont été atteints, d'un point de vue quantitatif et qualitatif.

Il faut également comparer le coût global effectif de l'événement avec le budget prévisionnel qui avait été défini en amont afin d'identifier les éventuels écarts.

Si l'événement a lieu plusieurs années de suite, on peut aussi suivre l'évolution des résultats d'une année sur l'autre. Cette analyse permettra de décider s'il est judicieux ou non de le reconduire l'année suivante et d'identifier les éventuels points à améliorer.

Mots clés Évaluation • Performance • Rapport d'étonnement • Retombées • Retour sur investissement (ROI) • Satisfaction

Savoir 34

Le principe et les types de veille

Une entreprise doit rester à l'écoute de son secteur d'activité, des clients, des tendances, des nouveaux produits, etc. Pour cela, elle peut mettre en place une démarche de veille.

1 La veille

La veille est une démarche de collecte, de traitement et de diffusion de l'information dans le but d'améliorer le développement de l'entreprise par la connaissance de son environnement.

EXEMPLE Pour comprendre la position concurrentielle de son entreprise de vélos électriques, le commercial collecte des informations sur les sites de ses concurrents. Il traite et analyse l'information pour argumenter face aux clients sur les avantages de ses produits.

2 Les types de veille

En fonction de l'objectif visé, différents types de veille peuvent être mis en place :

TYPES DE VEILLE	PRINCIPES ET OBJECTIFS
LA VEILLE JURIDIQUE	Elle étudie les modifications des règlements et de la législation (lois, décrets...) concernant le marché, les biens et services afin de s'y conformer.
LA VEILLE TECHNOLOGIQUE	Elle porte sur les dernières innovations concernant les produits ou procédés (brevets, normes...) afin de connaître les actions concurrentes et de réagir en fonction.
LA VEILLE SOCIÉTALE	Elle prend en compte les évolutions sociales, culturelles (mœurs, valeurs), démographiques (population), politiques (opinions), économiques (croissance, pouvoir d'achat) afin de s'adapter aux attentes et de modifier les biens ou services en fonction.
LA VEILLE SUR LE MARCHÉ ET SUR LA CONCURRENCE	Elle analyse le marché (nouveaux acteurs, évolution...) et les entreprises concurrentes afin d'étudier leurs stratégies (*benchmarking*) et de se démarquer.
LA VEILLE COMMERCIALE	Elle analyse l'environnement commercial pour optimiser l'offre commerciale de l'entreprise : clients, prospects, fournisseurs, distributeurs...
LA VEILLE D'IMAGE ET DE L'E-RÉPUTATION	Elle étudie l'image et la notoriété de l'entreprise sur les blogs, forums et réseaux sociaux pour anticiper les *bad buzz* (propagation d'une rumeur négative sur l'entreprise).
LA VEILLE D'OPINION	Elle analyse le niveau de satisfaction ou d'insatisfaction (avis des consommateurs) pour améliorer l'offre de l'entreprise.

Mots clés Benchmarking • Information • Veille

Savoir 35 La mise en place d'une veille commerciale

La recherche d'informations dans le cadre d'une veille nécessite de suivre un processus précis afin d'obtenir les résultats souhaités.

1 Les étapes de la veille

La mise en place d'une veille suit plusieurs étapes :

1. Préparation de la veille : définition des objectifs, identification des sources → **2. Collecte d'informations** à l'aide d'outils → **3. Tri et analyse** des informations collectées → **4. Synthèse et diffusion** des informations collectées

2 Les différents types et sources d'information

Une information constitue la base de la prise de décision. Elle regroupe des données (faits, chiffres, événements, images…) interprétées qui ont un sens dans le contexte où elles se trouvent.

2.1. Les sources d'information

Afin de préparer la veille, il est nécessaire d'identifier les différentes sources d'information. Les informations peuvent provenir de deux sources :

SOURCE INTERNE	L'information est issue d'un service de l'entreprise (comptabilité, commercial, marketing…).
SOURCE EXTERNE	L'information est extérieure et présente dans l'environnement autour de l'entreprise (presse, sites Internet, réseaux sociaux…).

2.2. Les types d'information

Parmi les différentes sources, on distingue plusieurs types d'information :

L'INFORMATION PRIMAIRE	Elle n'existe pas au préalable et est obtenue par une étude, des observations sur le terrain, une enquête, etc.
L'INFORMATION SECONDAIRE	Elle est soit déjà existante et disponible dans l'entreprise, soit publiée par des organismes spécialisés.
L'INFORMATION « FORMELLE »	Elle est accessible publiquement et issue d'une source sûre ou de sources officielles comme l'INSEE.
L'INFORMATION « INFORMELLE »	Il s'agit des remontées des commerciaux sur le terrain ou lors de salons.

3 Les outils de recherche d'information

Plusieurs outils permettent de collecter et d'agréger des informations :

LES OUTILS D'ALERTE	Le système d'alerte proposé par certains moteurs de recherche ou certains outils de veille permet de remonter automatiquement les informations sur un thème défini par des mots-clés, à une fréquence donnée. EXEMPLE Google Alertes.
LES AGRÉGATEURS DE FLUX RSS	Ils centralisent toutes les informations provenant des flux RSS (fichiers qui listent automatiquement les derniers contenus publiés sur un site ou un blog) sur un tableau de bord. EXEMPLE Netvibes.
LES OUTILS DE VEILLE DES RÉSEAUX SOCIAUX	Ils regroupent dans un même tableau de bord les informations publiques provenant de différents réseaux sociaux (Facebook, Twitter, LinkedIn…) en fonction d'un thème déterminé. EXEMPLE Hootsuite.

4 Le respect de la réglementation sur les données personnelles

La collecte d'informations dans le cadre de la veille nécessite de connaître et de respecter des règles, notamment en ce qui concerne les données personnelles, c'est-à-dire les données relatives à une personne physique. Le règlement européen sur la protection des données personnelles (RGPD) et la loi Informatique et Libertés encadrent la collecte des données à caractère personnel. L'entreprise doit :
– recueillir l'accord des personnes concernées par la collecte ;
– les informer de la finalité (objectifs) de la collecte (droit à l'information préalable) et de la durée de conservation des données ;
– leur permettre d'accéder et de pouvoir rectifier ou supprimer ces données (droit d'accès et de rectification).
L'entreprise est autorisée à collecter uniquement les données nécessaires pour réaliser l'objectif fixé et doit les supprimer dès que l'objectif est atteint.

5 L'évaluation de la qualité des informations

Les sources étant nombreuses sur le Web, il est important de vérifier la valeur de l'information pour réduire les risques lors d'une prise de décision. La qualité de l'information s'apprécie par les critères suivants :

LA FIABILITÉ DE L'INFORMATION	Il s'agit de définir si on peut faire confiance ou non à l'information collectée. La source et l'auteur de l'information doivent être crédibles et sérieux ; l'information doit être récente, datée et précise. Cette étape nécessite d'exercer son esprit critique afin de détecter les fausses informations (*fake news*).
LA PERTINENCE DE L'INFORMATION	Il s'agit de repérer si les informations collectées correspondent aux objectifs de la recherche.

Mots clés Données personnelles • Fake news • Flux RSS • RGPD • Source externe • Source interne

Savoir 36 L'analyse des résultats de la veille commerciale

L'entreprise doit analyser les résultats de la veille commerciale afin d'anticiper les changements sur son marché, de repérer les nouveaux concurrents, produits ou clients, et d'étudier son environnement.

1 L'analyse des informations sur l'offre

Les informations recueillies sur les différents acteurs du marché (l'offre) permettent de repérer les concurrents directs et indirects, de les qualifier (déterminer le leader, le challenger…) et de les comparer.

EXEMPLE Sur le marché de la restauration collective, les deux principales entreprises en concurrence directe sont Elior et Sodexo.

2 L'analyse des informations sur la demande

Les informations collectées doivent permettre de repérer et d'évaluer la demande, c'est-à-dire les acheteurs, prescripteurs ou consommateurs d'un bien ou service. Il faut ensuite, à partir des données disponibles, qualifier cette demande (attentes et motivations, comportement d'achat, etc.) et la quantifier (nombre de consommateurs, etc.).

3 L'analyse des informations sur l'environnement

Les informations sur l'environnement de l'entreprise peuvent être analysées à l'aide de la matrice PESTEL. Cette méthode d'analyse consiste à repérer les menaces et les opportunités que peuvent représenter les différentes composantes de l'environnement sur l'entreprise et son marché.

P	POLITIQUE	→ Influence des politiques monétaire, fiscale, européenne…
E	ÉCONOMIE	→ Impact de la croissance, du pouvoir d'achat, de l'inflation…
S	SOCIAL	→ Conséquences des modes de vie, de la santé, de l'éducation…
T	TECHNOLOGIE	→ Incidence des innovations, des évolutions technologiques…
E	ÉCOLOGIE	→ Impact du climat, de la consommation d'énergie…
L	LÉGAL	→ Influence des normes, des lois, des contrats…

Mots clés Concurrents • Demande • Environnement • Matrice PESTEL • Offre

Savoir 37 L'exploitation du système d'information commerciale

Les entreprises doivent avoir des informations de qualité pour prendre les décisions adaptées et au bon moment. L'objectif d'un système d'information est de rendre une information accessible à la bonne personne, au bon moment, dans le bon format.

1 Le système d'information de l'entreprise

1.1. Les composantes du système d'information (SI)

Un système d'information comprend l'ensemble organisé de ressources :

HUMAINES	Collaborateurs qui travaillent au niveau du SI : informaticiens, salariés qui collectent ou traitent l'information (commerciaux).
MATÉRIELLES	Éléments physiques qui permettent d'émettre, de recevoir ou de manipuler l'information : ordinateurs, téléphones...
IMMATÉRIELLES	Programmes et logiciels nécessaires au fonctionnement du SI.

Le SI a essentiellement quatre fonctions principales : collecter l'information, la traiter afin de la rendre utile et utilisable, la stocker de façon durable et la diffuser dans toute l'entreprise.

1.2. Le SI dans une entreprise commerciale

Trois systèmes d'information s'imbriquent les uns dans les autres :

Le système d'information globale (SIG)
Il regroupe toutes les informations qui entrent et sortent de l'entreprise.
EXEMPLES Informations externes (politiques, socio-économiques, technologiques, écologiques, légales), informations internes émanant de différents services (logistique, production, commercial, comptabilité, ressources humaines...).

Le système d'information mercatique (SIM)
Il permet de prendre les décisions mercatiques stratégiques à partir des données relatives au marché et à la concurrence.
EXEMPLES Analyse des données externes (tendances nouvelles, nouveau comportement des clients...) et internes (rapports des commerciaux, analyse des coûts...) pour décider de se lancer dans une nouvelle gamme de produits.

Le système d'information commerciale (SIC)
Il permet de gérer l'information commerciale (ventes, achats...) concernant les produits et les clients afin de prendre des décisions opérationnelles qui amélioreront les ventes.
EXEMPLE Lancer une promotion suite aux rapports des commerciaux.

2 Les outils de gestion de l'information client

2.1. Le PGI (progiciel de gestion intégré)

Le PGI (ou ERP, *Entreprise Resource Planning*) est un logiciel qui alimente tout le SI de l'entreprise à partir d'une base de données unique. Il propose toutes les fonctionnalités pour piloter l'activité de l'entreprise (approvisionnement, gestion des stocks, production, ventes, RH, planification et contrôle de gestion...).

EXEMPLE Les informations d'un nouveau client, rentrées dans le SIC par un commercial, sont aussi consultables par les services logistique, facturation, livraisons, SAV...

Ces données sont de plus en plus reliées aux dispositifs mobiles des commerciaux (smartphones, tablettes...) et consultables à distance et en temps réel.

2.2. Le CRM (*Customer Relationship Management*)

Souvent intégré au PGI, le CRM (ou GRC, gestion de la relation client) permet de gérer les rapports commerciaux entre l'entreprise et ses clients/prospects et de conserver l'historique des échanges.

EXEMPLES La gestion des contacts et de la relation avec le client (devis, commande, livraison, retour, avoir, facture...), l'accès au catalogue produits (données produits, tarifs) directement sur l'ordinateur portable lors des visites aux clients.

Le module de GRC améliore aussi le fonctionnement du service marketing.

EXEMPLES La création de la documentation commerciale et sa mise à disposition des commerciaux, la gestion des territoires commerciaux, les tableaux de bord pour visualiser les indicateurs permettant de suivre les actions commerciales.

3 Améliorer la performance du SI

Le SI de l'entreprise contient des données stratégiques et confidentielles qu'il faut protéger, notamment :
– en instaurant des procédures d'alerte et de sauvegarde des données (sauvegardes automatiques et régulières) ;
– en prévoyant des codes d'accès personnels et différents niveaux d'accès.

EXEMPLE Accès pour les collaborateurs à tout ou partie des informations (lecture, écriture, modification, suppression) en fonction de leurs besoins et projets.

Les systèmes de traitement automatique des données issues du PGI ou du CRM (analyse journalière, mensuelle, annuelle...) permettent aux salariés :
– d'avoir la bonne information au bon moment ;
– de présenter les données sous différentes formes, selon les besoins (écarts, moyennes, prévisions...) ;
– de proposer des tableaux de bord offrant une vue synthétique de ces informations.

Mots clés SI • SIC • SIG • SIM • PGI (ERP) • CRM (GRC)

Savoir 38 L'amélioration de l'exploitation des *data* clients

Face à la multitude de données et afin d'interagir avec le consommateur actuel, connecté 24 heures sur 24, les entreprises doivent revoir leur manière d'exploiter ces données.

1 Les *data* clients

Internet et la généralisation du smartphone ont créé un nouveau consommateur connecté et joignable partout (ubiquité), tout le temps (permanence), avec des outils mobiles permettant de l'identifier de manière unique (individualité). Ces trois caractéristiques ont poussé les entreprises à collecter une multitude de données clients (*data* clients). Le *Big Data*, c'est-à-dire la production de milliards de données chaque jour (recherches sur Internet, transactions en ligne, participation aux réseaux sociaux, géolocalisation des téléphones portables…), permet à l'entreprise de mieux cerner le client, à condition qu'elle se soit dotée des structures adaptées.

2 La structuration de l'information

2.1. Les « silos de données »

Quand les données des clients sont stockées en silos, c'est-à-dire dans des bases de données (BDD) différentes, elles ne sont pas centralisées. L'entreprise ne peut donc pas analyser de façon pertinente l'information car celle-ci se trouve dans plusieurs BDD qui communiquent mal entre elles.

EXEMPLES Une vendeuse en magasin ne pourra pas voir les transactions faites par le client sur le site de l'entreprise. Un commercial ne pourra pas consulter les stocks.

2.2. La nécessité d'un référentiel client unique

Quand une entreprise réussit à alimenter une BDD clients unique, quels que soient les canaux de contact entrants ou sortants ayant permis de collecter l'information (points de vente, site Web, réseaux sociaux, centre de relation client…), on dit qu'elle a un référentiel client unique qui donne une vue totale ou une « vision 360° » du client. Le PGI permet de créer un référentiel client unique en regroupant les informations de tous les services et de tous les canaux de contact afin de les mettre à disposition de l'ensemble des collaborateurs de l'entreprise.
Cette information globale sur le client est une ressource stratégique qui contribue à la qualité des décisions et qui favorise la conquête et la fidélisation des clients.

3 L'exploitation des *data* clients

3.1. Le *data mining* et l'analyse prédictive

LE *DATA MINING*	Outils et technologies permettant d'analyser les informations d'une base de données marketing, de réaliser des corrélations signifiantes entre les données et d'en extraire certaines, qui seront utiles à l'action marketing.
L'ANALYSE PRÉDICTIVE	Analyse statistique permettant de prédire, à partir des données passées (historiques d'achat, produits consultés, données démographiques), les activités futures et les comportements des clients.

3.2. Adopter une nouvelle relation client

L'analyse des données permet de mieux identifier les clients à contacter en premier, les arguments à mettre en valeur pour un client spécifique, le type de contenu et la forme de communication (courriel, téléphone...) qui obtiendra le meilleur engagement. L'analyse des données de navigation clients que l'entreprise accumule grâce aux *cookies* et aux outils de *tracking* est précieuse pour savoir combien de temps et de fois le consommateur a navigué sur son site, ses centres d'intérêt, etc.

EXEMPLE Proposer des promotions en fonction des recherches effectuées.

Les entreprises cherchent aussi à analyser les données des consommateurs sur les blogs, les sites d'avis clients, les sondages en ligne, les réseaux sociaux... Sur les médias sociaux, le consommateur peut en effet donner des avis, devenir coproducteur, et même participer à la communication de l'entreprise.

EXEMPLE Les blogueurs qui ont acquis une forte capacité de prescription.

Le *Big Data* n'offre pas seulement une possibilité de collecte massive d'informations, c'est aussi le meilleur moyen d'approcher une cible particulière, de communiquer efficacement le bon message et de se différencier des autres acteurs. Les entreprises qui pourront décrire précisément ce que le client fera demain obtiendront un véritable avantage concurrentiel.

EXEMPLE En fonction du profil de leurs clients, les banques proposent de monter en gamme au niveau des cartes de paiement, d'avoir accès à certains placements...

4 Le passage du *Big Data* au *Smart Data*

Actuellement, les actions de mercatique directe avec un contenu personnalisé se développent grâce au téléphone mobile (SMS et SMS géolocalisés), au courrier électronique (e-mailing), au télémarketing (téléprospection ciblée), à la télévision interactive, aux réseaux sociaux... L'enjeu pour les entreprises est de passer du *Big Data* au *Smart Data* en individualisant la relation commerciale par une hyperpersonnalisation de la communication permettant de proposer un produit dédié à chaque client. Cette hyperpersonnalisation repose sur une segmentation très fine de la cible, qui permet de s'adresser de manière très spécifique à un petit groupe d'individus. La segmentation peut se faire sur différents critères :
– sur la cible elle-même (catégories sociales, démographiques, professionnelles, modes de vie, habitudes de consommation...) ;
– sur le produit (caractéristiques du produit recherchées : puissance, marque...) ;
– sur le canal de communication préféré par le client (réseaux sociaux, SMS...).

EXEMPLES Une chaîne de magasins de prêt-à-porter envoie, selon le canal préféré de la cliente, un mail ou un SMS personnalisé, invitant à des ventes privées avec un cadeau à retirer en boutique, basé sur les goûts définis à partir des achats passés. Elle peut proposer également un atelier de couture selon le profil de la cliente (âge...) et ses centres d'intérêt (vêtements classiques, sportifs...).

Mots clés BDD • Big Data • Data clients • Data mining • Référentiel client unique • Smart Data

Exercice 1 Voir Fiche Savoir 4

La prévision des ventes

La jeune entreprise « Mon épicerie en ligne » commercialise une application à destination des commerçants indépendants de centre-ville pour permettre la réservation de produits et la livraison sur les lieux de travail.

En effet, ces services sont aujourd'hui indispensables face à la concurrence des chaînes de magasins et franchises.

Vous êtes en stage dans l'entreprise et le directeur vous demande d'analyser le marché du commerce de proximité afin de poursuivre son extension.

1. Calculer l'évolution du marché des commerces de proximité en pourcentage (annexe 1).

2. Prévoyer l'évolution du marché des commerces de proximité jusqu'en N+2, avec la méthode de Mayer.

3. À partir des résultats précédents et à l'aide de l'annexe 2, déduire le potentiel des livraisons au travail en N+1 et N+2.

Annexe 1 Marché du commerce de proximité

ANNÉES	NOMBRE DE COMMERCES DE PROXIMITÉ
N-5	285
N-4	302
N-3	316
N-2	332
N-1	346
N	364

Annexe 2
Répartition des lieux de livraison en %

ANNÉES	DOMICILE	TRAVAIL
N-5	86	14
N-4	83	17
N-3	82	18
N-2	80	20
N-1	76	24
N	72	28
N+1*	70	30
N+2*	68	32

* Prévisions

FAIT ☐ REVU ☐

Exercice 2 Voir Fiches Savoirs 5 et 6

L'analyse et l'évaluation de la valeur du portefeuille clients

La société FoodPresto, spécialisée dans la livraison de repas cuisinés, a commencé son activité il y a 3 ans. Elle travaille essentiellement avec 10 grands restaurants qui constituent l'essentiel de son portefeuille clients.

Afin de développer son chiffre d'affaires, FoodPresto souhaite analyser ses clients pour mener des actions commerciales ciblées en fonction de leur potentiel : réduction de 10 % du prix de la prestation si les demandes de livraison augmentent d'au moins 5 %, livraison gratuite toutes les 10 courses...

1. Rappeler la définition de la méthode ABC.

2. Analyser le portefeuille clients de FoodPresto (annexe) selon la méthode la plus adaptée. Justifier votre choix et qualifier chaque type de client.

3. Proposer une action commerciale adaptée à chacune des cibles du portefeuille clients de FoodPresto. Quelle action pourrait être proposée pour les petits clients à moindres frais ?

Annexe Portefeuille clients FoodPresto

CLIENTS	CA EN €
Le Lys d'or	42 600
Le Roi gourmet	30 000
Maxin	4 500
Les Délices d'antan	4 400
Chez Léo	3 500
India	2 050
Foodira	1 500
Festintop	1 250
Paella	1 200
Topnem	500
Total	**91 500**

FAIT ☐ REVU ☐

Exercice 3 Voir Fiche Savoir 11

L'évaluation de la prospection

Brillance est une entreprise spécialisée dans la fabrication et la vente de luminaires en bronze.

Les ventes de l'année en cours sont en baisse et le commercial souhaite les redynamiser. Il décide de lancer une campagne d'e-mailing sur l'ensemble de son portefeuille clients.

L'e-mailing a pour objectif de proposer une offre promotionnelle avec livraison gratuite et un rendez-vous avec le commercial pour avoir des conseils d'installation et de décoration.

1. Calculer les taux de délivrabilité, de rebond, d'ouverture et de conversion.

2. Montrer le niveau d'efficacité de la campagne d'e-mailing à partir de l'analyse des ratios (annexe).

Annexe Résultats de la campagne

NOMBRE DE MAILS ENVOYÉS	5 000
NOMBRE DE MAILS DÉLIVRÉS	4 100 et 900 messages d'erreur
NOMBRE DE MAILS OUVERTS	3 500
NOMBRE DE RENDEZ-VOUS OBTENUS	148

FAIT ☐ REVU ☐

Exercice 4 Voir Fiche Savoir 14

Les types de clients et leur comportement d'achat

Vitresur, entreprise de fabrication de fenêtres, s'installe dans la région Pays de la Loire. Elle gère 3 points de vente à Nantes, Angers et au Mans. Vous êtes détaché(e) à Nantes. Sur cette zone commerciale, vous êtes en charge de 4 secteurs d'environ 100 000 habitants chacun, dont 50 000 propriétaires de leur résidence principale.

Les fenêtres en PVC représentent 62 % du marché. Sur le secteur concerné, 50 000 propriétaires sont présents. Le nombre moyen de fenêtres par chantier est de 6. Les fenêtres récemment installées représentent 20 % du marché. Selon des études récentes, les fenêtres se renouvellent tous les 15 ans sur ce secteur. On estime à 10 % la part de marché de Vitresur.

1. Évaluer le marché potentiel des fenêtres pour le secteur pour l'année prochaine.

2. Calculer le chiffre d'affaires potentiel de l'entreprise Vitresur sur ce marché au cours des 6 prochains mois (annexe).

3. Identifier les différents acteurs de la demande sur le marché de la rénovation de fenêtres.

4. Étudier les motivations des consommateurs pour l'achat de fenêtres.

Annexe Potentiel de ventes par mois

JANVIER	FÉVRIER	MARS	AVRIL	MAI	JUIN
0,5	0,8	1,4	1,3	1,5	1,4

FAIT ☐ REVU ☐

Exercice 5 Voir Fiches Savoir 17 et 18

La prise de contact et le diagnostic client

Vous êtes commercial(e) au sein de la société Triton, qui commercialise des imprimantes.

Durant votre démarchage téléphonique, vous avez obtenu un rendez-vous avec M. Fabbri, qui vous a semblé intéressé car son imprimante est souvent en panne. Pour préparer votre démarche terrain et votre rendez-vous avec ce propriétaire d'un hôtel à Dijon, vous préparez un dossier comprenant différents éléments.

1. Rédiger une accroche pour réussir votre prise de contact.

2. Réaliser le plan de découverte des besoins de M. Fabbri.

3. Pour chaque objection formulée par M. Fabbri, (annexe), indiquer la typologie SONCASE correspondante.

4. Préciser, pour chaque objection, si elle est fondée ou non et indiquer la stratégie que vous allez utiliser.

5. Rédiger les réponses que vous pouvez apporter à chacune des objections.

Annexe Objections de M. Fabbri

a) « Je me demande si l'achat de cette imprimante va être une opération rentable compte tenu de l'importance de l'investissement engagé. »

b) « Cette imprimante n'est-elle pas un peu dépassée ? »

c) « Cette imprimante ne présente-t-elle pas un risque de panne ? »

d) « Cette imprimante n'est-elle pas un peu bas de gamme ? »

e) « Est-ce que cela va vraiment faciliter le travail de mes collaborateurs ? »

FAIT ☐ REVU ☐

Exercice 6 Voir Fiche Savoir 20

L'argumentaire de vente

L'entreprise Chaperot, qui fabrique et commercialise des meubles de jardin, procède à une liquidation de ses stocks dans un showroom auquel ses clients professionnels ont été invités.

1. Rappeler la différence entre une caractéristique et un avantage.

2. Pour chacune des phrases prononcées par les vendeurs (annexe), préciser s'il s'agit d'une caractéristique ou d'un avantage.

Annexe
Phrases prononcées par les vendeurs

a) « Ce matériau est résistant à la pluie et au feu. »

b) « Ces meubles de jardin sont en PVC. »

c) « C'est facile à utiliser. »

d) « C'est un gage de qualité et de fiabilité. »

e) « Ce meuble est monté sur un cadre métallique. »

f) « La vente se fait exclusivement en magasins spécialisés. »

g) « Ce matériau est imperméable et ignifugé. »

h) « Les possibilités d'utilisation sont extrêmement nombreuses. »

i) « C'est une armature en aluminium. »

j) « Vous avez ainsi un bon rapport qualité/prix. »

FAIT ☐ REVU ☐

Exercice 7 Voir Fiche Savoir 22

La présentation et la défense du prix

Vous êtes commercial(e) dans la concession Jaguar de Paris 19e. Vous avez organisé une journée « portes ouvertes » pour faire venir d'anciens clients qui n'ont pas racheté de véhicule depuis plus de 10 ans.

• Rappeler les techniques que vous pourrez utiliser pour traiter les objections des clients sur le prix : « C'est trop cher », « Vos concurrents sont moins chers », « Vous êtes mal placés sur le marché. »

FAIT ☐ REVU ☐

Exercice 8 Voir Fiche Savoir 23

La négociation du prix et la préservation de la marge

Vous êtes commercial(e) dans la société Capture, qui vend des climatiseurs.

Votre entreprise facture un de ses modèles 150 € HT. Elle a acheté ce produit 80 € et ses frais d'achat s'élèvent à 20 €. Le taux de TVA applicable est de 20 %. Votre responsable vous demande de l'aider à calculer différents coûts et taux afin de préserver sa marge lors des négociations de prix.

• Calculer :
– le coût d'achat ;
– la marge commerciale et le taux de marge ;
– le taux de marque ;
– le coefficient multiplicateur.

FAIT ☐ REVU ☐

Exercice 9 Voir Fiche Savoir 23

La négociation du prix et la préservation de la marge

La société Cassis a choisi de distribuer un nouveau concept de bateau démontable et souhaite en fixer le prix de vente.

Elle estime que ses frais sur achat représentent approximativement la moitié du montant de ses achats. Elle applique un taux de marque de 20 % par rapport au prix de vente de ses produits.

L'entreprise achète ce nouveau produit 2 400 € HT. Une étude effectuée auprès de la clientèle indique qu'au-delà de 5 000 € TTC, ce bateau, malgré sa nouveauté, serait perçu comme cher par rapport à la concurrence.

1. Déterminer à quel prix TTC ce produit doit être proposé à la vente pour que l'entreprise dégage sa marge habituelle.

2. Calculer le taux de marge et le coefficient multiplicateur (du prix d'achat HT au prix de vente TTC).

3. Calculer la marge que peut dégager l'entreprise sur ce produit si elle le commercialise 4 800 € TTC. Quels sont les taux de marge et de marque dans cette hypothèse ?

4. Dans ces conditions, quelle proportion ses coûts d'achat doivent-ils représenter par rapport à son prix d'achat pour conserver son taux de marque habituel ?

FAIT ☐ REVU ☐

Exercice 10 Voir Fiche Savoir 23

La négociation du prix et la préservation de la marge

L'entreprise FrenchSki est spécialisée dans les produits de sports d'hiver (vêtements, accessoires et matériels). Elle les vend à des magasins indépendants dans les stations de sports d'hiver en Europe avec comme avantage produit le « *made in France* ».

FrenchSki lance une chaussure de ski alpin d'entrée de gamme pour rester compétitive face aux GSS. Une paire de ce nouveau modèle est vendue 250 € HT (TVA 20 %) dans un magasin en station alors qu'elle a été achetée 200 € à l'entreprise FrenchSki.

1. Calculer la marge commerciale du magasin en station puis le taux de marge.

2. Évaluer le taux de marque et le coefficient multiplicateur du magasin en station.

FAIT ☐ REVU ☐

Exercice 11 Voir Fiche Savoir 23

La négociation du prix et la préservation de la marge

Vous commercialisez des tee-shirts de la marque Alpha et Omega pour un prix de vente TTC de 7 € pour le tee-shirt Alpha et 10 € pour le tee-shirt Omega.

Lorsque vous vendez vos produits, vous devez aussi vendre un présentoir qui les met en valeur. Ce présentoir coûte 50 €. Votre responsable souhaite que vous décidiez des prix auxquels vous vendrez vos produits aux revendeurs, des remises maximales à leur accorder et des conditions de gratuité des présentoirs pour les clients (à partir de quel chiffre d'affaires vous pouvez offrir le présentoir).

Les coûts de production des produits s'élèvent à 2,15 € pour Alpha et 4,25 € pour Omega.

1. À l'aide de l'annexe, déterminer les prix de vente aux revendeurs et les remises maximales à leur accorder.

2. À partir de combien de produits Alpha et de produits Omega achetés pouvez-vous offrir le présentoir à vos clients ?

Annexe Éléments de calculs

	ALPHA	OMEGA
Prix de vente public TTC conseillé	8	13
Taux de TVA	20 %	20 %
Taux de marque pratiqué par les revendeurs	31,5 %	32,36 %
Taux de marge minimum appliqué par le fabricant	53 %	42 %
Prix de vente HT du présentoir	50 €	

FAIT ☐ REVU ☐

Exercice 12 Voir Fiche Savoir 26

Le règlement de la commande et le suivi de la relation client

Un centre d'appels d'un opérateur de téléphonie a besoin de renouveler une partie de son parc d'ordinateurs. Les PC sont occupés 24 h sur 24 par des téléprospecteurs, et nécessitent une capacité d'utilisation et une rapidité de connexion aux différentes interfaces client/prospect (historique client, gestion des stocks et commandes...). L'entreprise pense réaliser un emprunt de 20 000 € sur 5 ans au taux de 5 %.

1. Calculer le coût de l'emprunt avec un remboursement en fin de période.

2. Calculer le coût de l'emprunt avec un amortissement constant chaque année.

FAIT ☐ REVU ☐

Exercice 13 Voir Fiche Savoir 25

L'évaluation du risque client

L'entreprise Lenormand, producteur de lin, recherche des débouchés pour assurer les nouveaux contrats sur lesquels elle s'est engagée. Le stockage du lin est un risque pour l'entreprise et peut entraîner des problèmes de trésorerie importants.

Vous étudiez le dossier de deux prospects susceptibles de lui acheter ses produits (annexe).

1. Effectuer une analyse comparative des deux clients potentiels pour évaluer le risque financier (bilan fonctionnel, FRNG, BFR, trésorerie et ratios).

2. Sélectionner le prospect à retenir et justifier votre choix.

Annexe 1 Renseignements juridiques

	CLIENT 1	CLIENT 2
Nom	Éts Textile Nature	Société Charly & Co
Siège social	Vannes (35)	Charly (69)
Forme juridique	Société par actions simplifiée	Société par actions simplifiée
Capital social	600 000 €	1 000 000 €
Immatriculation	21/04/1982	14/10/1996

Annexe 2 Établissements Textile Nature

Bilan (en milliers d'euros)							
ACTIF	Brut N	Amort. et prov.	Net N	Net N-1	PASSIF	N	N-1
Actif immobilisé	**3 020**		**2 740**	**2 800**	**Capitaux propres**	**4 780**	**4 530**
Incorporel	0		0	0	**Provisions**	**120**	**80**
Corporel	1 820	280	1 540	1 610	**Dettes**	**7 260**	**6 580**
Financier	1 200		1 200	1 190	Financières	940	1 120
Actif circulant	**10 840**		**9 420**	**8 370**	Fournisseurs	5 720	4 930
Stocks	4 000		4 000	3 030	Fiscales et sociales	450	360
Créances	6 540	1 420	5 120	4 540	Autres dettes	150	170
Disponibilités	300		300	800			
Total actif	**13 860**	**1 700**	**12 160**	**11 190**	**Total passif**	**12 160**	**11 190**

Annexe 3 Société Charly & Co

Bilan (en milliers d'euros)							
ACTIF	Brut N	Amort. et prov.	Net N	Net N-1	PASSIF	N	N-1
Actif immobilisé	**4 160**		**2 360**	**2 100**	**Capitaux propres**	**2 190**	**1 950**
Incorporel	118		118	115	**Provisions**	**990**	**860**
Corporel	4 042	1 800	2 242	1 980	**Dettes**	**3 350**	**4 360**
Financier	0		0	5	Financières	600	1 880
Actif circulant	**4 320**		**4 170**	**5 040**	Fournisseurs	2 050	1 820
Stocks	735		735	1 980	Fiscales et sociales	610	570
Créances	2 600	150	2 450	3 060	Autres dettes	90	90
Disponibilités	985		985	0			
Total actif	**8 480**	**1 950**	**6 530**	**7 170**	**Total passif**	**6 530**	**7 170**

FAIT ☐ REVU ☐

Exercice 14 Voir Fiches Savoir 29 et 30

Le calcul des coûts commerciaux et de la rentabilité

La start-up Gelatobio commercialise des glaces bio. Pour des raisons de logistique et de coûts, la décision a été prise d'attaquer le marché des supérettes avec une seule référence : le bac de 1 L décliné en plusieurs parfums, conditionné dans des caisses. Une caisse contient 9 bacs de 1 L.

1. Évaluer la rentabilité de l'opération de prospection des supérettes en vous aidant de l'annexe.

2. Calculer le nombre de bacs de glace qui doivent être vendus en moyenne dans chaque magasin acquis lors de l'opération de prospection afin d'assurer la rentabilité de cette campagne.

3. Suite aux résultats, l'entreprise décide de fixer un objectif de 45 000 bacs à réaliser avec les clients nouvellement acquis. Analyser la pertinence de ce choix.

Annexe Éléments du calcul de coût d'une glace

Ingrédients pour 450 L de glaces	351 €
Temps passé à la fabrication de 450 L de glace	Préparation : 1 h Conditionnement : 1 h 30
Coût horaire	38 €
Bac de 1 L	0,36 €
Étiquette (bacs et caisses)	0,05 €
Conditionnement des caisses	0,34 €
Coût de distribution pour 450 L	464 €
Prix de vente (HT) du bac de 1 L de glace aux distributeurs	4,50 €
Coûts fixes pour la campagne de prospection	69 500 €
Nombre de magasins acquis pendant l'opération de prospection	261

FAIT ☐ REVU ☐

Exercice 15 Voir Fiche Savoir 30

La rentabilité d'un événement commercial

L'entreprise Healthcare commercialise des produits diététiques et souhaite se démarquer de ses concurrents en ouvrant un magasin éphémère afin de faire découvrir ses produits et proposer un accompagnement personnalisé à ses clients.

Vous devez analyser la faisabilité de l'événement commercial « magasin éphémère », sachant que le magasin est ouvert tous les jours.

1. Calculer le seuil de rentabilité de cet événement.

2. À partir de combien de clients par mois le magasin éphémère est-il rentable ?

Annexe 1 Coûts du magasin éphémère

- Salaires des 2 diététiciennes présentes sur l'événement à plein temps (35 h/semaine) : 1 700 € brut auquel s'ajoutent 45 % de charges patronales.
- Frais de fonctionnement mensuel du magasin éphémère (électricité, loyer...) : 7 500 €
- Charges variables : 8 %

Annexe 2 L'accompagnement personnalisé

L'accompagnement personnalisé des clients est gratuit (il est compris dans le prix des produits). Une personne dépense en moyenne 6 € par jour pour suivre un régime Healthcare. Le premier rendez-vous dure 20 minutes, les suivants durent 15 minutes.

FAIT ☐ REVU ☐

Exercice 16 Voir Fiche Savoir 31

La planification et l'organisation d'un événement commercial

L'entreprise The Blond Cactus propose des décorations végétales d'intérieur à partir de plantes, comme des cactus présentés dans des objets vintage. Cette petite structure récente veut se développer en communiquant à moindres frais.

L'entreprise peut vendre aux particuliers mais son chiffre d'affaires est surtout réalisé avec des professionnels qui souhaitent décorer leurs bureaux ou offrir des compositions végétales vintage à leurs collaborateurs et clients.

Pour développer sa notoriété, elle envisage d'organiser une manifestation, comme une journée « portes ouvertes », au cours de laquelle les visiteurs découvriront ses produits et ses réalisations très « tendance ».

1. Préciser les avantages pour l'entreprise d'organiser une journée « portes ouvertes ».

2. Lister les étapes à suivre pour organiser cet événement.

FAIT ☐ REVU ☐

Exercice 1 Voir Fiche Savoir 4

La prévision des ventes

1. Calculer l'évolution du marché des commerces de proximité en pourcentage (annexe 1).

ANNÉES	N-4	N-3	N-2	N-1	N
ÉVOLUTION %	+ 5,96	+ 4,63	+ 5,06	+ 4,21	+ 5,20

L'évolution globale du marché entre N-5 et N (5 ans) est de 27,71 %. Le marché augmente d'environ 5,02 % par an.

2. Prévoyer l'évolution du marché des commerces de proximité jusqu'en N+2, avec la méthode de Mayer.

– Détermination des points moyens

POINT 1		POINT 2	
xi	yi	xi	yi
1	285	4	332
2	302	5	346
3	316	6	364
6	**903**	**15**	**1 042**

– Calcul des coordonnées des points

Point 1 : moyenne de xi : 6 / 3 = 2 ;
moyenne de yi : 903 / 3 = 301

Point 2 : moyenne de xi : 15 / 3 = 5 ;
moyenne de yi : 1 042 / 3 = 347,33

– Calcul de l'équation de la droite

301 = 2a + b et 347,33 = 5a + b
(347,33 – 301) = (5a – 2a) + (b-b)
46,33 = 3a donc a = 15,44
301 = 2 × 15,44 + b
donc b = 301 – 30,88 = 270,12
L'équation de la droite est : y = 15,44x + 270,12.

– Prévision du nombre de commerces de proximité

N+1 : (15,44 × 7) + 270,12 = 378,20
N+2 : (15,44 × 8) + 270,12 = 393,64

3. À partir des résultats précédents et à l'aide de l'annexe 2, déduire le potentiel des livraisons au travail en N+1 et N+2.

D'après les résultats précédents, les potentiels de livraison sur les lieux de travail sont :
– en N+1 : 378,20 × 30 % = 113,46 ;
– en N+2 : 393,64 × 32 % = 125,96.
L'entreprise a intérêt à développer la livraison sur les lieux de travail car la part progresse fortement au détriment de celles à domicile.

Exercice 2 Voir Fiches Savoirs 5 et 6

L'analyse et l'évaluation de la valeur du portefeuille clients

1. Rappeler la définition de la méthode ABC.

Elle permet de segmenter le portefeuille clients en distinguant 3 groupes : groupe A (gros clients) : 20 % des clients génèrent 80 % du CA ; groupe B (clients moyens) : 30 % des clients suivants génèrent 15 % du CA ; groupe C (petits clients) : 50 % des clients restants génèrent 5 % du CA.

2. Analyser le portefeuille clients de FoodPresto selon la méthode la plus adaptée. Justifier votre choix et qualifier chaque type de clients.

L'analyse du portefeuille clients de FoodPresto peut se faire à partir de la méthode ABC car elle est plus précise :

CLIENTS	CLIENT	CA EN €	CA	CUMUL CLIENTS	CUMUL CA	GROUPE DE CLIENTS
Le Lys d'or	10,0 %	42 600	46,6 %	10,0 %	46,6 %	A
Le Roi gourmet	10,0 %	30 000	32,8 %	20,0 %	79,3 %	A
Maxin	10,0 %	4 500	4,9 %	30,0 %	84,3 %	B
Les Délices d'antan	10,0 %	4 400	4,8 %	40,0 %	89,1 %	B
Chez Léo	10,0 %	3 500	3,8 %	50,0 %	92,9 %	B
India	10,0 %	2 050	2,2 %	60,0 %	95,1 %	C
Foodira	10,0 %	1 500	1,6 %	70,0 %	96,8 %	C
Festintop	10,0 %	1 250	1,4 %	80,0 %	98,1 %	C
Paella	10,0 %	1 200	1,3 %	90,0 %	99,5 %	C
Topnem	10,0 %	500	0,5 %	100,0 %	100,0 %	C
Total	100 %	91 500	100 %			

3. Proposer une action commerciale adaptée à chacune des cibles du portefeuille clients de FoodPresto. Quelle action pourrait être proposée pour les petits clients à moindres frais ?

Très bons clients : réduction de 10 % du prix de la prestation s'ils augmentent les demandes de livraison d'au moins 5 % ; bons clients : livraison gratuite toutes les 10 courses ; petits clients : envoi d'un e-mailing proposant de s'inscrire à une *newsletter*.

Exercice 3 Voir Fiche Savoir 11

L'évaluation de la prospection

1. Calculer les taux de délivrabilité, de rebond, d'ouverture et de conversion.

Taux de délivrabilité	82 %
Taux rebond	18 %
Taux d'ouverture	70 %
Taux de conversion	3 %

2. Montrer le niveau d'efficacité de la campagne d'e-mailing à partir de l'analyse des ratios (annexe).
On peut constater que le fichier est de mauvaise qualité car le taux de recevabilité est très inférieur au taux moyen (– 13 %) et le taux de rebond est aussi très fort. Cependant, les clients qui ont reçu le mail l'ont ouvert (taux très supérieur à la moyenne de + 40 %), ce qui montre qu'ils font confiance à l'entreprise. Le taux de conversion est bon car il est souvent très faible (< 3 %).

Exercice 4 Voir Fiche Savoir 14

Les types de clients et leur comportement d'achat

1. Évaluer le marché potentiel des fenêtres pour le secteur pour l'année prochaine.
Marché potentiel des fenêtres en rénovation
= 50 000 × 6 = 300 000
Marché potentiel des fenêtres en PVC
= 300 000 × 0,62 = 186 000
Marché potentiel des fenêtres à installer
= 186 000 × 0,80 = 148 800
Nombre de fenêtres à installer par an
= 148 800 / 15 = 9 920

2. Calculer le chiffre d'affaires potentiel de l'entreprise Vitresur sur ce marché au cours des 6 prochains mois (annexe).
Nombre de fenêtres = 9 920 × 0,10 = 992
Moyenne mensuelle = 992 / 12 = 82,66

JANVIER	FÉVRIER	MARS	AVRIL	MAI	JUIN
41,3	66,1	115,7	107,5	124,0	115,7

3. Identifier les différents acteurs de la demande sur le marché de la rénovation de fenêtres.
Les différents acteurs sont : les propriétaires de résidence, les installateurs, les architectes, les maîtres d'œuvre et les plombiers.

4. Étudier les motivations des consommateurs pour l'achat de fenêtres.
Les motivations des consommateurs sont hédonistes et d'auto-expression. Ils recherchent également le confort et la sécurité.

Exercice 5 Voir Fiches Savoir 17 et 18

La prise de contact et le diagnostic client

1. Rédiger une accroche pour réussir votre prise de contact.
« Bonjour, *(prénom et nom)*, commercial(e) de la société Triton, spécialisée dans les imprimantes du même nom. Vous êtes bien M. Fabbri ? [...] Nous avons pris rendez-vous la semaine dernière, je suis ravi(e) de vous rencontrer. Vous êtes bien le propriétaire de cet hôtel ? [...] Au téléphone, vous sembliez intéressé par les imprimantes Triton. Afin de mieux vous présenter nos produits et vous proposer un produit adapté, je souhaiterais vous poser quelques questions. Je vous propose que nous commencions. Je peux me permettre de prendre des notes ? »

2. Réaliser le plan de découverte des besoins de M. Fabbri.

Historique : contact téléphonique Client : M. Fabbri, propriétaire d'un hôtel à Dijon Besoin : imprimante
QUE FAIT-IL ? Parlez-moi de vous et de votre activité. Que reprochez-vous à votre imprimante actuelle ? Qui en sont les utilisateurs ? Quelles sont les fonctionnalités de l'imprimante actuelle ? → Reformuler.
QUE VEUT-IL ? Quelle est l'utilisation souhaitée ? Qu'attendez-vous d'une nouvelle solution ? Quel budget envisagez-vous ? → Reformuler.
QUI EST-IL ? Qu'est-ce qui est le plus important pour vous dans cet investissement ? → Déterminer le profil SONCASE.
SYNTHÈSE DE LA DÉCOUVERTE

3. Pour chaque objection formulée par M. Fabbri, (annexe), indiquer la typologie SONCASE correspondante.
a) Argent – b) Nouveauté – c) Sécurité – d) Orgueil – e) Confort

4. Préciser, pour chaque objection, si elle est fondée ou non et indiquer la stratégie que vous allez utiliser.
a) Objection sincère et non fondée
→ stratégie d'argumentation
b) Objection sincère et fondée
→ stratégie de compensation
c) Objection sincère et non fondée
→ stratégie d'argumentation
d) Objection sincère et non fondée
→ stratégie d'argumentation
e) Objection non fondée
→ Stratégie d'argumentation

5. Rédiger les réponses que vous pouvez apporter à chacune des objections.
a) « Sachez qu'il s'agit effectivement d'un investissement et que vous l'aurez amortie en moins d'un an. Vous êtes convaincu ? »
b) « Regardez, il s'agit d'une imprimante très innovante compte tenu des avantages de fabrication et des fonctionnalités que je vous ai exposées. Vous êtes d'accord ? »
c) « Nos appareils sont garantis pièces et main-d'œuvre pendant 2 ans. Voyez, par ailleurs, les tests qui ont été réalisés et sont parus dans la presse spécialisée. Vous voilà rassuré ? »
d) « Des entreprises prestigieuses et performantes comme la vôtre ont déjà été intéressées lors du Salon... Vous êtes d'accord ? »
e) « Reprenons ensemble les avantages de ce produit, voyez ces avantages... Cela répond bien à vos attentes, n'est-ce pas ? »

Exercice 6 Voir Fiche Savoir 20

L'argumentaire de vente

1. Rappeler la différence entre une caractéristique et un avantage.
Une caractéristique est ce qui fait le produit, c'est une donnée objective. Un avantage est ce qu'attend le client, c'est une donnée essentiellement subjective.

2. Pour chacune des phrases prononcées par les vendeurs (annexe), préciser s'il s'agit d'une caractéristique ou d'un avantage.
a) Caractéristique – b) Caractéristique – c) Avantage – d) Avantage – e) Caractéristique – f) Caractéristique – g) Caractéristique – h) Avantage – i) Caractéristique – j) Avantage

Exercice 7 Voir Fiche Savoir 22

Le traitement de l'objection sur le prix

• Rappeler les techniques que vous pourrez utiliser pour traiter les objections des clients sur le prix : « C'est trop cher », « Vos concurrents sont moins chers », « Vous êtes mal placés sur le marché. »
Il est possible d'utiliser l'une des techniques suivantes lorsque le prix est contesté par le client :
- l'isolation du prix : isoler le prix en ayant fait accepter avant les avantages énoncés ;
- les 4 opérations : l'addition des avantages acceptés pour justifier le prix, la soustraction soulignant une perte d'argent en cas de non-achat immédiat, la multiplication qui amplifie les avantages en les multipliant par leur durée d'utilisation, la division du prix du produit par sa durée d'utilisation.

Exercice 8 Voir Fiche Savoir 23

La négociation du prix et la préservation de la marge

Coût d'achat = 80 + 20 = 100
Marge commerciale = 150 – 100 = 50
Taux de marge = 50 / 100 = 50 %
Taux de marque = 50 / 150 = 33,3 %
Coefficient multiplicateur = (150 × 1,20) / 100 = 180 / 100 = 1,8

Exercice 9 Voir Fiche Savoir 23

La négociation du prix et la préservation de la marge

1. Déterminer à quel prix TTC ce produit doit être proposé à la vente pour que l'entreprise dégage sa marge habituelle.
Coût d'achat du produit HT = Prix d'achat + Frais sur achat = 2 400 + (2 400 × 50 %) = 3 600
Prix de vente HT = Coût d'achat / (1 – Taux de marque) = 3 600 / (1 – 0,20) = 3 600 / 0,80 = 4 500 €
Prix de vente TTC = 4 500 × 1,196 = 5 382 €

2. Calculer le taux de marge et le coefficient multiplicateur (du prix d'achat HT au prix de vente TTC).
Marge = Prix de vente HT – Coût d'achat HT = 4 500 – 3 600 = 900 € HT
Marge = Prix de vente × Taux de marque = 4 500 × 20 % = 900 € HT
Taux de marge = Marge / Coût d'achat = 900 / 3 600 = 0,25, soit 25 %
Coefficient multiplicateur = 5 382 / 2 400 = 2,2425

3. Calculer la marge que peut dégager l'entreprise sur ce produit si elle le commercialise 4 800 € TTC. Quels sont les taux de marge et de marque dans cette hypothèse ?
Prix de vente HT = 4 800 / 1,196 = 4 013,40 € HT
Marge = 4 013,40 – 3 600 = 413,40 € HT
Soit taux de marge = 413,40 / 3 600 = 11,48 %
Soit taux de marque = 413,40 / 4 013,40 = 10,3 %

4. Dans ces conditions, quelle proportion ses coûts d'achat doivent-ils représenter par rapport à son prix d'achat pour conserver son taux de marque habituel ?
Pour conserver un taux de marque de 20 %, soit une marge de : 4 013,40 × 20 % = 802,70 €.
Le coût d'achat ne doit pas dépasser :
4 013,40 – 802,7 = 3 210,70 €.
Le prix d'achat étant de 2 400 €, les frais ne doivent pas excéder un montant de 3 210,70 – 2 400 = 810,70 €. Ces frais d'achat correspondent à 33,78 % du prix d'achat (810,70 / 2 400). Pour conserver son taux de marque actuel, l'entreprise doit réduire ses frais sur achat, qui ne peuvent dépasser 34 % du prix d'achat (ils représentent actuellement 50 % de ce dernier).

Exercice 10 Voir Fiche Savoir 23

La négociation du prix et la préservation de la marge

1. Calculer la marge commerciale du magasin en station puis le taux de marge.
Marge commerciale = 250 – 200 = 50 €
Taux de marge = (50 / 200) × 100 = 25 %. La marge est donc de 25 % du coût d'achat.

2. Évaluer le taux de marque et le coefficient multiplicateur du magasin en station.
Taux de marque = (50 / 250) × 100 = 20 %. La marge est de 20 % du prix de vente.
Coefficient multiplicateur = PV TTC / PA HT
PV TTC = 250 × 1,20 = 300
Coefficient multiplicateur = 300 / 200 = 1,5

Exercice 11 Voir Fiche Savoir 23

La négociation du prix et la préservation de la marge

1. À l'aide de l'annexe, déterminer les prix de vente aux revendeurs et les remises maximales à leur accorder.

	ALPHA	
PV HT	8 / 1,2	6,666
PV HT au revendeur	6,666 × (1 – 0,315)	4,565
Marge pour Alpha et Omega	4,565 – 2,15	2,415
Taux de marque	2,415 / 4,565	52,90 %
Prix de vente minimum aux revendeurs	2,15 × 1,53	3,289
Remise maximum	4,565 – 3,289	1,276
Taux de remise maximum	1,276 / 4,565	0,2795 soit 28 %

	OMEGA	
Prix de Vente HT	13 / 1,2	10,833
PV HT au revendeur	10,833 × (1 – 0,3236)	7,327
Marge pour Alpha et Omega	7,327 – 4,25	3,077
Taux de marque	3,077 / 7,327	41,9 %
Prix de vente minimum aux revendeurs	4,25 × 1,42	6,035
Remise maximum	7,327 – 6,035	1,292
Taux de remise maximum	1,292 / 7,327	0,1763 soit 18 %

2. À partir de combien de produits Alpha et de produits Omega achetés pouvez-vous offrir le présentoir à vos clients ?
– Produit Alpha :
Sachant que le présentoir est vendu 50 € et que le taux de remise maximum est de 28 %, on peut offrir le présentoir dès que le CA dépasse : 50 € / 28 % = 178 €, soit 39 produits Alpha.
– Produit Omega :
Sachant que le présentoir est vendu 50 € et que le taux de remise maximum est de 18 %, on peut offrir le présentoir dès que le CA dépasse : 50 € / 18 % = 277 €, soit 38 produits Omega.

Exercice 12 Voir Fiche Savoir 26

Le règlement de la commande et le suivi de la relation client

1. Calculer le coût de l'emprunt avec un remboursement en fin de période.

Annuité constante :

20 000 × 0,05 / [1 – (1 + 0,05)$^{-5}$] = 4 619,50 €

Coût emprunt :

n × Annuité constante = 5 × 4 619,50 = 23 097,48 €

2. Calculer le coût de l'emprunt avec un amortissement constant chaque année.

20 000 € sont empruntés sur 5 ans, donc on remboursera chaque année 4 000 €. Les intérêts seront calculés en fonction du capital restant à rembourser.

Soit : 20 000 € × t pour la première année avec t = 5

20 000 × 0,05 = 1 000

Soit : (20 000 – 4 000) × t pour la 2e année

16 000 × 0,05 = 800...

L'amortissement s'additionne aux intérêts dégressifs, donc l'annuité est dégressive. Par exemple, pour la première année : 4 000 + 1 000 = 5 000 €.

	ANNÉE 2	ANNÉE 3	ANNÉE 4	ANNÉE 5	ANNÉE 6
EMPRUNT RESTANT DÛ	20 000	16 000	12 000	8 000	4 000
INTÉRÊT	1 000	800	600	400	200
AMORTISSEMENT	4 000	4 000	4 000	4 000	4 000
ANNUITÉ	5 000	4 800	4 600	4 400	4 200
VALEUR NETTE	16 000	12 000	8 000	4 000	0

Le coût de l'emprunt avec un amortissement constant chaque année est égal à :

5 000 + 4 800 + 4 600 + 4 400 + 4 200 = 23 000 €.

Exercice 13 Voir Fiche Savoir 25

L'évaluation du risque client

1. Effectuer une analyse comparative des deux clients potentiels pour évaluer le risque financier (bilan fonctionnel, FRNG, BFR, trésorerie et ratios).

• Éts Textile Nature

Faible amortissement de l'actif immobilisé corporel, ce qui sous-entend un appareil de production vieillissant et quasi amorti. Les provisions pour créances sont élevées : il existe un risque de trésorerie, confirmé par l'augmentation conjointe des créances et des dettes fournisseurs.

Bilan fonctionnel :

Actif stable	3 020	Ressources stables	7 540
Actif circulant	10 540	Dettes circulantes	6 320
Disponibilités	300		
Total	**13 860**	**Total**	**13 860**

FRNG = Ressources stables – Emplois stables = 7 540 – 3 020 = 4 520 milliers d'euros

BFR = Actif circulant – Dettes circulantes = 10 540 – 6 320 = 4 220 milliers d'euros

Trésorerie = FRNG – BFR = 300 milliers d'euros

Ratios : Indépendance financière = Capitaux propres / Ressources stables = 4 780 / 7 540 = 63,4 %

Liquidité de l'actif = Actif immobilisé brut / Actif total brut = 3 020 / 13 860 = 21,79 %

Ratio d'endettement = Capitaux empruntés / Capitaux propres = 940 / 4 780 = 0,196

• Société Charly & Co

Le montant des stocks, des créances et des dettes financières diminue.

Bilan fonctionnel :

Actif stable	4 160	Ressources stables	5 730
Actif circulant	3 335	Dettes circulantes	2 750
Disponibilités	985		
Total	**8 480**	**Total**	**8 480**

FRNG = Ressources stables – Emplois stables = 5 730 – 4 160 = 1 570 milliers d'euros

BFR = Actif circulant – Dettes circulantes = 3 335 – 2 750 = 585 milliers d'euros

Trésorerie = FRNG – BFR = 985 milliers d'euros

Ratios : Indépendance financière = 2 190 / 5 730 = 38,22 %

Liquidité de l'actif = 4 160 / 8 480 = 49 %

Ratio d'endettement = 600 / 2 190 = 0,274

2. Sélectionner le prospect à retenir et justifier votre choix.

On peut sélectionner la société Charly & Co. En effet, même si les indicateurs des Éts Textile Nature sont globalement meilleurs que ceux de Charly & Co, les fortes provisions sur créances peuvent laissent penser que les Éts Textile Nature sont mauvais payeurs, ce qui peut donc représenter un risque de trésorerie. De plus, l'évolution entre N-1 et N est plus favorable pour la société Charly & Co.

Exercice 14 Voir Fiches Savoir 29 et 30

Le calcul des coûts commerciaux et de la rentabilité

1. Évaluer la rentabilité de l'opération de prospection des supérettes en vous aidant de l'annexe.

	QUANTITÉ	PU	MONTANT
Ingrédients			351,00
Coût horaire	2,5	38	95,00
Bac de 1 L	450	0,36	162,00
Étiquettes (450 + 50)	500	0,05	25,00
Conditionnement des caisses	50	0,34	17,00
Coût de distribution			464,00
Total coût variable			1 114,00
Coût unitaire (1 114 / 450)			2,48
Prix de vente			4,50
MCV = Prix unitaire – Coût unitaire = 4,50 – 2,48			2,02
TMCV = (MCV / Prix unitaire) × 100 = (2,02 / 4,50) × 100			44,99 %
Charges fixes de prospection			69 500
Seuil de rentabilité en € (69 500 / 0,4499)			154 486,83

2. Calculer le nombre de bacs de glace qui doivent être vendus en moyenne dans chaque magasin acquis lors de l'opération de prospection afin d'assurer la rentabilité de cette campagne.

Seuil de rentabilité en quantités (en bacs) = 154 486,83 / 4,5 = 34 330 €

Ventes minimales par magasin (en bacs) = 34 330 / 261 = 132

3. Suite aux résultats, l'entreprise décide de fixer un objectif de 45 000 bacs à réaliser avec les clients nouvellement acquis. Analyser la pertinence de ce choix.

Chiffre d'affaires = 45 000 × 4,5 = 202 500
MCV = 202 500 × 0,4499 = 91 100
Charges fixes = 69 500
Bénéfice = 21 600
Un objectif de 45 000 bacs permet de réaliser un bénéfice de 21 600 €. Cet objectif est réaliste et adapté à la situation. Le bénéfice de cette opération représente 10,67 % du CA.

Exercice 15 Voir Fiche Savoir 30

La rentabilité d'un événement commercial

1. Calculer le seuil de rentabilité de cet événement.

Salaires des diététiciennes : 3 400 + 1 530 de charges patronales = 4 930.
Charges fixes = 4 930 + 7 500 = 12 430
Seuil de rentabilité (SR) = CF / TMCV
TMCV = (CA – CV) / CA = (100 – 8) / 100 = 0,92
SR = 12 430 / 0,92 = 13 510,87 € par mois

2. À partir de combien de clients le magasin éphémère est-il rentable ?

Dépenses moyennes mensuelles par une personne suivant le régime sur 1 mois :
6 × 30 j = 180 ; 13 510,86 / 180 = 75
Ce nouveau service est rentable à partir de 75 clients par mois.

Exercice 16 Voir Fiche Savoir 31

La planification et l'organisation d'un événement commercial

1. Préciser les avantages pour l'entreprise d'organiser une journée « portes ouvertes ».

Une journée « porte ouvertes » permet de toucher beaucoup de prospects/clients, de créer une ambiance sympathique autour des compositions vintage, de développer la notoriété de l'entreprise et de mettre en avant les produits.

2. Lister les étapes à suivre pour organiser cet événement.

Il faut définir le format, le thème, la date, la cible et le budget de l'événement, préparer les invitations, la communication, le programme, les équipes et anticiper la logistique et l'animation.

Savoir 1 — Le CRC omnicanal

Les centres de relation client (CRC) doivent évoluer pour pouvoir maîtriser tous les canaux de vente et d'échange. Ils doivent adopter une communication omnicanale adaptée à l'omni-consommateur.

1 Les différents canaux de vente et d'échange

Un canal de vente concerne toutes les interfaces (physiques ou virtuelles) permettant au client de rencontrer la marque.

EXEMPLE Boutique physique, boutique Web ou *via* une application mobile, site marchand, place de marché Web (Amazon, eBay…), vente à distance par téléphone (numéro accessible depuis un site Internet, téléshopping…), vente à distance par catalogue (La Redoute…), porte-à-porte, vente privée, vente en réseau.

DIGITALISATION

1.1. Prendre en compte l'omni-consommateur

Les consommateurs sont devenus « omni-consommateurs », c'est-à-dire des utilisateurs de différents canaux de façon souvent simultanée.
L'entreprise doit donc utiliser différents canaux de façon à promouvoir, vendre ses biens et/ou services, entretenir une relation durable avec ses clients, répondre à leurs interrogations et réclamations, etc.

EXEMPLE Un client peut s'informer sur le Web (comparateurs de prix…) puis tester le produit en utilisant une borne interactive en magasin physique, partager ses questions et impressions sur les réseaux sociaux, et enfin, passer sa commande *via* une application e-commerce installée sur son smartphone.

1.2. Adapter ses canaux aux comportements des nouveaux clients

Pour s'adapter au phénomène de l'omni-consommateur, les entreprises évoluent grâce à plusieurs stratégies :

STRATÉGIE	DÉFINITION	EXEMPLE
CANAL SIMPLE	L'entreprise dispose d'un seul canal de vente.	Une seule boutique physique.
MULTICANAL	L'entreprise multiplie les points de contact mais les différents canaux ne communiquent pas entre eux.	Un commerçant ayant une boutique physique crée un site d'e-commerce.
CROSS-CANAL	L'entreprise crée des passerelles entre les canaux (magasin physique, catalogue, site Web…) pour qu'ils puissent fonctionner ensemble de manière complémentaire.	Le commerçant ayant une boutique physique et un site d'e-commerce met en place un service de *click & collect* pour intégrer les deux canaux : le Web pour la commande, le magasin pour retirer le produit.
MODÈLE OMNICANAL	Différents canaux digitaux et physiques sont interconnectés pour offrir au client une expérience globale unifiée.	La boutique physique devient un magasin connecté (phygital) : service de *click & collect*, *showroom* avec des bornes interactives reliées au site Internet, etc.

2 Adapter le CRC à l'omnicanal

2.1. Rendre la communication téléphonique plus performante

La communication téléphonique, qui reste utilisée par 80 % des consommateurs, permet de conserver un contact humain avec l'entreprise. Le CRC doit veiller à toujours améliorer son service téléphonique.

EXEMPLE Mettre en place un numéro de téléphone « VIP » pour que les clients Premium soient redirigés directement vers des téléconseillers haut de gamme ou proposer un *click to call* à partir du site Internet permettant au client de cliquer sur un bouton d'appel pour laisser son numéro de téléphone afin d'être rappelé par un conseiller.

2.2. Proposer différents canaux de contact

En complément du téléphone, le CRC doit proposer différents canaux de contact pour faciliter la mise en relation. Les téléconseillers doivent être des experts à différents niveaux :

LA GESTION DES MAILS	Les mails sont essentiels pour rester en contact avec les clients, par exemple pour les suivis de commande, les échanges SAV, les réclamations.
LA MISE À JOUR ET L'ANIMATION DU SITE INTERNET	Le site Internet doit permettre de faciliter le contact client, par exemple à l'aide d'une plateforme communautaire pour encourager l'entraide des clients, un formulaire de contact sur le site pour les suivis de commande, les échanges SAV, les réclamations, une FAQ régulièrement enrichie pour les questions basiques récurrentes afin de réduire les appels des clients au CRC, etc.
LA GESTION DES SMS	La gestion des SMS se fait en particulier à travers les applications sur≈smartphone ou tablette permettant d'accéder à divers services clients : envoi d'un SMS au client pour confirmer une commande, un contact avec le SAV, etc.
L'UTILISATION DE LA MESSAGERIE INSTANTANÉE	Le service de messagerie instantanée depuis le site Internet (*click to chat*) permet à un téléconseiller de répondre en direct et de façon personnalisée aux questions du client.
LE SUIVI DES ÉCHANGES SUR LES RÉSEAUX SOCIAUX.	Les réseaux sociaux permettre de répondre rapidement aux demandes de conseils et aux questions ou réclamations des consommateurs.

2.3. Organiser les équipes du CRC pour une activité omnicanale

Dans un CRC, les équipes de téléconseillers peuvent être organisées par portefeuilles clients, types de demande ou types de canal.

EXEMPLE Téléconseillers spécialisés dans les réponses écrites, dans le suivi par téléphone.

Les téléconseillers spécialisés par types de canal gagnent en rapidité. Cependant, cette solution appauvrit la diversité du travail du téléconseiller et rend plus difficile la vision globale et qualitative des attentes du client.

Mots clés Canaux de vente et d'échange • Omnicanal • Omni-consommateur

Savoir 2

L'activité d'un CRC

Les CRC doivent faire évoluer leur organisation et se doter d'outils efficients pour mener les différentes activités qui leur sont confiées dans le respect du droit.

1 Le fonctionnement d'un centre de relation client (CRC)

1.1. L'évolution de l'organisation des CRC

Dans un CRC, l'espace de travail est souvent organisé sous forme d'*open space* (espace ouvert) où les employés s'isolent grâce à des casques de communication. Faute de compétences ou de moyens, de nombreuses PME font appel à un CRC extérieur pour leur expertise en traitement de bases de données, prospection téléphonique ou service après-vente, et pour leurs équipements (logiciels de *phoning*, CRM). On peut distinguer :

LE CENTRE D'APPELS	Traitement d'appels téléphoniques en masse uniquement.
LE CENTRE DE CONTACTS	Traitement massif de demandes *via* divers canaux de communication (téléphone, mail, tchat, site Web…).
LE CENTRE DE RELATION CLIENT (CRC)	Traitement d'appels entrants ou sortants et missions de constitution et de qualification de bases de données, de vente et de conseil client.

1.2. Les activités des téléacteurs

Les activités des téléacteurs concernent trois grands domaines :

LE TRAITEMENT DES BASES DE DONNÉES CLIENTS/ PROSPECTS	– Structuration et qualification : correction des données des entreprises pour avoir des informations fiables. – Segmentation et *scoring* (RFM, *scoring* comportemental).
LA GESTION DES APPELS SORTANTS	– Contact avec les prospects pour récolter des informations. – Prise de rendez-vous pour les commerciaux terrain et vente.
LA GESTION DES APPELS ENTRANTS	Conseil, information, fidélisation, SAV, contentieux, recouvrement, foire aux questions, communication simultanée (tchat)…

1.3. Les métiers au sein d'un CRC

Un CRC comprend plusieurs métiers. Le téléopérateur les assume souvent ensemble pour répondre aux impératifs de l'entreprise.

MÉTIERS	FONCTIONS
TÉLÉOPÉRATEUR, TÉLÉPROSPECTEUR	– Structure et analyse les bases de données. – Contacte par téléphone pour qualifier (vérifier et enrichir) la base. – Prend les rendez-vous clients (auxquels se rendront les commerciaux pour finaliser les ventes).
TÉLÉVENDEUR	Vend une offre pour le commanditaire (client qui a confié la mission au CRC).
TÉLÉCONSEILLER	– Oriente les utilisateurs et répond à leurs questions. – Vend des options ou services supplémentaires.

1.4. Les outils pour améliorer la performance des CRC

Les CRC adoptent des logiciels CRM (*Customer Relationship Management* ; en français, GRC : gestion de la relation client) afin de maîtriser la globalité des informations clients et de suivre l'historique des échanges avec chacun d'eux dans le temps. Leur objectif est d'améliorer la gestion des clients et d'augmenter les ventes.
Des logiciels de *phoning* sont souvent intégrés aux modules de CRM. Ils permettent de mener l'ensemble des tâches nécessaires à l'activité des téléopérateurs (constitution et qualification de bases de données, prospection téléphonique, prise de rendez-vous, relances, plannings...) à partir d'une seule interface.

2 Le respect de la réglementation

2.1. La loi Informatique et Libertés et le RGPD

Lors de la création d'un fichier clients, le CRC doit prendre en compte la loi Informatique et Libertés ainsi que le règlement général européen sur la protection des données (RGPD), entré en vigueur en mai 2018, qui définissent les principes à respecter pour la collecte, le traitement et la conservation des données personnelles, c'est-à-dire celles qui se rapportent à une personne physique identifiée ou identifiable.

2.2. Les mentions obligatoires sur les formulaires de collecte des données

Avant la collecte des données, le CRC doit s'assurer du consentement explicite du prospect et faire apparaître sur les formulaires :
– l'identité et les coordonnées du responsable du traitement ;
– les finalités du traitement des données, l'utilisation qui sera faite des données ;
– les destinataires qui utiliseront ces données ;
– la durée de conservation des données ;
– les droits concernant l'accès, la rectification, l'effacement des données ;
– le droit de réclamation auprès de la CNIL ;
– le consentement pour avoir l'accord explicite de la personne dès la collecte.

2.3. La réglementation sur le démarchage et la prospection téléphonique

Le CRC ne peut démarcher par téléphone, courrier ou mail les prospects ayant demandé à leur opérateur de les inscrire sur la « liste rouge » afin de ne pas apparaître sur ses fichiers utilisés à des fins de marketing direct.
Il doit respecter l'interdiction faite aux professionnels de démarcher une personne inscrite sur la liste Bloctel (qui n'est pas valable pour les mails ou les SMS) et de vendre des fichiers contenant les numéros de consommateurs inscrits sur cette liste.
Il n'existe pas de listes d'opposition pour les prospects professionnels mais la prospection doit être cohérente avec l'activité de l'entreprise.

EXEMPLE Un prospect travaillant dans le secteur informatique pourra être contacté dans son cadre professionnel pour une offre portant sur un logiciel mais pas pour une offre alimentaire.

Mots clés CNIL • CRM • Logiciels de *phoning* • Prospection • RGPD

Savoir 3 Le traitement des BDD

Une des activités de CRC consiste à structurer et qualifier les bases de données (BDD).

1 L'intérêt du travail sur les BDD

Les entreprises ont besoin d'informations fiables pour mener leurs actions de prospection commerciale auprès des prospects les plus susceptibles d'être intéressés par leur offre. Elles confient souvent cette mission à un CRC qui va mettre en place, de façon professionnelle et efficace, une BDD en adéquation avec les besoins du commanditaire. Il peut s'agir d'une BDD :
– de suspects (individus qui sont la cible de l'entreprise mais pour lesquels aucun contact n'a été initié) afin de les faire devenir des prospects potentiels ;
– de prospects (le contact a déjà été établi mais ils ne sont toujours pas clients, comme les anciens contacts non suivis depuis longtemps) de façon à les réactiver ;
– de clients actuels pour développer les ventes et les fidéliser.

2 Structurer et qualifier les BDD

2.1. Constituer la base de données

Le CRC recueille les données nécessaires à la constitution de la BDD à partir :
– de sources de données internes à l'entreprise commanditaire ;

EXEMPLES Remontées des commerciaux, cartes de fidélité, historiques clients lors de la consultation du site, contacts lors des salons.

– de sources de données externes.

EXEMPLES Fichiers loués ou achetés, annuaires (Pages Jaunes, Kompass…), données officielles (Insee, Bodacc, INPI, IGN…).

Une BDD constituée à partir de sources de données internes et externes comporte :

DES MENTIONS OBLIGATOIRES	Nom, prénom, sexe, âge, adresse, e-mail…
DES DONNÉES D'ACTION	Date du dernier contact, type de prospection utilisé : mailing, e-mailing, *phoning*, SMS-mailing…
DES DONNÉES DE RÉACTION	Freins et motivations d'achat, nombre de produits différents achetés, chiffre d'affaires, dates d'achat…

2.2. Structurer la base de données

Le téléopérateur doit choisir la structure de la BDD qui lui permettra de trier et d'utiliser les informations le plus simplement et le plus efficacement possible. Il faut donc séparer les informations en autant de rubriques que nécessaire.

EXEMPLE Séparer pour l'adresse : voie, code postal, ville, pays (pour trier par ville, pays…).

La structuration de la BDD facilite le tri des données :

PAR CANAL	Permet de toucher la cible en utilisant le meilleur canal : e-mail, SMS, téléphone, courrier...
PAR CRITÈRE	Permet de cerner la cible selon des critères pertinents : en *B to C* par âge, sexe, lieu et type d'habitat. En B to B par activité, effectif...
PAR ZONE GÉOGRAPHIQUE	Permet de repérer et de visualiser la zone à prospecter, par exemple en utilisant Google Maps à partir de l'adresse convertie en coordonnées.

2.3. Qualifier la base de données

Les opérations de qualification pour disposer d'informations fiables consistent à :
– nettoyer la BDD pour éliminer les coquilles, les imprécisions, les doublons ;

EXEMPLE Éliminer « Mme É. Durand », déjà inscrite sous « Madame Élise Durand ».

– la mettre à jour et l'enrichir ;

EXEMPLE Enregistrer les dates de rappel, les motifs de refus...

– vérifier les informations ;
– lutter contre l'obsolescence et l'inexactitude des informations.

EXEMPLE Éviter les retours NPAI (« n'habite plus à l'adresse indiquée ») ou PND (« pli non distribuable ») en actualisant les coordonnées de domicile.

Les CRC peuvent avoir recours à des outils payants afin de proposer à leurs commanditaires des fichiers fiables. On peut citer, notamment :
– les fichiers du groupe La Poste (Charade®, Charade Entreprises®, Estocade®), qui facilitent le traitement RNVP (restructuration, normalisation, validation postale) des données postales en actualisant les adresses ;
– la base des bonnes adresses (BBA), qui contient des informations complémentaires permettant de mieux qualifier une adresse (n° de bâtiment...) ;
– le fichier de l'Insee (Sirene), qui recense les entreprises inscrites au registre du commerce et des sociétés, et fournit leur état civil officiel (raison sociale, statut, adresse...).

3 Appeler le prospect pour qualifier les données

Pour enrichir la BDD, le téléacteur doit souvent téléphoner au prospect/client pour recueillir ou confirmer certaines informations en suivant la méthode CROC :

CONTACT	Après les salutations d'usage, présenter l'entreprise, demander à parler à l'interlocuteur puis vérifier son identité et sa fonction.
RAISON	Expliquer clairement et brièvement le motif de l'appel. EXEMPLE Utiliser un prétexte (inscription à un programme de fidélité, envoi de catalogue...).
OBJECTIF	Vérifier et collecter un maximum d'informations (coordonnées précises, mail, etc.).
CONGÉ	Remercier et saluer nominativement.

Mots clés BDD • Qualification • Structuration

DIGITALISATION

Savoir 4

La segmentation et le *scoring* de la BDD

Pour mieux cibler les prospects, il faut segmenter et scorer la base de données.

1 Segmenter une base de données

1.1. L'intérêt de la segmentation

La segmentation consiste à créer des groupes (segments) de clients ou prospects présentant des caractéristiques, des comportements et des besoins homogènes. Comme une entreprise peut rarement cibler tous les clients sur son marché, elle fait appel à la segmentation pour choisir, selon les objectifs de ses actions marketing, un ou plusieurs segments de clients auxquels il sera plus efficace de s'adresser.

EXEMPLE Les hommes et femmes de moins de 30 ans travaillant ou étudiant dans le quartier de La Défense, avec un panier moyen de 500 €.

1.2. Les critères de segmentation

Les critères utilisés pour segmenter les clients ou prospects peuvent être :

SOCIODÉMOGRAPHIQUES	Âge, sexe, profession et catégorie socioprofessionnelle (PCS).
GÉOGRAPHIQUES	Pays, région, département, code postal, lieu de vie.
FONCTION DE L'ACTIVITÉ ET DU SECTEUR D'ACTIVITÉ DE L'ENTREPRISE	Codes NAF, APE.
PAR TRANCHES SALARIALES	De 20 à 49 K€, de 50 à 99 K€, plus de 100 K€.
COMPORTEMENTAUX	Habitudes de consommation, raison de la présence sur le lieu d'achat.

En utilisant un logiciel de CRM, l'entreprise peut croiser les informations de sa base de données et mixer plusieurs critères. (ex: âge, PCS, etc.)

2 Scorer les clients de la base de données

2.1. L'intérêt du *scoring*

Le *scoring* consiste à noter chaque client pour identifier les plus intéressants (ceux qui rapportent plus, qui sont plus réceptifs aux sollicitations...). Il permet de mieux cibler les actions marketing en visant les clients à fort potentiel, les clients rentables... Les critères de *scoring* peuvent reposer sur les données sociodémographiques, liées à la consommation d'un produit, au comportement en ligne...

2.2. Le calcul du *scoring* RFM (récence, fréquence, montant)

Le *scoring* RFM vise à déterminer la valeur d'un client sous l'angle de trois variables : la récence, la fréquence et le montant des achats. On fixe des tranches pour chacune des variables et on attribue une note par variable à chaque client.

EXEMPLE Une entreprise veut vendre des téléphones sur le segment des jeunes adultes :

CRITÈRES	RÉCENCE (DATE DU DERNIER ACHAT)			FRÉQUENCE D'ACHAT			MONTANT DES PRODUITS ACHETÉS		
	NOMBRE DE MOIS DEPUIS LE DERNIER ACHAT			NOMBRE DE PRODUITS ACHETÉS			MONTANT GLOBAL (EN €)		
	> 24	≥ 24 et ≤ 12	< 12	0	≥ 1 et ≤ 2	> 3	< 100	≥ 100 et < 200	> 200
SCORES	1	2	5	0	2	5	0	2	5

Le score d'un client qui a acheté 1 téléphone depuis moins de 12 mois pour un montant de plus de 100 € est de : 5 + 2 + 2 = 9.

2.3. Le calcul du *scoring* comportemental

Le *scoring* comportemental consiste à attribuer un score à un individu en fonction de son comportement sur le site. Pour établir ce *scoring*, il faut déterminer :

– la densité, le degré de curiosité du visiteur pour la thématique du site ;

EXEMPLES Temps passé sur le site, nombre de clics pendant la visite.

– la valeur de points attribués à chaque page ;

EXEMPLE Recherche d'un mot-clé : 5 points, visite de la page « Tarifs » : 10 points.

– le classement des pages d'un site Web en différentes catégories.

EXEMPLE Pages « chaudes » concernant la décision d'achat (tarifs, CGV…), pages « tièdes » où le visiteur s'informe (présentation du produit…), pages « éliminatoires » où les visiteurs sont hors cible ou déjà conquis (recrutement, témoignages clients…).

Pour calculer le score, on attribue un nombre de points à chaque critère puis on calcule le score total en les additionnant.

EXEMPLE Un vendeur de téléphones en ligne choisit les critères suivants :

Visite d'une page « chaude »	35 pts	Un internaute qui consulte le formulaire de contact (page « chaude ») et la page « Fonctionnalités » (page « tiède »), télécharge le livre blanc et s'abonne à la newsletter de l'entreprise aura un score de : 35 + 25 + 5 + 5 = 70.
Visite d'une page « tiède »	25 pts	
Visite de la page « Tarifs »	8 pts	
Abonnement aux réseaux sociaux de l'entreprise	10 pts	
Temps passé sur le site > 30 min	5 pts	
Téléchargement du livre blanc	5 pts	TOTAL : 70 pts
Nombre de clics > 50	5 pts	
Inscription à la newsletter	5 pts	
Recherche d'un mot-clé	2 pts	

Mots clés Scoring • Segmentation

S'ENTRAÎNER AU BTS
Exercices 1, 2 : p. 159, 160

Savoir
5 Le traitement des demandes

Les télévendeurs assurent des campagnes d'appels sortants pour prendre des rendez-vous qualifiés ou vendre des offres spécifiques par téléphone.

1 Mener une campagne d'appels sortants

1.1. Choisir les cibles

Les télévendeurs doivent respecter le cahier des charges qui décrit précisément les besoins du commanditaire, les objectifs à atteindre et les délais. Dans ce cadre, pour identifier les prospects à contacter en priorité, les méthodes de *scoring* permettent de classer les prospects selon leur note, sachant que :
- les scores élevés (prospects « chauds ») doivent être poussés à l'achat ;
- les scores intermédiaires (prospects « tièdes ») doivent être motivés ;
- les petits scores (prospects « froids ») ne sont pas prioritaires.

DIGITALISATION

1.2. Adapter l'attitude dans le respect du droit

Le manager prépare, sur le logiciel de *phoning*, le script qui s'affichera sur l'écran des télévendeurs. Un script d'appel efficace doit aller à l'essentiel, permettre de poser les bonnes questions et de valider que le prospect a bien compris le message. Chaque télévendeur doit veiller à parler lentement et à articuler, se montrer dynamique et persuasif (sourire, ne pas réciter le script d'appel, savoir l'adapter au prospect).
Il est essentiel de mener la négociation téléphonique auprès de la cible choisie en respectant les règles juridiques qui encadrent les opérations de *phoning*, notamment la loi du 17 mars 2014 qui prévoit les obligations :
- d'afficher le numéro de téléphone (les appels en numéro masqué sont interdits) ;
- d'être joignable (le prospect doit pouvoir contacter le CRC avec le numéro affiché) ;
- de décliner son identité et la raison de son appel dès le début de la conversation.

1.3. Surmonter les barrages et les objections

Une entreprise dispose généralement d'un standard ou d'un secrétariat qui filtre les appels. L'appelant doit donc se préparer pour passer les éventuels barrages.

EXEMPLES « C'est à quel sujet ? » → « C'est à propos de l'e-mail que je lui ai fait parvenir. »
« Il n'est pas là. » → « Quand me conseillez-vous d'appeler ? »

Avec le client, le télévendeur est ensuite souvent confronté à des objections, qu'il doit pouvoir surmonter de façon réactive. Il doit alors identifier si l'objection n'est qu'un prétexte pour le client qui ne souhaite pas poursuivre l'entretien. Si, au contraire, elle est sincère et fondée, il faut l'accepter et la traiter.

EXEMPLE « J'ai besoin de réfléchir. » → Accepter : « Je comprends. » → Reformuler : « C'est normal de vouloir vous assurer que vous prenez la bonne décision » → Traiter : « Cependant, je vous rappelle que vous pouvez vous rétracter si vous n'êtes pas satisfait, sans aucuns frais. »

1.4. Adopter un script d'appel adapté

Le script peut se baser sur la méthode des 4C :

CONTACTER	– Mentionner son nom, sa fonction, le nom de l'entreprise pour laquelle l'appel est réalisé, et expliquer le motif de l'appel. – S'assurer que le client est disponible. – Présenter l'activité de l'entreprise en montrant son intérêt pour le client. – Accrocher, capter l'attention de l'interlocuteur (avantage produit...).
CONNAÎTRE LES BESOINS	Découvrir les besoins du client en lui posant des questions. Cette étape est essentiellement réalisée en cas de vente à distance.
CONVAINCRE	– Lors d'une prise de rendez-vous : chercher à coopérer et convenir de la date avec le client. – Lors d'une vente à distance : argumenter et mettre en avant les bénéfices de l'offre en utilisant la méthode CAP (caractéristiques, avantages, preuves).
CONCLURE	Confirmer la vente ou le rendez-vous, remercier et saluer l'interlocuteur.

Une fois l'appel terminé, le téléopérateur peut confirmer le RDV et la vente par mail, avec le détail de l'offre et les informations contractuelles dans le cas d'une vente.

2 Le suivi de la négociation téléphonique

2.1. Le *reporting*

Le logiciel de *phoning* inclut des grilles d'analyse permettant un suivi quantitatif et statistique des contacts (caractéristiques du prospect, rendez-vous, documents à envoyer, rappels à faire...). Le télévendeur doit les compléter en indiquant ce qu'il a pu vérifier pendant l'appel, les objections rencontrées, les résultats obtenus, la date de rappel ou de rendez-vous, les actions à prévoir... Le logiciel permet de partager les agendas des commerciaux et de s'assurer que le rendez-vous est programmé sur une plage disponible. Il permet aussi de transmettre automatiquement les rendez-vous aux commerciaux et aux prospects, par e-mail et/ou SMS.

2.2. Les actions de remédiation

Le logiciel de *phoning* permet au manager d'installer un dispositif d'écoute et/ou d'enregistrement ponctuel des conversations téléphoniques afin d'améliorer la qualité du service. Dès le message d'attente sur le serveur vocal interactif (SVI), le client doit être informé de l'enregistrement de la conversation et de l'objectif de celui-ci. En analysant les conversations à partir de mots-clés, le manager pourra repérer des dysfonctionnements et mettre en place des actions correctives.

EXEMPLE À partir des relevés de mots à bannir par le télévendeur, le manager peut envisager une formation pour adapter le script d'appel et le vocabulaire.

Mots clés Campagne d'appels sortants • *Reporting* • Script d'appel

S'ENTRAÎNER AU BTS
Exercice 3 : p. 160

Savoir
6 Les appels entrants

Un appel entrant est l'occasion d'un contact direct avec le client. Il peut aussi être un moment propice pour le fidéliser ou lui proposer un produit complémentaire. Le téléconseiller doit donc tout mettre en œuvre pour améliorer son efficacité.

1 Conseiller et répondre par téléphone

ÉTAPES	DESCRIPTION	EXEMPLE
ACCUEILLIR LE CLIENT	– Se présenter (nom et service) pour montrer qu'on est le bon interlocuteur. – Désamorcer l'impatience : l'attente peut sembler très longue et agacer le client. – Identifier l'appelant en repérant dans son dossier son nom, son adresse, le numéro de facture, afin d'éviter de redemander des informations qu'il aurait déjà données. Personnaliser l'échange en appelant le client par son nom.	– « Entreprise X, M. Y, conseiller. Que puis-je faire pour vous ? » – « Je vous remercie d'avoir patienté. » – « Vous êtes bien Brice Martin, habitant... ? » puis « Monsieur Martin, vous... »
PRENDRE EN COMPTE LA DEMANDE	– Écouter sans couper la parole et reformuler la demande pour éviter les malentendus. – Veiller à l'intonation de la voix, éviter les tournures négatives (« avoir des problèmes »...). Alterner questions ouvertes et fermées pour préciser les points importants.	– « Si j'ai bien compris, vous souhaitez... C'est bien cela, M. Martin ? » – « Vous souhaitez donc renouveler votre abonnement. C'est bien cela ? »
TRAITER LA DEMANDE	– Rechercher les informations nécessaires pour répondre au client (suivi de commande, procédure technique...). Transférer le message au service concerné si son problème ne peut être résolu et préciser qu'une réponse sera envoyée dès que possible. – Donner des explications claires, avec des phrases courtes, en évitant le vocabulaire trop technique. Bannir le silence, expliquer ce qui est fait durant tout le traitement. – Négocier dans le cadre des marges de négociation fixées par sa hiérarchie. – Envoyer une confirmation.	– « M. Martin, je vais transférer votre demande à nos techniciens. Ils vous recontacteront en début d'après-midi. » – « M. Martin, je vois dans votre dossier que... » – « M. Martin, je viens de valider avec ma hiérarchie. » – « M. Martin, je vous envoie un mail avec la date de livraison. »
PRENDRE CONGÉ	S'assurer d'avoir bien répondu à la demande et terminer en remerciant le client.	« M. Martin, avez-vous d'autres questions ? [...] La société X vous remercie pour votre appel. Nous restons à votre disposition au... de 8 h à 18 h. Passez une bonne fin de journée, M. Martin, au revoir. »

2 Conseiller et répondre aux demandes par écrit

2.1. Conseiller et répondre par mail

a) Respecter les règles d'écriture propres aux mails

Pour écrire des mails professionnels, il faut respecter des règles de base :
- prévoir un objet court et précis ;
- choisir le destinataire principal (« À »), celui ou ceux en copie (« Cc ») ou en copie cachée (« Cci », pour informer sans que les autres le sachent) ;
- bannir, dans le corps du message, le langage SMS, les émoticônes, les abréviations, les mots en majuscules (signe de colère) et les fautes d'orthographe. Limiter l'humour, les couleurs et la police originale ;
- veiller au poids des pièces jointes et les nommer de manière explicite ;
- opter pour une signature professionnelle préprogrammée ;

EXEMPLE Indiquer son nom et celui de l'entreprise, sa fonction, le mail professionnel et d'autres moyens de contact (adresse, téléphone, fax...).

- choisir une formule de politesse adaptée et sans abréviations.

EXEMPLE « Cordialement » convient pour une personne de même niveau hiérarchique, « Bien cordialement » montre plus de respect. « Cdt » est à bannir.

b) Mettre en place une procédure pour traiter efficacement les demandes

Le téléconseiller peut préenregistrer des modèles d'e-mails afin de répondre aux questions simples et récurrentes, et adopter des procédures de classement des e-mails.

EXEMPLE Dossiers par types de clients, types de demandes...

2.2. Conseiller et répondre dans un tchat

a) Respecter les règles d'écriture propres aux tchats

Le téléopérateur doit retenir l'attention du client dès le début de l'échange, par exemple avec une présentation préenregistrée.

EXEMPLE « Bonjour, je suis [prénom + fonction]. Puis-je vous renseigner ? »

Même lors d'un échange direct, il faut utiliser un langage correct et proscrire le langage SMS, les abréviations, les émoticônes, les mots en majuscules et les fautes d'orthographe. Il faut être bref et privilégier les réponses courtes et précises.

b) Mettre en place une procédure pour traiter efficacement les demandes par tchat

Un téléconseiller gère souvent plusieurs tchats à la fois. Pour être réactif, il peut, pour les demandes simples, préenregistrer des messages types et les classer dans une bibliothèque au sein du logiciel de tchat. Certaines entreprises utilisent des *chatbots*, des robots capables de fournir des réponses simples à partir d'une bibliothèque de questions/réponses.

Mots clés Appel entrant • Mail • Tchat

S'ENTRAÎNER AU BTS
Exercice 4 : p. 161

Savoir 7 Le suivi des demandes

L'objectif du CRC doit toujours être d'établir de bonnes relations avec les clients en répondant à leurs demandes, en particulier lors du traitement des réclamations.

1 Satisfaire les demandes dans le respect du droit

Les clients peuvent demander des conseils, mais aussi exprimer leur insatisfaction par des réclamations. Chacune d'elles doit être vue comme une occasion de dialoguer avec le client qui appelle pour demander la réparation du préjudice ressenti (remboursement, geste commercial...) ou une action corrective liée à l'offre de produit (modification du produit...). D'après la norme ISO 9001 concernant le traitement des réclamations, l'entreprise doit communiquer avec les clients afin de comprendre les causes des réclamations, s'améliorer et fidéliser.
L'article 87 de la loi de modernisation de l'économie (LME) stipule qu'un numéro de téléphone destiné à recueillir l'appel d'un consommateur en vue d'obtenir la bonne exécution d'un contrat conclu avec un professionnel ou le traitement d'une réclamation ne peut être surtaxé et doit apparaître dans le contrat et la correspondance. La règle est la même quand le service est externalisé vers un CRC. Par contre, elle ne s'applique pas pour les appels en dehors du cadre du suivi de son contrat.

DIGITALISATION

2 Un serveur vocal interactif (SVI) améliorant le service

Le SVI est un outil pour gérer les appels entrants d'un CRC. Il permet de :

DIFFUSER DES INFORMATIONS	Il s'agit des informations générales relatives à l'entreprise : horaires d'ouverture, délais de livraison, mentions légales.
GÉRER L'ATTENTE DE L'APPELANT	Il faut diriger l'appelant vers le bon téléconseiller s'il est disponible. Sinon, un temps d'attente est estimé et communiqué au client à intervalles réguliers en rendant l'attente agréable : musique d'attente, message sur l'offre promotionnelle en cours.

Un soin particulier doit être apporté au paramétrage du SVI :
– la phrase d'accueil doit rassurer et renvoyer vers une file de dissuasion (boîte vocale qui demande de rappeler plus tard) si le CRC est fermé ou saturé ;

EXEMPLE « Bonjour, bienvenue au service client de la société X. Nous sommes actuellement fermés. Vous pourrez nous joindre demain à partir de 8 h. »

– le choix du menu oriente les appelants selon leur demande et les compétences des téléconseillers (SAV...) en proposant trois ou quatre choix au maximum (phrases simples, courtes et précises).

EXEMPLE « Pour une information sur un de nos produits, tapez 1. Pour suivre votre commande, tapez 2. Pour joindre le SAV, tapez 3... »

Si le CRC diffuse une musique d'attente, il est responsable de la déclaration auprès de la Société des auteurs, compositeurs et éditeurs de musique (SACEM) et de la Société civile des producteurs associés (SCPA).

3 Des outils facilitant une « vision à 360° » des clients

Le traitement des demandes nécessite d'avoir une information unifiée donnant une « vision à 360° », c'est-à-dire très précise, des clients. Chaque téléconseiller doit avoir accès aux données collectées par ses collègues et les différents services (services client, comptabilité, logistique, informatique, Web...) *via* les différents canaux.

EXEMPLE Informations remontées par les commerciaux dans les points de vente et données recueillies sur le client sur le Web et les réseaux sociaux.

Ainsi, les CRC se dotent de logiciels de *phoning* qui font remonter automatiquement aux téléopérateurs les informations provenant des logiciels suivants :

PROGICIEL DE GESTION INTÉGRÉE (PGI)	Il permet l'échange des données entre les différents services de l'entreprise, à partir de différents modules (RH, production, comptabilité, logistique, gestion des stocks, CRM pour la gestion des ventes). EXEMPLE Accès aux données de production sur le produit, sur les stocks pour vérifier la disponibilité, sur la logistique pour connaître le délai de livraison.
CRM	Il est souvent intégré en tant que module dans le PGI et centralise tous les aspects commerciaux : historique des commandes sur tous les canaux, etc. Des logiciels spécifiques (logiciels de SAV, outils de tchat, logiciels de support client...) peuvent être intégrés en tant que modules du CRM. Grâce à ces outils, le téléconseiller peut répondre au client par un mail, un SMS ou directement sur les réseaux sociaux, accéder à l'historique des échanges, transférer la demande à un technicien ou à un autre service et, éventuellement, planifier une intervention. EXEMPLE Suite à une réclamation, un logiciel de SAV permet de suivre la réparation d'un produit et d'informer par SMS de la date et du lieu de retrait en magasin du matériel réparé.

4 Une procédure de traitement des réclamations adaptée

La gestion des réclamations reste un des aspects essentiels de la gestion des demandes des clients. Le téléconseiller doit être en mesure de restaurer de bonnes relations en adoptant une procédure qui suit les étapes suivantes.

ÉTAPE 1	Adopter une attitude d'empathie.
ÉTAPE 2	Comprendre les faits, identifier le problème. Déterminer s'il s'agit d'une réclamation fondée ou non fondée et reformuler pour être sûr d'avoir bien compris.
ÉTAPE 3	Expliquer/s'excuser. Il faut reconnaître le problème sans incriminer une autre personne (fournisseur...). Il convient de préciser si la réclamation demande un temps de traitement ou nécessite d'être transférée vers un autre service.
ÉTAPE 4	Proposer des solutions.
ÉTAPE 5	Réaliser un suivi et enregistrer le traitement de la réclamation. Après son traitement, il faut indiquer la réponse apportée, l'action effectuée (échange, remboursement...) et reporter ces informations sur la fiche de suivi du client.

Mots clés CRM • Logiciels de SAV • PGI • Réclamations • SIV • Tchat

S'ENTRAÎNER AU BTS
Exercice 4 : p. 161

Savoir **8**

Le recrutement et la formation

Pour faire face au fort taux de renouvellement des employés (*turnover*), le CRC doit adopter une procédure de recrutement et de formation permettant de trouver les bons candidats et de les fidéliser.

1 Recruter des téléacteurs

1.1. Le besoin de recrutement du CRC

La création d'un nouveau poste ou d'un CRC interne, le remplacement à un poste existant, le besoin en nouvelles compétences peuvent demander un recrutement ou/et des efforts en formation des collaborateurs du CRC. Le *turnover* est très important (jusqu'à 40 ou 50 % en CRC) et coûte très cher en recrutement et en formation. Il faut donc adopter une procédure de recrutement qui fidélise les téléacteurs.

1.2. La recherche d'un candidat

a) La fiche de poste

Le manager établit une fiche de poste afin de définir les responsabilités, missions et spécificités du poste, ainsi que les compétences requises. Pour les téléacteurs, les compétences sont professionnelles (sens de l'organisation, aisance à l'oral, capacité d'adaptation) mais aussi relationnelles (bon relationnel, sens de l'écoute, résistance au stress).

b) L'annonce

L'annonce d'emploi doit être claire et précise, et comporter : une présentation de l'entreprise, le descriptif du poste (intitulé, missions, évolution possible), le profil du candidat (compétences, formation et expérience requises), le descriptif des conditions de travail et des avantages (lieu de travail, salaire...), la procédure à suivre pour répondre. Elle peut être publiée sur le site de l'entreprise ou des sites spécialisés.

EXEMPLES Sites d'annonces d'emplois (APEC...), réseaux professionnels (LinkedIn...).

c) Les autres moyens

Les candidatures internes (mobilité au sein de l'entreprise), les candidatures spontanées et la cooptation (recommandation par des membres de l'équipe) peuvent permettre de trouver le bon candidat. La procédure de recrutement peut aussi être externalisée auprès d'un cabinet spécialisé.

1.3. Le choix du candidat et son intégration

Le manager doit faire une présélection des candidats en comparant chaque candidature (CV et lettre de motivation) au profil de poste. Il convoque ensuite les candidats retenus pour un entretien de recrutement, qui a généralement lieu en face-à-face, mais qui peut aussi se dérouler par téléphone dans la mesure où les tests d'évaluation permettent d'avoir une meilleure vision du profil du candidat. Une fois le candidat recruté, la phase d'intégration permet de l'accueillir et de lui présenter le fonctionnement du CRC, l'équipe, le poste de travail, les méthodes et les outils.

2 Former des téléacteurs

2.1. L'obligation de formation des salariés des CRC

L'employeur a une obligation de formation pour permettre aux salariés de s'adapter à leur poste de travail et veiller au maintien de leur capacité à occuper un emploi.

EXEMPLES Pour faire face à l'évolution des technologies, pour améliorer la sécurité au travail et protéger la santé des salariés.

L'entreprise doit mettre en place un plan de formation annuel et veiller à la qualité des formations proposées de façon à s'assurer que les salariés peuvent suivre les évolutions de leurs postes, mais aussi évoluer vers d'autres postes. Dans un CRC, il est donc indispensable de former les téléconseillers pour assurer la qualité du service, de l'accueil et du conseil apporté aux clients. Le manager pourra organiser des formations de plusieurs jours ou de quelques heures selon l'objectif à atteindre. Celles-ci seront individuelles si le téléopérateur doit travailler certaines compétences ou collectives pour préparer une équipe à une mission spécifique, par exemple.

2.2. Les modalités et les objectifs des formations dans les CRC

Les formations peuvent être organisées soit en interne (les téléacteurs sont formés par des membres de l'entreprise), soit en externe par un organisme de formation spécialisé. Les objectifs diffèrent selon les missions des téléacteurs et peuvent porter sur les différents métiers de la télévente.

EXEMPLES Communication par téléphone ; gestion des appels sortants ; réception efficace des appels entrants, des réclamations ; gestion de conflits ; vente de produits.

2.3. L'écoute et l'enregistrement des appels sur le lieu de travail

Les dispositifs d'écoute et d'enregistrement des conversations téléphoniques sur le lieu de travail peuvent être installés à partir des logiciels de *phoning* de façon à ce que le manager puisse suivre et conseiller les membres de son équipe. Cependant, les informations collectées doivent être utilisées dans un contexte bien précis.

EXEMPLE La formation ou l'évaluation professionnelle de l'employé.

De plus, il est indispensable de respecter certaines règles concernant :

LE RESPECT DE LA VIE PRIVÉE	L'employeur doit mettre à disposition des salariés des lignes téléphoniques non reliées au système d'enregistrement, ou un dispositif technique leur permettant de couper l'enregistrement pour les appels personnels. Il en va de même pour les appels passés par les représentants du personnel dans le cadre de l'exercice de leurs mandats.
L'ACCÈS AUX ENREGISTREMENTS	Seules les personnes habilitées pourront accéder aux données des enregistrements, uniquement à des fins de formation.

Mots clés Annonce d'emploi • Fiche de poste • Formation • Intégration • Recrutement

Savoir 9

La motivation de l'équipe

Les conditions de travail sont déterminantes pour motiver les téléacteurs et améliorer la qualité du service. Le CRC doit donc veiller à mettre en place une gestion du temps de travail et une gestion de l'espace de travail les plus adaptées possible aux contraintes du travail des téléacteurs.

1 Adopter un pilotage de l'équipe motivant

1.1. Par une rémunération motivante

La rémunération des téléacteurs comporte un salaire fixe et une partie variable qui peut se calculer en fonction des résultats individuels mais aussi des performances collectives de l'équipe. Cette partie variable peut prendre la forme de primes et de bonus en cas d'atteinte des objectifs fixés.

EXEMPLES Prime en fonction du nombre de rendez-vous, du volume des ventes.

Les motivations financières peuvent être des primes liées aux résultats.

EXEMPLES Des voyages, des chèques-cadeaux suite à des challenges de vente.

1.2. Par des échanges réguliers avec l'équipe

Le manager doit organiser des échanges avec les membres de l'équipe afin de les motiver, faire des points réguliers sur leur travail et favoriser l'écoute. Ces échanges sont le moyen de faire le point sur les performances, l'atteinte des objectifs de façon à renforcer la cohésion de l'équipe.

EXEMPLE Briefing pour faire le point sur une action commerciale.

Ces échanges sont l'occasion de repérer les tensions et les problèmes. Le manager peut organiser des réunions ponctuelles d'expression collective sur une situation problématique ou des entretiens individuels de recadrage.
Ces réunions permettent de régler les conflits et d'éviter des dysfonctionnements qui peuvent survenir dans l'équipe.

1.3. Par le suivi des objectifs adaptés

Le manager doit fixer des objectifs atteignables, clairs (formalisés et expliqués aux salariés) et équitables, adaptés au niveau d'expérience du téléconseiller. Pour garantir de bonnes conditions de travail, les objectifs quantitatifs doivent être en cohérence avec les objectifs qualitatifs.

EXEMPLE Si l'objectif quantitatif est le nombre de rendez-vous à obtenir par jour, les téléprospecteurs n'effectueront pas un contact de qualité et pourront ressentir un stress important.

Le manager doit analyser l'atteinte des objectifs. L'entretien individuel d'évaluation organisé entre le téléconseiller et le manager est l'occasion de faire un bilan, d'évaluer ses compétences et d'identifier les axes de progrès du téléconseiller.

2 Gérer le temps de travail

Le nombre d'heures supplémentaires effectuées dans l'année ne peut pas dépasser le plafond fixé par la loi à 220 heures par an et par salarié.

Durée légale du travail : 35 h/semaine (10 h/jour maximum) → Au-delà : majoration des heures supplémentaires de 10 % minimum et/ou repos compensateur (RTT) → Le Code du travail prévoit une majoration de 25 % pour les 8 premières heures supplémentaires et 50 % au-delà (à partir de la 44e)

Comme l'activité des CRC tend vers un service continu 7 jours sur 7 et 24 heures sur 24, les managers demandent de plus en plus aux téléconseillers de travailler de nuit (période de 8 heures travaillée entre minuit et 5 h du matin) avec une compensation salariale et/ou un repos compensateur. La loi prévoit aussi un repos quotidien de 11 heures consécutives et une journée de repos par semaine, en principe le dimanche. Cependant, pour assurer le service continu, le CRC peut obtenir une autorisation administrative pour faire travailler, avec une compensation, certains salariés à tour de rôle le dimanche, de manière permanente ou temporaire.
Pour faire face à l'intensité du travail en flux tendu, alors que la loi prévoit l'obligation d'une pause de 20 minutes au bout de 6 heures de travail, les salariés des CRC bénéficient d'une pause rémunérée de 10 minutes toutes les 2 heures ou de 15 minutes toutes les 3 heures (soit 30 minutes après 6 heures de travail).

EXEMPLE Pauses régulières pour diminuer les troubles psychosociaux (anxiété...), musculo-squelettiques (douleurs musculaires...) et les pathologies sensorielles (oculaires...).

3 Aménager le lieu de travail

L'activité des téléopérateurs s'exerce souvent dans un espace collectif (*open space*) avec des niveaux sonores jugés trop élevés dans un quart des centres.

EXEMPLES Bruit des ordinateurs, nombreuses conversations téléphoniques.

Pour limiter le niveau sonore, le manager peut séparer les postes de travail par des cloisons acoustiques et/ou permettre aux téléacteurs de s'isoler, mettre en place plusieurs îlots ou espacer les postes de travail.
Par ailleurs, la position statique assise prolongée, au téléphone et sur ordinateur, peut entraîner des pathologies (problèmes de dos...). Le manager doit donc prévoir différents moyens pour améliorer l'ergonomie et la prévention :
– utilisation de casques adaptés, formation à l'utilisation des postes téléphoniques et au réglage du volume sonore ;
– ergonomie des sièges réglables, du clavier, du poste de travail, mais aussi de l'écran et des logiciels utilisés (lumière antireflet, paramétrage des couleurs...).

Mots clés Espace de travail • Temps de travail • Objectifs • *Open space* • Rémunération

Savoir 10

Le suivi des indicateurs de performance et de qualité

Un paramétrage adapté du logiciel de *phoning* permet de calculer automatiquement des indicateurs quantitatifs. L'analyse de ces indicateurs doit aider le manager à mettre en œuvre les actions de remédiation pour améliorer la performance et la qualité du service.

1 La mesure de la performance du CRC

1.1. Évaluer la performance globale du CRC

Pour évaluer la performance globale d'un CRC, on peut considérer :

LA PERFORMANCE COMMERCIALE	Elle peut être évaluée grâce au taux de transformation (nombre de ventes / nombre d'appels).
LA MESURE DES COÛTS	Le coût unitaire de traitement d'une demande client permet de déterminer le coût unitaire de traitement de cette demande et donc de mieux maîtriser les coûts. EXEMPLE Si, dans un CRC, le coût par appel (coûts de fonctionnement du CRC [salaires, matériel, locaux...] / nombre d'appels) est trop élevé, il faut analyser les éléments sur lesquels il faut agir pour le diminuer en achetant, par exemple, un matériel plus performant ou en adaptant les locaux.

1.2. La performance des téléopérateurs

Le manageur doit analyser la capacité des télévendeurs à :

PRENDRE DES RENDEZ-VOUS	Nombre de rendez-vous / Nombre d'appels
SUSCITER L'INTÉRÊT DU PROSPECT	Nombre de contacts intéressés / Nombre de contacts utilisables
VENDRE	Nombre de ventes réalisées / Nombre de rendez-vous décrochés
ÊTRE EFFICACE ET PRODUCTIF	La durée moyenne de traitement (DTM) permet de déterminer le temps consacré à un client par chaque téléopérateur, ce qui permet d'évaluer leur efficacité dans le traitement des demandes. La DTM a longtemps été considérée comme prioritaire, mais elle doit être complétée par l'analyse des indicateurs qualitatifs (enquêtes sur la satisfaction des clients, analyse des réclamations, des appels, etc.) pour ne pas devenir contre-productive. En effet, si les demandes sont traitées trop vite au détriment de l'écoute, le risque est de nuire à la satisfaction client.

Pour optimiser la structure et la taille de l'équipe pour une campagne d'appels, le manager peut s'appuyer sur le taux d'occupation (temps de travail en communication / heures de présence) qui lui permet de savoir si les téléopérateurs sont sur- ou sous-employés et d'adapter la taille de ses équipes.

EXEMPLE Si le taux d'occupation est très élevé dans une équipe, cela indique que le téléacteur est sur-employé et n'a pas le temps, notamment, de faire le *reporting*.

2 La mesure de la qualité du service

2.1. La qualité des appels sortants

La qualité des campagnes d'appels sortants peut s'analyser à partir des indicateurs suivants :

LE TAUX D'ABOUTISSEMENT	Nombre d'interlocuteurs joints / Nombre d'appels émis Si, dans un CRC, les horaires et les jours d'appels ne sont pas choisis en fonction des moments où il est plus facile de joindre les prospects, ce taux sera faible et le manager devra adapter les heures et les jours d'appels de son équipe.
LE TAUX D'ABANDON	Nombre d'appelés ayant raccroché immédiatement / Nombre d'appels émis Un taux d'abandon élevé peut être dû à la nécessité de détecter en amont les prospects hors cible (en B2B : mauvais secteur d'activité ; en B2C : situation familiale inadaptée aux attentes...).
LE TAUX DE RELANCE	Nombre de relances programmées / Nombre d'appels émis Ce taux montre le niveau de suivi des appels. Le manager doit paramétrer l'outil de *phoning* de façon à organiser des relances automatiques aux moments adaptés.

2.2. La qualité du traitement des appels entrants

La qualité du traitement des appels des clients, et en particulier des réclamations, peut s'analyser à partir d'indicateurs comme :

LE TAUX DE DÉCROCHÉ	Taux de réponse, dans un temps donné, qui doit tendre vers l'objectif fixé par la certification AFNOR NF-345 demandant que le CRC soit capable de répondre à au moins 80 % des appels en moins de 1 minute 30.
LE TAUX DE RÉSOLUTION AU PREMIER CONTACT (*FIRST CALL RESOLUTION*)	Nombre de premiers appels ayant abouti à la résolution d'une requête client. Ce taux évalue la capacité des téléconseillers à répondre à la demande des clients dès leur premier appel.
LE TAUX D'ABANDON D'APPEL	Nombre d'appelants ayant raccroché avant d'entrer en contact avec le téléconseiller. Il alerte sur un temps d'attente trop long.
LE TEMPS D'ATTENTE	Durée moyenne pendant laquelle le client est invité à patienter avant d'être mis en relation. Cet indicateur doit tendre vers la norme des centres d'appels qui est de décrocher avant la 3e sonnerie dans 95 % des cas.
LE TAUX DE TRANSFERT VERS LE *SELFCARE*	Proportion de demandes redirigées vers d'autres canaux de communication : site Web, FAQ, communauté virtuelle, *chatbot*...

Pour avoir une vision globale des efforts faits par le client pour que sa demande soit traitée, il faut croiser plusieurs de ces indicateurs et calculer le niveau de service (*Service Agreement Level*) par média (temps consacré par le téléconseiller à chaque client par téléphone, mail, tchat...) et par type d'appel (information, assistance technique...).

Mots clés Indicateurs qualitatifs • Indicateurs quantitatifs • Performance

Savoir 11

L'évaluation de la satisfaction client

Pour connaître la satisfaction du client, il faut s'interroger sur la qualité du service et la capacité du CRC à apporter une réponse complète et satisfaisante à la demande du client. On peut pour cela utiliser des indicateurs quantitatifs et surtout qualitatifs, mais aussi d'autres outils comme l'analyse des enregistrements des appels, les appels mystères, l'analyse des réclamations clients et surtout les enquêtes de satisfaction.

1 Les moyens d'évaluation de la satisfaction client

La satisfaction du client dépend de la capacité du téléacteur à répondre à ses attentes. Parmi les moyens pour la mesurer, les questionnaires de satisfaction, sur tous les canaux de contact (téléphone, mail, tchat), restent essentiels.
Ces enquêtes peuvent se mener
– « à chaud » : juste après un achat ou un appel ;

EXEMPLE Dans un CRC, pour la vente de forfaits téléphoniques, un SMS ou un e-mail avec un court questionnaire peut être envoyé juste après un appel au client.

– « à froid » : quelque temps après pour mesurer la satisfaction globale.

EXEMPLE Un court questionnaire peut être envoyé au client trois mois après son achat de produits diététiques, le temps qu'il consomme et puisse évaluer les produits.

DIGITALISATION

2 La mise en place des enquêtes de satisfaction client

2.1. Définir le but recherché et la cible

Il convient de définir le but recherché, les éléments sur lesquels on souhaite évaluer la satisfaction du client (produit acheté, service après-vente...) et la cible qui sera sondée.

EXEMPLE Les porteurs de la carte de fidélité après la vente d'accessoires téléphoniques.

2.2. Choisir le type de questions

a) Les questions permettant un traitement automatique des réponses
Les questions fermées (réponse « oui/non ») et les questions alternatives (plusieurs réponses possibles préalablement définies) sont privilégiées dans les enquêtes par téléphone, *via* Internet ou sur mobile car les réponses sont rapides et leur traitement peut se faire de façon automatique.

EXEMPLE Suite à l'achat d'un accessoire téléphonique : « Quelle est votre satisfaction ? »

ÉLÉMENT À ÉVALUER	TRÈS SATISFAIT	SATISFAIT	PLUTÔT SATISFAIT	PAS SATISFAIT
Le conseil lors de l'achat				
La fiabilité de l'accessoire				
Le design de l'accessoire				

Les questions numériques (quantité, âge, prix, note...) permettent de préciser, d'évaluer de façon précise.

EXEMPLE Donnez une note concernant la fiabilité du matériel : Min 1 2 3 4 5 6 7 8 9 10 Max

b) Les questions demandant une analyse manuelle des réponses

Les questions ouvertes donnent la possibilité à l'interviewé de répondre librement. Elles sont plus utilisées dans les interviews en face-à-face que lors d'enquêtes par mail, SMS ou téléphone car elles demandent une saisie et une analyse des réponses souvent longues. Elles contiennent des informations utiles sur la qualité du service et les suggestions pour l'améliorer. Cependant, le taux de réponse est faible (autour de 10 %) et les réponses peuvent être hors sujet, mal formulées ou sans contenu, ce qui rend leur analyse difficile. Il est préférable de :
– prévoir un seul champ libre et de poser la question en fin de questionnaire ;
– mettre la réponse en option de façon à ce que le sondé puisse renvoyer le questionnaire même s'il n'a pas répondu à la question.

2.3. Respecter les grands principes pour formuler les questions

Quel que soit le type de questions retenu, il est nécessaire de :
– proposer des questions claires et compréhensibles ;
– ne pas dépasser 15 questions par enquête pour que le sondé n'y consacre pas plus de 5 minutes ;
– poser les questions personnelles en fin de questionnaire pour ne pas rebuter le sondé ou lui donner le sentiment que le principal but de l'enquête est de recueillir ses données personnelles.

2.4. Choisir la périodicité de l'enquête

Il est nécessaire de définir si l'enquête est envoyée « à chaud » de façon ponctuelle ou « à froid » une fois par an, plusieurs fois dans un intervalle donné, en continu...

EXEMPLE Après l'achat d'un accessoire téléphonique, il est possible d'envoyer une enquête ponctuelle « à chaud ». En revanche, pour un client régulier ayant une carte de fidélité, il convient de prévoir une enquête de satisfaction une fois par an (« Votre avis nous intéresse »).

2.5. Choisir le canal de diffusion de l'enquête

Plusieurs canaux de diffusion sont possibles :

LE TÉLÉPHONE	Il sera retenu pour sonder la qualité de la relation car il favorise un véritable échange avec le téléconseiller et permet d'obtenir une réponse immédiate.
LE SMS	Il sera favorisé pour avoir une remontée d'informations le plus « à chaud » possible.
L'E-MAIL	Il remplace aujourd'hui le courrier papier. Il peut être couplé avec un appel téléphonique. Il permet des enquêtes plus longues et qualitatives que le SMS et sera privilégié pour une évaluation de la qualité du produit. Il reste le canal le plus utilisé, même s'il doit faire face au problème du spam. EXEMPLE Pour sonder les clients sur la qualité du SAV et le respect des délais de livraison.

Mots clés Canal de diffusion • Enquêtes de satisfaction

Savoir

12 Le suivi de la satisfaction

La satisfaction, gage de fidélité du client, peut être évaluée par des enquêtes. Le tableau de bord permet de regrouper les indicateurs de satisfaction pour donner une vision synthétique d'ensemble.

1 Les indicateurs de suivi de la satisfaction client

1.1. Le *Customer Satisfaction Score* (CSAT)

Il montre le degré de satisfaction d'un client à travers un questionnaire qui contient une question simple concernant : le temps d'attente, l'accueil, l'écoute, la qualité des explications, la clarté des informations données…

EXEMPLE À la question : « Êtes-vous satisfait de l'écoute de nos téléconseillers ? », le client doit choisir une réponse parmi 5 proposées (« Très satisfait / Satisfait / Neutre / Plutôt pas satisfait / Pas du tout satisfait »), auxquelles on attribue un score. Pour calculer le CSAT, on additionne les scores de toutes les réponses obtenues auprès des consommateurs sondés.

DIGITALISATION

1.2. Le *Customer Effort Score* (CES)

Cet indicateur montre le niveau d'effort déployé par le client lors de sa mise en relation avec le CRC à partir d'une question numérique.

EXEMPLE Donnez une note concernant l'effort que vous avez déployé pour que votre demande soit traitée : Min 1 2 3 4 5 6 7 8 9 10 Max

1.3. Le *Net Promoter Score* (NPS)

Cet indicateur montre le niveau global de satisfaction client à partir d'un questionnaire contenant la question : « Quelle est la probabilité que vous recommandiez la marque X à un ami ou un collègue ? » Les réponses se répartissent sur une échelle de 0 (« Pas du tout ») à 10 (« Absolument »). Pour cerner les principaux motifs de satisfaction ou d'insatisfaction, on peut ajouter une question ouverte : « Que pourrions-nous faire pour nous améliorer ? » Les réponses permettent un classement en trois catégories :

SCORE DE 0 À 6	Il correspond aux « détracteurs » : clients déçus qui peuvent nuire à l'image de marque en partageant leur insatisfaction sur des moyens de communication comme les réseaux sociaux.
SCORE DE 7 À 8	Il correspond aux « passifs » : clients qui ne sont pas suffisamment satisfaits pour avoir une totale confiance envers la marque et qui peuvent donc être séduits par une offre concurrente.
SCORE DE 9 À 10	Il correspond aux « promoteurs » : clients les plus fidèles et enthousiastes, qui sont une valeur très forte pour l'entreprise car ils peuvent être des ambassadeurs de la marque auprès de leur entourage.

Le NPS (% promoteurs – % détracteurs) va de – 100 à + 100. Un score supérieur à 0 est acceptable, il est excellent à partir de 50.

EXEMPLE Sur 100 réponses à la question : « Quelle est la probabilité que vous recommandiez la marque X à un ami ? », 40 clients ont donné une note NPS de 0 à 6 ; 10 une note NPS de 7 ou 8 et 50 une note NPS de 9 ou 10. Le pourcentage se calcule ainsi : 40/100 = 40 % de détracteurs ; 50/100 = 50 % de promoteurs. Le NPS est de : 50 – 40 = 10. Il est donc acceptable et montre que les clients sont globalement satisfaits.

2 Le tableau de bord pour visualiser les performances

2.1. L'intérêt du tableau de bord

Le tableau de bord est un outil d'aide à la décision qui présente synthétiquement les résultats du CRC et les compare aux objectifs de façon à pouvoir mesurer les écarts. Grâce à cet outil, le manager peut analyser les performances individuelles et collectives des téléacteurs. Il peut vérifier si les objectifs ont été atteints ou s'il doit mettre en place des actions de remédiation. Les tableaux de bord sont générés automatiquement par les logiciels de CRM à partir des données collectées par le logiciel de *phoning* et le *reporting* des commerciaux.

EXEMPLE Nombre d'appels, leur durée, temps de post-traitement, indicateurs de suivi de qualité (temps d'attente…), suivi des clients, etc.

2.2. Le choix des indicateurs

En fonction des objectifs prioritaires à suivre, le manager choisit les indicateurs à inclure dans le tableau de bord. Bien qu'il soit indispensable de limiter le nombre d'indicateurs retenus afin de ne pas rendre le tableau de bord incompréhensible et difficile à exploiter, il est conseillé de retenir les principaux indicateurs quantitatifs et d'ajouter des indicateurs de satisfaction des clients (NPS, CES, CSAT). Il est essentiel de croiser les données des indicateurs quantitatifs avec les réponses obtenues aux questionnaires de satisfaction de façon à pouvoir comparer la productivité du CRC avec ce que pensent les clients de la qualité du service.

EXEMPLE Tableau de bord graphique avec des indicateurs de satisfaction client, qualitatifs sur le service client et quantitatifs (répartition des coûts).

Histogramme : Évolution NPS sur les 12 mois de l'année par rapport à l'objectif moyen annuel de NPS de 75	**Courbe :** Évolution sur 6 mois du taux de décroché en moins de 1 minute 30 par rapport à l'objectif de 80 %	**Secteurs :** Mesure du coût unitaire de traitement d'une demande client en fonction des salaires, matériel, locaux
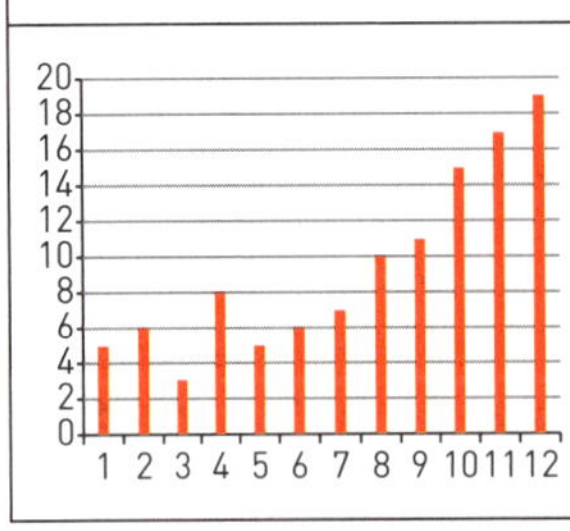	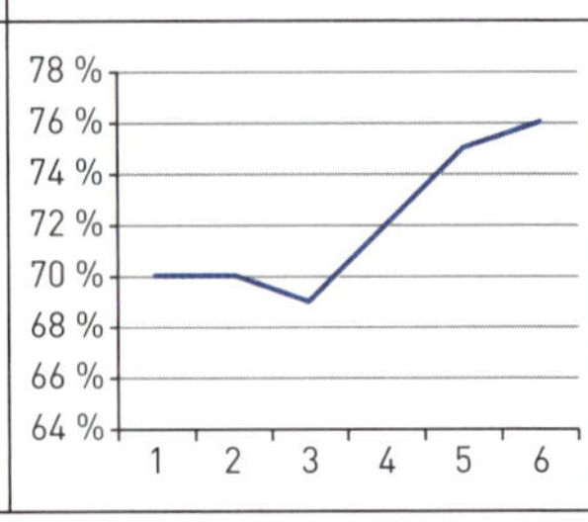	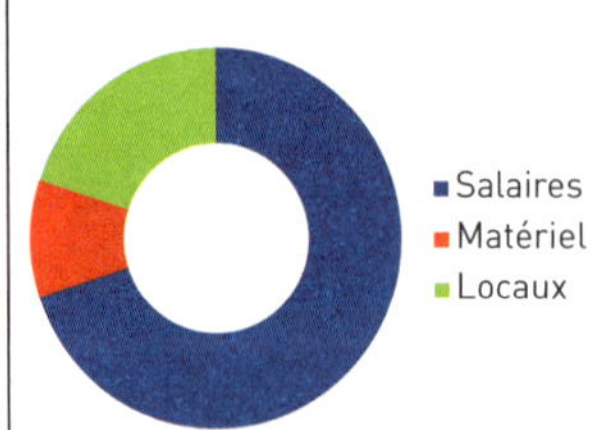

Mots clés Indicateurs de satisfaction • Tableau de bord

Savoir **13**

La stratégie de communication digitale

La communication digitale regroupe l'ensemble des actions de communication menées sur le Web dans le but de transmettre des messages aux internautes et de favoriser l'interaction avec la ou les cibles visées.

1 Une nouvelle forme de communication

1.1. Une communication basée sur le Web

La communication digitale s'appuie sur le Web en tant que média de communication. Les marques peuvent ainsi toucher un grand nombre de clients potentiels grâce à une plus grande visibilité : il s'agit du modèle POEM (*Paid, Owned and Earned Media* – média payé, créé et gagné).

EXEMPLE Une boutique de prêt-à-porter choisit de développer sa communication digitale en étant présente sur les réseaux sociaux et en créant un site Web et un blog.

LA VISIBILITÉ PAYÉE OU *PAID MEDIA*	La marque achète des espaces publicitaires sur le Web (ou dans des médias traditionnels comme la presse). L'entreprise peut également payer pour être mieux référencée sur Google ou acheter des bannières publicitaires (publicité payante).
LA VISIBILITÉ CRÉÉE OU *OWNED MEDIA*	La marque crée ses contenus sur ses propres supports (site Web, blog, e-mailing, compte Facebook, *newsletters*) et devient ainsi son propre média.
LA VISIBILITÉ GAGNÉE OU *EARNED MEDIA*	La marque bénéficie également d'une exposition gratuite sur le Web (mentions sur les réseaux sociaux, commentaires, avis des consommateurs, des blogueurs…). Par contre, l'entreprise ne contrôle pas ces contenus, qui peuvent également être partagés par les internautes.

1.2. Une communication multi-acteurs

La communication digitale offre aux internautes la possibilité de s'exprimer en postant des avis ou en partageant les contenus (*earned media*). Le consommateur devient consomm'acteur, voire ambassadeur de la marque.

EXEMPLE Une youtubeuse teste les produits L'Oréal sur sa chaîne et partage ses expériences avec les internautes.

1.3. Une communication communautaire

La communication digitale permet une communication communautaire. La marque peut alors cibler des communautés virtuelles, liées par un intérêt commun (une marque, un produit) lors de ses campagnes marketing. Les communautés partageront ensuite l'information avec leurs membres.

EXEMPLE Une marque automobile publie en avant-première, pour ses abonnés Facebook, des *posts* présentant son dernier modèle.

2 La stratégie de communication digitale

2.1. Le diagnostic stratégique

Avant de mettre en place sa stratégie de communication digitale, l'entreprise doit réaliser un diagnostic SWOT (*Strengths, Weaknesses, Opportunities, Threats* – forces, faiblesses, opportunités, menaces) de son développement digital et de son identité numérique sur le Web.

EXEMPLE Le SWOT d'une entreprise de coaching sportif disposant d'un site vitrine :

Forces : un site vitrine attractif, une *newsletter* présentant les nouveautés.	Faiblesses : pas de réservation en ligne, des données personnelles à sécuriser (RGPD).
Opportunité : une demande de flexibilité dans les réservations de la part des clients.	Menace : une forte concurrence en ligne.

2.2. Les cibles

L'entreprise doit savoir à quelle cible elle s'adresse. Elle détermine des profils types d'acheteurs, appelés « persona ». Un persona est un personnage imaginaire, représentant un groupe ou segment de clientèle cible. Il a un prénom, des caractéristiques sociales (profession, sexe, âge, revenus...), psychologiques (personnalité) et comportementales (processus d'achat, freins, motivations).

EXEMPLE Persona pour un nouveau modèle de voiture espace : femme, 35 ans, 3 enfants, cadre supérieure, habite en milieu rural, attentive au confort et à la sécurité en voiture.

2.3. Les objectifs, le budget, les médias à investir

L'entreprise fixe des objectifs précis à sa stratégie de communication digitale.
Elle détermine un budget à sa stratégie compte tenu des moyens humains, matériels et immatériels nécessaires.
Elle réfléchit également aux médias sociaux à investir (blog, réseaux sociaux, site, forums) selon la ou les cibles visées et au choix des contenus, des horaires de diffusion. Elle établit un calendrier éditorial.

EXEMPLE Si l'entreprise de coaching sportif souhaite développer ses réservations en ligne de 15 %, elle peut se fixer comme objectif d'augmenter de 40 % le nombre de visiteurs de son site.
Elle réfléchit à un budget couvrant le recrutement d'un *community manager*, la mise à jour de son site par un prestataire ou l'achat d'un logiciel de création de site.
Elle décide d'être présente sur un forum dédié au sport, de publier des vidéos sur YouTube une fois par mois, d'animer son site 4 fois par semaine.

Mots clés Communication digitale • *Earned media* • *Owned media* • *Paid media* • Persona • Stratégie de communication digitale

Savoir 14 La mise en place d'un marketing de contenus

Le marketing de contenus (*content marketing*) consiste à créer des contenus susceptibles d'intéresser des clients ou prospects cibles. « C'est l'art de communiquer avec ses prospects ou clients sans chercher à leur vendre quoi que ce soit » (Joe Pulizzi).

1 La maîtrise d'un marketing de contenus

1.1. De l'*outbound marketing* à l'*inbound marketing*

Avec l'arrivée du Web, les processus de décision des consommateurs ont changé. Ces derniers récupèrent désormais un important volume d'informations sur Internet avant d'entrer en contact avec l'entreprise. Le marketing « sortant », ou *outbound marketing* (forme traditionnelle de marketing), s'associe avec un marketing « entrant », l'*inbound marketing* qui s'appuie sur un marketing de contenus.

L'*OUTBOUND MARKETING* (MARKETING « SORTANT »)	L'entreprise oriente ses messages publicitaires vers les prospects afin de les convertir en acheteurs. Le marketing « sortant » impose au prospect/client les messages publicitaires. EXEMPLES Publicité sur les médias (publicité TV, bannières Web) ou prospection téléphonique, physique, mailing.
L'*INBOUND MARKETING* (MARKETING « ENTRANT »)	L'entreprise propose des contenus de qualité et attractifs à ses cibles, à des fins de prospection, de fidélisation ou d'image. Le client/prospect choisit ses contenus et autorise la marque à lui envoyer des messages. EXEMPLES Tutoriel pour apprendre à bricoler, blog sur des idées voyages avec enfants, article sur un produit, avis d'expert sur un thème.

1.2. La mise en place d'un marketing de contenus

– L'entreprise cherche à gagner l'attention des prospects/clients en leur proposant des contenus ciblés, en cohérence avec leurs besoins. Elle définit sa cible (âge, sexe, profession, intérêts...) et ses objectifs.

EXEMPLE Les objectifs peuvent être de générer des visites sur le site, de favoriser la transformation des visiteurs en clients sur les sites d'e-commerce, de valoriser la marque, etc.

– L'entreprise choisit ses contenus, créés par elle-même, par une agence de contenus ou les utilisateurs du produit. Elle insère les mots-clés (mots utilisés par les internautes dans leur recherche) dans ses contenus.

EXEMPLE Une entreprise de bricolage crée des descriptifs produits, des vidéos pour apprendre à poser du carrelage, des articles d'actualité (aides de l'État pour isoler sa maison). Elle choisit de mettre en avant les mots-clés *bricolage*, *pose papier peint*, *isolation*.

– L'entreprise détermine le format des contenus et le calendrier de publication.

EXEMPLE Les formats peuvent être variés : texte (article, livre blanc), images et animations (photos, GIF, infographie), vidéos (vidéos « à 360° », documentaires, webinaire : conférence en ligne, etc.).

2 Les règles de rédaction générales sur le Web

2.1. La définition d'une ligne et d'une charte éditoriale

a) La ligne éditoriale

La ligne éditoriale est l'ensemble des règles instaurées par le service de rédaction pour garantir une harmonie entre les différents contenus. Elle reflète le positionnement et les valeurs de l'entreprise. Elle est cohérente avec la cible visée (choix des thèmes), définit le ton, le style de rédaction (grand public, etc.) ainsi que l'angle choisi pour traiter les sujets (neutre, critique, etc.). Elle donne une identité aux productions.

EXEMPLE Une entreprise spécialisée dans l'événementiel choisit un ton décalé et ludique, ainsi qu'un vocabulaire grand public pour la cible de particuliers. Elle adopte un vocabulaire technique et un ton sérieux pour la cible des entreprises.

b) La charte éditoriale

La charte éditoriale comprend la ligne éditoriale (règles de publication) et définit les règles de forme (titres, paragraphes, règles typographiques), le processus de production (le ou les rédacteurs, le ou les relecteurs, la mise en ligne) ainsi que la charte graphique (couleurs, logo, images, etc.). Elle définit également les thématiques (autour de mots-clés) à développer lors de la rédaction des contenus. Ces mots-clés doivent correspondre à ceux recherchés par la cible dans les moteurs de recherche afin de faciliter la visibilité du site dans les résultats de recherche.

EXEMPLE L'entreprise repère les mots-clés saisis sur Google par les visiteurs de son site : *événementiel*, *séminaire*, *mariage*, *enterrement vie de garçon*. La charte éditoriale proposera ces mots et les thématiques liées afin d'améliorer la visibilité des contenus.

2.2. Le respect du cadre légal et de la nétiquette

Tout contenu publié sur Internet doit respecter les règles d'orthographe et de syntaxe afin de maintenir la réputation de la marque. Il doit respecter également :

LE DROIT D'AUTEUR	Interdiction de reproduire des contenus protégés par le droit d'auteur (œuvres écrites, photographies, œuvres musicales) sous peine d'action en contrefaçon. Indication de l'auteur et de la source en cas de citation.
LE DROIT À L'IMAGE	Interdiction de diffuser l'image d'une personne (ou sa voix) sans son consentement explicite.
LA CONFIDENTIALITÉ	Interdiction de diffuser des informations concernant ses clients, ses prospects, ses fournisseurs sans l'accord des personnes concernées (protection des données personnelles dans le cadre du RGPD).
LES BONNES MŒURS ET L'ORDRE PUBLIC	Interdiction de diffuser tout contenu violent, injurieux, diffamatoire, obscène (engagement des responsabilités civile et pénale).
LA NÉTIQUETTE	Respect des règles de bonnes conduites sur Internet : éviter les majuscules, respecter l'anonymat des destinataires, insérer un objet, une signature, utiliser des mots complets, etc.

Mots clés

Charte éditoriale • *Inbound marketing* • Ligne éditoriale • Marketing de contenus • Nétiquette • *Outbound marketing*

Savoir
15 La construction d'un site

Un site Internet est un ensemble de pages Web et de ressources, défini et accessible par une adresse Web.

1 Les choix technologiques et techniques

1.1. Le choix de l'hébergeur du site

Un hébergeur Web est une entreprise propriétaire des serveurs où sont stockées les informations liées au site Web (pages, contenus). Il propose aux propriétaires de sites des espaces de stockage mutualisés (partagés entre plusieurs clients) ou dédiés (réservés à un seul client).

1.2. Le choix de l'URL

L'URL (*Uniform Resource Locator*, localisateur uniforme de ressource) correspond à l'adresse d'une page Web. Il se situe dans la barre d'adresse du navigateur. L'URL d'une entreprise se compose ainsi : www.nomdedomaine.extension.

a) Le préfixe
Il s'agit de « www » pour *World Wide Web.*

b) Le nom de domaine
C'est le nom de l'activité, de la marque (si elle est connue) et parfois la situation géographique. Il ne comporte pas d'accents ni de caractères spéciaux.
Un nom de domaine doit être disponible et peut être protégé auprès de l'INPI.

EXEMPLE L'URL du site d'une librairie est www.lafontaineauxlivres.fr/. Le nom de domaine « lafontaineauxlivres » correspond ici à l'activité de l'entreprise.

c) Une extension
Elle est choisie en fonction de la cible visée.

EXEMPLES Les extensions « .fr » pour la France, « .com » pour une activité commerciale, « .org » pour une association ou une ONG.

1.3. La réalisation du site

– L'entreprise peut réaliser elle-même son site grâce à des système de gestion de contenu (CMS, *Content Management System*), qui permettent de transposer automatiquement les textes en langage Web (HTML).

EXEMPLE Des CMS comme WordPress, Wix ou PrestaShop proposent des graphismes et des structures personnalisables appelées « *templates* ».

– L'entreprise peut externaliser la création du site auprès d'un prestataire spécialisé. Elle définira avec l'agence Web le cahier des charges : objectifs du site, charte graphique, prestations attendues (achat du nom de domaine, hébergement...).

2 Les différents contenus d'un site Internet

2.1. Les types de sites

LE SITE VITRINE	Il permet de présenter l'entreprise, son offre et d'être visible sur le Web. Ce n'est pas un site marchand.
LE SITE D'E-COMMERCE	Ce site marchand permet de vendre des produits en ligne et de gérer les paiements en ligne.
LE SITE INSTITUTIONNEL	Il décrit une organisation (association, entreprise, institution publique) et fournit les informations nécessaires au public (valeurs, chiffres clés).
LE SITE ÉVÉNEMENTIEL	Il est créé pour un événement particulier (nouvelle offre, jeu-concours, etc.).

Il existe également des blogs, des sites collaboratifs (type « wiki »).

2.2 Les contenus

– L'entreprise choisit ses contenus en fonction de sa ligne éditoriale : objectifs, cibles, types de contenus et formats (textes, sons...), tonalité, charte graphique. Le *webdesigner* définit les logos, couleurs, polices d'écriture, assurant ainsi une cohérence graphique entre les différentes pages du site.
– Le *webmaster* est attentif au temps de chargement des pages et choisit des formats de fichiers adaptés aux contenus.

EXEMPLES Le format JPEG ou PNG pour les photos, le format AVI ou MP4 pour les vidéos.

– Les contenus peuvent être personnalisés, notamment grâce aux *cookies* présents sur le site (petits fichiers déposés sur le disque dur de l'internaute qui permettent de garder une trace de sa navigation).

2.3. Les mentions d'un site

a) Les mentions légales
Un site doit obligatoirement mentionner des informations sur :
– l'entreprise : dénomination légale (raison sociale ou nom de l'entrepreneur individuel), coordonnées, activité (n° RCS), nom du directeur de publication ;
– l'hébergeur : nom et coordonnées ;
– le créateur du site.

b) Les conditions générales d'utilisation (CGU)
Elles indiquent les règles d'utilisation du site. Elles peuvent être acceptées par les internautes par le biais d'une case à cocher. Elles déterminent les responsabilités des visiteurs et de l'éditeur du site si elles ne sont pas respectées.
Elles précisent les règles en matière de protection des données personnelles, la responsabilité de l'éditeur sur ses publications, la protection des contenus publiés, les conditions pour créer un compte client, la juridiction en cas de litige, etc.

Mots clés CMS • Hébergeur • Mentions légales • Site d'e-commerce • Site vitrine • URL

Savoir 16

La structure d'un site vitrine

Pour optimiser un site vitrine, il faut réfléchir à l'arborescence du site, à la navigation de l'internaute sur le site et enfin à la structure de chaque page Web.

1 L'arborescence et l'ergonomie d'un site

1.1. L'arborescence du site

L'arborescence est une représentation graphique de la structure du site (page d'accueil, rubriques et sous-rubriques). Elle facilite le parcours de l'internaute pour accéder aux informations, de manière plus logique et plus rapide.

EXEMPLE L'arborescence d'un site proposant des cours de danse :

- Notre centre
  - Les fondateurs
  - Les professeurs
- Cours adultes
  - Danse du monde
  - Danse classique
  - Danse à deux
- Cours enfants
  - Capoiera
  - Zumba
  - Danse moderne
- Nous contacter
  - Écrivez-nous
  - Abonnez-vous

1.2. L'ergonomie du site

Pour rendre la navigation fluide et intuitive pour l'internaute, le site peut proposer :

UN MENU DE NAVIGATION	Il se situe en haut de chaque page. Il donne accès aux différentes rubriques du site Internet. Il peut être présenté de manière horizontale ou verticale.
UN FIL D'ARIANE	Il montre à l'utilisateur le chemin parcouru depuis la page d'accueil et lui permet de se repérer dans le site. EXEMPLE Accueil> Accessoire> Recherche : accessoire auto / accessoire moto >
UN MOTEUR DE RECHERCHE	Il permet à l'internaute de trouver rapidement une information sur le site.
UN FORMULAIRE DE CONTACT	Il permet à l'entreprise de collecter des données sur les visiteurs de son site (prospects ou clients) : nom, mail, besoins... Ces données permettront ensuite de personnaliser les contenus proposés aux internautes (envoi de *newsletters*).

Un site doit aussi être *responsive*, c'est-à-dire accessible depuis tout support (tablette, smartphone, ordinateur) pour optimiser la navigation.

2 La maquette d'une page

2.1. La maquette fonctionnelle

Le *webmaster* ou le *webdesigner* réalise une maquette fonctionnelle (*wireframe*) pour chaque page Web.
Chaque maquette est structurée de la manière suivante :

L'EN-TÊTE	Il se situe en haut de la page et reste visible au fil de la navigation. Il contient le logo de l'entreprise, le menu, les liens vers le plan du site, etc. Il respecte une charte graphique.
LE CORPS DE PAGE	Il présente le contenu de la page et doit être homogène sur toutes les pages. Il est structuré avec des titres, des sous-titres. Il propose des textes, vidéos, graphiques, images.
LE PIED DE PAGE	Il se situe en bas de la page et reste visible au fil de la navigation. Il comprend les mentions légales, le contact, etc.
LA BARRE LATÉRALE	Elle se situe à gauche (ou à droite) de la page. On y retrouve la liste des derniers articles, des formulaires d'inscription à une *newsletter*, des publicités, des boutons vers les réseaux sociaux, etc.

EXEMPLE Maquette fonctionnelle de la page d'accueil de l'association « Un don de soi » :

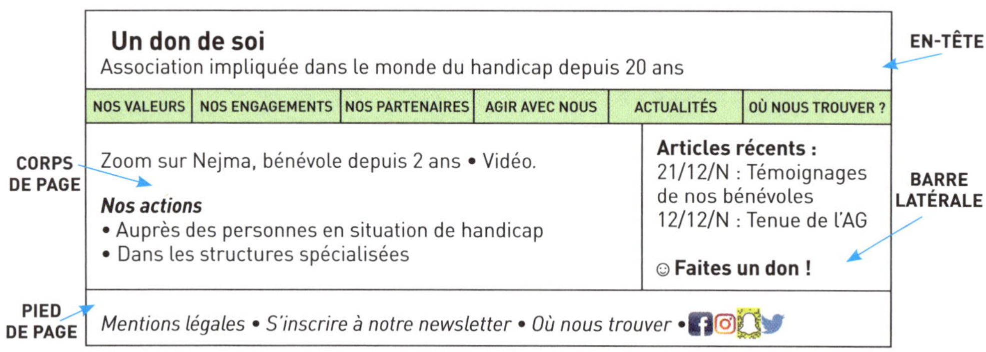

2.2. L'évolution de la maquette

– WordPress, comme d'autres CMS, propose des *plugins*, extensions qui permettent d'apporter de nouvelles fonctionnalités au logiciel hôte.
– Les *widgets* sont des modules que l'on insère dans la barre latérale ou dans le pied de page. Ils facilitent le travail d'optimisation du site et améliorent l'expérience utilisateur.

Mots clés Arborescence • Maquette fonctionnelle • *Plugins* • Site *responsive* • *Widgets*

S'ENTRAÎNER AU BTS
Exercice 5 : p. 162

Savoir 17 L'analyse du trafic d'un site vitrine

Le trafic d'un site fait référence au nombre de visites sur un site Internet. On parle en général de « générer du trafic » sur un site.

1 Les outils de *tracking*

1.1. Le fonctionnement du *tracking*

Le *tracking* permet de mesurer le comportement d'un visiteur sur un site Web, ses réactions à une publicité ou à la réception d'un e-mail. Le *webmaster* dispose pour cela de différents outils :

LES *TAGS*	Ce sont des extraits de code insérés dans le code HTML d'une page Web qui enregistrent les passages des internautes. Ils permettent d'analyser le trafic d'un site. EXEMPLE Un *tag* placé sur une page d'un catalogue de vêtements permet de mesurer le nombre de clics sur un produit, le temps passé sur la page, le nombre de visites de la page, etc.
LES *COOKIES*	Ce sont des fichiers textes stockés sur l'ordinateur de l'internaute. Ils sont créés lors de la navigation sur les sites et permettent de suivre son parcours. L'internaute doit donner son accord pour que les *cookies* soient activés sur le site (valable 13 mois). EXEMPLE L'internaute recherche des baskets sur un site Web. Les *cookies* enregistrent ses identifiants de connexion ainsi que ses préférences (marque, style). L'entreprise peut ainsi lui envoyer des bannières publicitaires présentant des modèles adaptés.

1.2. La mise en place du *tracking*

Le responsable de trafic d'un site doit réfléchir au type d'informations à collecter avant la mise en place d'un *tracking*.

EXEMPLE Sur une page présentant les différents services d'une entreprise, il est intéressant de connaître les rubriques cliquées (types de prestations, photos, vidéos, etc.) afin de proposer à l'internaute une navigation plus adaptée lors de sa future connexion.

1.3. L'analyse des statistiques des pages

Les CMS et Google Analytics fournissent des statistiques (sous forme de tableaux ou de graphiques) sur le trafic du site à partir des informations transmises par les tags.

2 Les indicateurs de performance

2.1. Les principaux KPI (*Key Performance Indicator*) d'un site vitrine

LE NOMBRE DE VISITEURS	Nombre de visiteurs sur une période donnée. Google Analytics parle également de nombre de « sessions » ou visites par utilisateur.	
LE TAUX DE REBOND	Nombre de visiteurs ayant quitté le site après avoir consulté une seule page.	$\frac{\text{Nombre de rebonds}}{\text{Nombre total de visites}} \times 100$

DIGITALISATION

LE NOMBRE DE PAGES VUES PAR VISITEUR	Nombre moyen de pages consultées par chaque visiteur.	$\frac{\text{Nombre de pages vues sur une période}}{\text{Nombre de visiteurs}}$
LE TEMPS PASSÉ PAR PAGE PAR VISITEUR	Temps moyen que passe un visiteur sur une page du site.	$\frac{\text{Temps passé sur les pages de site}}{\text{Nombre de pages visitées}}$
LA DURÉE MOYENNE PAR VISITE	Temps moyen de visite du site.	$\frac{\text{Temps passé sur toutes les pages}}{\text{Nombre de visites}}$
LA PART DES VISITEURS CONNUS	Nombre de visiteurs du site qui sont déjà venus visiter le site et qui reviennent. Il mesure la fidélité des visiteurs connus.	$\frac{\text{Nombre de visiteurs connus}}{\text{Nombre total de visiteurs}} \times 100$

2.2. L'origine du trafic

L'origine du trafic sur le site correspond au moyen par lequel les internautes sont arrivés sur le site.

LA RECHERCHE NATURELLE OU *ORGANIC SEARCH*	Pourcentage de visiteurs qui arrivent sur le site grâce à une recherche sur un moteur de recherche comme Google.
L'ACCÈS DIRECT	Pourcentage de visiteurs ayant directement saisi l'URL dans le navigateur.
LES SITES RÉFÉRENTS OU *REFERRAL*	Pourcentage de visiteurs arrivés sur le site *via* un lien présent sur un autre site. EXEMPLE Un internaute arrive sur le site d'un restaurant chinois car il a cliqué sur un lien présent sur un site des meilleures adresses de gastronomie chinoise.
LES MÉDIAS SOCIAUX OU *SOCIAL MEDIAS*	Pourcentage de visiteurs arrivés sur le site *via* les médias sociaux (blogs, Facebook, Instagram...).
LES LIENS SPONSORISÉS OU *PAID SEARCH*	Pourcentage de visiteurs arrivés sur le site grâce aux annonces payées par les entreprises. EXEMPLE Suite à une recherche sur des meubles de cuisine, un internaute s'intéresse au lien commercial proposé par IKEA (situé en haut des résultats) et clique dessus.
LA PUBLICITÉ PAYANTE OU *DISPLAY*	Pourcentage de visiteurs arrivés sur le site en cliquant sur une bannière publicitaire.

Mots clés *Cookies* • KPI • *Tags* • Taux de rebond • *Tracking* • Trafic

S'ENTRAÎNER AU BTS
Exercice 6 : p. 162

Savoir 18

L'animation d'un site vitrine

L'animation du site passe par une animation régulière de sa page d'accueil et de ses autres pages (concours, quiz...) mais aussi par la mise en place de *newsletters*.

1 L'optimisation et l'animation des pages du site

1.1. La page d'accueil

La page d'accueil, ou *homepage*, doit répondre au besoin de l'internaute. Elle met en évidence la proposition de valeur de l'organisation, reflète l'image de l'entreprise ainsi que son positionnement. Elle représente la charte graphique du site (logo, couleurs, design) et définit le menu du site. Une page d'accueil animée capte l'attention de l'internaute et permet de diminuer le taux de rebond du site.

EXEMPLE La page d'accueil du site de la Croix-Rouge met en valeur les actions humanitaires entreprises grâce aux dons (actualités, témoignages vidéo). Des boutons d'appel à l'action « Je donne » sont mis en évidence. La charte graphique reprend les couleurs (rouge, noir, blanc) à travers une mise en forme sobre.

1.2. La page d'atterrissage

La page d'atterrissage, ou *landing page*, est la page par laquelle l'internaute arrive sur le site (page d'accueil ou toute autre page du site). Elle peut avoir comme objectif de collecter des données sur les visiteurs ou de les inciter à une action.

EXEMPLE Un plombier crée une page d'atterrissage destinée à inciter les visiteurs à demander un devis en remplissant un formulaire. L'objectif est de générer des *leads* (contacts commerciaux potentiels).

Cette page doit être optimisée afin d'orienter l'internaute vers l'action à entreprendre :

L'EN-TÊTE	Il met en évidence le logo de l'entreprise, son slogan, son positionnement. Il valorise l'intérêt de l'offre afin de stimuler le désir de l'internaute. EXEMPLE Acadomia valorise son logo et son offre (cours particuliers, en petits groupes).
LE CORPS DE PAGE	Il met en valeur les bénéfices clients de manière structurée (puces, etc.) ainsi que des CTA (*Call-To-Action*, boutons d'appel à l'action) pour s'inscrire, télécharger, etc. EXEMPLE Les bénéfices mis en avant par Acadomia sont des mots-clés : *proximité, enseignants spécialisés, progression*.
LE BAS DE PAGE	Il offre des éléments de réassurance aux visiteurs du site (coordonnées, téléphone, mail, certifications, liens vers les réseaux sociaux). EXEMPLE Acadomia mentionne des témoignages clients et le respect du RGPD.

Des quiz, des livres blancs (guides pratiques), des concours permettent d'animer les pages d'un site et incitent les visiteurs à réagir.

2 L'animation du site avec une *newsletter*

2.1. La rédaction de la *newsletter*

Une *newsletter* est un e-mail envoyé à des abonnés. Contrairement à l'e-mail commercial, elle vise à fidéliser et à informer ses abonnés. En B to C, l'entreprise doit obtenir le consentement explicite de l'internaute (principe de l'*opt-in*), sauf si ce dernier est déjà client. Avec le RGPD, il est recommandé d'opter pour le double *opt-in*. La *newsletter* comporte plusieurs éléments :

UN EXPÉDITEUR ET UN DESTINATAIRE	L'expéditeur est l'entreprise. Le destinataire peut être personnalisé (prénom, nom) afin que le prospect/client se sente privilégié.
UNE ACCROCHE	Le sujet ou l'objet doivent être attractifs et annoncer le contenu de la lettre. La méta-description (sous l'objet du mail) met en avant les mots-clés représentatifs du contenu.
UN EN-TÊTE	Il comprend le logo et le titre de la *newsletter*.
UN CORPS DE PAGE	– Il est structuré en blocs ou rubriques, permettant une lecture rapide. – Le contenu est varié (textes courts, vidéos, liens vers le blog du site…). Le format choisi doit être *responsive*. – Des boutons d'appel à l'action repérables permettent d'orienter le lecteur (« Cliquez ici », etc.).
UN PIED DE PAGE	Il contient les obligations légales : un lien permettant de se désabonner ainsi que le respect du RGPD (droit d'accès, de rectification des données, ainsi qu'un droit d'opposition au traitement de ces données).

2.2. L'évaluation de l'envoi de la *newsletter*

Des indicateurs de performance permettent de mesurer l'envoi de la *newsletter* :

LE TAUX DE DÉLIVRABILITÉ	(Nombre d'e-mails délivrés / Nombre d'e-mails envoyés) × 100 EXEMPLE Un taux de 70 % signifie que 30 % des envois n'ont pas été délivrés (mails non valides).
LE TAUX D'OUVERTURE	(Nombre d'e-mails ouverts / Nombre d'e-mails envoyés) × 100 EXEMPLE Un taux de 50 % signifie que seul 1 e-mail délivré sur 2 a été ouvert par le destinataire (pertinence de l'objet, de la réputation de l'expéditeur, etc.).
LE TAUX DE RÉACTIVITÉ	(Nombre de clics / Nombre d'e-mails ouverts) × 100 EXEMPLE Un taux de 50 % signifie que la moitié des destinataires ayant ouvert l'e-mail ont au moins cliqué une fois sur un contenu (pertinence des contenus proposés).
LE TAUX DE CLICS	(Nombre de clics / Nombre d'e-mails délivrés) × 100 EXEMPLE Un taux de 10 % signifie que 10 % des destinataires ont cliqué sur le message de l'e-mail, sans l'ouvrir (pertinence des liens et textes proposés).
LE TAUX DE DÉSINSCRIPTION	(Nombre de désinscriptions / Nombre d'e-mails délivrés) × 100 Le RGPD garantit aux abonnés le droit de se désabonner à tout moment.

Mots clés *Newsletter* • *Opt-in* • Page d'accueil • Page d'atterrissage

S'ENTRAÎNER AU BTS
Exercice 7 : p. 162

Savoir 19

Le référencement d'un site

Le référencement naturel d'un site est le classement du site dans les résultats proposés par les moteurs de recherche suite à la requête (recherche par mots-clés) d'un internaute.

1 Le référencement naturel ou SEO

1.1. Les enjeux du référencement naturel

75 % des internautes commencent leur processus d'achat sur un moteur de recherche et la majorité se concentre sur les premiers sites listés. Le *webmaster*, ou une agence spécialisée, doit suivre régulièrement le référencement naturel du site, ou SEO (*Search Engine Optimization*), afin de maintenir sa visibilité.

EXEMPLE Si le site d'une agence de voyages n'apparaît qu'en 2e page des résultats de recherche sur Google, son site générera moins de trafic et donc moins de *leads* potentiels que s'il était premier.

1.2. L'algorithme de Google

Un moteur de recherche explore le Web puis indexe ou archive les contenus trouvés (pages, photos...). Il les classe selon les mots-clés développés ou l'architecture du site. Ce classement permet de sélectionner les contenus qui peuvent répondre aux requêtes des internautes.

Google est utilisé dans 90 % des recherches sur Internet en France. Il est donc important de comprendre ses critères pour classer les résultats (son algorithme) :

– critères portant sur le site lui-même (*on-site*) : pertinence des mots-clés, mise à jour du site (notamment des liens), site *responsive*, rapidité de chargement... ;

– critères liés aux liens mis en place avec d'autres sites (*off-site*) : Google valorisera dans son classement le site d'une entreprise mentionnée par d'autres sites réputés (lien entrant vers le site de l'entreprise).

1.3. Le suivi du référencement de son site

LE SITE EST-IL TOUJOURS VISIBLE ?	Lorsque l'internaute tape une requête dans un moteur de recherche, ce dernier classe les sites ou pages susceptibles d'y répondre et leur donne une position dans les résultats de recherche appelés SERP (*Search Engine Result Page*). Il est important que le site de l'entreprise ressorte dans les premiers résultats.
LE SITE EST-IL RÉFÉRENCÉ AVEC LES BONS MOTS ?	L'objectif est de savoir si le site ou les pages répondent bien aux mots-clés saisis par les internautes. L'entreprise doit étudier les mots-clés liés à son offre et les comparer à ceux saisis dans le moteur de recherche.
QUELLES SONT LES PAGES QUI ENGAGENT LE PLUS ?	L'objectif est d'analyser les indicateurs de performance des pages. Si une page pouvant objectivement répondre au besoin de l'internaute est visitée très peu de temps, elle doit être retravaillée autour des mots-clés afin de gagner en lisibilité.

2 L'identification des mots-clés

2.1. Le choix d'un « bon » mot-clé

Un site qui souhaite améliorer sa visibilité doit mettre en avant les « bons » mots-clés. Un « bon » mot-clé doit :

	EXEMPLES
CORRESPONDRE À CELUI QUI PEUT ÊTRE SAISI DANS UN MOTEUR DE RECHERCHE	Un club hippique liste, au cours d'un *brainstorming*, tous les mots-clés pouvant être saisis par sa cible : *poney enfant, équitation adulte, cours poney, balade poney...*
COUVRIR L'ENSEMBLE DE L'OFFRE DE L'ENTREPRISE	Une agence organisatrice de mariages basée à Hyères sera visible avec les mots-clés : *mariage, organisation mariage, wedding planer, cérémonie, mariage Hyères...*
ÊTRE DÉCLINÉ AUTOUR D'UNE THÉMATIQUE PERMETTANT D'ENRICHIR LE CONTENU DE LA PAGE	*Séjour ski, ski famille, réserver vacances au ski, skier avec enfants.*
SUIVRE LES TENDANCES DES REQUÊTES DES INTERNAUTES	Des outils comme Google Trends aident à apprécier la popularité de certaines expressions.
NE PAS DONNER DE FAUSSES INFORMATIONS	Un bijoutier de luxe peut exclure les mots : *bague pas chère.*

Un « bon » mot-clé peut être rare. La « longue traîne » du référencement désigne les mots-clés moins utilisés, moins populaires, qui permettent néanmoins de se différencier des concurrents.

EXEMPLE Pour une entreprise commercialisant des sacs à main : *sac à main en cuir made in France* plutôt que *sac à main.*

2.2. Les outils pour choisir ses mots-clés

GOOGLE SEARCH CONSOLE	Cet outil permet de connaître les mots-clés par lesquels les internautes sont arrivés sur le site et d'évaluer le trafic lié à chaque mot-clé. EXEMPLE Le taux de clics ([Nombre de clics / Nombre d'impressions ou vues] × 100) renseigne sur le nombre d'internautes qui ont cliqué sur le site ressorti dans les résultats de recherche sur un ou plusieurs mots-clés. Il dépend de la position du site dans les résultats (en 1re page ou non) mais aussi de l'attractivité de l'URL et de la description qui s'affiche sous l'adresse du site (la « métadescription »).
LES OUTILS DE SUGGESTION	Des outils comme Keyword Suggest ou les recherches associées de Google en bas de page permettent d'élargir le lexique de mots-clés.
L'ANALYSE DE LA CONCURRENCE	L'analyse des sites concurrents, de leurs fiches produits, de leur choix d'URL aide à la composition de listes de mots-clés.

Mots clés Longue traîne • Mots-clés • Référencement naturel ou SEO • Taux de clics

S'ENTRAÎNER AU BTS
Exercice 8 : p. 163

Savoir 20 — L'optimisation du référencement d'un site

L'optimisation du référencement naturel exige de répondre aux critères de classement des moteurs de recherche : emplacement des mots-clés, qualité de l'expérience utilisateur et pratique du *netlinking*. L'entreprise peut aussi choisir le référencement payant.

1 L'emplacement des mots-clés

Une fois les « bons » mots-clés identifiés, l'entreprise les insère dans ses différents contenus afin d'améliorer son référencement par Google.

1.1. L'emplacement dans les résultats des moteurs de recherche

LA BALISE « TITRE » OU « *TITLE* »	Elle est utilisée pour décrire le sujet d'une page Web. Le texte doit être court et intégrer les mots-clés représentatifs du contenu du site.
LA BALISE « MÉTADESCRIPTION »	Elle apparaît sous le titre et l'adresse URL dans les résultats. Appelée également « Snippet », elle décrit le contenu du site. Elle influence le taux de clics sur le lien, critère valorisé par Google dans son classement des résultats.

EXEMPLE

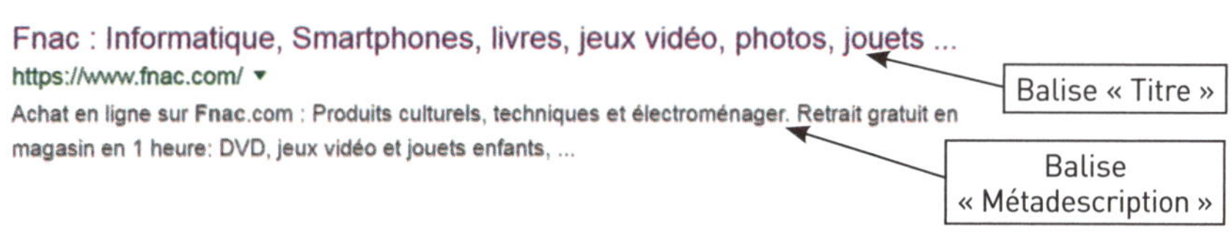

1.2. L'emplacement sur les pages Web du site

L'URL	L'URL (*Uniform Resource Locator*) est l'adresse du site. Il peut représenter l'entreprise/la marque si celle-ci est connue (ex. : www.fnac.com) et/ou son activité (ex. : www.livresenfants.com). L'URL peut aussi reprendre des mots-clés afin d'augmenter le taux de clics.
LE CONTENU DES PAGES	Des mots-clés autour de différents thèmes peuvent être déclinés sur les pages, de préférence en haut de page. Les mots-clés placés dans les titres ou les intertitres seront davantage valorisés par les moteurs de recherche. L'internaute doit comprendre rapidement que la page répond à sa requête.
LA BALISE « *ALT* » ET LE TEXTE DE L'ANCRE	– L'attribut « *Alt* » d'une image indique à Google ce que contient l'image. EXEMPLE Insérer le mot « Tintin » à une photo de livre permettra à Google de référencer l'image, notamment dans Google Images. – L'ancre est un lien qui permet de se rendre sur une position précise d'une page d'un site. EXEMPLE Une ancre « Bande dessinée » peut amener à la page consacrée. Les ancres et les balises « *Alt* » renforcent la présence des mots-clés sur le site, indexés ou archivés ensuite par Google.

2 L'amélioration de son référencement

2.1. Le *netlinking* et l'expérience utilisateur

a) Le *netlinking*

Le *netlinking* consiste à développer des liens hypertextes vers un site Web que l'on souhaite promouvoir. Google valorise, dans le classement de ses résultats, les sites bénéficiant de ces liens appelés « liens entrants » ou *backlink*. Google est attentif aux liens de qualité en provenance de sites ayant une certaine notoriété.

EXEMPLE Un magasin de prêt-à-porter bénéficie d'un *backlink* en provenance d'un site de mode réputé. Ce *backlink* de qualité sera valorisé par Google et apportera au site du magasin un trafic qualifié.

b) L'amélioration de l'expérience utilisateur

Une expérience utilisateur positive favorise les clics et augmente le temps passé sur le site, critères valorisés par Google dans son classement des résultats.

EXEMPLE Un libraire peut améliorer l'expérience utilisateur sur son site en s'inscrivant à Google Maps, en optant pour un site *responsive* et une arborescence facilitant la navigation. Il peut également améliorer le maillage interne du site (liens entre les pages).

2.2. Le choix du référencement payant

Le référencement payant, ou SEA (*Search Engine Advertising*), consiste à payer pour que le lien soit mis en avant dans les résultats des moteurs de recherche. En France, 90 % des investissements des annonceurs se font à travers la plateforme de publicité de Google AdWords.

a) Le fonctionnement de Google AdWords

Google AdWords permet d'afficher des annonces publicitaires en première page des résultats. L'annonceur choisit un ou des mots-clés sur lesquels il souhaite être mis en avant puis rédige une annonce. Il ne paie que lorsqu'un internaute clique sur le lien de son annonce.

EXEMPLE Une pizzeria souhaite être visible avec les mots-clés : *livraison pizza, pizza Toulouse, livraison gratuite pizza*. Elle rédige une annonce reprenant ces mots-clés. Google AdWords lui facturera le coût par clic.

b) La rentabilité de l'investissement publicitaire

L'entreprise peut mesurer la rentabilité de son investissement publicitaire en calculant le coût par acquisition.

CPA = Investissements publicitaires / Nombre de clients ou de conversions (une inscription à une *newsletter*, par exemple)

Mots clés Balise « Métadescription » • Balise « Titre » • *Netlinking* • Référencement payant ou SEA

S'ENTRAÎNER AU BTS
Exercice 8 : p. 163

Savoir 21

Les médias et les réseaux sociaux

Un média social permet de partager des contenus sur le Web. Un réseau social est un type de média social qui permet également de créer et de fédérer des communautés.

1 Identifier les catégories de médias sociaux

1.1. Définition d'un média social

Un média social est une plateforme sur Internet qui permet à ses utilisateurs de recevoir des informations/messages mais aussi de créer des messages/contenus, de les modifier ou de les commenter.

1.2. Les types de médias sociaux

a) Les blogs

Un blog est une page personnelle ou d'entreprise comportant des avis, des liens créés par ses auteurs et publiés sous forme de messages appelés « billets » ou « *posts* ». Les *posts* sont généralement publiés dans un ordre chronologique et peuvent être classés par catégories. Les blogs offrent un réel espace publicitaire pour les marques.

EXEMPLE Une marque de cosmétiques publie sur son blog des billets dans différentes catégories (les secrets de beauté, les tendances beauté, les cosmétiques bio…). Les internautes sont avertis des nouveaux billets postés par e-mail ou grâce à un flux RSS.

b) Les forums de discussion

Un forum de discussion est un espace de discussion sur un site Web créé par un internaute ou une entreprise. Il permet aux internautes d'échanger, de poser des questions, de partager des expériences. La communication est asynchrone : les réponses se font en différé et sont archivées dans une file de discussion. Une entreprise peut aussi utiliser un forum comme soutien de son service après-vente.

EXEMPLE Un forum pour jeunes mamans est organisé selon différents thèmes ou *topics* (grossesse, contraception, prénoms…). Les internautes doivent créer un compte utilisateur pour y accéder gratuitement et participer aux discussions.

c) Les wikis

Un wiki est un site Web collaboratif qui permet à chaque utilisateur de modifier son contenu et/ou de créer de nouveaux contenus.

EXEMPLE Wikipédia permet à chaque internaute d'enrichir cette encyclopédie en ligne.

d) Les réseaux sociaux

Les réseaux sociaux sont des médias sociaux dans la mesure où ils permettent à leurs membres de partager des contenus et d'interagir. Ils poursuivent cependant un autre objectif : créer et fédérer des communautés.

EXEMPLES Facebook, Twitter, Instagram, Pinterest, LinkedIn.

DIGITALISATION

2 Identifier les types de réseaux sociaux

2.1. Les réseaux sociaux généralistes

FACEBOOK	C'est le plus important réseau social au monde (plus de 2 milliards de membres). Il permet de publier des photos et des vidéos, de discuter en instantané grâce à Messenger. Facebook propose des publicités payantes. Ce réseau est de moins en moins populaire auprès des jeunes.
INSTAGRAM	Instagram appartient à Facebook. Il permet de publier des photos avec filtres et de courtes vidéos. Ce réseau est apprécié des jeunes mais ne permet pas de publier des articles.
TWITTER	Twitter est un réseau social de *microblogging* : il permet aux internautes de publier des messages courts (280 caractères maximum) pour exprimer une opinion ou partager une information en temps réel. Les abonnés, ou *followers*, voient alors ces messages dans leur *timeline* et peuvent les republier (retweeter). D'autres plateformes de *microblogging* existent : Tumblr, Pownce...
SNAPCHAT	Très apprécié des jeunes, Snapchat permettait, à l'origine, de partager des « *snaps* » (photos et vidéos éphémères, d'une durée de 1 à 10 secondes) en privé. Désormais, les « *snaps* » peuvent ne plus être éphémères.

2.2. Les réseaux sociaux spécifiques

a) Les réseaux sociaux professionnels

LinkedIn et Viadeo permettent à leurs utilisateurs de publier leurs CV, des annonces de recrutement, des actualités sur l'entreprise...

EXEMPLES Une entreprise crée une page sur LinkedIn afin de repérer des profils intéressants à recruter.

Une entreprise peut également utiliser les réseaux sociaux professionnels comme outil de prospection afin d'entrer en contact avec des décideurs pouvant être de futurs clients. Cette prospection *via* les réseaux sociaux s'appelle le *social selling*.

b) Les autres réseaux sociaux

Il existe également des réseaux sociaux de partage de photos (Flickr, Pinterest), de vidéos (YouTube, Dailymotion), de messagerie (WhatsApp, Skype) et des réseaux d'entraide sur des sujets variés (Ask.fm).

EXEMPLE YouTube, qui appartient à Google, permet à une entreprise de partager des vidéos, et aux membres de partager, commenter, aimer.

Mots clés Blog • Forum • Média social • Réseau social • *Social selling*

Savoir 22

Les codes de rédaction sur les médias sociaux

Le *community manager* doit maîtriser les codes des réseaux sociaux et respecter des règles juridiques pour toute publication sur les médias sociaux.

1 Les codes de rédaction sur les réseaux sociaux

1.1. Savoir se présenter

Pour créer un compte sur un réseau social, une entreprise doit définir :

UN TEXTE DE PRÉSENTATION	Un texte court présente l'activité de l'entreprise et/ou le ou les objectifs visés à travers sa présence sur un réseau social. EXEMPLE Inciter aux dons pour une association. Un lien vers le site de l'entreprise peut être inséré.
UN AVATAR	Ce peut être une photo en lien avec l'activité de l'entreprise ou son logo.
UNE PHOTO/VIDÉO	Elle doit être en lien avec l'entreprise et cohérente avec la ligne éditoriale fixée.

DIGITALISATION

1.2. Maîtriser les signes spécifiques dans les publications

a) Le mot-dièse ou *hashtag* (#)

Le symbole # est placé devant un ou deux mots-clés, courts et simples à retenir, sans espaces ni caractères spéciaux. L'entreprise choisit ses *hashtags* en fonction de son activité, des *hashtags* populaires du moment, de ses cibles, des contenus publiés et bien sûr des concurrents. Le *hashtag* permet aux internautes, notamment sur Twitter et Instagram, de retrouver des contenus postés en lien avec le mot-clé.

EXEMPLE La salle de sport lyonnaise Sportime choisit les *hashtags* suivants pour mettre en avant ses contenus présentant les abonnements en salle et son coaching sportif : *#SportLyon*, *#Running #Coaching*, *#Forme*, *#SalleSport*.

b) L'arobase (@)

Le symbole @ placé devant un nom permet de mentionner un membre du réseau social dans une publication.

EXEMPLE La salle de sport lyonnaise mentionne, dans sa publication sur Instagram, son partenaire l'Olympique Lyonnais : *@OL*.

1.3. Varier les types de contenus

L'entreprise doit adapter ses contenus aux réseaux sociaux (textes de 280 caractères maximum sur Twitter, articles plus longs sur LinkedIn).
Elle peut intégrer à ses publications : des liens URL vers son site, des émoticônes, des photos, des images, des gifs (images animées), des infographies, des fichiers audio (morceaux de musique…), des *podcasts* (émissions de radio enregistrées, par exemple) ou encore des vidéos.

2 Les codes de rédaction sur les autres médias sociaux

2.1. Rédiger un article de blog

Un blog peut être créé grâce à un CMS (WordPress). Il peut être intégré à un site Internet (page dédiée) ou être indépendant. Son nom doit être évocateur de son objectif et de ses contenus. Pour écrire un article de blog (« billet »), il convient de :

1. DÉFINIR LA CIBLE ET L'OBJECTIF	L'article est écrit dans un objectif précis (ex. : idées de décoration dans le blog d'IKEA) et une cible définie (un *persona*).
2. CHOISIR UN TITRE ATTRACTIF	Le titre doit être concis, clair et facile à comprendre (maximum 10 mots). Il intègre des mots-clés pour favoriser le référencement naturel du blog.
3. STRUCTURER LE CORPS DE L'ARTICLE	L'article doit être structuré en paragraphes courts, avec des phrases courtes (possibilité d'intégrer des listes à puces). Les sous-titres permettent également de hiérarchiser l'information et reprennent des mots-clés pour le référencement.
4. TRAVAILLER LE FOND	Les contenus (sujets d'actualité, informations sur les produits...) doivent être riches et apporter des réponses aux cibles visées. Ils doivent utiliser un champ lexical varié et respecter la ligne éditoriale.
5. TRAVAILLER LA FORME	Des images peuvent illustrer et clarifier les contenus. Le logo, un slogan, des couleurs, un visuel rendent la page agréable (respect de la charte graphique). Des *widgets* comme une barre de recherche peuvent faciliter la lecture de l'internaute.
6. PLACER UN BOUTON APPEL À L'ACTION	Le lecteur est invité à agir : commentaires sur l'article, abonnement à la *newsletter*, partage sur les réseaux sociaux, contact avec l'entreprise... Il s'agit de stimuler l'engagement des internautes.

2.2. Respecter les codes juridiques sur les médias sociaux

a) Le droit d'auteur

Le droit d'auteur protège les œuvres littéraires, les créations musicales, graphiques... Il naît à la création de l'œuvre. La loi accorde un monopole d'exploitation à l'auteur sur son œuvre (Code de la propriété intellectuelle). L'utilisateur d'un contenu protégé sans autorisation de son auteur pourra être poursuivi pour contrefaçon, au civil ou au pénal (jusqu'à 300 000 € d'amende et 3 ans d'emprisonnement).

EXEMPLE Un blogueur ne peut reprendre, transformer un article existant sans l'autorisation de son auteur. Il peut reprendre un texte à condition de citer l'auteur, la source, la date de publication et de matérialiser les éventuelles coupes à l'aide de crochets : [...].

b) Le droit à l'image

Chaque individu a un droit exclusif sur son image et l'utilisation qui en est faite.

EXEMPLE Un *webmaster* doit obtenir l'autorisation écrite de la personne avant diffusion publique de son image.

Mots clés Blog • Droit à l'image • Droit d'auteur • *Hashtag*

DIGITALISATION

Savoir 23

La mise en place d'une stratégie de communication communautaire

Une stratégie de communication communautaire vise à rassembler et à engager sur les réseaux sociaux les membres qui suivent les comptes ou les pages de l'entreprise.

1 Rassembler et engager la communauté

1.1. Rassembler la communauté

Une communauté sur les réseaux sociaux se construit autour d'un intérêt commun (une marque, un thème). L'adhésion à la communauté permet de suivre le fil d'actualité ou d'être invité à participer à un événement.
Pour rassembler sa communauté, l'entreprise pourra :

INVITER SES CLIENTS ET PROSPECTS À LA SUIVRE SUR LES RÉSEAUX	EXEMPLE Elle peut les contacter individuellement, mentionner ses comptes sur ses supports de communication.
CIBLER DES INFLUENCEURS	Ce sont des leaders d'opinion suivis par de nombreux internautes. On parle de « marketing d'influence ». EXEMPLE La marque peut sélectionner des influenceurs en fonction de leur portée (nombre d'abonnés sur leur page) et/ou de leur expertise (pertinence des publications).
CIBLER DES SALARIÉS COMME AMBASSADEURS DE L'ENTREPRISE	Ce sont des salariés volontaires qui acceptent de relayer l'actualité de leur entreprise sur les réseaux sociaux. On parle d'*employee advocacy*.

1.2. Engager une communauté

a) Les étapes de l'engagement

Sur Internet, 90 % des utilisateurs sont spectateurs, 9 % sont actifs et 1 % sont des contributeurs. L'entreprise doit donc chercher à susciter l'engagement des utilisateurs. Celui-ci passe par plusieurs étapes.

EXEMPLE Un utilisateur peut suivre et consulter les contenus (attention), réaliser une micro-interaction (un vote), partager les contenus auprès de son réseau (reposter une photo ou une vidéo). Il peut s'engager davantage : donner son avis (poster un commentaire), créer lui aussi un contenu (une vidéo avec le produit), voire devenir ambassadeur de la marque.

b) La stratégie pour engager

L'entreprise doit susciter l'interaction avec ses abonnés, les faire participer afin de les engager et les fidéliser. Elle doit développer une stratégie de contenus.

EXEMPLE La marque poste des photos pour inciter à *liker* ou organise un concours.

2 Mettre en place une stratégie de contenus

2.1. Proposer différents contenus

Le *community manager* doit proposer à sa communauté des contenus de qualité, actualisés et variés afin de capter son attention. Les réseaux sociaux permettent d'augmenter la visibilité de l'entreprise (visibilité propre : « *owned media* », ou gagnée : « *earned media* »).

a) La présentation des produits

Le réseau social n'est pas une vitrine d'autopromotion comme un site d'e-commerce. Il incite les internautes à contribuer à la présentation des produits.

EXEMPLE Un site de vente de rollers incite ses abonnés à épingler des photos de leurs sauts sur Pinterest.

b) L'histoire et les valeurs de la marque/de l'entreprise

La marque cherche à créer un lien, une histoire partagée avec les internautes, afin de renforcer le sentiment d'appartenance à la marque (*storytelling*).

EXEMPLE Une association communique sur ses valeurs et poste des témoignages de bénévoles sur Facebook.

c) L'expertise

L'entreprise apporte son éclairage sur un thème ou ses conseils.

EXEMPLE Une marque alimentaire poste des tutoriels sur YouTube pour apprendre à cuisiner.

d) Les actualités et les événements

La marque peut communiquer sur des moments forts (son anniversaire), des événements récurrents (les soldes) ou ponctuels (le lancement d'un produit). L'objectif est d'animer, d'engager et d'obtenir des adresses e-mails pour qualifier les *leads* pour les futures actions commerciales.

EXEMPLE Un magasin de vélos électriques partage sur Twitter l'actualité du Tour de France et organise sur Instagram un concours de la meilleure photo prise sur le Tour.

2.2. Mettre en place une curation de contenus

La curation permet de sélectionner puis de partager des contenus pertinents, sélectionnés sur le Web à partir de thèmes choisis.

EXEMPLE Un libraire en ligne sélectionne sur Scoop.it, outil de curation, des thèmes (Salon du livre, prix Goncourt...) sur des sources sélectionnées (ex. : www.leslibraires.fr). Il cite ses sources avec un lien vers le texte d'origine et peut personnaliser les contenus.

Mots clés Communication communautaire • Curation • Engagement • Influenceurs • Stratégie de contenus

DIGITALISATION

Savoir 24

L'animation des communautés

Pour animer ses communautés, le *community manager* doit publier des contenus régulièrement. Il analyse ensuite les réactions des cibles visées, notamment à travers leur taux d'engagement.

1 Définir sa stratégie de publication

1.1. Réfléchir à son calendrier éditorial

Un calendrier éditorial offre une vision globale des contenus à publier sur une période. Avant de le réaliser, le *community manager* doit réfléchir à plusieurs éléments :

LES OBJECTIFS	Il peut s'agir d'engager sa communauté, de qualifier des *leads*, de développer son e-réputation.
L'AUDIENCE VISÉE	Les contenus doivent être rédigés en fonction des caractéristiques de la cible (sexe, âge, centres d'intérêt...). L'analyse des statistiques proposée par les comptes (Twitter, Facebook...) permet d'affiner la connaissance de cette cible.
LES RÉSEAUX SOCIAUX	Le choix des réseaux (ou des médias) sociaux se fera en fonction de la cible, des formats (texte, photo...), des moments de la journée.
LA OU LES THÉMATIQUES	Il faut trouver un équilibre entre promotions et contenus utiles pour la cible (informations sur un salon ou un produit...).
LE RYTHME DE PUBLICATION	Le rythme (la fréquence) de publication dépendra du réseau social, des objectifs et de l'engagement de la communauté. Les *posts* ne seront toutefois pas visibles à chaque fois, par tous et restent en concurrence avec les *posts* publiés par les autres profils.
L'HEURE DE PUBLICATION	Les statistiques fournies par les réseaux indiquent les heures offrant le plus de vues ou de partages. Les réseaux « professionnels » publient durant les heures de travail, alors que ceux utilisés de manière plus « personnelle » peuvent privilégier des créneaux en fin de journée, voire durant la nuit.
LE(S) AUTEUR(S)	La contribution de chaque membre de l'équipe de publication (dite « de *content marketing* ») doit être définie.

1.2. Réaliser le calendrier éditorial

Le calendrier éditorial peut être réalisé à l'aide d'un outil comme Google Sheets ou Trello (accès partagé) ou d'un outil plus spécialisé (Hootsuite ou Buffer), qui permet de programmer des *posts* sur plusieurs réseaux sociaux.

EXEMPLE Une agence immobilière publie tous les jours à 9 h sur Facebook des annonces immobilières, poste 4 fois par jour (à 8 h, 9 h, 17 h et 18 h) sur Instagram des photos de biens et publie 3 fois par semaine (à 18 h) sur Twitter des astuces pour bien acheter (le marché, la législation, le rôle de l'agent immobilier et du notaire...).

2 Mesurer la réaction des cibles

2.1. Calculer le taux d'engagement

Le *community manager* évalue régulièrement l'engagement de son audience. L'engagement mesure l'interaction entre l'entreprise et ses communautés sur les réseaux sociaux. Il peut s'agir, selon le type de réseau social, du nombre de « J'aime », de retweets, de commentaires, de mentions de « @la marque ».

RÉSEAU SOCIAL	TAUX D'ENGAGEMENT
TWITTER	**Taux d'engagement :** nombre d'utilisateurs qui ont réagi (*hashtag*, lien, retweet, réponse, « J'aime »...) à un tweet par rapport au nombre de vues du tweet. = Nombre d'engagements / Nombre d'impressions × 100
FACEBOOK PRO	**Taux d'engagement d'un *post* sur une période :** nombre d'utilisateurs qui ont réagi à la publication par rapport à la portée de la publication. La portée de la publication (ou *reach*) correspond au nombre de personnes qui ont vu une publication de la page au cours d'une période donnée. = Nombre d'engagements / Portée × 100
INSTAGRAM	**Taux d'engagement des abonnés :** nombre d'utilisateurs qui ont réagi à la publication (mention, « J'aime »...) par rapport au nombre d'abonnés. = Nombre d'engagements / Nombre d'abonnés × 100
LINKEDIN	**Taux d'engagement sur une période :** nombre d'utilisateurs qui ont réagi (« J'aime », commentaires, partages...) par rapport au nombre de vues de la publication. = Nombre d'engagements / Nombre d'impressions × 100

Il existe différentes formules de calcul du taux d'engagement selon les réseaux sociaux ou la nature même de l'engagement calculé (sur un *post*, une page...).

2.2. Apprécier d'autres indicateurs de performance

Une stratégie de communication communautaire vise à atteindre d'autres objectifs que l'engagement :
– la valorisation de l'e-réputation ;

EXEMPLE Le *community manager* peut analyser la tonalité des réactions sur le Web (positives ou non), la viralité des publications (partage, retweet) et l'impact sur l'image de l'entreprise.

– le retour sur investissement par rapport aux actions menées.

EXEMPLE Le *community manager* peut analyser l'efficacité de sa campagne en mesurant ses retombées (nombre d'abonnés ayant participé à un concours ou ayant accepté de fournir une adresse e-mail, voire nombre de ventes) compte tenu du coût (temps passé notamment).

Mots clés Calendrier éditorial • Taux d'engagement

S'ENTRAÎNER AU BTS
Exercice 9 : p. 163

Savoir 25

La surveillance de l'e-réputation

L'e-réputation peut être définie comme l'image véhiculée et/ou subie par une entreprise, une marque ou un produit sur Internet.

1 Comprendre les enjeux de l'e-réputation

1.1. Le principe de l'e-réputation

L'e-réputation est le résultat en termes d'image :
– des contenus diffusés par l'entreprise : l'entreprise cherche à développer une image positive à travers la publication de contenus réguliers sur les médias sociaux (site, blog, réseaux sociaux, forums…). Elle développe sa visibilité propre (*owned media*) et gagnée (*earned media*) ;
– des contenus produits par les internautes sur les médias sociaux : avis et opinions des consommateurs, des influenceurs, des concurrents, des journalistes, des détracteurs….

1.2. La stratégie de gestion de l'e-réputation

Pour garantir sa notoriété et créer une relation de confiance avec ses internautes, la marque/l'entreprise doit définir une stratégie de gestion de son e-réputation à travers trois actions :

LA CONSTRUCTION DE L'E-RÉPUTATION	La marque/l'entreprise publie des contenus réguliers sur les médias sociaux, à travers un calendrier éditorial et une ligne éditoriale réfléchis. Elle s'appuie sur des influenceurs et sur ses salariés (« *employee advocacy* »).
LA SURVEILLANCE DE L'E-RÉPUTATION	La marque/l'entreprise met en place une veille (recherche d'informations) afin d'analyser les commentaires, les avis sur le Web. Il existe différents types de veille : technologique, commerciale, environnementale et, bien sûr, la veille d'image ou d'opinion.
LA PROTECTION DE L'E-RÉPUTATION	La marque/l'entreprise doit répondre aux commentaires (positifs ou négatifs) et savoir réagir en cas de bouche-à-oreille négatif (« *bad buzz* »).

1.3. Les responsables de l'e-réputation

Le *community manager* assure, à travers sa stratégie de communication communautaire, la modération des commentaires des internautes sur les différents réseaux sociaux.
Le *social media manager* gère de manière plus globale l'image et la stratégie de communication de la marque sur l'ensemble des médias sociaux. Il surveille la réputation globale de la marque dans les SERP (*Search Engine Results Page*, résultats de recherche sur Google), incite à la collecte d'avis par des procédures marketing automatisées (e-mails de sollicitation d'avis) puis analyse les données obtenues (expressions utilisées par les internautes, analyse des mots…).

2 Mettre en place une veille

2.1. Définir les paramètres de la veille

Il faut déterminer le périmètre de la veille (les médias sociaux à surveiller), ses objectifs (les avis sur un produit, par exemple) puis définir les sujets et mots-clés en lien avec les contenus à surveiller. La maîtrise des techniques de recherche sur Google facilitera la veille.

""	Les guillemets permettent de remonter uniquement les pages contenant exactement les mots-clés.
AND	La requête « smartphone AND Apple » affichera toutes les pages contenant les deux mots.
OR	La requête « smartphone OR Apple » affichera toutes les pages contenant un des deux mots et celles contenant les deux mots.
-	La requête « smartphone -Apple » affichera les pages contenant le mot *smartphone* mais sans le mot *Apple*.

2.2. Utiliser des outils de veille

Des outils dédiés permettent d'automatiser la veille. Ils scannent le Web et peuvent transmettre des alertes lorsque des contenus à risque sont publiés (comme les outils Mention ou Alerti).

EXEMPLE Un *social media manager* saisit, dans la barre de recherche de Google Alerts, les mots-clés *Smartphone Apple*, choisit la fréquence des alertes (une fois par jour) puis définit ses sources (actualités, blogs...), les zones (les régions, par exemple) ainsi que le nombre de résultats.

2.3. Analyser les données de la veille

a) Les indicateurs quantitatifs

Des indicateurs en volume permettent d'évaluer l'e-réputation :

LE VOLUME DE MENTIONS	Mention de la « @marque » ou nombre de remontées des mots-clés liés à l'entreprise (le nom du produit).
LE VOLUME D'ENGAGEMENT	Commentaires, partages, mentions « J'aime » sur les réseaux sociaux.
LA PRÉSENCE VISUELLE	Nombre de fois où le logo de la marque se trouve sur les sites, blogs, réseaux sociaux.
LA PORTÉE	Nombre d'internautes ayant vu les contenus de la marque (ou nombre de vues sur les réseaux sociaux).

b) Les indicateurs qualitatifs

Une analyse humaine est souvent nécessaire pour analyser la tonalité des contenus (commentaires positifs, négatifs, neutres), les mots utilisés, identifier les influenceurs et les détracteurs.

Le *social media manager* peut établir une carte de viralité (manière dont un tweet ou un article de presse se propage sur le Web à travers les différents médias).

Mots clés E-réputation • *Social media manager* • Veille • Viralité

Savoir
26 La protection de l'e-réputation

L'e-réputation peut être protégée grâce à des actions de modération des commentaires négatifs sur le Web. En cas de crise (*bad buzz*), l'entreprise devra réagir de manière adaptée.

1 Protéger l'e-réputation

1.1. La modération

a) Définition

La modération est le principe par lequel les contributions des internautes sont contrôlées avant ou après leur diffusion en ligne. Elle peut être effectuée par un modérateur ou un outil automatisé. Elle peut s'appuyer sur une charte des bonnes pratiques (charte de modération) ou sur les conditions générales d'utilisation du site.

LA MODÉRATION *A PRIORI* (AVANT LA DIFFUSION)	Le contenu est modéré avant sa mise en ligne. Cette modération augmente la sécurité pour l'entreprise mais freine la spontanéité des échanges.
LA MODÉRATION *A POSTERIORI* (APRÈS LA DIFFUSION)	Les contributions des internautes sont contrôlées et modérées après leur mise en ligne. Cette modération encourage la réactivité et les débats mais pose le problème des dérapages.

b) La responsabilité de l'éditeur et de l'hébergeur du site

La responsabilité de l'éditeur du site est engagée en cas de publication de contenus diffamatoires, obscènes, violents, sexistes et/ou intégrant des données personnelles (mail, nom, numéro de téléphone…). La responsabilité de l'hébergeur est engagée s'il a été prévenu des contenus illégaux mais n'a pas réagi.

c) La gestion des commentaires

Il est important de remercier un internaute pour un commentaire positif, voire de partager ce commentaire sur les réseaux sociaux ou le site de l'entreprise.
Les modérateurs doivent aussi répondre aux questions des internautes et les informer du transfert de leur demande aux services compétents.
Dans le cas d'un commentaire négatif, il convient de vérifier si la critique est fondée ou non, puis de traiter l'objection ou la critique.

EXEMPLE Réponse à une critique fondée : « Nous tenons à vous remercier pour vos commentaires concernant les prestations de notre service après-vente. Nous comprenons votre inquiétude et mettons tout en œuvre pour améliorer les délais de traitement. »

1.2. Le maintien de l'e-réputation

Pour préserver son e-réputation, la marque doit entretenir des liens avec les influenceurs, les salariés ambassadeurs de la marque (« *employee advocacy* »), créer des *good buzz*, animer ses communautés (concours, témoignages…).

EXEMPLE Un fast-food créé un *buzz* en proposant à ses consommateurs de donner leur nom à un sandwich.

2 Gérer un *bad buzz*

2.1. L'origine d'un *bad buzz*

Un *bad buzz* est un phénomène de bouche-à-oreille négatif sur une entreprise, une institution, une personne. Il se déclenche généralement sur Internet (surtout sur les réseaux sociaux) avant de se prolonger éventuellement sur d'autres médias. Les sources de *bad buzz* sont nombreuses et variées :

UNE ERREUR/MALADRESSE DANS LA COMMUNICATION DE LA MARQUE OU DE L'ENTREPRISE	Une publicité maladroite de la marque, un comportement inadapté d'un salarié, une annonce de licenciement mal justifiée.
UNE ACTION D'UN CLIENT MÉCONTENT DE LA MARQUE	Un défaut de fabrication, un service après-vente inefficace, une suppression des avis consommateurs négatifs avant même d'avoir répondu aux commentaires.
UNE CAUSE EXTERNE (LIÉE À UN FOURNISSEUR, UN CONCURRENT)	Une entreprise de l'agroalimentaire est confrontée à une crise suite à la diffusion d'une vidéo montrant le mauvais traitement des volailles chez un de ses fournisseurs.

Il peut s'agir également d'un acte d'un détracteur, d'un *troll* qui crée des controverses non fondées.

2.2. La réaction face à un *bad buzz*

La viralité d'un *bad buzz* peut être très forte si celui-ci est relayé sur l'ensemble des médias sociaux et sur les médias traditionnels.

a) Réagir face un *bad buzz*
Il faut comprendre la raison du *bad buzz* (son origine), connaître les relais médiatiques (à l'origine de la viralité du *buzz*), rédiger une réponse spécifique et adaptée aux canaux de communication puis observer l'efficacité de la réponse publiée.

b) Reconstruire sa réputation
La loi Informatique et Libertés permet de demander la suppression de données diffusées sur Internet si le motif est légitime (technique du *curing*, « guérir »).

EXEMPLE L'entreprise s'adresse au *webmaster* du site en demandant la surpression des contenus et en précisant les raisons de cette demande.

La technique du *flooding* (« inonder ») consiste à noyer les contenus et commentaires qui ont créé ou relayé le *bad buzz*. Il faut alors créer des contenus positifs pour rendre les contenus négatifs moins visibles.

EXEMPLE L'entreprise publie et relaie de nombreux contenus positifs afin de reléguer les contenus négatifs sur des pages plus lointaines dans les résultats de recherche.

Mots clés *Bad buzz* • *Employee advocacy* • *Good buzz* • Modération

S'ENTRAÎNER AU BTS
Exercice 10 : p. 164

Savoir 27

Le développement de l'e-commerce

De plus en plus d'entreprises – même celles qui ont une boutique physique – choisissent de créer un site marchand. Pour que cette décision permette d'augmenter leur chiffre d'affaires, de conquérir de nouveaux clients et d'améliorer leur notoriété, elles doivent connaître et prendre en compte les caractéristiques de l'e-consommateur.

1 L'e-commerce

1.1. Les sites d'e-commerce (boutiques en ligne ou sites marchands)

Un site d'e-commerce a pour objectif de pouvoir toucher les clients 24 heures sur 24 et de vendre des produits sur Internet entre :
- des entreprises et des particuliers (B2C ou *Business to Consumer*) ;
- des particuliers (C2C ou *Consumer to Consumer*) ;
- des professionnels (B2B ou *Business to Business*) ;
- les entreprises et les administrations (B2G ou *Business to Government*).

Un site d'e-commerce peut promouvoir ses produits sur un réseau de sites partenaires ou affiliés rémunérés par une commission sur les ventes ou en fonction des visites ou *leads* générés à partir des liens d'affectation.

EXEMPLES Un blog, un site de contenu thématique, un comparateur de prix.

1.2. Le *mobile commerce* (m-commerce)

Le m-commerce concerne l'achat et la vente de biens ou services sur terminaux mobiles (smartphones et tablettes). Il concerne 80 % des sites d'e-commerce.

EXEMPLES Transactions bancaires, consultation de prix, d'avis sur smartphone.

Le site d'e-commerce doit donc devenir *responsive*, c'est-à-dire compatible avec tous les supports (ordinateurs, tablettes, smartphones). Les entreprises peuvent également proposer des applications mobiles.

1.3. Les différents types d'e-marchands

Il existe plus de 200 000 sites marchands actifs en France (28 % de PME et TPE) :

TYPE	DESCRIPTION	EXEMPLES
LES *PURE PLAYERS*	Sites spécialisés dans la vente à distance (e-commerce, m-commerce) qui proposent des prix attractifs grâce à leurs faibles charges de structure (pas de point de vente…). Ils représentent 60 % des ventes de biens et services grand public en ligne.	Amazon, Rakuten.
LES *CLICK & MORTAR*	Grandes enseignes physiques qui ont un site d'e-commerce (29 % des commerces physiques possèdent une boutique en ligne qui génère 40 % des ventes en ligne grand public). Dans 40 % des cas, l'ouverture du site d'e-commerce a favorisé l'augmentation des ventes en magasin physique.	Fnac, Leroy Merlin, Boulanger, Carrefour, Décathlon.

TYPE	DESCRIPTION	EXEMPLES
LES VÉADISTES	Enseignes vépécistes (de vente par correspondance) qui proposent de la vente en ligne.	La Redoute, 3 Suisses.
LES PLACES DE MARCHÉ, OU *MARKETPLACES*	Sites marchands qui jouent un rôle d'intermédiaire entre les acheteurs et les vendeurs particuliers ou professionnels (elles représentent 28 % de leur chiffre d'affaires total). Les vendeurs y diffusent leurs annonces moyennant une commission, les acheteurs ont la garantie d'une transaction sécurisée. Les sites qui ont uniquement une fonction de place de marché sont dits « *native* », contrairement à ceux qui développent des places de marché en complément de leur activité d'origine.	eBay et Rakuten sont des places de marché « *native* », contrairement à la Fnac qui dispose d'une place de marché en complément de son activité.

2 L'e-consommateur

2.1. Le profil type de l'e-consommateur

De façon à mieux cerner l'e-consommateur, les entreprises analysent les avis ou commentaires laissés sur leur site ou les réseaux sociaux et/ou les résultats de sondages. Elles peuvent utiliser des outils comme Google Analytics pour connaître l'origine, les centres d'intérêt, les données démographiques des visiteurs. Bryan et Jeffrey Eisenberg ont identifié quatre profils psychologiques d'e-consommateurs :

LE SPONTANÉ	C'est un émotif qui se décide suite aux avis laissés par les internautes sur le site. Il recherche les bonnes affaires et les promotions et est donc sensible aux gestes commerciaux (livraison gratuite et rapide...) et à une présentation d'un produit dans son contexte d'utilisation.
L'HUMANISTE	Il est influencé par les avis laissés par les internautes mais sa décision est plus lente. Il est sensible aux possibilités de discussions instantanées.
LE MÉTHODIQUE	Il prend son temps pour comparer avant de prendre une décision et visite tout le site avant d'acheter.
LE COMPÉTITIF	Il veut être sûr d'avoir fait la meilleure affaire. Il est sensible aux ventes incitatives, aux annonces « exclusivité » ou « quantité limitée ». Sa décision est rapide et logique. Bien qu'il soit difficile à convaincre, il reste ensuite fidèle.

2.2. Les comportements de l'e-consommateur

Les e-consommateurs font en moyenne 28 transactions en ligne par an pour un montant moyen de 70 €. L'électroménager, les produits d'habillement, de chaussures, de mode, culturels, de voyage et de tourisme sont les plus achetés sur Internet. Les e-consommateurs mixent souvent la recherche sur le Net, l'achat en ligne et en boutique :
– *Web to store* (recherche en ligne – avis... – puis achat en boutique physique) ;
– *showrooming* (essayage, conseil en magasin physique puis achat en ligne).

Mots clés E-commerce • E-consommateur • E-marchands • M-commerce

Savoir 28

L'optimisation d'un site d'e-commerce

Un site marchand doit respecter les règles d'ergonomie d'un site vitrine, mais aussi maintenir le lien avec le client avec des fonctionnalités favorisant un processus d'achat simple, intuitif et rassurant pour le visiteur.

1 L'ergonomie du site d'e-commerce

Pour pousser à l'achat, l'ergonomie et le design du site doivent :

FAVORISER LA SIMPLICITÉ	Les éléments doivent être présentés de manière ordonnée pour faciliter la recherche et la fluidité d'une navigation intuitive. EXEMPLES Aligner les éléments, choisir les codes couleurs adaptés.
NE PAS DÉCOURAGER LES E-ACHETEURS	Il faut permettre un chargement rapide de chaque nouvelle page (moins de 2 secondes) et une sélection des produits en un minimum de clics (respecter la règle des « 3 clics maximum »). EXEMPLE 3 clics pour trouver ce que l'on cherche, 3 clics pour trouver le produit, 3 clics pour acheter.
ÊTRE *RESPONSIVE*	Le site doit faciliter aux e-acheteurs la navigation sur tous les supports.
RETENIR L'ATTENTION	Il faut montrer dès la page d'accueil ce que le site propose.
PROPOSER DES FILTRES	Les filtres doivent permettre à l'internaute d'affiner sa recherche. EXEMPLE Pour une robe : filtres par taille, matière, prix...

2 Le contenu rassurant

2.1. Rassurer l'e-consommateur

Il est possible de rassurer l'e-consommateur grâce à différents éléments :

LE CERTIFICAT SSL (HTTPS)	Il rassure le visiteur et lui permet de payer en ligne en toute sécurité quel que soit le mode de paiement choisis.
LES AVIS CLIENTS	Plus de 90 % des internautes donnent beaucoup de crédit à l'e-réputation de l'e-commerçant au moment de leur achat et la plupart consultent les avis en ligne avant d'acheter.
LES OUTILS DE MISE EN RELATION AVEC UN CONSEILLER	Les outils de *click to chat*, de *click to call* permettent une mise en relation directe avec un commercial ou un téléconseiller.

2.2. Optimiser les pages produits et l'accès aux CGV

La page produit doit être bien structurée pour apporter à l'e-client l'information de façon claire et concise. Cette structure est essentielle pour rassurer le client car :
– le manque d'informations peut faire craindre une volonté de cacher des problèmes ;
– l'abondance d'informations complexifie et peut faire rater un point important.

EXEMPLE Proposer un descriptif clair et concis du produit avec un bon visuel.

L'e-acheteur doit accéder facilement aux conditions générales de vente (CGV) du site, qui doivent être présentées et acceptées par l'e-client avant l'achat. Les informations légales obligatoires et les conditions particulières de vente appliquées par l'entreprise doivent apparaître très clairement.

EXEMPLE Faire clairement apparaître, notamment, la présentation et le prix des produits, la durée de validité des offres, le processus de commande, les modalités de paiement, les cas de retard de paiement (pénalités de retard et indemnité de recouvrement), les conditions de livraison et de service après-vente (fonctionnement et coordonnées), le droit de rétractation.

3 Le maintien du lien avec l'e-consommateur

3.1. Le *marketing automation* (campagne marketing automatisée)

Pour maintenir le lien avec l'e-client, le site peut recourir au *marketing automation*, qui consiste à traiter automatiquement les tâches régulières et répétitives. Elle repose sur le *tracking*, technique qui permet d'identifier les visiteurs sur un site et de repérer le meilleur moment pour leur envoyer un e-mail ou un SMS. Le *tracking* permet de relancer les internautes qui ont acheté ou non avec des e-mails/SMS envoyés automatiquement et régulièrement en fonction de leurs goûts et habitudes d'achat repérés sur le site et en fonction de leur statut : visiteur, prospect, client ou ambassadeur de la marque.

3.2. L'adoption des outils adaptés

Le *marketing automation* permet d'automatiser la relation avec les prospects pour améliorer le taux de transformation des prospects en clients par des dispositifs automatiques de relance. Pour être efficace, il est nécessaire de :

SOIGNER LES E-MAILS ET LES SMS ENVOYÉS	Respecter les règles de rédaction d'un e-mail concis, personnalisé, sans fautes d'orthographe, avec le logo et la charte graphique de l'entreprise.
RECOURIR À DES OUTILS DE *TRACKING* ET À UN LOGICIEL DE *MARKETING AUTOMATION*	L'utilisation d'un *webtracker* permet d'identifier le visiteur du site à partir de son adresse IP et de suivre son parcours, ses interactions sur le site, ses clics. Le logiciel de *marketing automation* permet : – la gestion des contacts pour segmenter et enrichir la BDD ; – l'envoi automatique d'e-mails en fonction du comportement de l'e-client ; – la gestion des *landing pages* (pages d'atterrissage) pour organiser et actualiser les contenus ; – l'accès à un tableau de bord de suivi et l'analyse des actions. Les logiciels de *marketing automation* sont maintenant accessibles aux PME avec des tarifs variant en fonction du nombre de contacts, du nombre d'e-mails envoyés ou des fonctionnalités proposées. Certaines solutions sont proposées gratuitement (SendinBlue, Drip, Mautic, Leadsius, MailChimp).

Mots clés Ergonomie • *Marketing automation* • *Tracking*

La constitution du panier jusqu'à la livraison

L'entonnoir (ou tunnel) de conversion (en anglais, *funnel marketing*) désigne les étapes permettant de faire passer un internaute du statut de simple visiteur à celui de client. Il faut optimiser le parcours de l'internaute pour l'inciter à commander en lui permettant de comprendre l'offre proposée.

1 Pousser l'internaute à l'achat

Le tunnel d'achat est le parcours suivi par l'e-client entre le moment où il clique sur le bouton « Commander » (ou « Ajouter au panier ») et le message de confirmation d'achat. Durant ce parcours, le risque de l'abandon de panier (le client ne valide pas sa commande) est très important (entre 70 et 80 %, tous secteurs confondus). Il faut donc proposer un tunnel d'achat efficace afin de limiter les abandons en :

– limitant les étapes d'achat et le temps de navigation jusqu'au paiement :

Constitution et validation du panier → Création du compte client → Choix des modalités de livraison → Validation de la commande → Paiement

– mesurant le comportement des acheteurs dans le tunnel de conversion par des indicateurs comme le taux de conversion, le nombre d'abandons de panier, le nombre de visiteurs qui ont acheté.

2 La constitution et la validation du panier

Il faut permettre à l'e-client de constituer son panier facilement en précisant :

LES CARACTÉRISTIQUES DÉTAILLÉES DES PRODUITS	Couleur, taille, options souhaitées…
LA DISPONIBILITÉ DES PRODUITS	Niveau de stock, nombre de produits restant en stock pour éviter les abandons de panier par crainte que le produit soit épuisé.
LE DÉLAI D'EXPIRATION DU PANIER	PrestaShop propose de vider automatiquement le panier après 10, 20, 45 minutes ou après une semaine ou plus.

Il est également nécessaire de donner au client la possibilité de :

RETIRER OU AJOUTER DES ARTICLES	Prévoir des boutons « Ajouter au panier » et « Supprimer ». Cette action doit être simple et intuitive pour le client.
MODIFIER FACILEMENT LA QUANTITÉ	Prévoir par exemple des boutons + et – pour choisir la quantité.
VÉRIFIER À TOUT MOMENT LE CONTENU DU PANIER	L'icône « Panier » doit être placée, par exemple, en haut à droite de toutes les pages.
CONSERVER SES ARTICLES FAVORIS	Donner la possibilité au client de créer une liste de favoris (ou *wishlist*) au cas où il souhaiterait les acheter plus tard.

3 La création d'un compte

3.1. Proposer une procédure simple

Il faut simplifier la procédure de création du compte client :
– en demandant l'adresse e-mail pour pouvoir le relancer en cas d'abandon ;

EXEMPLES Demander les nom, prénom et adresse e-mail pour un produit numérique ou en téléchargement, l'e-mail et l'adresse postale pour un produit physique, et les enregistrer afin d'éviter au client de les ressaisir à sa prochaine connexion.

– en proposant un compte « invité » pour commander rapidement sans compte ;
– en automatisant la saisie Facebook Connect pour permettre de s'identifier à partir du compte Facebook sans ressaisir d'informations.

3.2. Une procédure respectant la protection des données

Lors de la phase de création de compte, l'entreprise doit pouvoir prouver à tout moment qu'elle est en conformité avec les règles de protection des données personnelles définies par la CNIL et le RGPD, qui prévoient notamment :
– l'obligation du consentement express (*opt-in*) et spécifique préalable du client ;
– une information sur le délai de conservation des données collectées (3 ans conseillés) et sur la possibilité d'exercer ses droits d'accès, de rectification ou d'opposition par voie électronique (loi Informatique et Libertés).

4 Le choix des modalités de livraison

4.1. La fixation du coût et des modes de livraison

Les frais de livraison limités diminuent le risque d'abandon de panier.
Il est bénéfique de proposer le choix entre des livraisons à des tarifs différents :
– livraison à domicile avec éventuellement le choix du créneau de livraison ;
– livraison en point relais avec une localisation des points relais proches du client ;
– *click & collect* gratuit pour une livraison dans une boutique proche du client ;
– livraison express payante en 24 heures (en informant du surcoût).

4.2. Les obligations légales de l'e-commerçant

Il faut indiquer la date limite de livraison qui doit avoir lieu au plus tard 30 jours après la commande en ligne. En cas de non-respect de cette date, le client peut annuler son achat et être remboursé.
En cas d'indisponibilité du bien ou service, l'entreprise doit informer le client et le rembourser sans délai et au plus tard dans les 30 jours suivant le paiement.
L'exécution de la livraison reste sous la responsabilité du professionnel, même si elle est faite par d'autres prestataires de services. Il n'est possible de s'exonérer de la responsabilité qu'en prouvant que l'inexécution ou la mauvaise exécution du contrat est imputable soit au consommateur, soit au fait imprévisible et insurmontable d'un tiers au contrat, soit à un cas de force majeure.

Mots clés Compte client • Livraison • Panier • Tunnel d'achat

Savoir 30 De la validation de la commande à la reconquête client

Pour optimiser la relation avec l'e-client, il faut optimiser le processus de validation de commande, de livraison et de paiement en veillant à satisfaire le client et à le fidéliser.

1 La validation de la commande

1.1. L'information et le consentement

Les quatre étapes obligatoires pour valider la commande (visualisation du détail de la commande et du prix total à payer, correction d'erreurs, acceptation des conditions générales de vente – CGV – et confirmation de la commande) doivent apparaître sur le site avant la conclusion du contrat, avec les mentions concernant :
– les moyens techniques permettant d'identifier les erreurs et de les corriger ;
– les langues proposées pour la conclusion du contrat ;
– les modalités d'archivage de la commande et les moyens de consulter les règles professionnelles et commerciales auxquelles le vendeur est soumis.
Pour conclure la vente, l'e-marchand doit recueillir le consentement du client.

EXEMPLE Par une case à cocher sur la page de validation de la commande.

1.2. Les informations précontractuelles obligatoires

Le site doit permettre au client, avant la validation de sa commande, de s'informer sur les CGV avant de les accepter. En B2C, le Code de la consommation impose une information précontractuelle lisible et compréhensible avec, notamment :
– les caractéristiques essentielles des biens ou services vendus ;
– le droit de rétractation et ses modalités d'application ;
– les coordonnées du professionnel ;
– la durée minimale des obligations contractuelles du consommateur et les cautions ou autres garanties éventuelles à payer par le consommateur et leurs conditions.
Dans le cadre des relations entre professionnels (B2B), le Code de commerce (art. L441-6) prévoit que le professionnel doit communiquer à tout client professionnel qui en fait la demande : ses conditions de vente, son barème des prix unitaires, ses réductions de prix, ses conditions de règlement.

2 Le paiement

2.1. Les modes de paiement

Il convient de proposer plusieurs modalités de paiement, comme :

LA CARTE BANCAIRE	Mode de paiement en ligne utilisé pour 85 % des transactions.
UN SERVICE DE PAIEMENT EN LIGNE	Représente environ 9 % des transactions. EXEMPLE PayPal.
UNE CARTE MAGNÉTIQUE (CARTE-CADEAU)	Propose un crédit d'achat valable dans une ou plusieurs enseignes.

DIGITALISATION

2.2. Faciliter et sécuriser la transaction

Le formulaire de paiement doit être simple et ne mentionner que les informations nécessaires (nom du client ; numéro de carte bancaire, date d'expiration et cryptogramme). Il doit rassurer le client avec une adresse URL en « https:// », qui montre que la page est sécurisée, et la mise en avant des sécurités gérées par l'opérateur financier de la solution de paiement ou par la banque du client.

EXEMPLE Page de validation de type 3D Secure (protocole sécurisé de paiement sur Internet : « Verified by Visa » et « MasterCard SecureCode »).

Les obligations légales relatives au paiement doivent être respectées, notamment :
– informer le client de son obligation de paiement avant la validation de commande ;
– la possibilité éventuelle de paiement à la livraison contre remboursement (dans ce cas, des frais supplémentaires peuvent être appliqués) ;
– les éventuels délais de règlement, qui ne peuvent pas excéder 60 jours maximum ou 45 jours fin de mois à compter de la date d'émission de la facture.
L'Autorité bancaire européenne (EBA) prévoit que le client n'a pas à transmettre ses identifiant et mot de passe à des tiers (pour cela, il passe par sa banque).

3 La rétractation

L'acheteur en ligne dispose d'un droit de rétractation de 14 jours à partir du lendemain du jour où il entre en possession du bien ou accepte l'offre de prestation, sans justification ni paiement de pénalités. Le remboursement des sommes versées (y compris les frais de livraison, mais avec d'éventuels frais de retour) doit être effectué dans les 30 jours qui suivent le moment où le client informe l'entreprise. Lors de la conclusion du contrat, le professionnel doit informer le client des modalités du droit de rétractation (durée du délai, remboursement du produit…) et mettre à sa disposition un formulaire de rétractation. Cependant, il peut être indiqué lors de l'achat que certains produits ne donnent pas droit à rétractation et ne peuvent être remboursés.

EXEMPLES Produit sur mesure, périssable, CD ou DVD sans l'emballage d'origine.

4 La reconquête des clients

Les solutions pour récupérer les clients abandonnant leur panier sont, notamment :

L'E-MAIL *RETARGETING*	Technique qui consiste à envoyer un e-mail à un Internaute quelques heures (ou jours) après la visite d'un site. EXEMPLE Message rappelant les articles mis dans le panier, avec un avantage supplémentaire pour le prospect qui passe la commande.
LES WEBINAIRES	Ces conférences en ligne permettent de récupérer certains internautes ayant abandonné leur panier. EXEMPLE Une présentation pour montrer les bénéfices du produit.
LES OUTILS DE CONTACT AVEC UN CONSEILLER	L'aide en ligne, notamment *via* les outils de tchat, permet de rassurer et de répondre aux questions du client.

Mots clés Droit de rétractation • E-mail *retargeting* • Modalité de paiement • Webinaires

Savoir 31

Les animations d'un site d'e-commerce

Un site d'e-commerce doit être animé afin d'offrir aux internautes une image positive et dynamique, et de faciliter le référencement de ses contenus.

1 Définir les objectifs et le plan d'animation

1.1. Fixer les objectifs des animations

Les animations d'un site d'e-commerce sont essentielles car elles permettent de :

	EXEMPLES
GÉNÉRER DU TRAFIC	Les promotions peuvent être relayées sur les réseaux sociaux.
AMÉLIORER L'E-RÉPUTATION DE L'ENTREPRISE	Les animations développent l'engagement des internautes (avis, « J'aime », commentaires...) ainsi que la viralité des contenus positifs.
PROPOSER AU CLIENT DES PRODUITS COMPLÉMENTAIRES (*CROSS-SELLING*)	Un internaute achète un costume et se laisse tenter par une cravate en promotion. Il augmente ainsi son panier moyen.
FAVORISER LE *WEB TO STORE* (« DU WEB AU MAGASIN »)	Deux tiers des clients recherchent les informations sur Internet avant de se rendre dans le point de vente.
PALLIER LA SAISONNALITÉ/ PÉRIODICITÉ DES VENTES GRÂCE À DES ANIMATIONS	Opérations de déstockage, ventes privées, promotions...
AIDER À LANCER UN NOUVEAU PRODUIT	Un concessionnaire automobile propose sur son site un essai VIP du nouveau modèle de véhicule tout-terrain pour les 100 premiers internautes intéressés.

1.2. Construire le plan d'animation

Le plan d'animation permet d'avoir une vision globale des actions (animations, promotions) à réaliser sur une période compte tenu des objectifs de l'entreprise (générer du trafic et des ventes).
Il vise également à optimiser la fréquentation du site sur l'année compte tenu des périodes creuses.

EXEMPLES Une boutique de vêtements pour femmes liste dans son plan d'animation les événements de l'année : soldes, ventes privées, Saint-Valentin, journée de la Femme, puis détermine la durée de chaque événement ainsi que les missions de chaque collaborateur.

Le *webmaster* doit également réfléchir aux moyens matériels nécessaires et à la rentabilité des animations menées.

EXEMPLES Applications de création de jeux, logiciels de retouche, formation des salariés.

2 Réfléchir aux types d'animations et de promotions

2.1. Choisir des thèmes d'animation

Le choix des thèmes dépendra de l'activité de l'entreprise et de son positionnement.

LES SAISONS	Le site met en avant certains produits selon les saisons (par exemple, des gants en hiver, des maillots de bain en été).
LES ÉVÉNEMENTS DU CALENDRIER	Des événements populaires offrent des opportunités d'animation : Nouvel An, Noël, Saint-Valentin, Mardi gras, fête des Mères…
LES JOURNÉES INTERNATIONALES	Elles permettent de véhiculer également les valeurs du site : journée internationale des droits de l'enfant, journée mondiale contre le cancer…
LES PÉRIODES COMMERCIALES	Elles donnent lieu à des animations sur chaque site d'e-commerce : soldes d'hiver, soldes d'été, *Black Friday*…
LES DATES LIÉES À L'ACTIVITÉ	La *Fashion Week* peut faire l'objet d'animations commerciales dans le prêt-à-porter, la Coupe du monde de football dans les activités liées au sport…

2.2. Choisir des types d'animations et de promotions

Les animations et promotions sont variées. Un planning des animations doit être réalisé (liste des animations, tâches à réaliser par animation, ressources humaines et matérielles nécessaires, dates et durées prévues). Il faut réfléchir en amont au coût des animations et promotions pour l'entreprise et à l'impact sur sa marge.

LES RÉDUCTIONS	Ce sont des remises en pourcentage ou en valeur (euros) sur le prix. Elles facilitent la conversion et l'augmentation du chiffre d'affaires.
LES FRAIS DE PORT OFFERTS	Ces frais sont offerts à partir d'un certain montant d'achat. Ils permettent de baisser le taux d'abandon du panier.
LE PRODUIT OFFERT	Ce produit (échantillon…) est offert avec la commande. Il permet d'être testé.
LA VENTE JUMELÉE	C'est la vente dans un même lot de deux produits différents, éventuellement complémentaires, à un prix inférieur à la somme du prix des deux produits. Pour que la vente jumelée soit légale, il faut que les articles puissent être achetés séparément.
LA VENTE FLASH	C'est une remise sur une durée limitée. Elle facilite l'achat impulsif (moins adaptée pour les produits de luxe).
LE WEBINAIRE	C'est un séminaire Web, souvent diffusé sous forme de vidéo, en direct ou en différé. Un animateur présente les produits, les clients inscrits peuvent interagir *via* un tchat en ligne. Le webinaire met en valeur le produit et aide le client à se projeter.
LES JEUX ET CONCOURS	Ils sont organisés avec des produits en récompense. La réglementation doit être respectée (règlement conseillé, protection des données personnelles, respect du droit d'auteur, droit à l'image). Les jeux et concours permettent de collecter des données sur les internautes.

Mots clés *Cross-selling* • Plan d'animation • Vente jumelée • *Web to Store* • Webinaire

S'ENTRAÎNER AU BTS
Exercice 11 : p. 164

Savoir 32

La promotion des animations

Le *webmaster* doit communiquer sur les animations prévues afin qu'elles soient vues (annonces sur la page d'accueil du site et les réseaux sociaux, envoi d'e-mails, utilisation de bannières publicitaires…).

1 Créer puis promouvoir une promotion

1.1. Réfléchir au message promotionnel

Une fois la promotion définie (cible, objectifs, durée, technique d'animation choisie), le *webmaster* rédige le contenu du message promotionnel, qui comporte :

UNE ACCROCHE	Elle doit retenir l'attention de l'internaute. EXEMPLE « Ventes privées jusqu'au 25 décembre. Dépêchez-vous ! »
LE MESSAGE	L'axe du message (l'idée principale) décrit de manière précise l'offre et le bénéfice pour l'internaute. EXEMPLE « Pour toute commande supérieure à 150 €, frais de port et un produit au choix offerts. » Le message s'adresse à une cible précise (clients, prospects, clients fidèles…) et vise à atteindre des objectifs définis (augmenter le panier moyen ou le taux de conversion…). Des visuels adaptés appuient le message.
UNE PHRASE D'ACTION	Un bouton (*Call-To-Action*) incite à cliquer sur l'offre afin d'accéder à la page dédiée à la promotion.

1.2. Annoncer la promotion sur le site

La promotion est souvent annoncée sur la page d'accueil du site, qui renvoie à une page dédiée à la promotion ou à la commande. Il existe cependant d'autres techniques d'annonces des promotions :

LE CARROUSEL	La promotion est insérée dans une bannière dynamique, ou « carrousel », avec 2 ou 3 éléments (image, promotion) qui défilent. La promotion doit être placée en 1re position pour augmenter le taux de clics sur l'offre.
LES BANNIÈRES PUBLICITAIRES CLASSIQUES	Elles répondent à une stratégie d'*outbound marketing*. Ces annonces publicitaires génèrent du trafic mais sont intrusives pour l'internaute. On distingue : – la bannière simple : bandeau de taille 468 × 60 pixels en haut de page ; – le *skycraper* : bannière verticale sur le côté ; – la fenêtre *pop-up*, qui s'ouvre spontanément sur une partie de l'écran ; – l'interstitiel : annonce publicitaire qui s'affiche en plein écran.
LES BANNIÈRES « *RICH MEDIA* »	Elles intègrent des animations visuelles ou sonores. On distingue : – l'*expand banner* : son format s'agrandit quand on passe la souris dessus ; – le superstitiel : annonce publicitaire en plein écran ; – le flash transparent : brève animation, conçue comme un transparent, qui n'empêche pas de voir la page entière.

2 Promouvoir les animations commerciales

2.1. Communiquer sur les futures promotions/animations

Les promotions/animations doivent être annoncées afin d'augmenter leur visibilité. Ces annonces peuvent se faire par e-mail, SMS, *via* les réseaux sociaux, des publicités payantes (bannières) ou des publicités sur des sites partenaires (contre rémunération généralement). Cette communication facilitera le référencement naturel du site et des promotions.

EXEMPLE Une marque de vêtements pour enfants annonce ses futures promotions sur son site ainsi que ses comptes Facebook et Instagram. Elle met en avant les mots-clés *soldes*, *vêtements*, *nourrissons 0-6 mois* afin de faciliter le référencement naturel de ses promotions.

2.2. Annoncer la promotion par e-mail

L'e-mail permet de diffuser rapidement les promotions à la cible et de générer du trafic sur le site grâce aux liens pointant vers celui-ci. Des logiciels d'e-mailing (Sarbacane, MailChimp) permettent de programmer les envois aux horaires appropriés. Pour créer un e-mail promotionnel, il faut :

1. DÉFINIR LES OBJECTIFS ET LES CIBLES	Les contacts sont triés et filtrés en fonction des objectifs poursuivis (réactivation de clients inactifs, fidélisation des clients actuels, développement du trafic vers le site…). Les destinataires sont personnalisés (prénom, nom du contact, raison sociale de l'entreprise).
2. RÉDIGER L'OBJET	L'objet est court. Il incite au clic et/ou à l'ouverture de l'e-mail (verbe d'action). EXEMPLE « Prenez rendez-vous avec votre conseiller pour le placement Sérénité. »
3. RÉDIGER LE MESSAGE	La proposition commerciale est claire et précise. Elle met en évidence les bénéfices clients. EXEMPLE « Un placement rémunéré à 5 %. » Le message respecte la ligne éditoriale du site (tonalité, registre de langage).
4. DÉFINIR LA PAGE D'ATTERRISSAGE	La page d'atterrissage doit être spécifique à l'offre (une page dédiée à la promotion, par exemple).
5. SOIGNER LE GRAPHISME	Les éléments graphiques (logo, visuels, couleurs) respectent la charte graphique de l'entreprise. L'e-mail doit être *responsive* pour pouvoir être lu sur tout support : smartphone, tablette…
6. RESPECTER LES CONTRAINTES JURIDIQUES	– En *B to C*, il est obligatoire d'obtenir l'accord du destinataire (*opt-in*) avant d'envoyer un e-mail commercial. Cette obligation ne s'applique pas aux clients de l'entreprise. – En *B to B*, il est possible d'envoyer des e-mails aux entreprises si l'offre est en lien avec l'activité et si les entreprises peuvent s'opposer à la réception de nouveaux e-mails (case à cocher).

Mots clés Bannière • Carrousel • *Opt-in*

Savoir 33

La démarche d'analyse de l'activité d'e-commerce

Pour analyser la performance d'un site d'e-commerce, il faut suivre une démarche qui permette d'adopter les indicateurs adaptés aux objectifs de l'entreprise et de les présenter dans un tableau de bord facilitant l'analyse de l'activité.

1 Le choix des indicateurs de performance

1.1. Des indicateurs en fonction des objectifs

La performance d'un site se mesure grâce à des indicateurs dont les données sont souvent issues du *tracking* (nombre de clics, nombre de pages vues…).
Il est nécessaire de comparer régulièrement l'évolution de ces indicateurs dans le temps et par rapport aux multiples objectifs du site.

EXEMPLES Augmentation du trafic du site Web, fidélisation des internautes, promotion d'un produit, acquisition de prospects.

1.2. Des indicateurs qui évoluent

Les objectifs vont évoluer selon la stratégie Web, les étapes du tunnel de conversion à optimiser et l'état de développement du site. Ainsi, une entreprise qui :
- se lance sur le Web aura comme objectif d'augmenter le trafic, sa notoriété ;
- redéfinit son site voudra augmenter la considération ;
- est leader sur son marché voudra encore améliorer son taux de conversion ;
- souhaite fidéliser ses e-clients voudra augmenter le taux de réachat ;
- veut les transformer en ambassadeurs voudra améliorer le taux de partage.

EXEMPLE Avoir un taux de partage de 20 % des actualités sur Twitter.

2 Les étapes de la démarche d'évaluation

Pour évaluer la performance du site Web, il faut suivre une démarche en 5 étapes :

ÉTAPES	EXEMPLES
1. DÉFINIR L'OBJECTIF STRATÉGIQUE ET LA JUSTIFICATION DU SITE WEB	Augmenter le chiffre d'affaires pour une boutique de cosmétiques bio.
2. TRADUIRE LA STRATÉGIE EN OBJECTIFS TACTIQUES, D'ACTION	Augmenter le nombre de réservations des promotions de la boutique.
3. DÉFINIR LES INDICATEURS DE PERFORMANCE CORRESPONDANT À CES OBJECTIFS	Montant moyen de la commande, taux de rebond sur les promotions.
4. DÉFINIR L'OBJECTIF À ATTEINDRE POUR CHAQUE INDICATEUR	25 € par commande, 20 % de taux de rebond sur la promotion en cours.
5. PRÉSENTER LES RÉSULTATS DES INDICATEURS DANS UN TABLEAU DE BORD.	Courbe d'évolution sur 6 mois du panier moyen.

3 La conception du tableau de bord adapté à l'e-commerce

3.1. Les objectifs et la construction du tableau de bord

Le tableau de bord (ou *dashboard*) présente de façon synthétique les résultats de quelques indicateurs choisis et permet de vérifier si la stratégie menée a été efficace en comparant les écarts entre les objectifs et les résultats. L'analyse de ces écarts permet ensuite de prendre des actions correctives.

Pour construire un tableau de bord efficace, on doit déterminer :
- les destinataires afin d'adopter les indicateurs qui les intéressent ;
- la fréquence de mise à jour mensuelle, hebdomadaire ou journalière des indicateurs ;
- comment intégrer dans le tableau de bord des données de sources multiples en recherchant des solutions pour automatiser l'agrégation des données.

DIGITALISATION

EXEMPLE Agréger automatiquement dans un seul tableau des informations provenant de Google Analytics, Facebook, LinkedIn, du CRM…

3.2. Les outils pour créer le tableau de bord

Google Analytics est un outil complet et personnalisable car il permet :
- de mesurer l'audience, le trafic, le taux de conversion, etc. ;
- de distinguer les sources de trafic et donc les canaux les plus performants ;
- de suivre la performance du SEO (référencement naturel) et celle du SEA (référencement payant), l'acquisition d'e-clients ;
- de produire des rapports pour identifier les pages et produits les plus consultés.

EXEMPLE Tableau de bord sur Google Analytics

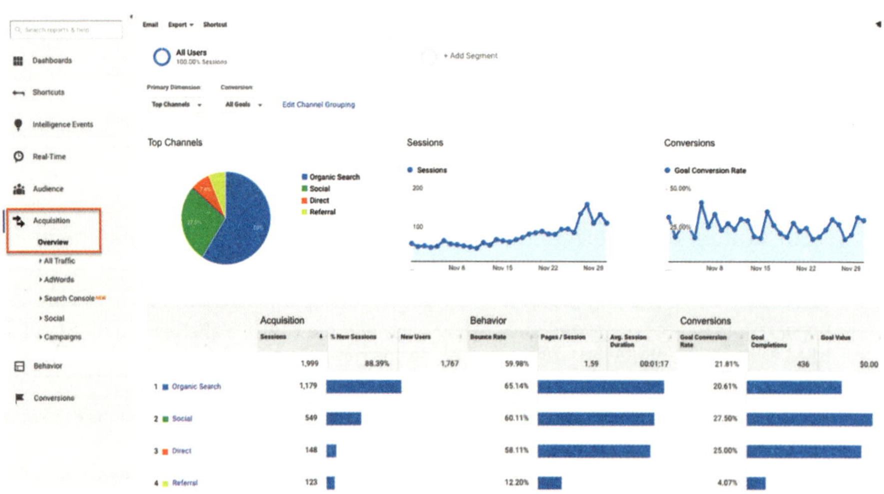

D'autres outils d'analyse de performance de sites Web gratuits ou payants existent. (Xiti, Piwik, Magento, PrestaShop, Google Analytics Premium, la solution Adobe).

Mots clés Indicateurs • Tableau de bord

Savoir 34

Les indicateurs de suivi de l'activité d'e-commerce

La performance d'un site se mesure grâce à des indicateurs chiffrés de performance (ICP), ou *Key Performance Indicators* (KPI), qui peuvent présenter les résultats financiers (chiffre d'affaires, marges, rentabilité) ou en termes de notoriété. Bien que les indicateurs choisis par l'entreprise puissent varier selon les objectifs fixés, il est possible de retenir certains KPI essentiels à l'évaluation de la performance d'un site marchand.

1 Les indicateurs de mesure de l'e-commerce

Plusieurs indicateurs permettent de cerner les sources de déception du visiteur :

LE TAUX DE REBOND	Pourcentage de visiteurs ayant consulté une seule page Web.
LE TAUX DE REFUS	Pourcentage de visiteurs ayant consulté plusieurs pages Web sans acheter.
LE TAUX D'ABANDON DE PANIER	Pourcentage de visiteurs mettant des articles dans le panier mais sans le valider. EXEMPLE Pour identifier les freins à l'achat, on peut analyser le taux d'abandon page par page (livraison, validation, paiement…).

D'autres indicateurs permettent de cerner les sources d'attractivité du site :
- le nombre de visites, qui est l'indicateur le plus suivi ;
- le taux de conversion (ou de transformation) : pourcentage de visiteurs ayant passé commande au cours de leur visite.

EXEMPLE Analyser l'amélioration commerciale du site en comparant le taux de conversion aux ratios de la concurrence.

2 Les indicateurs de notoriété et de considération

Les informations sur les visiteurs (pays, âge…) permettent de mieux ajuster le ciblage des campagnes de référencement et de promotion. Des indicateurs existent pour :

CONNAÎTRE ET AMÉLIORER LA NOTORIÉTÉ DU SITE	On peut suivre l'attractivité du site (pourcentage de nouvelles visites, de visiteurs uniques) et la durée moyenne des visites. La position sur les moteurs de recherche (SEO) montre, quant à elle, comment se positionne le site parmi les résultats des moteurs, sachant que les sites les mieux positionnés sont plus visibles aux visiteurs potentiels.
SUIVRE L'ADÉQUATION DE L'OFFRE DES PAGES AUX ATTENTES DES VISITEURS	On peut analyser le taux d'ouverture de la *newsletter*, le nombre de pages vues par visite.
ÉVALUER L'ERGONOMIE DU SITE	L'ergonomie peut être évaluée à travers le temps de chargement d'une page. EXEMPLE Se fixer l'objectif de 3 secondes en moyenne, sachant qu'au-delà de 8 secondes, 50 % des internautes quittent la page.

3 Les indicateurs de conversion

Pour estimer l'attractivité de l'offre, on peut analyser :
– le nombre de visites et de jours avant l'achat ;
– le nombre de transactions, qui montre l'activité du site et les actions à mettre en place en cas de variation importante d'activité régulière ou temporaire.
Pour cerner la rentabilité de l'offre, on peut suivre :
– le nombre de produits par panier afin de voir la cohérence de l'offre globale du site ;
– le montant moyen du panier par canal d'acquisition ou par navigateur de façon à sélectionner les plus rentables.

EXEMPLE En fonction de la répartition, on choisira les canaux adaptés pour les promotions (réseaux sociaux...).

4 Les indicateurs de fidélisation

Ils révèlent la satisfaction du client et la possibilité de le transformer en ambassadeur de l'entreprise. Il est pour cela nécessaire d'analyser :
– la note moyenne et les avis donnés par le client suite à la transaction ou sur les produits pour mesurer l'engagement et la satisfaction du client par rapport à l'offre ;
– la note moyenne et les avis sur les sites de consommateurs et les comparateurs.

EXEMPLE Suivre les partages d'avis sur les réseaux sociaux, le nombre de fans sur Facebook et Twitter.

L'évaluation de la fidélité et de l'engagement des clients peut être suivie à travers :
– le NPS (*Net Promoter Score* = % de promoteurs – % de détracteurs), qui identifie la fidélité des clients classés en promoteurs, passifs ou détracteurs ;
– le taux de réachat et la fréquence des visites.

4 Les indicateurs d'évaluation des e-mailings

L'efficacité des campagnes d'e-mailing peut être évaluée grâce au :

TAUX DE DÉLIVRABILITÉ	Il permet d'évaluer la qualité de la base. $\frac{\text{Nombre de messages non délivrés (\textit{Hard Bounce})}}{\text{Nombre d'e-mails envoyés}} \times 100$
TAUX D'OUVERTURE	$\frac{\text{Nombre d'ouvertures d'e-mail}}{\text{Nombre d'e-mails envoyés}} \times 100$
TAUX DE SPAM	Il permet de mesurer la fiabilité du ciblage de la base. $\frac{\text{Nombre de plaintes pour spam}}{\text{Nombre d'e-mails envoyés}} \times 100$
TAUX DE CLICS SUR UN LIEN DANS L'E-MAIL ET TAUX DE RÉACTIVITÉ	Il permet d'évaluer sa pertinence. $\frac{\text{Nombre de clics sur un lien dans l'e-mail}}{\text{Nombre d'e-mails ouverts}} \times 100$

Mots clés Indicateurs chiffrés de performance • KPI • NPS

Exercice 1 Voir Fiche Savoir 4

La segmentation et le *scoring* de la BDD

Freecar est une entreprise de location de voitures sans permis. Ces véhicules ont longtemps été destinés aux personnes âgées ou à celles dont le permis a été retiré. Une étude marketing récente a toutefois montré qu'ils rencontrent aujourd'hui un vif succès chez les jeunes qui n'ont pas encore l'âge d'avoir le permis et préfèrent le confort de ces petites automobiles aux désagréments des deux-roues. Cela d'autant plus que les modèles sont à présent bien plus séduisants, performants et confortables.

Afin de mener une campagne de prospection téléphonique pour proposer une offre de location promotionnelle aux enfants de ses bons ou très bons clients, Freecar confie au CRC Tel+ une mission pour scorer sa base de données clients.

Tel+ propose d'effectuer un *scoring* RFM de la base de données, à l'aide de critères.

1. **Rappeler la définition et l'intérêt de la méthode RFM.**

2. **Le choix de cette méthode de *scoring* est-il adapté à Freecar ?**

3. **Calculer le score RFM des clients de la BDD (annexes 1 et 2).**

4. **Indiquer s'ils sont très bons, bons ou tièdes.**

5. **Quels clients retiendriez-vous pour la prospection téléphonique ?**

Annexe 1 Base de données

CIVILITÉ NOM	NOMBRE DE MOIS DEPUIS LA DERNIÈRE LOCATION	MONTANT DE LA LOCATION (EN EUROS)	NOMBRE DE LOCATIONS
Mme Barren	12	142	3
Mme Cohben	3	415	1
Mme Moran	4	800	2
Mme Rousi	3	1 205	5
M. Gosan	8	1 245	2
M. Antoine	3	4 289	2
Mme Hubert	8	3 932	5
Mme Léonard	7	775	6
Mme Leduc	5	239	5
M. Combet	4	527	1
M. Hussar	2	137	3
M. Villanto	1	104	3
M. Marchi	3	463	4
M. Ricard	4	312	6
M. Charpentier	3	643	2
Mme Didier	1	400	3

Annexe 2 Critères de segmentation

CRITÈRES	Récence (date du dernier achat)			Fréquence d'achat			Montant des produits achetés		
	Mois depuis la dernière location			Nombre de locations			Montant global en euros		
	> 12	≤12 et ≥ 1	< 1	0	≥ 1 et ≤ 3	> 3	< 100	≥ 100 et ≤ 500	> 500
SCORES	1	2	5	0	2	5	0	2	5

Très bons clients : score RFM > 12
Bons clients : score RFM de 7 à 12
Clients tièdes : score RFM de 1 à 6

FAIT ☐ REVU ☐

DIGITALISATION

Exercice 2 Voir Fiche Savoir 4

La segmentation et le *scoring* de la BDD

Trotistreet est une entreprise de vente et de location de trottinettes électriques. Pour accompagner son important développement, elle a mis en place un site d'e-commerce à partir duquel les clients peuvent passer commande. Le site permet l'achat de trottinettes et de différents accessoires, mais aussi d'adhérer à un service de location allant de 30 minutes à une semaine. Face à son succès, le service de location vient d'être étendu aux périodes de 1 mois, 3 mois ou 1 an.

Trotistreet veut évaluer le comportement de ses e-visiteurs et repérer ceux qui peuvent être sollicités pour être contactés lors d'une campagne de *phoning* consistant à proposer une offre promotionnelle pour une location de longue durée (entre 6 mois et 1 an). Trotistreet confie au CRC Tel+ une mission pour effectuer un *scoring* comportemental de ses visiteurs.

1. Rappeler la définition et l'intérêt de la méthode de *scoring* comportemental.

2. Le choix de cette méthode de *scoring* est-il adapté à Trotistreet ? Justifier.

3. Calculer le score des visiteurs A à J (annexe). Justifier.

4. Quels clients retenir pour la prospection téléphonique sachant qu'un score supérieur à 55 est considéré comme intéressant dans le secteur ? Justifier.

Annexe ***Scoring* des visiteurs**

Une étude de la fréquentation du site montre les résultats suivants pour les visiteurs :

VISITEUR	A	B	C	D	E	F	G	H	I	J
Visite d'une page chaude	X	X	X	X				X	X	X
Visite d'une page tiède		X	X		X	X	X	X		
Visite de la page « Tarifs »	X		X	X		X	X	X	X	
Abonnement aux réseaux sociaux de l'entreprise	X	X	X	X	X		X	X		
Temps passé sur le site > 30 min	X		X	X	X	X		X	X	X
Téléchargement du livre blanc		X	X	X	X	X	X		X	X
Nombre de clics > 50	X		X	X	X	X	X	X		X
Inscription à la *newsletter*	X		X	X	X	X	X	X	X	
Recherche d'un mot-clé		X			X		X	X		X

Pour établir le *scoring* de ces visiteurs, Tel+ fixe les critères suivants :

Visite d'une page chaude	35 points
Visite d'une page tiède	25 points
Visite de la page « Tarifs »	8 points
Abonnement aux réseaux sociaux de l'entreprise	10 points
Temps passé sur le site > 30 min	5 points
Téléchargement du livre blanc	5 points
Nombre de clics > 50	5 points
Inscription à la *newsletter*	5 points
Recherche d'un mot-clé	2 points

FAIT ☐ REVU ☐

Exercice 3 Voir Fiche Savoir 5

Le traitement des demandes

Lingua est une entreprise de cours de langues en ligne. Le site permet de consulter l'offre des formations en anglais, espagnol, italien, arabe et chinois. Lingua propose au CRC Tel+ de se charger de la prospection téléphonique des e-visiteurs sélectionnés pour être contactés lors d'une campagne de *phoning* consistant à obtenir un rendez-vous avec un commercial de Lingua qui proposera une offre promotionnelle pour une formation de niveau commercial avancé en espagnol ou en chinois. Il s'agit de proposer une réduction de 20 % sur le prix de la formation pour 6 mois de cours. Le prix de base est de 800 € avec un accès illimité à des cours en ligne et un outil pour améliorer sa prononciation.

Les télévendeurs de Tel+ disposent, sur leur outil de *phoning*, d'un script type basé sur la méthode des 4C (annexe), qu'ils doivent adapter en fonction des besoins de chaque mission.

1. Rappeler pourquoi il est essentiel d'adapter le script type aux besoins particuliers d'une campagne de prospection téléphonique.

2. Adapter le script type à une proposition de rendez-vous avec un commercial de Lingua pour présenter l'offre de formations types de l'entreprise.

3. Adapter le script type d'une offre promotionnelle de formation au chinois commercial, niveau avancé, par un télévendeur de Tel+ en cas de contrat avant la fin du mois.

Annexe Script type

Étape 1 : contacter

S'introduire en mentionnant son nom, sa fonction, le nom de l'entreprise pour laquelle l'appel est réalisé et expliquer le motif de l'appel.

EXEMPLE
« Bonjour, je suis..., responsable commercial pour la société... Je vous appelle de la part de... », « Je fais suite à l'e-mail que je vous ai adressé le... »

S'assurer que le client est disponible.

EXEMPLE
« Êtes-vous disponible ou préférez-vous que je vous rappelle à un autre moment ? »

Présenter l'activité de l'entreprise, ses biens/services, en précisant l'intérêt pour le client.

EXEMPLE
« Ma société apporte des solutions pour... Elle pourrait vous permettre de... »

Accrocher, capter l'attention de l'interlocuteur (avantage produit...).

EXEMPLE
« Nous proposons... », « Cela devrait vous intéresser/être utile... »

Étape 2 : connaître (essentiellement en cas de vente à distance)

Découverte des besoins du client pour anticiper les futures objections.

EXEMPLE
Poser des questions ouvertes sur les besoins : « Pouvez-vous me dire... ? », puis des questions alternatives : « Vous préférez plutôt... ou... ? », puis fermées : « Vous voulez... »

Étape 3 : convaincre

En cas de prise de rendez-vous, chercher à coopérer avec l'interlocuteur et convenir de la date.

EXEMPLE
« C'est la raison pour laquelle je vous propose de nous rencontrer afin de vous... », « Quel jour vous convient le mieux ? », « Plutôt en début ou en fin de matinée ? »
En cas de refus : « Je comprends votre point de vue. Me permettez-vous de vous tenir informé de... ? »

En cas de vente à distance, argumenter et mettre en avant les bénéfices de l'offre en utilisant la méthode CAP (caractéristiques, avantages, preuves).

EXEMPLE
Caractéristiques techniques : produit innovant, haut de gamme, résistant... Avantages : « C'est pour vous la certitude d'un savoir-faire... » Preuve : démonstration, témoignage (« La société X l'a adopté... », « Elle a gagné... »).

Étape 4 : conclure

Confirmer la vente en rappelant le montant et le contexte juridique à respecter.

EXEMPLE
« Je vous confirme votre commande de..., qui sera livrée le... à... »

Confirmer le rendez-vous.

EXEMPLE
« Je vous confirme notre visite le... à... »

Remercier et saluer l'interlocuteur.

EXEMPLE
« J'ai été très content de vous entendre. », « Encore merci pour votre écoute. », « Au revoir, M.... Je vous souhaite une bonne journée. »

Exercice 4 Voir Fiche Savoir 6 et 7

La gestion des réclamations

Les téléconseillers du CRC Tel+ disposent, sur leur outil de *phoning*, d'un script type pour la gestion des réclamations, qu'ils doivent adapter en fonction des besoins de chaque mission.

Floralys est une entreprise de livraison de compositions florales pour divers événements : naissance, mariage, décès...

Après le départ de plusieurs collaborateurs, Floralys fait face à de nombreuses réclamations de clients mécontents suite à des livraisons de compositions florales ne correspondant pas à leur demande ou en retard de plusieurs jours par rapport à la date fixée lors de leur commande.

L'entreprise confie à Tel+ la gestion de ces réclamations en lui fixant l'objectif d'arriver à conserver ses clients et à limiter leur mécontentement. Tel+ doit traiter les réclamations postées sur le site de Floralys.

1. Rappeler pourquoi il est essentiel d'adapter une procédure de gestion des réclamations.

2. Quel est l'impact de la gestion des réclamations sur la fidélité des clients ?

3. Proposer une réponse à Mme Martin suite à sa réclamation.

Annexe Réclamation de Mme Martin

C'est déplorable, la composition livrée pour l'anniversaire de mariage de mes parents n'avait rien à voir avec ma commande de plus de 70 €. Je voulais des lys et des œillets, qui sont les fleurs préférées de ma mère. Au lieu de cela, j'ai eu des marguerites !!! En plus, ma mère, qui est très âgée, a dû attendre toute la journée pour réceptionner à 20 h un bouquet qui devait arriver à 10 h du matin ! Un scandale ! Que pensez-vous faire ?

FAIT ☐ REVU ☐

Exercice 5 Voir Fiche Savoir 16

La structure d'un site vitrine

Depuis un mois, Katia et Jérôme proposent l'organisation de sorties culturelles sur mesure dans la capitale (visite guidée de la ville, jeux de piste, chasses au trésor) *via* leur site Visitesculturelles.com. Leurs cibles sont variées : les enfants (groupes de 10 personnes maximum), les entreprises (CSE, comités sociaux et économiques) souhaitant proposer à leurs salariés des séminaires d'intégration ou des challenges. Depuis peu, Katia et Jérôme proposent également des sorties « fêtes d'anniversaire » pour les enfants.

Ils vous demandent conseil car ils veulent améliorer l'ergonomie de leur site conçu sur le CMS WordPress.

1. Préciser les points positifs et les points négatifs de l'arborescence actuelle du site (annexe).

2. Indiquer si le nom de domaine et l'extension sont adaptés à l'activité de l'entreprise.

3. Conseiller Jérôme et Katia concernant l'optimisation de l'ergonomie de leur site.

Annexe Arborescence actuelle du site

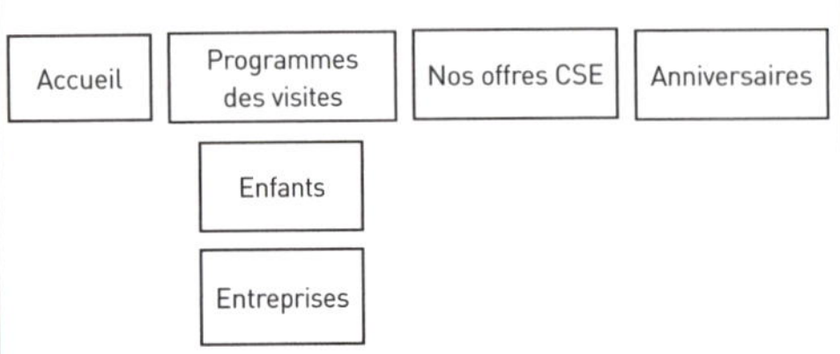

FAIT ☐ REVU ☐

Exercice 6 Voir Fiche Savoir 17

L'analyse du trafic d'un site

Vous assistez le *webmaster* du site Yogons.com, qui propose des cours de yoga. La page d'accueil du site présente l'histoire de sa créatrice, Anne Billot, et l'histoire du yoga. Le site comporte 3 autres pages : « Cours », « Tarifs » et « Contact/Réservation ».

Le *webmaster* vous demande d'analyser les statistiques de la page d'accueil du site, sur les mois de mars et avril de l'année N.

1. Analyser l'évolution du trafic du site entre les mois de mars et avril N (annexe 1).

2. Proposer 4 idées d'animation de la page d'accueil.

3. Apprécier les différentes sources d'origine du trafic du site puis proposer des solutions pour augmenter le nombre de visiteurs (annexe 2).

Annexe 1 Statistiques de la page d'accueil

	MARS N	AVRIL N
Nombre de visiteurs	2 450	2 100
Nombre de pages vues par visiteur	1,35	1,20
Durée moyenne par visite	03'45"	03'25"
Taux de rebond de la page d'accueil	45 %	63 %
Part des visiteurs connus	40 %	42 %

Annexe 2 Statistiques sur l'origine du trafic du site

Direct	65 %
Emails	0 %
Referrals	3 %
Social	3 %
Organic Search	29 %
Paid Search	0 %
Display Ads	0 %

FAIT ☐ REVU ☐

Exercice 7 Voir Fiche Savoir 18

L'animation d'un site vitrine

L'entreprise de vente par correspondance de produits cosmétiques bio Biocosmo a envoyé une *newsletter* à ses clients afin de leur présenter sa nouvelle crème enrichie en vitamine D.

1. **Indiquer si Biocosmo doit respecter le principe de l'*opt-in* avant l'envoi de cette *newsletter*.**

2. **Calculer les taux de délivrabilité, d'ouverture, de réactivité, de clics et de désabonnement (annexe 1).**

3. **Comparer ces taux à la moyenne du secteur (annexe 2) puis analyser les résultats.**

Annexe 1 Résultats de la campagne de *newsletters*

Nombre d'e-mails envoyés	480
Nombre d'e-mails délivrés	440
Nombre d'e-mails ouverts	72
Nombre de cliqueurs	12
Nombre de désinscriptions	5

Annexe 2 Indicateurs de performance : moyenne du secteur

Taux de délivrabilité	95 %
Taux d'ouverture	19 %
Taux de réactivité	10 %
Taux de clics	2 %
Taux de désabonnement	1 %

Exercice 8 Voir Fiche Savoir 19 et 20

Le référencement d'un site

Le site Mondressing.com propose des vêtements d'occasion ou en tissu recyclé pour femmes. Sa gérante communique sur ses valeurs liées au développement durable et à l'économie sociale et solidaire. Elle a d'ailleurs recruté des jeunes sans qualification et d'anciens chômeurs. Elle souhaite améliorer le référencement naturel de son site, qui apparaît pour le moment en fin de deuxième page des résultats de recherche sur Google (annexe), sur les mots-clés mis en avant : « Vêtements pour femmes ».

1. **Proposer des mots-clés que le site pourrait mettre en avant dans ses contenus.**

2. **Justifier le choix de mots-clés de « longue traîne » pour ce site.**

3. **Indiquer si la balise « Métadescription » vous semble représentative de l'offre du site puis rédiger une nouvelle métadescription.**

4. **Indiquer si la balise « *Title* » vous semble adaptée à l'offre du site.**

5. **Proposer des exemples de *backlinks* intéressants pour le site.**

Annexe Affichage du site dans les résultats de Google

Vêtements femmes

https://www.mondressing.com

Vêtements pour femmes, du 34 au 44, à tous les prix, livraison en 24 heures.

FAIT ☐ REVU ☐

Exercice 9 Voir Fiche Savoir 24

L'animation des communautés

Le billard club de Perros-Guirec, en Bretagne, cherche à développer sa présence sur les réseaux sociaux. Il organise régulièrement des événements (tournois au sein du club, participation à la ligue de Tournoi de Bretagne) avec son partenaire, la société @BillardBreton, fabricant de billards depuis 1852. Le club propose également des réservations de la salle pour des événements privés (anniversaires, séminaires d'entreprise) ainsi que des cours pour les débutants. Sa clientèle est plutôt jeune et masculine.

Le billard club est déjà présent sur Instagram et Facebook, mais les comptes sont peu animés, par manque de temps de la responsable.

1. **Justifier le choix des réseaux sociaux investis compte tenu de la cible visée par le club et des formats proposés par ces réseaux sociaux.**

2. **Calculer les taux d'engagement sur Facebook et Instagram pour le mois de mai de l'année N. Comparer ces résultats à ceux des concurrents (annexes 1 et 2).**

3. **Proposer des contenus à publier sur Instagram et Facebook, sur différents formats (vidéo, photo, article).**

4. **Rédiger un *post* pour Instagram présentant le futur événement (annexe 3).**

Annexe 1 Statistiques – Mai N

Facebook	Portée : 1,2 K (en baisse de 3 % par rapport au mois d'avril N) Nombre de « J'aime » : 8 Nombre de commentaires : 2 Nombre de partages : 1
Instagram	Nombre d'abonnés : 430 (en baisse de 10 % par rapport au début de l'année) Nombre de mentions : 2 Nombre de « J'aime » : 12 Nombre de commentaires : 1

Annexe 2 Taux d'engagement moyen des concurrents directs

Facebook : 1,2 %

Instagram : 7,3 %

Annexe 3 Annonce du futur événement

Idée	Grand tournoi de billard en partenariat avec @BillardBreton
Date	Samedi 10 juin N
Lot pour le vainqueur du tournoi	Un abonnement d'un an au club
Mentions et #	Mention du partenaire et # en lien avec l'activité et l'événement
Charte graphique	Couleurs du club (vert, noir), visuels en adéquation avec l'événement, logo du club
Tonalité et registre de langage	Tonalité légère, voire humoristique Registre de langage courant

Exercice 10 Voir Fiche Savoir 26

La protection de l'e-réputation

L'entreprise d'électroménager Zolux doit faire face à la colère de ses clients qui ont acheté son dernier modèle de machine à expresso haut de gamme, le X320, qui présente un défaut de fabrication. Le service après-vente est débordé par les retours et les réclamations. La responsable vous demande de l'aider à gérer la crise et à maintenir l'e-réputation de la marque.

1. Indiquer la démarche à suivre pour surveiller l'e-réputation de la marque Zolux (mots-clés, outils utilisés, médias à surveiller).

2. Proposer une réponse au commentaire posté par un internaute sur le compte Facebook de l'entreprise (annexe).

Annexe Avis posté par un internaute sur Facebook

C'est scandaleux ! J'ai acheté le dernier modèle de machine à expresso X320 vendu 520 €. Au bout de 10 jours, les grains de café se coinçaient dans le broyeur ! Je le ramène au service après-vente, débordé, qui me répond qu'ils vont gérer ma demande de remboursement prochainement ! C'est la dernière fois que j'achète votre marque !

Exercice 11 Voir Fiche Savoir 31

Les animations d'un site d'e-commerce

DecoQuali, un site spécialisé dans la décoration d'intérieur, souhaite, à l'occasion des fêtes de fin d'année, développer ses ventes sur les décorations de Noël (bougies, boules, guirlandes, tableaux...). L'enseigne est très active sur Facebook et Pinterest.

Son produit phare est une guirlande lumineuse, multicolore, vendue au prix initial de 25 € HT.

Pour les fêtes, le directeur de DecoQuali souhaite augmenter le CA du site de 30 % et augmenter la valeur du panier moyen par acheteur de 35 %.

1. Proposer 3 animations différentes permettant d'atteindre les objectifs du directeur. Justifier ces choix.

2. Proposer une technique de publication pour chaque animation sur la page d'accueil.

Exercice 1 Voir Fiche Savoir 4

La segmentation et le *scoring* de la BDD

1. Rappeler la définition et l'intérêt de la méthode RFM.

La méthode RFM a pour objectif de mesurer la valeur d'un client en fonction de 3 variables : la récence, la fréquence et le montant des achats, afin de déterminer des tranches pour chacune des variables et d'attribuer une note par variable à chaque client. Son intérêt est de pouvoir cibler les actions marketing en visant les clients à fort potentiel, les clients rentables.

2. Le choix de cette méthode de *scoring* est-il adapté à Freecar ?

Cette méthode de *scoring* est adaptée à Freecar, dont la BDD contient les informations nécessaires au calcul RFM et permet d'orienter les actions commerciales vers les cibles adaptées.

3. Calculer le score RFM des clients de la BDD.

Score RFM en fonction des critères retenus

CIVILITÉ NOM	NOMBRE DE MOIS DEPUIS LA DERNIÈRE LOCATION R	MONTANT DE LA LOCATION (EN EUROS) M	NOMBRE DE LOCATIONS F	R	M	F	SCORE RFM	TYPE DE CLIENTS
Mme Barren	12	142	3	1	2	5	8	Bons
Mme Cohben	3	415	1	2	2	2	6	Tièdes
Mme Moran	4	800	2	2	5	2	9	Bons
Mme Rousi	3	1 205	5	2	5	5	12	Bons
M. Gosan	8	1 245	2	2	5	2	9	Bons
M. Antoine	3	4 289	2	2	5	2	9	Bons
Mme Hubert	8	3 932	5	2	5	5	12	Bons
Mme Léonard	7	775	6	2	5	5	12	Bons
Mme Leduc	5	239	5	2	2	5	9	Bons
M. Combet	4	527	1	2	5	2	9	Bons
M. Hussar	2	137	3	2	2	5	9	Bons
M. Villanto	1	104	3	2	2	5	9	Bons
M. Marchi	3	463	4	2	2	5	9	Bons
M. Ricard	4	312	6	2	2	5	9	Bons
M. Charpentier	3	643	2	2	5	2	9	Bons
Mme Didier	1	400	3	2	1	5	8	Bons

4. Indiquer s'ils sont très bons, bons ou tièdes.

Selon les critères retenus, la typologie des clients est la suivante :

CIVILITÉ NOM	TYPE DE CLIENTS
Mme Barren	Bons
Mme Cohben	Tièdes
Mme Moran	Bons
Mme Rousi	Bons
M. Gosan	Bons
M. Antoine	Bons
Mme Hubert	Bons
Mme Léonard	Bons
Mme Leduc	Bons
M. Combet	Bons
M. Hussar	Bons
M. Villanto	Bons
M. Marchi	Bons
M. Ricard	Bons
M. Charpentier	Bons
Mme Didier	Bons

5. Quels clients retiendriez-vous pour la prospection téléphonique ?

Pour l'action commerciale, on peut retenir tous les clients, sauf Mme Cohben Latifa.

Exercice 2 Voir Fiche Savoir 4

La segmentation et le *scoring* de la BDD

1. Rappeler la définition et l'intérêt de la méthode de *scoring* comportemental.

Le *scoring* comportemental consiste à attribuer un score à un individu en fonction de ses comportements sur les sites auxquels on attribue des points. On calcule le score total en les additionnant. Cela permet de déterminer le type d'e-clients et d'adapter les actions commerciales en fonction.

2. Le choix de cette méthode de *scoring* est-il adapté à Trotistreet ? Justifier.

Le choix de cette méthode de *scoring* est adapté à Trotistreet, qui a un site de c-commerce qui accompagne le développement de l'entreprise. En analysant le comportement des clients sur le site, le *scoring* comportemental permettra d'adapter les actions commerciales qui leur sont destinées.

3. Calculer le score des visiteurs A à R (annexe). Justifier.

VISITEUR	A	B	C	D	E	F	G	H	I	J
Visite d'une page chaude	35	35	35	35				35	35	35
Visite d'une page tiède		25	25		25	25	25	25		
Visite de la page « Tarifs »	8		8	8		8	8	8	8	
Abonnement aux réseaux sociaux de l'entreprise	10	10	10	10	10		10	10		
Temps passé sur le site > 30 min	5		5	5	5	5		5	5	5
Téléchargement du livre blanc		5	5	5	5	5	5		5	5
Nombre de clics > 50	5		5	5	5	5	5	5		5
Inscription à la *newsletter*	5		5	5	5	5	5	5	5	
Recherche d'un mot-clé		2			2		2	2		2
SCORE	68	77	98	73	57	53	60	95	58	52

4. Quels clients retenir pour la prospection téléphonique sachant qu'un score supérieur à 55 est considéré comme intéressant dans le secteur ? Justifier.

Il faudrait retenir les clients ayant un score « bon » pour la prospection téléphonique.

En effet, ce sont ceux qui ont le plus de potentiel d'achat. Le chiffre d'affaires qu'ils génèrent auprès de l'entreprise est plus important, ils ont un comportement d'achat fréquent et sont fidèles (leur achat est récent). Ces clients sont les suivants :

VISITEUR	A	B	C	D	E	F	G	H	I	J
Score	68	77	98	73	57	53	60	95	58	52
Bon score	Oui	Oui	Oui	Oui	Oui	Non	Oui	Oui	Oui	Non

Exercice 3 Voir Fiche Savoir 5

Le traitement des demandes

1. Rappeler pourquoi il est essentiel d'adapter le script type aux besoins particuliers d'une campagne de prospection téléphonique.

Pour que le script type soit efficace, il doit aller à l'essentiel, permettre de poser les bonnes questions et de valider que le prospect a bien compris le message. Il doit donc être adapté en fonction de l'activité de chaque campagne de prospection téléphonique.

2. Adapter le script type à une proposition de rendez-vous avec un commercial de Lingua pour présenter l'offre de formations types de l'entreprise.

Il faut adapter le script à chaque cas particulier (modifications en rouge).

Étape 1 : contacter

« Bonjour, je suis (votre nom), responsable commercial pour la société Lingua. »

« Êtes-vous disponible ou préférez-vous que je vous rappelle à un autre moment ? »

« Lingua est une entreprise de cours de langues en ligne. Vous avez pu consulter notre site, qui présente toutes nos offres de formation. »

« Nous proposons une large offre de formations en anglais, espagnol, italien, arabe et chinois. Elle pourrait vous permettre d'améliorer en quelques mois votre niveau de langue avec un accès illimité à des cours en ligne et un outil pour améliorer votre prononciation. »

Étape 2 : connaître
(essentiellement en cas de vente à distance)

Poser des questions ouvertes sur les besoins : « Pouvez-vous me dire quels sont vos besoins en formation actuels ? », puis des questions alternatives : « Vous préférez plutôt une formation en arabe ou en espagnol ? », puis fermées : « Vous voulez donc une formation en espagnol… »

Étape 3 : convaincre

« C'est la raison pour laquelle je vous propose de nous rencontrer afin de vous montrer le fonctionnement de nos cours en ligne et de notre outil pour améliorer votre prononciation. », « Quel jour vous convient le mieux ? », « Plutôt en début ou en fin de matinée ? »
En cas de refus : « Je comprends votre point de vue. Me permettez-vous de vous tenir informé de nos nouvelles offres promotionnelles ? »

Étape 4 : conclure

« Je vous confirme votre commande de (articles), qui sera livrée le (date) à (heure). »
« Je vous confirme notre visite le (date) à (heure). »
« J'ai été très content de vous entendre. », « Encore merci pour votre écoute. », « Au revoir, M. ... Je vous souhaite une bonne journée. »

3. **Adapter le script type d'une offre promotionnelle de formation au chinois commercial, niveau avancé, par un télévendeur de Tel+ en cas de contrat avant la fin du mois.**

Étape 1 : Contacter

« Bonjour, je suis (votre nom), responsable commercial pour la société Lingua. »
« Êtes-vous disponible ou préférez-vous que je vous rappelle à un autre moment ? »
« Lingua est une entreprise de cours de langue en ligne. Vous avez pu consulter notre site, qui présente toutes nos offres de formation. »
« Nous proposons d'améliorer en quelques mois votre niveau de langue et d'avoir un niveau commercial avancé, avec un accès illimité à des cours en ligne et un outil pour améliorer votre prononciation. »

Étape 2 : Connaître

Poser des questions ouvertes sur les besoins : « Pouvez-vous me dire quels sont vos besoins en formation actuels ? », puis des questions alternatives : « Vous préférez plutôt une formation en espagnol ou en chinois ? », puis fermées : « Vous voulez donc une formation en chinois... »

Étape 3 : convaincre

« C'est la raison pour laquelle je vous propose de nous rencontrer afin de vous proposer une réduction de 20 % sur le prix de la formation pour 6 mois de cours si vous décidez de faire appel à nos services avant la fin du mois. Le prix de base est de 800 € avec un accès illimité à des cours en ligne et un outil pour améliorer votre prononciation. », « Quel jour vous convient le mieux ? », « Plutôt en début ou en fin de matinée ? »
En cas de refus : « Je comprends votre point de vue. Me permettez-vous de vous tenir informé de nos nouvelles offres promotionnelles ? »

Étape 4 : conclure

« Je vous confirme notre visite le (date) à (heure). »
« J'ai été très content de vous entendre. », « Encore merci pour votre écoute. », « Au revoir, M. ... Je vous souhaite une bonne journée. »

Exercice 4 Voir Fiche Savoir 6 et 7

La gestion des réclamations

1. **Rappeler pourquoi il est essentiel d'adapter une procédure de gestion des réclamations.**
Le traitement des réclamations doit permettre de restaurer de bonnes relations avec le client. Grâce à une bonne procédure, il sera possible de comprendre les causes des réclamations, pour s'améliorer et fidéliser le client.

2. **Quel est l'impact de la gestion des réclamations sur la fidélité des clients ?**
Une réclamation exprime l'insatisfaction du client. Si elle n'est pas traitée, elle peut conduire au départ du client.

3. **Proposer une réponse à Mme Martin suite à sa réclamation.**
Réparation du préjudice (compensation, avoir...) : « Nous comprenons votre embarras et vous proposons d'envoyer gratuitement dans 3 heures au domicile de votre mère, avec une carte d'excuse, un bouquet de lys et d'œillets. Je vous confirme cela dans un courrier en date d'aujourd'hui et signé par mon responsable. »

Exercice 5 Voir Fiche Savoir 16

La structure d'un site vitrine

1. **Préciser les points positifs et les points négatifs de l'arborescence actuelle du site (annexe).**
– Points positifs : des pages sont bien dédiées aux offres pour les deux cibles (enfants et entreprises). La page « Anniversaires » peut être maintenue (offre spécifique) ;
– Points négatifs : la page « Nos offres CSE » est répétitive avec la page « Entreprises ». Une arborescence structurée en termes de cibles serait pertinente. Une page « Contact » (avec formulaire à remplir) peut être ajoutée. Les données collectées pourront être exploitées lors de futures actions commerciales (envoi de *newsletters*, par exemple). Il faudra enfin travailler le maillage du site (liens entre les pages « Anniversaires », par exemple).

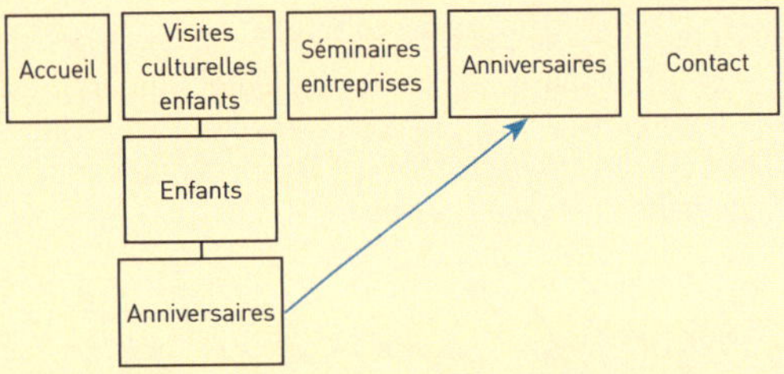

2. Indiquer si le nom de domaine et l'extension sont adaptés à l'activité de l'entreprise.
Le nom de domaine est « visitesculturelles ». Il est représentatif de l'offre, mais pas du lieu : Paris. L'extension « .com » est adaptée (extension la plus utilisée, adaptée à une activité commerciale). Les extensions « .fr » ou « . PARIS » seraient également adaptées (clientèle française et parisienne). Il conviendra de vérifier leur disponibilité auprès des organismes compétents.

3. Conseiller Jérôme et Katia concernant l'optimisation de l'ergonomie de leur site.
Pour améliorer l'ergonomie du site, certaines fonctionnalités peuvent être ajoutées : un fil d'Ariane (montre le chemin parcouru à l'internaute), un site *responsive* (adapté aux écrans de smartphones), un maillage interne du site (liens entre les pages). Notons qu'un design sobre en lien avec la charte éditoriale du site (identité visuelle du site : logo, couleurs) et des contenus structurés (titres, paragraphes) faciliteront la lecture par l'internaute.

Exercice 6 Voir Fiche Savoir 17

L'analyse du trafic d'un site

1. Analyser l'évolution du trafic du site entre les mois de mars et avril N (annexe 1).
En analysant les indicateurs de performance, on peut observer que :
– le nombre de visiteurs de la page d'accueil diminue de : [(2 100 – 2 450) / 2 450] × 100 = 14,29 % entre les mois de mars et avril N. La part des visiteurs connus augmente de 2 points sur la même période. Les visiteurs connaissant déjà le site et l'offre reviennent sur le site (contact, réservation de cours). La baisse du nombre de visites du site peut être liée à un mauvais référencement naturel (choix des mots-clés) ;
– le taux de rebond de la page d'accueil augmente de 18 points entre mars et avril. 63 % des visiteurs du site en avril n'ont vu qu'une seule page avant de quitter le site. La page d'accueil du site peut manquer d'attractivité ;
– le nombre de pages vues par visiteur baisse également (de 1,35 page vue par visiteur en mars et 1,20 page vue en avril). Cet indicateur évolue de manière cohérente avec le taux de rebond ;
– la durée moyenne par visite baisse également : les visiteurs consultent en moyenne moins de pages et restent moins longtemps sur le site.

2. Proposer 4 idées d'animation de la page d'accueil.
Différentes animations peuvent renforcer l'attractivité de la page d'accueil : une vidéo présentant un cours de yoga, un témoignage client sur les bienfaits du yoga, un article de presse sur ce thème, de courtes vidéos présentant l'histoire d'Anne Billot (*storytelling*), des boutons de partage vers les réseaux sociaux, l'inscription à une *newsletter*, etc. Ces animations permettront de diminuer le taux de rebond du site.

3. Apprécier les différentes sources d'origine du trafic du site puis proposer des solutions pour augmenter le nombre de visiteurs (annexe 2).
Le trafic du site provient en grande partie de l'accès direct (65 %) : les visiteurs saisissent directement l'URL du site. Seuls 29 % des visiteurs arrivent sur le site *via* la recherche naturelle (*organic search*). Le site peut donc améliorer son référencement naturel et valoriser dans ses contenus les mots-clés saisis par les internautes. Le trafic en provenance des médias sociaux est faible (3 %) ainsi que celui en provenance des sites référents (3 %). Il serait intéressant de développer des liens entrants avec des sites spécialisés dans le bien-être ou des sites proposant des coffrets cadeaux (Wonderbox, par exemple). De plus, l'animation des réseaux sociaux de l'entreprise permettra de générer davantage d'engagement de la part des abonnés et d'obtenir davantage de trafic vers le site. Notons enfin que le site ne fait pas de publicité payante (*Display Ads* ou *Paid Search*).

Exercice 7 Voir Fiche Savoir 18

L'animation d'un site vitrine

1. Indiquer si Biocosmo doit respecter le principe de l'*opt-in* avant l'envoi de cette *newsletter*.
Pour envoyer un e-mail commercial à un particulier, il est obligatoire d'obtenir son accord préalable (principe de l'*opt-in* renforcé par le RGPD). Ici, l'entreprise envoie une *newsletter* à ses clients. Il n'est donc pas obligatoire d'obtenir leur consentement en amont.

2. Calculer les taux de délivrabilité, d'ouverture, de réactivité, de clics et de désabonnement (annexe 1).

Les indicateurs de performance pour l'envoi de la *newsletter* sont les suivants :
- taux de délivrabilité : (440 / 480) × 100 = 91,67 % ;
- taux d'ouverture : (72 / 440) × 100 = 16,36 % ;
- taux de réactivité : (12 / 72) × 100 = 16,66 % ;
- taux de clics : (12 / 440) × 100 = 2,73 % ;
- taux de désabonnement : (5 / 440) × 100 = 1,14 %.

3. Comparer ces taux à la moyenne du secteur (annexe 2) puis analyser les résultats.

Le taux de délivrabilité (91,67 %) est légèrement inférieur à la moyenne du secteur (95 %). Le fichier devra être qualifié pour valider les adresses mail.
Le taux d'ouverture (16,36 %) est inférieur de 3 points à la moyenne du secteur. Il faudra réfléchir à l'attractivité de l'objet ou aux horaires d'envoi.
Le taux de réactivité (16,66 %) est supérieur à la moyenne du secteur. Presque 2 clients sur 10 ont cliqué sur un des contenus proposés.
Le taux de clics (2,73 %) est légèrement supérieur à celui du secteur (liens relativement attractifs). Il pourra être amélioré (images à cliquer, boutons « *call to action* », liens vers les réseaux sociaux, etc.).
Enfin, le taux de désabonnement (1,14 %) pourra être diminué en veillant à l'attractivité de l'objet, à la pertinence des contenus et des liens proposés.

Exercice 8 Voir Fiche Savoir 19 et 20

Le référencement et l'optimisation d'un site

1. Proposer des mots-clés que le site pourrait mettre en avant dans ses contenus.

Un site qui souhaite améliorer sa visibilité sur Google (ou un autre moteur de recherche) doit mettre en avant les « bons » mots-clés, c'est-à-dire ceux saisis par les internautes lors de leurs recherches. Mondressing.com peut mettre en avant les mots-clés « vêtements d'occasion pour femmes », « vêtements en tissu recyclé pour femmes », « vêtements pour femmes et respect du développement durable », « vêtements femmes, d'occasion ou en tissu recyclé », etc.

2. Justifier le choix de mots-clés de « longue traîne » pour ce site.

Des mots-clés de « longue traîne » permettraient de générer un trafic qualifié vers le site. Ils sont moins concurrentiels et permettent de différencier l'offre de l'entreprise (voir les mots-clés de la question 1). Il faudra rédiger différents contenus autour des différents mots-clés.

3. Indiquer si la balise « Métadescription » vous semble représentative de l'offre du site puis rédiger une nouvelle métadescription.

La balise « Métadescription » ne représente pas suffisamment l'offre du site, notamment ses caractéristiques spécifiques (l'engagement citoyen, les valeurs liées au développement durable).
Nouvelle proposition : « Nous concevons des vêtements pour femmes, d'occasion ou en tissu recyclé, qui prennent soin de l'homme et de la planète. »

4. Indiquer si la balise « *Title* » vous semble adaptée à l'offre du site.

La balise « *Title* » apparaît dans les résultats des moteurs de recherche. La balise actuelle n'offre pas un résumé et/ou des mots-clés attractifs, représentatifs du site. La marque est d'ailleurs peu connue.

5. Proposer des exemples de *backlinks* intéressants pour le site.

Un *backlink* est un lien entrant vers le site de l'entreprise. Il apporte en général un trafic qualifié. Les *backlinks* peuvent provenir de salons liés au développement durable, de magasins dans le secteur du bio, de la presse féminine (*Marie Claire*, etc.), de blogs spécialisés dans le développement durable, etc.

Exercice 9 Voir Fiche Savoir 24

L'animation des communautés

1. Justifier le choix des réseaux sociaux investis compte tenu de la cible visée par le club et des formats proposés par ces réseaux sociaux.

Instagram (propriété de Facebook) est adapté à la cible des jeunes et aux formats publiés (photos/vidéos des tournois, des événements). Facebook reste un réseau populaire avec de nombreuses fonctionnalités (messagerie, jeux-concours, photos, vidéos, etc.), mais il est moins apprécié des jeunes. Le club pourra développer sa présence sur YouTube ou Dailymotion (vidéos portant sur des cours de billard ou des événements).

2. Calculer les taux d'engagement sur Facebook et Instagram pour le mois de mai de l'année N. Comparer ces résultats à ceux des concurrents (annexes 1 et 2).

– Facebook : (Engagement / Portée) × 100
= [(8 + 2 + 1) / 1 200] × 100 = 0,92 % ;
– Instagram : (Engagement / Abonnés) × 100
= [(2 + 12 + 1) / 430] × 100 = 3,49 %.

Les taux d'engagement sont inférieurs à la moyenne des concurrents. De plus, le nombre d'abonnés sur Instagram et la portée sur Facebook sont en baisse par rapport au mois précédent. Le *community manager* devra rassembler les clients autour des comptes sociaux de l'entreprise et animer régulièrement les comptes afin d'augmenter l'engagement des abonnés ou *followers*.

3. Proposer des contenus à publier sur Instagram et Facebook, sur différents formats (vidéo, photo, article).

– Facebook : les actualités et événements (tournois, actualités du partenaire), l'offre (vidéo présentant un cours de billard, témoignages de clients), des articles (conseils pour bien jouer au billard…) ;
– Instagram : des photos sur les événements (avec filtres, mentions du partenaire et du club, hashtags adaptés : #billardclubPerrosGuirec #tournoibillardPerrosGuirec), *stories* sur l'histoire du club, etc.

4. Rédiger un *post* pour Instagram présentant le futur événement (annexe 3).

[Logo du club] Grand tournoi de billard avec notre partenaire @BillardBreton
Nous vous donnons rendez-vous le **samedi 10 juin N** pour participer au **grand tournoi annuel du club** ! Au programme : du challenge, des équipes motivées, de la bonne humeur et **un abonnement d'un an à gagner** ! ☺
Inscrivez-vous sans tarder sur le site
www.billardPerrosGuirec.com !
#billardPerrosGuirec #tournoibillard
#PerrosGuirec

Exercice 10 Voir Fiche Savoir 26

La protection de l'e-réputation

1. Indiquer la démarche à suivre pour surveiller l'e-réputation de la marque Zolux (mots-clés, outils utilisés, médias à surveiller).

Une démarche de veille doit être mise en place. Dans un premier temps, il convient de définir les mots-clés et les contenus à surveiller : « machine expresso Zolux », « modèle X320 marque Zolux », « Zolux ». Il faut ensuite paramétrer une veille automatisée sur ces mots-clés à l'aide d'outils comme Google Alert, Mention, Alerti, etc. Enfin, il faut déterminer les médias sociaux à surveiller : les réseaux sociaux de l'entreprise, des forums sur le thème, des sites de presse spécialisée (comme UFC-Que Choisir), les sites des revendeurs, etc.

2. Proposer une réponse au commentaire posté par un internaute sur le compte Facebook de l'entreprise (annexe).

« Nous tenons à vous remercier pour votre commentaire concernant notre modèle de machine à expresso X320. Nous mettons tout en œuvre pour améliorer notre produit. Notre service après-vente vous répondra dans les plus brefs délais. »

Exercice 11 Voir Fiche Savoir 31

Les animations d'un site d'e-commerce

1. Proposer 3 animations différentes permettant d'atteindre les objectifs du directeur. Justifier ces choix.

• Pour augmenter le CA du site de 30 % :
– proposer des réductions pour les visiteurs venant de sites partenaires (magasins de jouets, par exemple) ou une vente flash (« Vente flash : guirlande lumineuse) ;
– proposer un jeu-concours (photo du plus beau sapin à poster sur les réseaux sociaux) afin d'engager les abonnés et de générer davantage de trafic vers le site ;
– offrir un produit (une petite bougie, par exemple) en complément de la commande.
• Pour augmenter la valeur du panier moyen : proposer des ventes jumelées (guirlandes et bougies, par exemple), offrir les frais de port à partir d'un certain montant d'achat.

2. Proposer une technique de publication pour chaque animation sur la page d'accueil.

Offre de réduction ou vente flash : une bannière dynamique (ou un carrousel). Une fenêtre *pop-up* peut aussi présenter la promotion sur la page « Décorations de Noël » ; concours photo : une bannière verticale (*skycraper*) avec des liens vers les réseaux sociaux ; produit offert : une fenêtre *pop-up* dès que l'internaute clique sur la fiche produit ; vente jumelée : une bannière publicitaire en haut de page ; frais de port offerts : une fenêtre *pop-up* dès que l'internaute arrive sur le site.

Savoir 1

Le réseau de distribution

La distribution désigne l'ensemble des acteurs qui permettent d'acheminer un produit du producteur au consommateur final (particulier ou entreprise). En fonction de la stratégie de distribution de la marque, l'organisation du réseau varie.

1 Les stratégies de distribution

1.1. Le canal de distribution

Le canal de distribution est le chemin parcouru par le produit du producteur au consommateur. L'ensemble des canaux forme le circuit de distribution du produit :
- canal direct : vente directe du producteur au consommateur ;
- canal court : un seul intermédiaire entre le producteur et le consommateur ;
- canal long : plus d'un intermédiaire entre le producteur et le consommateur.

1.2. Les stratégies de distribution

Le choix d'une stratégie de distribution dépend du type de produit : produit de consommation courante (distribution intensive) ou ayant des caractéristiques techniques propres ou une forte image de marque (distribution contrôlée). La stratégie omnicanale couvre tous les canaux possibles physiques et virtuels.

<table>
<tr><th colspan="3">STRATÉGIES</th><th>AVANTAGES</th><th>INCONVÉNIENTS</th></tr>
<tr><td colspan="2">LA STRATÉGIE DE DISTRIBUTION INTENSIVE</td><td>Vendre les produits dans un maximum de points de vente.</td><td>Développer le chiffre d'affaires.</td><td>Perte de contrôle de la distribution.</td></tr>
<tr><td rowspan="3">LA STRATÉGIE DE DISTRIBUTION CONTRÔLÉE</td><td>DISTRIBUTION INTÉGRÉE</td><td>Le fabricant distribue dans son propre réseau.</td><td>Maîtrise de la distribution.</td><td>Coût élevé des investissements pour créer le réseau et l'ouverture des points de vente.</td></tr>
<tr><td>DISTRIBUTION SÉLECTIVE</td><td>Vendre les produits dans des points de vente sélectionnés.</td><td>Contrôle de l'image des produits entre les points de vente.</td><td>Étape de sélection et de validation des points de vente.</td></tr>
<tr><td>DISTRIBUTION EXCLUSIVE</td><td>Vendre les produits dans une seule enseigne sur un territoire donné.</td><td>Contrôle du point de vente et de la quantité de produits.</td><td>Faible couverture du marché et choix des points de vente.</td></tr>
</table>

1.3. Les formes juridiques

- La distribution agréée : contrat de distribution sélective par lequel un producteur donne un agrément à un distributeur.
- La concession : contrat de distribution exclusive entre un producteur (le concédant) et un distributeur (le concessionnaire).

– La franchise : contrat non exclusif de mise à disposition de la marque et de la communication entre un producteur (le franchiseur) et un distributeur (le franchisé).

2 L'organisation de la distribution

2.1. Les formats de la distribution

MAGASIN DE PROXIMITÉ	SUPERMARCHÉ	HYPERMARCHÉ	GRANDE SURFACE SPÉCIALISÉE (GSS)	HARD-DISCOUNT	E-COMMERCE
Vente de proximité, au détail (alimentaire)	Grande surface alimentaire	Alimentaire et non-alimentaire	Grande surface non alimentaire	Surface à prix bas, alimentaire ou non	Vente numérique, alimentaire ou non
120 à 400 m²	400 à 2 500 m²	> 2 500 m²	> 400 m²	120 à 400 m²	–
Libre-service					Vente à distance

2.2. Les fonctions des réseaux de distribution

Les réseaux de distribution associent fonction de gros (achats en grande quantité à prix négociés aux producteurs) et fonction de détail (revente des produits avec marge en petite quantité aux consommateurs). Ils assurent la négociation auprès des fabricants, le stockage et la livraison ainsi que la communication commerciale pour les détaillants. Un réseau peut être intégré (l'enseigne possède les points de vente), associé (groupement d'indépendants) ou mixte (intégré et associé).

EXEMPLES Le réseau Décathlon possède ses magasins. L'enseigne Sport 2000 regroupe un réseau de commerçants indépendants. Le groupe Carrefour est un réseau mixte.

2.3. Les métiers de la grande distribution

Au sommet du réseau, la direction générale pilote la centrale d'achat et les plate-formes régionales de logistique. Les acheteurs de la centrale d'achat négocient le contrat de référencement des marques et produits (contrat entre le fabricant et le distributeur fixant les conditions commerciales de la distribution). Le point de vente est dirigé par un directeur de magasin. Le chef de secteur anime et gère un département produit. Au sein du département, les chefs de rayon encadrent les employés de libre-service (ELS).

Mots clés Canal de distribution • Circuit de distribution • Concession • Distribution agréée • Distribution contrôlée • Distribution intensive • Franchise • Référencement • Stratégie omnicanale

S'ENTRAÎNER AU BTS
Exercice 1 : p. 225

Savoir 2

L'organisation du référencement

Le référencement permet de créer un partenariat entre producteurs et distributeurs, lui-même encadré par un cadre légal.

1 Les relations entre producteurs et distributeurs

1.1. Une relation conflictuelle

Les relations entre producteurs et distributeurs sont souvent conflictuelles :
- la concentration des enseignes de distribution les place en position de force ;
- les grandes entreprises de production à forte notoriété sont privilégiées.

1.2. Les enjeux de la négociation pour les parties

POUR LE PRODUCTEUR	Le référencement lui permet de distribuer ses produits de façon intensive en négociant les meilleurs tarifs et marges possibles.
POUR LE DISTRIBUTEUR	Il recherche les produits optimisant les ventes, aux meilleures conditions d'achat et selon la place disponible dans les magasins.

2 La co-mercatique (*trade marketing*)

La co-mercatique est la coopération entre producteurs et distributeurs, qui ont un intérêt mutuel à échanger des informations sur l'état du marché, le pilotage logistique de l'approvisionnement et la mise en valeur de l'offre.

SRM (*SUPPLIER RELATIONSHIP MANAGEMENT*) OU GRF (GESTION DE LA RELATION FOURNISSEUR)	Échange d'informations sur l'état du marché et suivi de la relation.
SCM (*SUPPLY CHAIN MANAGEMENT*) OU GCL (GESTION DE LA CHAÎNE LOGISTIQUE)	Anticipation des besoins des distributeurs pour livrer le bon produit au bon moment.
EDI (ÉCHANGE DE DONNÉES INFORMATISÉES)	Gestion optimale des commandes et des stocks.
ECR (*EFFICIENT CONSUMER RESPONSE*) OU ROC (RÉPONSE OPTIMALE AUX CONSOMMATEURS)	Actions conjointes de réponse aux besoins des consommateurs. EXEMPLE La plateforme de Gamm vert propose un extranet avec ses fournisseurs.

3 Le cadre légal

Plusieurs lois ont été votées depuis l'apparition de la grande distribution pour encadrer la négociation entre producteurs et distributeurs, afin d'équilibrer la relation commerciale et de préserver l'intérêt des consommateurs : encadrement de l'implantation des enseignes (loi Royer en 1973, loi LME en 2008), encadrement de la négociation commerciale (loi LME en 2008, loi EGalim en 2018).

Mots clés Co-mercatique • ECR • EDI • SCM • SRM

S'ENTRAÎNER AU BTS
Exercice 2 : p. 225

Savoir 3

La négociation du référencement

La négociation avec l'acheteur de la centrale de référencement est stratégique pour le producteur. Elle est réputée difficile du fait du rapport de force en faveur du distributeur. C'est pourquoi, il est indispensable de la préparer.

1 La préparation de la négociation

CONNAÎTRE SON CLIENT	– Pour renouveler le référencement, l'historique de la relation entre producteur et distributeur doit être maîtrisé. – Pour un nouveau référencement, des informations doivent être recueillies sur le distributeur (taille du réseau, implantations, type et histoire du réseau, niveau de performance, stratégie de l'enseigne, assortiment) et sur ses clients (âge, catégorie socioprofessionnelle, panier moyen, fréquence d'achat, comportement d'achat).
CONNAÎTRE SES PRODUITS, SON ENTREPRISE ET SES CONCURRENTS	L'acheteur de la centrale de référencement doit être convaincu par l'opportunité de référencer les produits (caractéristiques techniques, potentiel de chiffre d'affaires, différenciation des concurrents).
PRÉPARER LES DOCUMENTS ET LE MATÉRIEL À EMPORTER	Il est nécessaire de préparer les supports permettant de prouver les arguments avancés.
SE PRÉPARER MENTALEMENT	La négociation difficile réclame une attitude adaptée : ouverture d'esprit, empathie, détermination et motivation, persuasion.

2 L'entretien de négociation

La négociation s'opère avec l'acheteur en centrale d'achat ou avec le chef de rayon en point de vente. L'acheteur connaît les évolutions du marché. Il sélectionne les fournisseurs et négocie les conditions commerciales pour l'enseigne. Chaque point de vente est libre de se fournir ou non auprès des fournisseurs référencés.

ÉTAPE 1	LA PRISE DE CONTACT	Se présenter, présenter sa fonction, l'entreprise et sa stratégie.
ÉTAPE 2	LA DOUBLE DÉCOUVERTE DES BESOINS	• **La découverte des besoins de l'acheteur :** types de clientèle et de consommation, ventes (chiffre d'affaires, saisonnalité, panier moyen, fréquence d'achat), organisation du point de vente, animations, produits référencés, critères de négociation (choix des fournisseurs, conditions commerciales). • **La découverte des besoins du client de l'acheteur :** typologie des clients, attentes des clients, motivations, mobiles d'achat, comportement d'achat.
ÉTAPE 3	LA DOUBLE ARGUMENTATION	• **Envers le distributeur :** – Arguments liés à l'entreprise (notoriété, qualité, fabrication) – Arguments produits (gamme, suivi, caractéristiques, labels, adéquation avec les attentes des clients) – Arguments distribution (livraisons, stockage, coopération commerciale, tarif) – Arguments communication commerciale (communication produits, communication dans le point de vente, animations)

ÉTAPE 3	LA DOUBLE ARGUMENTATION	• **Envers les clients du distributeur :** – Arguments produits (réponses aux attentes, satisfaction des besoins, différenciation) – Arguments prix (rapport qualité/prix)
ÉTAPE 4	LE TRAITEMENT DES OBJECTIONS	Il s'agit d'accepter, de reformuler, de répondre et de contrôler. Les objections peuvent porter sur l'offre ou les conditions commerciales, en comparaison avec les concurrents.
ÉTAPE 5	LA SIGNATURE DU CONTRAT DE RÉFÉRENCEMENT	Document écrit qui contractualise les accords sur les produits, les conditions tarifaires, les conditions de livraison, le suivi du contrat et du référencement.

EXEMPLE En avance sur les tendances de consommation, Chiminove crée le premier allume-feu écologique à partir de matières naturelles. Pour être référencé auprès de la grande distribution en 1994, son dirigeant s'appuie sur le fait que son produit est innovant et adapté aux nouvelles attentes des consommateurs en matière de développement durable. Devenu un partenaire essentiel pour la croissance de l'entreprise, l'enseigne Intermarché défend une image basée sur la qualité et la proximité en phase avec l'offre de Chiminove. L'entreprise réalise aujourd'hui 100 % de son chiffre d'affaires dans la grande distribution, principalement dans les magasins Leclerc et Intermarché, et régionalement dans des magasins Système U et Carrefour.

3 Le respect des accords de référencement

Le producteur suit la relation commerciale avec le distributeur. Il contrôle régulièrement l'application et le respect des accords de référencement nationaux (prix et conditions générales de vente) et des accords locaux avec les points de vente (présence, implantation et mise en avant des produits).

Le chef de secteur du fabricant visite régulièrement les points de vente et réalise un *reporting* (remontée d'informations) auprès de sa direction. Il met en place des actions de revente en suivant le référencement dans le temps et en apportant toutes les modifications nécessaires pour optimiser sa présence en rayon et développer le chiffre d'affaires (aide à l'implantation, relevés de linéaires, gestion des stocks, PLV, animations).

EXEMPLE La marque Skin'Up, implantée à l'origine en pharmacie et centres minceur, a réussi à s'implanter dans la grande distribution, malgré une mauvaise connaissance du secteur et peu de moyens, en déléguant le référencement à un prestataire extérieur (négociation, animation et merchandising).

Mots clés Acheteur • Contrat de référencement • Revente

S'ENTRAÎNER AU BTS
Exercice 3 : p. 225

Savoir

4

La négociation des prix

La négociation des conditions tarifaires est l'un des points essentiels des accords de référencement. Fournisseur et distributeur recherchent une marge maximale sur le prix.

1 La proposition d'un prix de vente à la centrale d'achat

1.1. La marge du fournisseur

La marge est le gain réalisé sur le produit (Prix de vente HT – Coût d'achat ou coût de production). À travers la marge et le calcul du taux de marge ([Marge / Coût d'achat ou de fabrication] × 100), le fournisseur rentabilise sa production et pérennise son entreprise. Il tient compte de son coût de production pour fixer son tarif.

Prix de vente HT au distributeur = Coût de fabrication du produit + Marge
Ou PV HT au distributeur = Coût de fabrication × (1 + Taux de marge)

EXEMPLE Un fournisseur vend un produit 7,80 € HT à une grande enseigne de distribution. Son coût de production est de 6,20 €. Sa marge est de : 7,80 – 6,20 = 1,60 €. Le taux de marge est de : (1,60 / 6,20) × 100 = 25,81 %.

PV HT avec le taux de marge = 6,20 × (1 + 25,81 %)

La fixation du prix dépend également des prix des concurrents et du positionnement du produit. Un produit de qualité supérieure sera vendu plus cher (stratégie d'écrémage). Un fournisseur peut aussi choisir un prix identique à ceux de la concurrence (stratégie d'imitation) ou inférieur (stratégie de pénétration).

1.2. Les prix du distributeur

Le PV HT du fournisseur correspond au prix d'achat HT pour le distributeur.
Le distributeur négocie le prix avec une marge maximale en fonction du prix que le consommateur sera prêt à payer pour le produit. Il peut calculer son prix d'achat optimal à partir du taux de marque ([Marge / PV HT] × 100).

Prix d'achat HT au fournisseur = PV HT au consommateur × (1 – Taux de marque)

EXEMPLE (SUITE) Le distributeur envisage de référencer le produit à 7,80 € HT. Il souhaite le mettre en rayon au prix de 8,50 € HT en conservant un taux de marque de 15 %. Il doit le négocier au prix de : 8,50 × (1 – 15 %) = 7,23 € HT.

Le distributeur peut également calculer le prix d'achat à négocier à partir du prix public TTC en utilisant un coefficient multiplicateur (Prix de vente TTC / Prix d'achat HT), qui calcule le prix payé par le consommateur (marge + TVA).

$$\text{Prix d'achat HT} = \frac{\text{Prix de vente TTC au consommateur}}{\text{Cœfficient multiplicateur}}$$

EXEMPLE (SUITE) Le produit serait à 8,97 € TTC (TVA 5,5 %) avec un coefficient multiplicateur de 1,24. Le distributeur calcule le prix à négocier : 8,97 / 1,24 = 7,23 € HT.

1.3. Le seuil de revente à perte

Le seuil de revente à perte est le prix en dessous duquel le distributeur ne peut vendre le produit sous peine de sanctions légales. Il comprend le prix d'achat des produits et les autres éléments du prix. Depuis la loi EGalim de 2018, ce seuil est majoré de 10 % pour le secteur alimentaire. Cette contrainte entraîne des conséquences sur la négociation entre distributeurs et fournisseurs.

2 Les autres éléments de la négociation prix

2.1. La reprise des invendus

Certains fournisseurs s'engagent à reprendre et à rembourser les marchandises invendues à la fin de la saison ou de leur durée de vie.

2.2. Les délais de paiement

Accordés par le fournisseur au distributeur, ils sont encadrés par la loi. Ainsi, la loi LME de 2008 fixe un délai de paiement maximum de 60 jours à compter de la date de facturation.

2.3. Les réductions commerciales

Elles sont négociées en amont en fonction des quantités commandées ou du niveau de chiffre d'affaires (ristourne).

2.4. Les animations commerciales

Le distributeur propose au fournisseur des services en point de vente afin de mettre en avant son produit (animations, promotions ou installation des produits en tête de gondole). Ces services supplémentaires sont facturés au fournisseur, réduisant sa marge. Le distributeur réalise ainsi une seconde marge sur le produit, nommée « marge arrière » (ou rétrocommission).

3 La fixation du prix de vente

Pour fixer son prix, le fournisseur doit tenir compte de ses coûts de fabrication, des prix des concurrents et de la marge à dégager. Il doit aussi calculer le prix de vente au consommateur final, en retirant la marge du distributeur et l'ensemble des remises ou services accordés au distributeur pour retrouver sa marge potentielle.

EXEMPLE (SUITE) Suite à la négociation au prix de 7,23 €, le contrat de référencement prévoit une remise de 2 % au distributeur, soit : 7,23 × 2 % = 0,14 €. Ce dernier facture aussi 0,10 € de frais de mise en tête de gondole. Le produit sera finalement vendu au prix de : 7,23 – 0,14 – 0,10 = 6,99 €. La marge sera de : 6,99 – 6,20 = 0,79 €, soit un taux de marge final de : (0,79 / 6,20) × 100 = 12,74 %, très inférieur à celui initialement prévu (25,81 %). Le fournisseur doit revoir son prix de vente lors d'une prochaine négociation.

Mots clés
- Coefficient multiplicateur
- Marge
- Marge arrière
- Seuil de revente à perte
- Stratégie d'écrémage
- Stratégie d'imitation
- Stratégie de pénétration
- Taux de marge
- Taux de marque

S'ENTRAÎNER AU BTS
Exercice 4 : p. 226

Savoir 5

La négociation avec le chef de rayon

Le fournisseur est représenté par un chef de secteur qui gère les points de vente de l'enseigne sur un secteur géographique déterminé. Il négocie auprès des chefs de rayon la présence de ses produits dans l'assortiment du point de vente.

1 La préparation de la négociation

1.1. L'objectif de la négociation locale

Le chef de rayon est l'interlocuteur du chef de secteur de la marque pour le point de vente. La négociation locale porte sur la présence des produits en rayon, la place occupée dans le linéaire, la mise en avant des produits, l'organisation des livraisons et des animations.

1.2. La connaissance de l'entreprise et du client

Pour négocier avec le chef de rayon, le chef de secteur maîtrise ses produits et le fonctionnement de son entreprise (capacité de production, modalités de livraison). Il étudie les points de vente de sa zone géographique (taille, implantation, typologie des clients, politique de produits, de prix) ainsi que ses concurrents sur la zone prospectée. Il prépare ses outils d'aide à la vente (OAV) : découverte des besoins, argumentaire, traitement des objections, ainsi que le matériel nécessaire à la négociation : présentation de l'entreprise (plaquette, diaporama), échantillons, catalogue, tarifs et bons de commande, conditions commerciales.

1.3. La préparation de l'offre

La veille des caractéristiques clients de la zone permet au chef de secteur de proposer au chef de rayon une offre adaptée aux clients, un assortiment de produits cohérents entre eux et avec les attentes des consommateurs de la zone. Le chef de secteur analyse le comportement de ces derniers et des points de vente de l'espace géographique : flux de consommation, potentiel de développement.

EXEMPLE En zone de montagne, le chef de secteur distingue centre-ville en vallée (clientèle locale) et stations de ski (clientèle touristique de passage).

2 La négociation

2.1. La prise de contact

Le chef de secteur prend rendez-vous par e-mail ou *phoning* avec les chefs de rayon de manière à organiser rationnellement ses déplacements. Lors de la rencontre, il crée un climat favorable, annonce l'objet de l'entretien et son déroulement. S'il s'agit de sa première visite, il s'assure de l'identité et de la fonction de son interlocuteur.

2.2. La découverte des besoins

Préparée en amont, elle s'opère grâce à un questionnement adapté au chef de rayon et à une écoute active pour détecter ses attentes et celles de ses clients.

DÉCOUVERTE DES BESOINS DU CHEF DE RAYON	DÉCOUVERTE DES BESOINS DE SES CLIENTS
– Politique d'assortiment – Politique de marchandisage – Chiffre d'affaires attendu et marges – Procédure de commande, conditions de livraison et de paiement	– Profil des clients – Panier moyen – Fréquence d'achat – Attentes des clients

2.3. L'argumentation

Elle permet de convaincre le chef de rayon de commander une gamme étendue des produits et d'organiser leur mise en avant.

ARGUMENTS EN DIRECTION DU CHEF DE RAYON	ARGUMENTS EN DIRECTION DE SES CLIENTS
– Adaptation de l'offre aux attentes des clients – Suivi de la gamme dans le temps – Prévisions de chiffre d'affaires et marges – Fréquence des livraisons et reprise des invendus – Délais de paiement – Publicité sur le lieu de vente – Animation	– Notoriété de l'entreprise – Qualité des produits – Originalité des produits – Variété de la gamme – Praticité et attractivité du conditionnement – Rapport qualité/prix

2.4. Le traitement des objections et la conclusion de la négociation

a) Le traitement des objections du chef de rayon
Le chef de secteur accepte et valorise l'objection, reformule et cherche à comprendre, répond à l'objection, contrôle l'effet de la réponse.

EXEMPLE Objection du chef de rayon : « Vos délais de livraison sont trop longs. »
Valorisation : « Je comprends. Quels délais attendez-vous ? »
Reformulation : « Si je comprends bien, vous souhaitez un délai de livraison inférieur à une semaine. »
Traitement : « En anticipant la gestion des stocks, nous pourrions l'améliorer. Qu'en pensez-vous ? »
Contrôle : « Cela vous convient-il ? »

b) La conclusion de la négociation (*closing*)
En fonction des signes verbaux et non verbaux perçus chez l'interlocuteur (validation orale, assentiment, intérêt), la conclusion de la négociation permet d'obtenir un engagement du chef de rayon, en l'invitant directement à commander ou en tentant d'emporter sa décision (en lui proposant un avantage exceptionnel, par exemple).

c) La prise de congé
Elle permet de remercier et de féliciter l'interlocuteur, de s'engager dans le suivi de la relation commerciale ou de programmer une prochaine visite de contrôle.

Mots clés Chef de rayon • Chef de secteur • *Closing*

S'ENTRAÎNER AU BTS
Exercice 1 : p. 79

Savoir 6

Le marchandisage

Le marchandisage (ou *merchandising*) s'est développé avec l'essor de la vente en libre-service.

1 Les enjeux et les formes de marchandisage

1.1. Définition du marchandisage

Le marchandisage est l'ensemble des techniques mises en œuvre séparément ou conjointement par les distributeurs et les fournisseurs, afin d'optimiser la place des produits et des marques en rayon. Il permet d'augmenter le chiffre d'affaires et la marge en attirant les clients par une offre adaptée, pour déclencher l'acte d'achat et les fidéliser.
Le marchandisage suppose la gestion de l'assortiment (ensemble de produits du point de vente), l'agencement global de la surface de vente et l'aménagement des linéaires (meubles de vente).
Il concilie les intérêts du consommateur (satisfaction de ses besoins et de ses attentes), du fournisseur (nombre de produits présentés et mise en valeur de ses produits) et du distributeur (optimisation du chiffre d'affaires et de la marge).

1.2. Les enjeux du marchandisage

PROPOSER LE BON PRODUIT	Adaptation permanente aux besoins du marché.
AU MEILLEUR EMPLACEMENT	Organisation des rayons et des linéaires pour simplifier la recherche du client et mettre en avant les produits à forte marge.
AU MEILLEUR PRIX	Proposition d'un prix accepté par le consommateur et procurant une marge suffisante.
À LA BONNE PÉRIODE	Gestion de la saisonnalité des ventes.
DANS LA BONNE QUANTITÉ	Organisation des stocks afin d'éviter les ruptures ou les surplus.
AVEC LA BONNE INFORMATION	Renseignement optimal du client lors de l'achat.

1.3. Les formes du marchandisage

LE MARCHANDISAGE DE GESTION	Il permet de répartir l'espace de vente disponible selon des critères de résultats (parts de marché, contribution au chiffre d'affaires ou à la marge).
LE MARCHANDISAGE DE SÉDUCTION	Une présentation attrayante, pratique et adaptée au produit permet de déclencher les achats d'impulsion et de fidéliser les consommateurs.
LE MARCHANDISAGE D'ORGANISATION	La recherche du consommateur est facilitée par l'emplacement des rayons et la signalétique.

2 La gestion de l'assortiment

2.1. Définition de l'assortiment

L'assortiment est l'ensemble des produits offerts par un point de vente. Il est caractérisé par sa hauteur (haut, moyen et bas de gamme), sa largeur (diversité de l'offre) et sa profondeur (nombre de références pour une famille de produits).

2.2. Le choix de l'assortiment

L'assortiment est choisi en fonction des besoins de la zone de chalandise grâce à l'utilisation d'un panel ou du géomarketing (analyse du comportement des consommateurs dans un espace géographique donné).
En tenant compte des contraintes du magasin (place, stockage, configuration de l'espace de vente), le point de vente vise un nombre optimal de références et choisit les marques (nationales, locales, de distributeur) permettant d'optimiser la rentabilité. L'assortiment peut être large ou étroit (éventail de l'offre important ou limité), long ou court (beaucoup ou peu de références par famille de produits).

EXEMPLES Un magasin de proximité propose un assortiment étroit (éventail de l'offre limité) et court (peu de références) par manque de place. Un supermarché peut proposer un assortiment large (offre variée) et court (peu de références par famille de produits).

3 L'attribution de la surface de vente

Les marques produits sont réparties dans le linéaire développé du rayon selon les parts de marché (% de CA de la marque / Total de CA de toutes les marques) et la marge dégagée par chaque produit ou marque.

EXEMPLE Dans un rayon de 2 m de long et 3 niveaux d'étagères, le linéaire développé est de : 2 × 3 = 6 MLD (mètres linéaires développés). Avec une part de marché de 4 %, une marque peut donc occuper 4 % du linéaire soit : 6 × 4 % = 0,24 MLD.

Les indices de sensibilité (IS) permettent de vérifier l'équilibre de la place attribuée à un produit ou à une famille de produits par rapport à son CA ou à sa marge au sein du point de vente.

IS AU CHIFFRE D'AFFAIRES	$\frac{\text{\% CA}}{\text{\% linéaire développé}}$
IS À LA MARGE	$\frac{\text{\% marge brute}}{\text{\% linéaire développé}}$

Si IS > 1 : le produit est sous-représenté dans le linéaire.
Si IS = 1 : le produit occupe la place qui lui revient dans le linéaire.
Si IS < 1 : le produit est surreprésenté dans le linéaire.

EXEMPLE La marque génère 7 % du chiffre d'affaires du rayon en occupant 4 % du linéaire du point de vente. L'IS est donc de : 7 % / 4 % = 1,75. La marque est sous-représentée dans le linéaire par rapport à son chiffre d'affaires dans le magasin.

Mots clés Assortiment • Géomarketing • Indices de sensibilité • Linéaires • Marchandisage

S'ENTRAÎNER AU BTS
Exercice 5 : p. 226

Savoir 7

L'implantation des produits en rayon

Le point de vente organise l'implantation des produits dans des univers de consommation en fonction de sa surface et de sa configuration.

1 Le zonage du point de vente

1.1. Définition du zonage

Le zonage (ou *zoning*) fait référence au choix ou plan d'aménagement du point de vente concernant l'implantation de l'offre produits. Il prévoit les familles de produits qui seront proposées, les univers de consommation (consacrés à la satisfaction d'un même besoin) et leur emplacement en fonction des comportements naturels de circulation des clients. Il permet d'influer sur la circulation des clients pour générer des achats d'impulsion ou des achats complémentaires (*cross-selling*).

1.2. La circulation du client

Les zones d'implantation dans le point de vente se distinguent selon leur fréquentation par les consommateurs lors de leur parcours d'achat :

LA ZONE FROIDE	Zone peu attractive (extrémité du rayon, produits moins courants).
LA ZONE CHAUDE	Zone fréquentée (centre du rayon, produits courants).
LA TÊTE DE GONDOLE	Les têtes de gondole sont situées à chaque extrémité de la gondole (forte visibilité, mise en avant de produits, promotions).

Les univers de consommation sont implantés de manière à faire circuler les clients dans les zones froides, situées à droite selon le parcours habituel moyen des clients ou sur le trajet des produits courants.

2 La présentation des produits en rayon

2.1. Le mobilier de présentation des produits

Les mobiliers supports des produits sont choisis selon les familles de produits :

MOBILIER	UTILISATIONS	EXEMPLES
Vrac	Produits au poids en libre-service	Céréales
Gondole	Rayonnages classiques	Conserves
Comptoir	Présentation sous vitrine de conservation	Charcuterie
Îlot central	Libre-service horizontal en îlot	Légumes
Picot	Porte-cintres vertical	Lingerie
Tourniquet	Porte-cintres en îlot	Vêtements
Meuble réfrigéré	Rayon frais et surgelés	Yaourts
Meuble	Présentation soignée	Vins

2.2. Le niveau d'implantation des produits

En fonction de la hauteur d'implantation, l'accessibilité des produits est facilitée et les produits stratégiques sont mis en valeur (forte marge, forte notoriété).

NIVEAU DU CHAPEAU (> 1,70 M)	Stocks, produits encombrants, produits déjà présentés.
NIVEAU DES YEUX (> 1,10 M)	Produits rentables, MDD, produits stratégiques.
NIVEAU DES MAINS (> 0,60 M)	Produits indispensables ou complémentaires.
NIVEAU DES PIEDS (< 0,60 M)	Produits lourds, à faible marge (premiers prix).

2.3. La représentation visuelle des produits

LE RANGEMENT DES PRODUITS	Les produits peuvent être rangés : – verticalement : une même famille de produits ou une marque est présentée dans le sens vertical, donnant un effet de masse au client ; – horizontalement : une même famille de produits ou une marque est présentée dans le sens horizontal, permettant d'optimiser le linéaire.
LE *FACING*	Le *facing* (frontal) désigne le nombre de produits identiques faisant directement face au consommateur sur un ou plusieurs niveaux d'un linéaire. Il conduit à densifier visuellement l'offre d'un produit ou d'une marque et à éviter les espaces vides.
LE PLANOGRAMME	Le planogramme est un outil de représentation visuelle de l'implantation d'un rayon ou d'une tête de gondole. Il est construit grâce à des logiciels par le service marketing et transmis au chef de rayon.

3 L'animation du rayon

3.1. Les facteurs d'ambiance

Le point de vente utilise le marketing sensoriel pour créer une ambiance d'achat agréable : couleurs, matériaux, éclairage, sonorisation, décoration, signalisation, odeurs, accueil. Séduire le consommateur permet d'influencer favorablement son comportement.

3.2. La mise en valeur de l'offre

L'offre est mise en valeur grâce à son emplacement mais aussi à des techniques de marketing : positionnement de PLV (publicité sur le lieu de vente), stop-rayons (affichettes sur les linéaires), kakemonos (affiches verticales suspendues ou sur pied). Avec le marketing expérientiel, les techniques s'orientent aujourd'hui vers la théâtralisation de l'offre : mise en scène de l'offre commerciale, notamment par des animations sur le lieu de vente (dégustations, démonstrations…).

Mots clés *Facing* • Marketing expérientiel • Marketing sensoriel • Planogramme • Tête de gondole • Théâtralisation de l'offre • Univers de consommation • Zonage • Zone chaude • Zone froide

S'ENTRAÎNER AU BTS
Exercice 5 : p. 226

Savoir 8

Les animations commerciales

Une animation commerciale est une opération promotionnelle ponctuelle, régulière ou non, réalisée dans le point de vente.

1 Les différentes techniques d'animation commerciale

1.1. Les animations commerciales traditionnelles

LA DÉMONSTRATION	Un animateur présente le produit dans des conditions d'utilisation réelles ou simulées. Le consommateur voit fonctionner le produit, l'utilise et obtient des conseils. La démonstration le rassure sur les performances ou le confort d'utilisation du produit.
LA DÉGUSTATION	Utilisée pour les produits alimentaires, elle propose une expérience sensorielle et montre les qualités gustatives du produit.
L'ÉCHANTILLON	Quantité réduite de produit, il est distribué gratuitement afin de permettre au consommateur de tester le produit.
LE BON DE RÉDUCTION	Une réduction est accordée sur le prix habituel du produit. Le bon de réduction peut être à remise immédiate (BRI) ou à remise différée (BRD). Un BRD peut porter sur le produit acheté par le client ou des produits similaires pouvant l'intéresser.
LA VENTE FLASH ET LA VENTE PRIVÉE	Une vente flash est une réduction de prix accordée pendant un temps limité. Elle est réalisée dans les points de vente physiques par des annonces micro ou sur les sites d'e-commerce (e-mailing, page d'accueil). Une vente privée est une réduction de prix réservée à un client fidèle. Ces deux techniques donnent un sentiment d'urgence au consommateur.
LES JEUX D'ANIMATION	La loterie est un tirage au sort sans obligation d'achat. Le jeu-concours fait appel aux connaissances des participants et peut être lié à une obligation d'achat.
L'ORGANISATION D'ÉVÉNEMENTS	Elle permet de dynamiser le point de vente. L'événement ne conduit pas directement à l'augmentation des ventes, mais il permet d'attirer les clients dans le point de vente. EXEMPLE Une séance de dédicace organisée avec un auteur et un éditeur au rayon « Livres ».

1.2. Les nouvelles technologies dans les animations commerciales

Les nouvelles technologies permettent aux enseignes et aux marques de mettre en place des animations commerciales innovantes :
– l'animation virtuelle : des bornes digitales, des vitrines interactives permettent au client de découvrir les produits sans la présence d'un animateur physique ;
– la robotique : l'animation est effectuée par un robot ;

EXEMPLE Le robot Nao a été utilisé chez Darty pour réaliser des démonstrations de produits.

– la réalité augmentée : le client vit une expérience de consommation unique grâce à une scénarisation en 3D.

EXEMPLE Éco-mobilier propose chez ses distributeurs (Leroy Merlin, IKEA, But) une animation où le client, grâce à un casque de réalité virtuelle, découvre le circuit de recyclage et les différentes vies du produit.

2 Les enjeux d'une animation commerciale

2.1. Les objectifs de l'animation commerciale

POUR L'ENSEIGNE ET LA MARQUE	– Théâtraliser l'offre. – Conduire à l'achat d'impulsion (les ventes sont en moyenne multipliées par 2).
POUR L'ENSEIGNE	– Générer du trafic dans le point de vente. – Se différencier des concurrents. – Augmenter les achats complémentaires et le panier moyen des clients.
POUR LA MARQUE	– Faire découvrir les produits. – Améliorer la notoriété de la marque ou des produits. – Rassurer les consommateurs. – Augmenter la connaissance client. – Créer une relation privilégiée avec les clients. – Fidéliser les clients.

2.2. L'animation commerciale et la stratégie marketing

L'animation commerciale est un élément clé de la stratégie marketing de la marque ou de l'enseigne. Le plan d'animation commerciale permet :
- de connaître les besoins des consommateurs ;
- d'atteindre les objectifs marketing et commerciaux ;
- d'anticiper les moments clés de l'activité ;
- de lancer des nouveaux produits ;
- de dynamiser les périodes creuses des ventes.

2.3. L'expérience de consommation

L'expérience de consommation désigne les émotions ressenties par le client avant, pendant et après l'achat d'un produit.
Le point de vente devient un lieu de vie et un univers dans lequel le client entre et crée du lien avec la marque et les autres consommateurs. L'animation commerciale enrichit l'expérience de consommation et déclenche l'achat. Les nouvelles technologies permettent d'améliorer la transversalité de l'animation commerciale entre les points de vente physique, virtuel et mobile, et de collecter des données clients pour proposer une expérience personnalisée.

Mots clés Animation commerciale • Bon de réduction • Démonstration • Expérience de consommation • Vente flash

S'ENTRAÎNER AU BTS
Exercice 6 : p. 226

Savoir 9

L'organisation d'une animation commerciale

La réussite d'une animation commerciale repose sur une organisation rigoureuse, grâce à un cahier des charges, et une communication efficace.

1 Le plan d'animation commerciale

1.1. Définir les objectifs stratégiques

LE PRODUIT	La marque ou l'enseigne identifie le produit sur lequel va porter l'animation commerciale selon son cycle de vie. Elle peut décider de lancer un nouveau produit, d'améliorer la notoriété d'un produit en croissance, d'accompagner l'élargissement de la gamme ou d'écouler les stocks de produits en déclin. Elle détermine quel prix pratiquer.
LA CIBLE	La réussite de l'animation commerciale repose sur une connaissance précise de la clientèle du produit et du point de vente : typologie, segmentation, tendances de consommation.

1.2. Déterminer les opportunités d'animation

Les opportunités d'animation peuvent être les fêtes du calendrier (Noël, Pâques, la Saint-Valentin...) et les actualités culturelles nationales ou locales (festival, événement sportif...). Elles peuvent également être propres à la marque ou au point de vente (inauguration, anniversaires...) et liées à la vie du point de vente ou de la marque (soldes, liquidation de stocks, lancement d'un produit...). Les opportunités d'animation sont choisies en fonction de la saisonnalité des ventes.

1.3. Choisir les techniques d'animation commerciale

Le choix des techniques d'animation commerciale dépend des objectifs à atteindre :
- objectifs conatifs : augmenter les ventes, écouler les stocks, créer du trafic ;

EXEMPLES Un bon de réduction, une vente flash.

- objectif cognitif : faire découvrir et essayer le produit ;
- objectif affectif : faire adhérer à la marque ou à l'enseigne.

EXEMPLES L'organisation d'un événement, un jeu d'animation.

1.4. Prévoir les ressources nécessaires

LES MOYENS HUMAINS	- Salariés du point de vente ou de la marque. - Sous-traitance à une entreprise spécialisée.
LES MOYENS MATÉRIELS	- Stocks de produits. - Stand, podium, décoration, affichage, balisage, matériel spécifique (four, vaisselle...), sonorisation.
LES OUTILS COMMERCIAUX	- Argumentaire. - Enquête de satisfaction client. - *Reporting* (mesure de la performance de l'animation).

1.5. Planifier

L'établissement du plan d'animation commerciale repose sur un rétroplanning, qui précise la liste des tâches à accomplir, la durée de chaque tâche, l'enchaînement des tâches, leur affectation (entre l'enseigne et la marque, au sein des équipes).

1.6. Le jour de l'animation commerciale

La réussite de l'animation repose sur une organisation efficace le jour même : installation du matériel et de la signalétique, stock suffisant de produits sur le stand et dans les linéaires, animateur formé au produit et aux techniques d'animation. Elle suppose de coordonner les actions de la marque et de l'enseigne pour optimiser le choix de l'emplacement en magasin, l'attraction de l'animation et le respect de la réglementation liée à la promotion (double étiquetage du prix, affichage clair et transparent des produits concernés et de l'offre).

2 La communication sur les animations commerciales

2.1. Les moyens de communication

LES MÉDIAS	Affichage, presse, radio...
LE HORS-MÉDIA	PLV, *flyers*, prospectus, mailing ou e-mailing...
LES MÉDIAS SOCIAUX	Facebook, Instagram, Twitter...

2.2. Les types de communication

À L'EXTÉRIEUR DU POINT DE VENTE	La communication à l'extérieur du point de vente a pour objectif d'attirer les clients dans le magasin. Elle peut s'adresser à la cible client du point de vente mais aussi à tous les consommateurs susceptibles d'être intéressés par la marque ou le produit. Les actions de marketing direct supposent de posséder un fichier clients. EXEMPLES E-mailing, SMS géolocalisés.
À L'INTÉRIEUR DU POINT DE VENTE	La communication à l'intérieur du point de vente a pour objectif d'informer les clients présents dans le magasin. Elle utilise la publicité sur le lieu de vente (PLV). EXEMPLES Kakemono, totem, affichage chariot.

2.3. La stratégie omnicanale

Le consommateur, devenu connecté, effectue ses achats ou sa découverte produit sur Internet ou dans un magasin physique. La stratégie omnicanale devient indispensable pour harmoniser la communication et l'expérience de consommation : les différents canaux de distribution sont complémentaires et sont interconnectés entre eux. La communication est uniformisée et cohérente, entre les points de vente physique et virtuel, les réseaux sociaux, les applications mobiles.

Mots clés Plan d'animation commerciale • Rétroplanning • Stratégie omnicanale

S'ENTRAÎNER AU BTS
Exercice 6 : p. 226

Savoir 10

L'évaluation d'une animation commerciale

L'animation commerciale est évaluée en termes de performance afin d'étudier sa rentabilité et son impact sur le trafic en magasin et le volume des ventes.

1 Le reporting

Le *reporting* est préparé en amont. Il est effectué par l'animateur et par le point de vente grâce à des tableaux de bord qui mesurent le trafic en magasin, le chiffre d'affaires et le panier moyen du client. Un tableau de bord mesure la progression des indicateurs par rapport à l'année précédente ou à une période hors animation.

2 L'évaluation quantitative

L'ÉVOLUTION DU CHIFFRE D'AFFAIRES	$\frac{\text{CA N-1} - \text{CA N}}{\text{CA N}}$
L'ÉVOLUTION DU NOMBRE D'ACHETEURS	$\frac{\text{Nombre d'acheteurs N-1} - \text{Nombre d'acheteurs N}}{\text{Nombre d'acheteurs N}}$
L'ÉVOLUTION DE LA MARGE*	$\frac{\text{Marge N-1} - \text{Marge N}}{\text{Marge N}}$
LE PANIER MOYEN DU CLIENT	$\frac{\text{CA du point de vente ou CA catégoriel}}{\text{Nombre de passages en caisse}}$
LA RENTABILITÉ DE L'ANIMATION	Marge sur coût variable (MCV) = CA – Charges variables Taux de marge sur coût variable (TMCV) = $\frac{\text{MCV}}{\text{CA}}$ Seuil de rentabilité = $\frac{\text{Charges fixes}}{\text{TMCV}}$
LE TAUX DE RÉALISATION DE L'OBJECTIF	$\frac{\text{Ventes réalisées}}{\text{Objectif fixé}}$

* Marge = Prix de vente HT – Coût d'achat HT

3 L'évaluation qualitative

L'évaluation qualitative repose sur les avis et commentaires clients pendant l'animation ou après celle-ci. Elle est mesurée lors de l'animation par une enquête de satisfaction ou une boîte à idées. Après l'animation, elle est effectuée grâce à une enquête de satisfaction différée ou par la consultation des avis et commentaires sur les forums ou réseaux sociaux.
L'évaluation qualitative effectuée par l'animateur permet également d'identifier les éventuels problèmes humains ou logistiques rencontrés.

Mots clés Charges fixes • Charges variables • Marge • *Reporting* • Seuil de rentabilité

S'ENTRAÎNER AU BTS
Exercice 7 : p. 226

Savoir 11

L'évaluation et l'amélioration du référencement

Le commercial de la marque suit l'évolution des ventes du réseau de distribution afin d'améliorer le référencement et le volume des ventes de produits.

1 L'évaluation du référencement

1.1. Les indicateurs du point de vente

Le commercial analyse les ventes en volume ou en valeur, la marge commerciale réalisée. Il vérifie l'impact des opérations de promotion : marge réalisée lors de l'opération de promotion, volume des ventes du produit en promotion.
Il peut également mesurer :

LES VENTES MOYENNES	$\frac{\text{Ventes hebdomadaires (VMH) ou mensuelles (VMM)}}{\text{Nombre de points de vente}}$
L'EXPOSITION AU LINÉAIRE	$\frac{\text{\% des ventes}}{\text{\% du linéaire occupé}}$
LA RUPTURE NUMÉRIQUE	% des points de vente sans ventes (marque référencée mais absente des linéaires)
LA RUPTURE VALEUR	% de CA catégoriel des points de vente en rupture numérique (mesure du manque à gagner en CA)

1.2. Les indicateurs de la politique de référencement

Le référencement est mesuré grâce à trois indicateurs :
– la distribution numérique (DN) mesure la présence du produit ou de la marque dans les magasins de l'enseigne référençant le produit. Une DN de 100 montre que le produit est implanté dans tous les points de vente ;
– la distribution valeur (DV) mesure le pourcentage de CA réalisé par la marque (part de marché) dans l'ensemble des points de vente la référençant ;
– le taux de saturation (TS) mesure le potentiel de développement de la marque dans son réseau de distribution.

DN	$\frac{\text{Nombre de points de vente distribuant la marque}}{\text{Nombre de points de vente référençant la catégorie produits}} \times 100$
DV	$\frac{\text{CA catégoriel des points de vente distribuant la marque}}{\text{CA des points de vente distribuant la catégorie produits}} \times 100$
TS	$\frac{\text{CA réalisé par la marque dans un point de vente}}{\text{CA potentiel total du point de vente}} \times 100$

EXEMPLE Un produit avec une DN de 30 montre que 30 % des magasins de l'enseigne le distribuent. Avec une DV de 50, le produit fait 50 % du CA total des ventes de ce type de produit. Un TS de 30 % montre que le produit a une marge de progression dans le chiffre d'affaires du point de vente.

SI DN > DV	La distribution est étendue dans les points de vente pour un CA limité. EXEMPLE DN 50 > DV 30 : le produit fait 30 % des ventes en étant implanté dans 50 % des magasins (les magasins génèrent un CA limité).
SI DN < DV	La distribution est peu étendue pour un CA élevé. EXEMPLE DN 30 < DV 50 : le produit fait 50 % des ventes de ce type de produit en n'étant implanté que dans 30 % des magasins (magasins à fort chiffre d'affaires).

On peut aussi comparer les deux indicateurs sous la forme d'un indice :

SI DV / DN < 1	Le produit est implanté dans des magasins à faible volume de vente.
SI DV / DN > 1	Le produit est implanté dans des magasins à fort volume de vente.

2 L'amélioration du référencement

2.1. Planifier les visites

Le commercial en charge d'un secteur planifie des visites régulières auprès des points de vente de l'enseigne où la marque est référencée. Grâce aux indicateurs de mesure de la performance du référencement et à son analyse géomarketing, il choisit et prépare les visites afin de s'adapter au contexte spécifique de chaque point de vente et à ses besoins.

EXEMPLE Le commercial va choisir de prioriser les points de vente dont le taux de saturation est faible afin de développer la distribution en valeur du produit, ainsi que les points de vente en rupture numérique pour obtenir la mise en linéaire du produit.

2.2. Optimiser l'assortiment

Le commercial participe à l'optimisation de l'assortiment du distributeur pour améliorer la présence de ses produits dans les linéaires. Il effectue ainsi des propositions de réagencement des linéaires. Il garantit l'attractivité de ses produits pour le consommateur grâce à l'offre de PLV, d'animations commerciales, de scénarisation de l'offre. Il met en valeur auprès du point de vente les nouveaux produits, l'élargissement des gammes ou les caractéristiques de ses produits (produits bio, innovations...).

2.3. Gérer les stocks

Afin de garantir une bonne relation commerciale et un niveau optimal des ventes, le commercial gère les stocks de produits dans le point de vente. Il respecte et suit les conditions de reprise des invendus prévus dans l'accord de référencement. Les invendus sont issus de commandes trop élevées de produits ou de produits alimentaires dont la date limite de consommation est atteinte.
Le commercial évite également les ruptures de stock du point de vente.

Mots clés
Distribution numérique (DN) • Distribution valeur (DV) • Rupture numérique • Rupture valeur • Taux de saturation (TS)

S'ENTRAÎNER AU BTS
Exercice 8 : p. 227

Savoir 12

Les outils de la force de vente

La force de vente collecte l'information commerciale pour optimiser les ventes.

1 La veille commerciale

La veille commerciale est l'étude et la surveillance du marché. Elle s'effectue grâce à des sources internes (fichiers clients, statistiques des ventes, *reporting* des commerciaux, réclamations clients), externes (presse spécialisée, instituts de sondage, instituts d'études ou organismes publics, veille digitale) ou des sources d'information partagées entre le fabricant et le distributeur (échange de données informatisées, gestion de la relation fournisseur).
Les informations sont également issues d'enquêtes quantitatives réalisées sur le terrain par le fabricant ou des prestataires spécialisés. Les études quantitatives comprennent les panels et les sondages.
Un panel est un échantillon permanent représentatif d'une population étudiée. Les panels distributeurs étudient les points de vente et leurs performances. Les panels consommateurs étudient le comportement d'achat des consommateurs.
Grâce à cette veille, les *category managers* des fabricants proposent des stratégies de développement des produits ou de la marque.

EXEMPLE CarrefourNet est le portail d'information et d'accès entre le groupe carrefour et ses fournisseurs. L'échange des données produits est automatisé. La performance commerciale et les activités de marketing et de merchandising sont suivies et améliorées.

2 Les outils de GRC (gestion de la relation client)

Les entreprises mettent à disposition de leurs commerciaux des solutions de GRC (ou CRM, *Consumer Relationship Management*) mobiles. Les vendeurs disposent de tablettes, PC portables ou smartphones équipés du logiciel en version nomade, ce qui permet d'automatiser certaines tâches. On parle de *Sales Force Automation* (SFA).

EXEMPLE COHERIS équipe la force de vente des fabricants d'une solution complète pour permettre à la marque de gagner des parts de marché.

Organisés autour de bases de données clients, les outils de CRM permettent :
- d'améliorer la connaissance client ;
- de piloter les forces de vente et d'effectuer le *reporting* ;
- de valoriser les produits ;
- de planifier les visites et les tournées commerciales ;
- d'accompagner l'implantation dans les circuits de distribution ;
- d'améliorer la gestion des linéaires et les plans d'actions commerciales ;
- d'analyser la performance commerciale et de prévoir les ventes.

Mots clés GRC (CRM) • Panel • SFA • Veille commerciale

Les réseaux de partenaires

Un réseau de partenaires permet des alliances entre plusieurs entreprises dans le but d'augmenter leurs parts de marché et leur rentabilité. Les types de partenariat sont nombreux. Ils peuvent être intégrés, associatifs ou spécifiques.

1 Le partenariat

Un partenariat est une association active de plusieurs intervenants autonomes qui mettent en commun leurs savoir-faire pour réaliser un objectif commun, malgré leur mission respective. Le partenariat s'envisage dans le cadre d'alliances. Une entreprise qui fonctionne avec des partenariats est une entreprise en réseau.

2 L'objectif du partenariat

L'objectif du partenariat est de répartir les activités de l'entreprise avec des partenaires. Le partenariat implique une coopération, un soutien mutuel et la mise en commun d'efforts pour réaliser des objectifs partagés. L'entreprise peut ainsi anticiper son évolution, identifier les menaces et saisir les opportunités du marché. Le réseau est influencé par les compétences détenues par chaque partenaire.
Les besoins de croissance de l'entreprise permettent d'identifier le type de partenariat choisi :

STRATÉGIES DE CROISSANCE	EXPLICATIONS
La **stratégie de pénétration du marché**	Consiste à développer les ventes sur un marché et dans une zone géographique en recrutant des agents commerciaux.
La **stratégie de développement du marché**	Permet de trouver de nouveaux débouchés sur un marché grâce à un réseau de franchises.
La **stratégie de développement du produit**	Consiste à commercialiser de nouveaux produits en négociant de nouveaux référencements.
La **stratégie de diversification**	Signifie créer de nouveaux métiers pour assurer plus de rentabilité.

3 Le développement du réseau

La stratégie de réticulation correspond à la formation et au développement du réseau de partenaires. Chaque partenaire est choisi en fonction de ses compétences, de son savoir-faire, de son offre, de son expérience, de son apport financier, de son potentiel, de sa stratégie de croissance.

Plusieurs facteurs vont influencer le développement du réseau :
- le rôle de chaque partenaire,
- la répartition géographique sur le territoire,
- la concurrence,
- l'évolution du marché.

Le réseau doit anticiper l'évolution du marché et évaluer les opportunités et les menaces.

4 Les types de partenariat

TYPES DE PARTENARIAT	PRÉSENTATIONS
Le réseau intégré	Les producteurs négocient le référencement de leurs produits avec un réseau de distributeurs d'une même enseigne. L'approvisionnement est organisé par la centrale d'achat. EXEMPLE Teisseire négocie avec les magasins Casino. Le revendeur développe un réseau de points de vente (des succursales) pour couvrir une zone géographique. EXEMPLE L'entreprise allemande Douglas a racheté les magasins Nocibé pour concurrencer Sephora.
Le réseau coopératif ou associé	Il regroupe des entreprises de commerce de détail juridiquement indépendantes pour mutualiser leurs forces et accroître leur pouvoir de négociation. EXEMPLE Intermarché appartient au groupement des Mousquetaires.
La coentreprise	Deux entreprises aux compétences communes créent une nouvelle entreprise (un joint-venture) et développent sa rentabilité grâce à la mutualisation de leurs savoirs. L'intérêt est d'accéder à de nouveaux réseaux et de partager les investissements et les risques. EXEMPLE Le groupe français Danone et l'entreprise américaine Chiquita s'unissent dans une coentreprise pour commercialiser des boissons à base de fruits en Europe. La nouvelle entité disposera d'un droit d'utiliser la marque Chiquita, et notamment sa boisson phare « Just Fruit in a Bottle ».
Le concessionnaire	La concession consiste à lier le concessionnaire à des commerçants (les concédants), à leur fournir des produits et à leur proposer une politique commerciale. Les concessions Renault
Le franchisé	Le franchiseur commerçant indépendant transmet son savoir-faire, ses produits, la communication nationale, l'agencement des boutiques à des franchisés contre un droit d'entrée, un pourcentage du chiffre d'affaires (royalties), une redevance publicitaire et le respect de la politique commerciale. EXEMPLE Les franchises Yves Rocher.
L'agent commercial	L'agent commercial est mandaté à titre indépendant pour négocier des contrats de vente pour le compte d'une ou de plusieurs entreprises en contrepartie d'une commission.
L'apporteur d'affaires	L'apporteur d'affaires est lié par un contrat à une entreprise. Son rôle consiste à mettre en contact un vendeur et un acheteur. Il est rémunéré lorsque la vente est conclue. C'est une réduction de coût pour l'entreprise.

Mots clés

Agent commercial • Apporteur d'affaires • Coentreprise • Concessionnaire • Coopération • Franchisé • Partenariat • Réseau coopératif ou associé • Réseau intégré • Stratégie de développement du marché • Stratégie de développement du produit • Stratégie de diversification • Stratégie de pénétration du marché • Stratégie de réticulation

Savoir 14 Le choix des partenaires

Le partenariat est matérialisé par un contrat, qui entraîne des obligations pour les deux parties. Un cahier des charges est rédigé pour le recrutement d'un partenaire. La sélection du partenaire doit présenter des avantages humains, financiers et matériels.

1 La sélection d'un partenaire

1.1. La valeur d'un partenaire

La valeur d'un partenaire repose sur la perception de sa marque, les valeurs de son entreprise, ses avantages concurrentiels et ses points de différenciation. L'entreprise met à la disposition de son partenaire : son nom, son logotype, la formation du personnel, un soutien pour la communication et une aide pour la logistique.

1.2. Les bénéfices du partenariat

Les concessions et les franchises proposent à leurs partenaires une aide comptable, une campagne nationale de communication, un approvisionnement des marchandises, une formation du personnel, une aide d'agencement et de *merchandising*.

2 Les obligations des partenaires

Une entente de partenariat est validée par un contrat de partenariat, qui stipule les engagements des parties. Il peut s'agir d'un contrat d'agent commercial, d'un contrat de concession, d'un contrat de franchise ou d'un contrat d'affiliation.
Ces contrats garantissent l'exclusivité territoriale, l'exclusivité des produits, le savoir-faire, une gestion des stocks. Le partenaire doit représenter la marque, être son ambassadeur, se conformer aux exigences de l'entreprise, rechercher de nouvelles cibles et augmenter la rentabilité.

3 Le cahier des charges

Le cahier des charges formalise le recrutement des membres du réseau. Il définit un concept, valide un positionnement, et détermine les prestations attendues avec les apports des partenaires, en moyens humains (formation du personnel, culture de l'esprit maison), financiers (apport personnel financier, droits d'entrée) et matériels (aménagement du magasin, couleurs, mobilier). Il prévoit les modalités de recrutement du nouveau partenaire ainsi que le statut juridique souhaité. Un nouveau partenaire est évalué sur sa personnalité, sur ses compétences commerciales, sa connaissance du secteur, du tissu local et sa formation. Le cahier des charges présente l'entreprise, le contexte du partenariat, l'identification du problème, les objectifs du partenariat, les prestations attendues, le choix du partenaire, les modalités du contrat de partenariat, les modalités de recrutement et les formations prévues.

Mots clés : Cahier des charges • Contrat de partenariat • Entente de partenariat • Valeur d'un partenaire

S'ENTRAÎNER AU BTS
Exercice 9 : p. 227

Savoir 15

Le développement d'un réseau de partenaires

Le réseau possède un cycle de vie de quatre étapes, semblable à celui du produit. Il met en place des stratégies d'implantation pour développer sa clientèle.

1 Le cycle de vie du réseau

Le réseau de partenaires traverse quatre étapes du cycle de vie : le pré-lancement, le lancement, la croissance et la maturité.

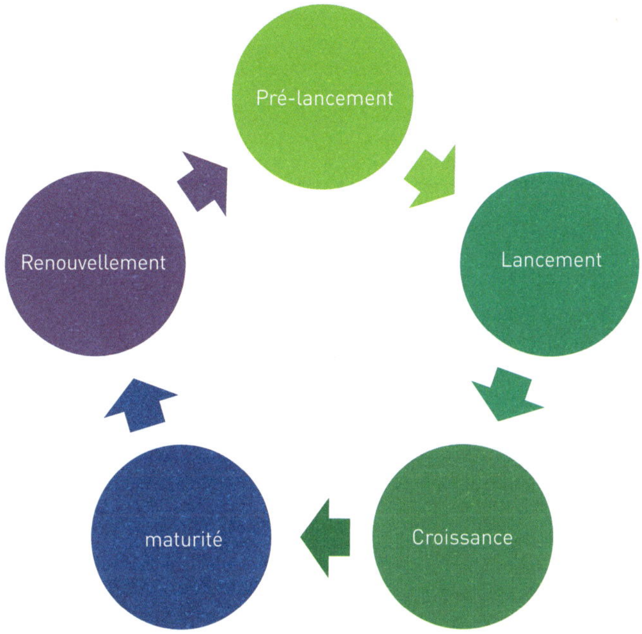

ÉTAPES DU CYCLE DE VIE	EXPLICATIONS	EXEMPLES
Le pré-lancement	Fixation des objectifs, étude de faisabilité, préparation du plan d'action et rédaction du contrat de partenariat, tests et mesure des performances du partenariat.	Transformation d'un concept en magasins franchisés.
Le lancement	Respect du plan d'action avec communication sur l'offre commerciale, recrutement de nouveaux membres du réseau et prospection.	Développement d'une licence de marque (droit d'utiliser la marque).
La croissance	Développement du réseau, déploiement du concept, conquête de nouveaux segments et de nouveaux territoires.	Renégociation des accords avec les fournisseurs.
La maturité	Rentabilité maximale, notoriété et attractivité de l'enseigne. Arrivée de nouveaux partenaires, acquisition de nouveaux clients.	Développement d'un réseau de concessionnaires automobiles.
Le renouvellement	Anticipation d'un déclin. Initiative d'un changement. Redynamisation et renouvellement des produits et de l'identité visuelle.	Fermeture de concessions et ouverture de magasins en franchise.

ANIMATION DE RÉSEAUX

2 Les stratégies de réseau

STRATÉGIES DE RÉSEAU	EXPLICATIONS	EXEMPLES
La **stratégie de prospection**	Implantation en fonction des opportunités de prospection. Évaluation du potentiel commercial.	Développement de l'implantation d'un réseau de franchise.
La **stratégie de pénétration**	Intensification et densification de la zone avec implantation de nouveaux magasins.	Implantation dans des zones avec moins d'habitants.
La **stratégie de repositionnement**	Modification des implantations existantes et nouveau positionnement des magasins.	Proposition de nouveaux services dans les points de vente.
La **stratégie d'essaimage**	Multiplication rapide des points de vente. Évolution de la structure organisationnelle de la marque.	Implantation rapide de nouveaux points de vente : phases de lancement et de croissance.
La **stratégie d'internationalisation**	Exportation du concept de partenariat à l'étranger.	Implantation des mêmes boutiques à l'étranger.

3 Le développement de la clientèle

Après le lancement, l'entreprise déroule son plan d'action pour développer sa clientèle.

PLAN D'ACTION	EXPLICATIONS
La définition des cibles	Sélection de la cible primaire (utilisateurs et acheteurs) et de la cible secondaire (prescripteurs et influenceurs).
L'acquisition des cibles	Définition des modes de prospection et élargissement de la cible.
La rétention de clientèle	Actions de fidélisation et de lutte contre la rétention des clients.

Mots clés

Cycle de vie • Licence de marque • Stratégie de pénétration • Stratégie de prospection • Stratégie de repositionnement • Stratégie d'essaimage • Stratégie d'internationalisation

Savoir 16 Le réseau des influenceurs

Les influenceurs sont des partenaires de l'entreprise. Ils incitent les clients à acheter et valorisent les marques sur les réseaux sociaux. Ils sont aidés par les prescripteurs et les apporteurs d'affaires.

1 Les influenceurs

1.1. Présentation des influenceurs

Les influenceurs sont des personnes physiques qui signent un contrat de partenariat avec des entreprises. Ils émettent des avis sur les marques sur les réseaux sociaux.

1.2. Le rôle des influenceurs

Les influenceurs conseillent, recommandent les produits, créent des tutoriels et proposent des solutions aux clients. Ils sont reconnus pour leurs compétences et leur expertise. Ils testent les produits à titre gracieux, reçoivent des cadeaux, des contenus sponsorisés ou des rémunérations.

RÔLE DES INFLUENCEURS	EXEMPLES
Utiliser les plateformes	Instagram, YouTube, Facebook, les blogs, Twitter, TikTok, Snapchat et LinkedIn.
Répondre à la demande des marques	Placement de produits, partage de codes de promotion, relais d'informations, opérations de cocréation et création de tutoriels.
Aborder des sujets variés	Lifestyle, mode, beauté, voyages, famille, food, sport, décoration intérieure.

Les macro-influenceurs (plus de 100 000 abonnés) ont une grande influence. Ils vendent des espaces publicitaires et créent du contenu sponsorisé. Les micro-influenceurs (moins de 100 000 abonnés) sont proches de leur communauté.

2 Les autres types d'influenceurs

2.1. Les prescripteurs

Les prescripteurs recommandent un produit et influencent directement la cible. Ils engagent leur responsabilité (exemples : vétérinaires, médecins).

2.2. Les apporteurs d'affaires

Les apporteurs d'affaires mettent en relation deux parties : l'entreprise et le client. Ils prospectent de nouveaux clients pour l'entreprise.

Mots clés Apporteurs d'affaires • Influenceurs • Macro-influenceurs • Micro-influenceurs • Prescripteurs

S'ENTRAÎNER AU BTS
Exercice 10 : p. 227

Savoir 17

La coordination d'un réseau de partenaires

Le réseau fixe des objectifs communs avec ses partenaires et coordonne les actions.

1 La fixation des objectifs

Chaque partenaire fixe ses propres objectifs. L'intérêt est de coordonner les actions des partenaires et les objectifs au réseau.

	TYPES D'OBJECTIFS
LES OBJECTIFS DU RÉSEAU	Négocier avec les fournisseurs, augmenter l'implantation territoriale, recruter de nouveaux membres, renégocier des contrats de partenariat, faire adopter un nouveau produit.
LES OBJECTIFS DU PARTENAIRE	Augmenter la rentabilité, limiter les stocks, ouvrir un nouveau point de vente, recruter des collaborateurs.

2 Le partage des valeurs du réseau

L'entreprise développe son réseau autour d'un concept différencié et d'une identité forte. Les deux aspects principaux sont la personnalité de marque (logo, identité visuelle) et la culture de marque (valeur et conception de la relation client et fournisseur).

Les valeurs de la marque sont liées au positionnement et à la perception de la marque. Elles font partie du cahier des charges du réseau.

EXEMPLES DE MARQUE	PERSONNALITÉ DE LA MARQUE	CULTURE DE LA MARQUE
Starbucks	Citadine, dynamique, innovante	Esprit voyage, liberté
Desigual	Look floral, coloré, non conventionnel	Convivialité, innovante

3 La mutualisation des ressources et des compétences

	TYPES DE MOYENS
LES RESSOURCES PARTAGÉES	Logistique, approvisionnements, assistance juridique, processus spécifiques, agencement, PLV, SAV.
LES COMPÉTENCES MUTUALISÉES	Intégration de nouveaux membres, circulation de l'information, harmonisation des pratiques, homogénéisation des processus, qualité constante des prestations, développement d'un attachement à la marque.

Mots clés : Agencement • Concept différencié • Culture de marque • PLV • SAV

Savoir 18

L'accompagnement du développement du réseau

Le réseau s'appuie sur un partenariat équilibré, avec des avantages distinctifs pour chaque partenaire. L'intégration d'un nouveau membre du réseau est un nouveau défi.

1 L'identification des compétences

Le réseau identifie les compétences et les talents de ses membres pour développer un projet commun et réaliser des économies d'échelle. Il valorise les profils les plus impliqués, les expériences de ses membres et renforce le collectif. Il développe une approche collaborative.

2 L'intégration de nouveaux membres

Intégrer un nouveau membre permet de dynamiser le réseau, de renforcer l'efficacité de l'équipe, d'optimiser le prix d'achat, d'augmenter la capacité de négociation et de maximiser les résultats. Les moyens utilisés sont une nouvelle synergie avec des objectifs communs, une valorisation de la marque, une nouvelle stratégie de communication et la formation de nouveaux membres.
L'intégration d'un nouveau partenaire peut parfois entraîner des déséquilibres : disparité des compétences des partenaires, cannibalisation d'un territoire, surqualification d'un des membres...

3 L'implication des membres du réseau

Les réseaux qui valorisent leurs membres bénéficient de retombées positives.
Ils participent à un réseau dynamique et efficace. Ils mettent en avant des valeurs communes. Ils axent leur stratégie sur la satisfaction des clients avant tout.

	EFFETS SUR LE RÉSEAU	
Implication d'un nouveau membre du réseau	– Participer à la croissance commerciale – Avoir un projet commun – Créer un sentiment d'appartenance – Croiser des compétences – Perfectionner son savoir-faire – Réduire ses charges fixes – Profiter de la complémentarité des compétences	– Développer des rapports gagnants/gagnants – Augmenter la visibilité de l'entreprise – Inciter à plus de solidarité des membres – Créer plus de réactivité – Obtenir des prix plus intéressants – Effet positif sur les clients – Ambiance positive
Désengagement d'un membre du réseau	– Rigidité du cadre – Augmentation des coûts financiers (investissements) – Répartition des bénéfices – Consommateur de temps – Possibilité de dynamique négative – Insatisfaction des clients – Risque de perte de motivation	

Mots clés Cannibalisation • Stratégie • Synergie

ANIMATION DE RÉSEAUX

Savoir 19

La communication au sein du réseau

L'implication des membres du réseau repose sur une communication cohérente.

1 La circulation de l'information

Les informations circulent dans le réseau de manière descendante et ascendante :

DESCENDANTE : DU DONNEUR D'ORDRE VERS LES MEMBRES DU RÉSEAU	Les membres du réseau sont informés de la stratégie du réseau, des objectifs fixés, des consignes opérationnelles, des offres du réseau. Ils bénéficient d'assistance.
ASCENDANTE : DES MEMBRES DU RÉSEAU VERS LE DONNEUR D'ORDRE	Les membres du réseau transmettent les informations relatives aux ventes, aux comportements des consommateurs, aux mesures de la performance ainsi que leurs demandes d'évolution et d'assistance. Des groupes de travail sont mis en place, ainsi que des réunions d'équipe.

2 La formation

2.1. Les enjeux de la formation

La réussite de l'intégration dans le réseau et de son développement repose sur une formation efficace des membres du réseau : produits, savoir-faire, processus organisationnels, politique commerciale et marketing, management et gestion.
Le réseau doit garantir un service identique, des prestations standardisées et une garantie de la qualité des produits.

2.2. Les types de formation

La formation peut être réalisée en interne ou confiée à des prestataires. Elle peut être individuelle, notamment lors de l'intégration d'un nouveau membre, ou collective. Elle s'effectue de manière permanente pour réactualiser les connaissances, manager les équipes et ponctuellement lors du lancement d'une nouvelle offre et dans l'acquisition des bonnes pratiques.

3 Les rencontres du réseau

L'adhésion au projet commun du réseau est favorisée par l'organisation d'échanges et de rencontres entre les membres du réseau. Outre des partages d'informations et d'expériences *via* les outils numériques (intranet, réseaux sociaux), le donneur d'ordre organise des rencontres collectives :
- conventions annuelles, séminaires ;
- challenges commerciaux (*incentive*), concours entre membres ;
- *team building* pour favoriser la cohésion d'équipe.

Mots clés Challenges • *Incentive* • *Team building*

S'ENTRAÎNER AU BTS
Exercice 11 : p. 228

Savoir 20

Le contrôle de l'homogénéité du réseau

Il est nécessaire de définir un concept ainsi qu'une norme pour le réseau qui serviront de base au contrôle des partenaires.

1 Le concept réseau

1.1. Les différents types de réseau

Le concept réseau dépend du type de réseau choisi par le créateur du réseau :

TYPE DE RÉSEAU	DÉFINITION	EXEMPLE
Le réseau de production	Le partenariat industriel consiste à transmettre un processus de production afin de produire et commercialiser un bien. Ce processus est protégé par un brevet.	Yprema a développé une franchise industrielle autour du traitement et du recyclage des déchets industriels et de la déconstruction, ainsi que la commercialisation des produits issus du recyclage.
Le réseau de distribution	Le créateur du réseau assure la fabrication du produit et accorde le droit de le commercialiser aux membres de son réseau.	L'enseigne de vêtements pour enfants Orchestra fait fabriquer les produits qu'elle a conçus et utilise un réseau de magasins franchisés pour en assurer la distribution.
Le réseau de services	Le créateur du réseau transmet des méthodes permettant de fournir des prestations à la clientèle.	Le réseau d'agences immobilières Foncia.

1.2. La norme réseau

Lors des phases de pré-lancement du réseau, la tête de réseau teste et élabore, grâce à sa propre expérience (fabrication, points de vente détenus en propre, services fournis), le cadre à définir pour les membres du futur réseau :

Stratégie de marque	Positionnement, identité visuelle
Stratégie marketing	Cible, offre, politique de prix
Stratégie commerciale	Merchandising, expérience d'achat, relation client
Processus et méthodes de production de biens ou de services à transmettre	

Par la signature du contrat de partenariat, le membre du réseau s'engage à respecter la norme du réseau.

1.3. La conformité au concept et à la norme du réseau

Lors de son adhésion au réseau, le nouveau membre est formé, selon le type de réseau, aux processus et standards de production, aux règles d'approvisionnement et de revente, à la réglementation et au développement de la relation commerciale.

Il reçoit un mode opératoire qui transmet le savoir-faire et les méthodes de la tête de réseau.
Lors de ses visites, l'animateur réseau conseille, forme et contrôle le respect du concept. Le non-respect de la norme réseau peut conduire à résilier le contrat de partenariat.
La tête de réseau peut accepter un éloignement de la norme réseau par certains de ses membres pour des motifs stratégiques : volume de ventes, maintien dans une zone géographique, lutte contre la concurrence.

2 Le document d'information précontractuel (DIP)

Le DIP est obligatoire lorsque les deux conditions suivantes sont réunies :
– il y a transmission de la marque, du nom commercial ou de l'enseigne ;
– il existe un lien de quasi-exclusivité ou d'exclusivité.

EXEMPLES Le DIP est obligatoire pour les contrats de franchise, de concession, de commission affiliation, de licence de marque, de location-gérance, en coopérative.

Le DIP est remis au moins 20 jours avant la signature du contrat. Il est également obligatoire lors du renouvellement du contrat. L'absence de remise du DIP ou l'insuffisance de son contenu peuvent conduire à la nullité du contrat de partenariat.
Le DIP décrit le concept et la norme réseau en comprenant :

LA DESCRIPTION DE LA MARQUE OU DE L'ENSEIGNE	– Identification du fondateur du réseau – Historique de la tête de réseau – Marque et information du dépôt de la marque – Présentation de l'offre
LE RÉSEAU	– Historique du réseau avec les principales étapes de son évolution – Présentation des membres du réseau (liste, types de contrat, nombre, anciens membres, membres déjà présents sur la zone d'implantation) – Vie du réseau
LES PERFORMANCES ÉCONOMIQUES	– État général et local du marché – Perspectives d'évolution du marché – Comptes annuels des deux derniers exercices clos de la tête de réseau – Informations bancaires de la tête de réseau
LE CONTRAT	– Durée du contrat – Montant et nature des dépenses et des investissements à engager – Conditions de renouvellement – Clauses de résiliation – Droits d'entrée, redevance – Champ des exclusivités

Mots clés Concept réseau • DIP • Norme réseau • Réseau de distribution • Réseau de production • Réseau de services

S'ENTRAÎNER AU BTS
Exercice 11 : p. 228

Savoir 21

Le contrôle des partenaires

Dans le cadre de la norme réseau et du respect du contrat, il appartient à la tête de réseau d'effectuer un contrôle régulier des membres de son réseau.

1 Les modes de contrôle des partenaires

ÉLÉMENTS CONTRÔLÉS	TECHNIQUES DE CONTRÔLE
Le contrôle juridique	Audit de qualité de contrôle de la conformité des procédures : il est réalisé par l'enseigne ou un organisme extérieur, voire par un organisme officiel (AFNOR, COFRAC).
Le contrôle du produit ou du service	– Clients mystères – Inspections internes – Études qualitatives (entretiens, sessions de groupes) – Enquêtes de satisfaction (clients, personnels, partenaires)
Le contrôle financier	– Suivi de l'activité à l'aide de tableaux de bord – Indicateurs de performance – Ratios financiers
Le contrôle des ressources humaines	– Suivi des recrutements – Suivi des formations et rémunérations

Les contrôles s'effectuent à différents moments de la relation de partenariat, du lancement du nouveau membre jusqu'au renouvellement du contrat.

EXEMPLE L'enseigne Midas, chaîne de garages automobiles, vérifie grâce aux visites de ses clients mystères que le réparateur s'assure de restituer un véhicule propre et réparé.

2 Le *reporting réseau*

Le *reporting* réseau permet le pilotage de la performance du réseau.
La tête de réseau organise la remontée d'informations du réseau *via* les animateurs réseau et les outils numériques mis en place par le réseau (logiciel, intranets).
Le *reporting* permet :
– de suivre la performance commerciale du réseau ;
– de comparer les résultats des membres du réseau (*benchmarking*) ;
– d'analyser l'état du marché ;
– de partager les données au sein du réseau afin de créer une émulation entre ses membres ;
– d'identifier les membres du réseau en difficulté afin de les aider à améliorer leurs performances.

Mots clés *Benchmarking* • Clients mystères • *Reporting* réseau

S'ENTRAÎNER AU BTS
Exercice 11 : p. 228

Savoir 22

L'évaluation de la performance du réseau

En fonction de ses objectifs, la tête de réseau choisit des indicateurs pertinents pour contrôler la performance de ses membres et le succès du réseau global.

1 Les indicateurs quantitatifs

1.1. Les indicateurs commerciaux

L'ÉVOLUTION DU VOLUME DES VENTES	La mesure de l'évolution du volume des ventes permet de mesurer les écarts entre les prévisions et les réalisations. Taux d'évolution = [(Ventes N – Ventes N-1) / Ventes N-1] × 100 Le taux d'évolution est comparé avec l'objectif de croissance attendu. EXEMPLE Taux de croissance attendu : + 3 % Volume des ventes N-1 : 625 000 € Volume des ventes N : 641 000 € Taux d'évolution = [(641 000 – 625 000) / 625 000] × 100 = 2,56 % L'évolution du volume des ventes est inférieure à l'objectif.
LE CHIFFRE D'AFFAIRES	Le chiffre d'affaires est calculé mensuellement et annuellement. Il est comparé à l'objectif fixé et au secteur d'activité local ou global afin d'identifier la part de marché du réseau ou le taux d'emprise commerciale du point de vente sur sa zone de chalandise. EXEMPLE Chiffre d'affaires du point de vente : 126 000 € Chiffre d'affaires du secteur sur la zone du point de vente : 2 562 000 € Chiffre d'affaires du secteur en France : 56 000 000 € Chiffre d'affaires du réseau : 12 000 000 € Part de marché du réseau = (12 000 000 / 56 000 000) × 100 = 21,43 % Taux d'emprise commerciale = (126 000 / 2 562 000) × 100 = 4,92 %
LE TAUX D'ÉVASION COMMERCIALE	Le taux d'emprise commerciale mesure le chiffre d'affaires réalisé dans la zone de chalandise par les consommateurs ou par le point de vente sur sa zone. Le taux d'évasion commerciale mesure le nombre de personnes résidant dans la zone mais achetant ailleurs. Ces taux sont calculés à partir du nombre de ménages dans la zone et du panier moyen des ménages. EXEMPLE Nombre de ménages : 126 845 Panier moyen : 56,90 € Chiffre d'affaires potentiel de la zone = 126 845 × 56,90 = 7 217 480,50 € Chiffre d'affaires du secteur sur la zone : 2 562 000 € Taux d'évasion = [(7 217 480,50 – 2 562 000) / 7 217 480,50] × 100 = 64,50 %
L'INDICE DE DISPARITÉ DES DÉPENSES DE CONSOMMATION (IDC)	L'IDC est calculé par l'INSEE. Il mesure la disparité des dépenses des ménages au niveau local, à partir d'une base 100, et permet d'identifier les meilleurs secteurs d'implantation des points de vente. EXEMPLE Un département avec un indice de 110 montre que les ménages y consomment 10 % de plus qu'au niveau national.

ANIMATION DE RÉSEAUX

1.2. Les indicateurs financiers

LA MARGE COMMERCIALE	La marge commerciale mesure la différence entre les ventes de marchandises et le coût d'achat des marchandises vendues. EXEMPLE Ventes de marchandises : 263 587 € Coût d'achat des marchandises : 132 793 € Marge commerciale = 263 587 – 132 793 = 130 794 € Taux de marge = (130 794 / 263 587) × 100 = 49,62 %
LA VALEUR AJOUTÉE (VA)	La valeur ajoutée mesure la richesse brute créée par l'entreprise. VA = Marge commerciale + Production de l'exercice – Consommations intermédiaires (charges externes courantes) EXEMPLE (SUITE) Production de l'exercice : 0 Consommations intermédiaires : 25 751 € VA = 130 794 – 25 751 = 105 043 €
L'EXCÉDENT BRUT D'EXPLOITATION (EBE)	L'EBE permet de mesurer que le chiffre d'affaires couvre bien l'ensemble des charges réelles de l'entreprise. EBE = VA + Subventions – Impôts et taxes – Charges de personnel EXEMPLE Salaires et charges sociales : 65 000 € Impôts et taxes (hors impôt sur les sociétés) : 658 € EBE = 105 043 – 65 000 – 658 = 39 385 €
LE RÉSULTAT D'EXPLOITATION	Le résultat d'exploitation mesure la rentabilité de l'activité courante en tenant compte des charges et des produits calculés (produits et charges sans impact sur les encaissements ou décaissements). Résultat d'exploitation = EBE + Reprises sur provisions + Autres produits – Dotations aux amortissements et provisions – Autres charges

2 Les indicateurs humains

Les indicateurs humains permettent de mesurer :

	OBJECTIFS	OUTILS
LA PERFORMANCE DE LA RELATION CLIENT	– Typologie des clients par rapport à la cible – Comportement client – Satisfaction client	– Nombre de clients par jour – Panier moyen – Taux de fidélisation – Taux de transformation – Nombre de passages en caisse
LA PERFORMANCE EN RESSOURCES HUMAINES	– Assurer la cohésion du réseau – Repérer les talents – Favoriser les échanges	– Entretiens d'évaluation – Enquêtes de satisfaction – Taux de *turnover* (renouvellement des salariés ou membres du réseau)

Mots clés

EBE • IDC • Part de marché • Résultat d'exploitation • Taux d'emprise commerciale • Taux d'évasion commerciale • Valeur ajoutée

S'ENTRAÎNER AU BTS
Exercice 12 : p. 228

Savoir 23

Le réseau de vente directe

La vente directe met en contact le fabricant et le consommateur, sans intermédiaire et sans lieu de commercialisation. Il s'agit d'un circuit court, essentiellement utilisé en B to C.

1 Les critères de choix de la vente directe

1.1. Selon le produit ou le secteur d'activité

Le choix de ce type de vente s'explique par la présentation directe du produit par le vendeur et par une démonstration. Les produits proposés sont souvent haut de gamme, innovants et de grande qualité. Les secteurs concernés sont principalement l'habitat (les arts ménagers, les équipements), la gastronomie, le bien-être, la beauté et la mode.

EXEMPLE Les bougies PartyLite sont conçues avec les fragrances de Parfum de Maison renommées. Elles offrent des parfums d'intérieur raffinés et de qualité supérieure.

1.2. Selon l'entreprise

La vente directe peut être choisie par les clients car les entreprises de ce type de vente n'ont pas d'intermédiaires dans leur circuit de distribution. Elles conçoivent une offre conforme aux attentes des clients avec un mode de production adapté.

La vente directe permet une démarche personnalisée du vendeur, une démonstration des produits dans une situation réelle et une interaction avec son client. Le vendeur peut trouver un équilibre entre sa vie professionnelle et sa vie privée grâce à sa liberté d'organisation. C'est souvent un complément de revenu pour le vendeur. Il peut organiser son temps de travail de manière autonome.

EXEMPLE L'entreprise H_2O at Home propose des produits ménagers naturels, avec un nettoyage à l'eau, des formules concentrées écologiques et des technologies de pointe, sans produits chimiques.

1.3. Selon les cibles

Les cibles de ce type de vente sont diverses : elles concernent autant les populations rurales qu'urbaines, principalement des femmes, qui recherchent la convivialité et les échanges.

EXEMPLE L'entreprise Coffee & Cie propose un concept de pause-café en vente à domicile. Elle vend une gamme de plus de 200 produits (cafés et thés aromatisés, grands crus, bonbons en chocolat, calissons, gourmandises).

1.4. Les avantages et les limites de la vente directe

AVANTAGES	LIMITES
Développement d'une relation personnalisée avec le client. Adaptation de l'offre aux attentes du client. Moment de convivialité.	Vente limitée à certains produits. Crainte de certains prospects d'obligation d'achat Nécessité d'une hôtesse.

AVANTAGES	LIMITES
Absence d'intermédiaire. Réduction des coûts de distribution. Inexistence des frais publicitaires.	Appui sur le réseau social du client pour développer une relation commerciale. Gêne possible pour les consommateurs.
Limitation des frais de personnel (vendeurs indépendants plutôt que salariés).	Nécessité pour les vendeurs d'intégrer des compétences en distribution, en logistique, en management.

2 Les méthodes de vente directe

2.1. La vente individuelle ou en porte-à-porte

La vente en porte-à-porte est une forme de vente directe par laquelle le vendeur se rend chez l'acheteur pour proposer des biens ou des services. La vente s'effectue selon un démarchage direct, sans rendez-vous préalable. Le vendeur présente ses produits pendant une démonstration.
Cette méthode de vente est adaptée pour les produits techniques (ex. : fenêtres Tryba) et les produits qui nécessitent des conseils personnalisés (ex. : produits surgelés Thiriet).

2.2. La vente en réunion

La vente en réunion est réalisée par des vendeurs et des particuliers (les « hôtes/hôtesses ») qui invitent un cercle de proches à une réunion de vente à leur domicile ou sur leur lieu de travail. La vente s'appuie sur la démonstration de produits et sur des ateliers (cuisine, couture, soins de beauté...).

3 Les logiciels utilisés

Trois éditeurs de logiciels sont agréés par la Fédération de la vente directe (FVD) pour leur offre adaptée :

MOKA (DC SYSTEMS)	DC Systems a développé un logiciel de gestion commerciale complet, qui calcule les commissions et les charges sociales des vendeurs à domicile indépendants (VDI).
SRC (SOLUTION RÉSEAU COMMERCIAL) (SOGICIEL)	Sogiciel propose la suite SRC, basée sur quatre modules : SRC pour l'entreprise, SRC VDI pour les vendeurs (recrutement, gestion des hôtes/hôtesses, gestion des réunions, calculs de rémunération), SRC Clients pour les clients (commandes en ligne et paiement) et SRC Création.
SELLINGATHOME	SellingAtHome vend des solutions logicielles *online*, avec une interface Web pour l'entreprise, pour le vendeur et une application mobile.

Mots clés : Cibles • Circuit de distribution • Vente directe • Vente en porte-à-porte • Vente en réunion

S'ENTRAÎNER AU BTS
Exercice 13 : p. 229

Savoir 24

Le respect légal de la vente directe

Le cadre légal de la vente directe garantit le respect du consommateur. Il se compose du Code de la consommation, qui protège les consommateurs, et du code éthique de la vente directe, qui encadre les pratiques de la vente directe.

1 Le Code de la consommation

Le vendeur doit respecter les obligations imposées par le Code de la consommation.

L'INFORMATION	Le vendeur doit se présenter et informer le client sur les conditions de la vente. EXEMPLE Le vendeur indique son nom, son parcours, le nom et l'adresse de l'entreprise, les produits présentés et l'objet de la visite ou de la réunion. Il a obligatoirement suivi une formation. Il effectue une présentation détaillée et loyale du produit. Il communique les prix, les modalités de paiement, les conditions de crédit, la période de rétractation, les conditions de livraison et de garantie, les modalités du service après-vente.
LE RESPECT DU CLIENT	Le commercial est tenu de respecter la vie privée et les besoins du client.
LE CONTRAT DE VENTE	La vente doit être finalisée par un bon de commande, daté et signé par le client, comportant des mentions obligatoires. Un exemplaire du document d'informations précontractuelles et du bon de commande est remis au consommateur.
LE DÉLAI DE PAIEMENT	Un délai de paiement de 7 jours suivant la commande doit être respecté (exception pour les ventes en réunion).
LE DÉLAI DE RÉTRACTATION	Le délai de rétractation est fixé à 14 jours à partir de la signature du contrat.
LA LIVRAISON	La livraison des articles doit être conforme à la commande.

2 Le code éthique de la vente directe

La Fédération de la vente directe (FVD) a renforcé les pratiques grâce à un code éthique.

LE CODE DE CONDUITE	La FVD garantit le recrutement loyal des vendeurs et une formation à la vente directe.
LA MÉDIATION EN CAS DE CONFLIT	Le consommateur peut saisir gratuitement la commission paritaire de médiation de la vente directe (CPMVD) lors d'un litige commercial, dans un délai de 21 jours. Les plaintes sont traitées dans les 2 mois.

Mots clés : Code de conduite • Code de la consommation • Contrat de vente • Délai de paiement • Délai de rétractation • Médiation

Savoir 25

Le développement de contacts en vente directe

La vente directe nécessite de développer les contacts, grâce au ciblage et aux méthodes de prospection.

1 Le ciblage

1.1. Les cibles clients

	RÔLE	EXEMPLES
LES CONSOMMATEURS	Ils utilisent le produit de l'entreprise.	L'entreprise H_2O at Home cible les femmes qui utilisent ses produits.
LES PROSPECTS	Ils pourraient être intéressés par le produit de l'entreprise.	L'entreprise H_2O at Home cible les femmes soucieuses de la propreté de leur intérieur.
LES HÔTES/HÔTESSES	Ils organisent une vente en réunion à leur domicile.	L'hôte ou l'hôtesse H_2O at Home est un(e) client(e) de l'entreprise. Il/Elle souhaite partager un moment de convivialité avec ses contacts.
LES PRESCRIPTEURS	Ils recommandent les produits de l'entreprise.	Un médecin recommande à ses patients des produits bio à base de miel de Secrets de Miel.
LES ACHETEURS	Ils effectuent l'acte d'achat.	Les parents achètent des habits Captain Tortue pour leurs enfants.
LES DISTRIBUTEURS	Ils parrainent de nouveaux vendeurs pour augmenter la force de vente.	Ils ciblent les personnes en recherche d'emploi.

1.2. Les sources de contacts

Les sources de contacts permettent de recruter des prospects.

LE RÉSEAU RELATIONNEL	Il est proche de l'hôte/hôtesse : famille, amis, voisins, collègues, amis des amis, réseaux sociaux.
LES FICHIERS EXISTANTS	Deux types de fichiers peuvent être utilisés : le fichier interne (contacts *via* le site Internet, les réseaux sociaux) et le fichier externe.
LES COMITÉS D'ENTREPRISE	Le CE est obligatoire dans les entreprises de plus de 50 salariés.
LES ASSOCIATIONS	Les membres d'une association ciblée.
LES FOIRES ET LES SALONS	Ils développent les nouveaux contacts.
LES ACTIONS DU VENDEUR	Le vendeur peut organiser un *showroom* et des journées « portes ouvertes », déposer des *flyers*.

1.3. Le fichier de contacts

Il permet de regrouper des informations sur les prospects, les clients, les hôtes/hôtesses. Les rubriques créées sont les suivantes : nom, prénom, adresse, code postal, ville, numéro de téléphone, e-mail, âge, situation matrimoniale, profession. Ce fichier permet de personnaliser la relation avec le client.

EXEMPLE L'entreprise Tupperware cible les femmes qui aiment cuisiner.

La vente directe s'adresse à une clientèle B to C. Les données personnelles sont conservées et gérées par la GRC (gestion de la relation client). Elles sont protégées par la CNIL (Commission nationale de l'informatique et des libertés). Depuis le 25 mai 2018, le RGPD (règlement général de protection des données) renforce la protection des personnes au niveau européen (droit à l'oubli, renforcement des droits des personnes ; responsabilisation des acteurs traitant des données, crédibilisation de la régulation).

EXEMPLE Le site Tupperware est enregistré à la CNIL.

2 Les méthodes d'approche

2.1. La prospection téléphonique (*phoning*)

Elle permet de créer un premier contact personnalisé. Le *phoning* nécessite une préparation, effectuée grâce à un GET (guide d'entretien téléphonique) et à la méthode CROC (Contact, Raison, Objectif, Conclusion).

2.2. La prospection 2.0

L'E-MAILING	Il permet d'établir un contact pour préparer une démarche de prospection. Son utilisation est limitée car elle n'est pas toujours efficace. Elle nécessite l'accord du destinataire, sinon l'e-mail est considéré comme indésirable (*opt in*).
LE *SOCIAL SELLING*	Les prospects sont contactés grâce aux réseaux sociaux (*social selling*) (Twitter, Facebook, Instagram, Snapchat) et aux réseaux professionnels (LinkedIn, Viadeo). Le vendeur rédige le contenu commercial sur les réseaux sociaux et valorise ses produits.

2.3. La prospection physique

Elle est souvent précédée d'un premier contact par e-mail ou par téléphone. L'intérêt est de pouvoir montrer les produits physiquement et d'argumenter auprès du client.

Mots clés Acheteurs • Ciblage • CNIL • Contacts • CROC • GET • GRC • Prescripteurs • RGPD • *Social selling*

S'ENTRAÎNER AU BTS
Exercice 13 : p. 229

Savoir 26

La préparation de la vente en réunion

Le vendeur s'organise de manière autonome. Il doit planifier la prospection, obtenir un rendez-vous avec l'hôte/hôtesse et le/la convaincre d'organiser une réunion.

1 Planifier la prospection

Le vendeur se fixe des objectifs quantitatifs et qualitatifs. Il budgéte ses coûts (frais de déplacement, temps passé, outils utilisés) et pilote sa prospection grâce à un tableau de bord.

EXEMPLE

CRITÈRES	OBJECTIFS	RÉSULTATS	ÉCARTS
Nombre de contacts	30	20	– 10
Nombre de prospects contactés	20	15	– 5
Nombre de rendez-vous obtenus	10	8	– 2
Nombre d'hôtes/hôtesses recrutés	4	2	– 2
Nombre de participants aux réunions	8	10	+ 2

2 Convaincre l'hôte/hôtesse

2.1. La prise de contact avec l'hôte/hôtesse

Lors de la prise de contact avec l'hôte/hôtesse, le vendeur respecte les étapes clés : se présenter, mettre l'hôte/hôtesse en confiance, obtenir un rendez-vous.

2.2. Le plan de découverte des besoins de l'hôte/hôtesse

Le vendeur recherche les besoins de l'hôte/hôtesse avec le plan de découverte.

PHASES	EXEMPLES
Situation actuelle	« Avez-vous déjà été hôte/hôtesse ? » « Avez-vous apprécié la dernière vente en réunion ? » « Quels produits préférez-vous ? »
Solution actuelle	« Combien de fois par semaine nettoyez-vous chez vous ? » « Êtes-vous satisfaite des produits de notre marque ? » « À quelle fréquence commandez-vous nos produits ? »
Situation future	« Que souhaiteriez-vous de particulier pour la prochaine vente en réunion ? » « Combien de personnes aimeriez-vous inviter ? » « Qui seront vos invités ? » « À quel moment souhaitez-vous organiser la réunion ? » « Quels produits souhaitez-vous commander ? »
Solution future	« Avez-vous des remarques pour l'organisation de la prochaine réunion ? »

2.3. L'argumentaire

Le vendeur développe un argumentaire CAP/SONCASE à destination de l'hôte/hôtesse.

	CARACTÉRISTIQUES	AVANTAGES	PREUVES
SÉCURITÉ	« Les réunions sont clés en main. Je m'occupe de tout. »	« Vous aurez juste à accueillir vos invités. »	« Voici le planning de la réunion. »
ORGUEIL	« Vous serez la vedette de la réunion. »	« Vos amis seront ravis de nos produits, grâce à vous. »	« Je vous présente nos produits vedettes. »
NOUVEAUTÉ	« Vous découvrirez notre dernier concept révolutionnaire. »	« Vous découvrirez les produits avant vos amis. »	« Regardez notre dernier catalogue. »
CONFORT	« La réunion sera courte et agréable. Vous aurez juste à prévoir une collation. »	« Vous pourrez échanger avec vos invités. »	« Voici le planning de la réunion. »
ARGENT	« Vous ne dépenserez pas d'argent pour la réunion, juste pour la collation. »	« Vous recevrez des cadeaux de bienvenue. »	« Voici les cadeaux. »
SYMPATHIE	« Vous profiterez d'un moment positif avec vos amis. »	« Vous pourrez échanger des conseils avec vos amis. »	« Je vous présente nos conseils. »
ÉCOLOGIE	« Nos produits sont bio, sans polluants. »	« Nos produits sont respectueux de l'environnement. »	« Regardez l'étiquette des produits. »

2.4. Le traitement des objections de l'hôte/hôtesse

Le vendeur répond aux objections de l'hôte/hôtesse.

EXEMPLE

OBJECTIONS	RÉPONSES
« Je n'ai pas le temps d'organiser une réunion. »	« J'entends. Vous pouvez être assurée que je gérerai tout. Vous n'aurez aucune contrainte. »
« Je n'aime pas les ventes en réunion. »	« Je comprends. Nos ateliers sont conviviaux et sympathiques. Vous serez conquis. »

Mots clés Argumentaire • CAP • Objections • Plan de découverte • Prospection • SONCASE • Tableau de bord

S'ENTRAÎNER AU BTS
Exercice 14 : p. 229

ANIMATION DE RÉSEAUX

Savoir **27**

L'organisation de la réunion

Le vendeur aide l'hôte/hôtesse à convier ses invités. Il prépare le planning de la réunion et ses outils d'aide à la vente.

1 L'envoi des invitations

Le vendeur aide l'hôte/hôtesse à lancer les invitations parmi ses contacts. Le nombre d'invitations dépend du type d'atelier. Il fournit des invitations personnalisées aux couleurs de la marque. Il invite l'hôte/hôtesse à remettre les invitations en main propre ou à appeler ses invités, au moins 7 jours avant la réunion, et à les rappeler 2 jours avant la réunion.

2 La préparation de l'hôte/hôtesse

Le vendeur prépare l'hôte/hôtesse à répondre aux arguments des invités. Il valorise ses actions et le/la remercie. La réussite de la réunion est liée à la motivation de l'hôte/hôtesse, à son enthousiasme, à sa bonne humeur et à son implication personnelle (collation, nombre d'invités).

3 Le planning de préparation de la réunion

Le vendeur organise la préparation de la réunion avec l'hôte/hôtesse.

J-7 ORGANISATION DE LA RÉUNION	– Encourager l'hôte/hôtesse, le/la valoriser. – Choisir la pièce, la table, les éléments de décoration. – Installer la table et la place du vendeur pour qu'ils soient vus par tous les invités. – Lister les invités avec l'hôte/hôtesse. – Tester les produits avec l'hôte/hôtesse. – Expliquer le déroulé de la réunion, le fonctionnement des commandes et les droits des invités (Code de la consommation et code éthique de la vente directe). – Montrer les bons de commande et les catalogues des invités. – Préparer les outils d'aide à la vente (OAV). – Actualiser la connaissance des produits.
J-2 RAPPEL ET RELANCE	– Confirmer le rendez-vous à l'hôte/hôtesse et lui rappeler les consignes. – Demander à l'hôte/hôtesse d'effectuer une confirmation auprès des invités (par téléphone ou SMS).

4 La préparation du vendeur

Le vendeur prépare les outils d'aide à la vente (OAV) et développe sa connaissance des produits et des offres commerciales.

PRÉPARER LES VENTES	PRÉPARER LE MATÉRIEL
– Vérifier les stocks des produits. – Vérifier les offres commerciales. – Prendre des catalogues produits.	– Matériel de décoration – Cadeaux de l'hôte/hôtesse – Produits de démonstration

PRÉPARER LES VENTES	PRÉPARER LE MATÉRIEL
– Mettre à jour les fiches produits. – Lister les invités. – Prévoir des cartes de visite. – Réceptionner les enquêtes de satisfaction.	– Produits de présentation – Produits complémentaires – Agenda – Stylos – Bons de commande – Calculette – Moyens de paiement – Enquêtes de satisfaction

5 L'arrivée chez l'hôte/hôtesse

Le vendeur arrive 30 minutes avant la réunion chez l'hôte/hôtesse.

↓

Il met en place la table et dresse la présentation de ses produits (nappe, décoration, produits, musique, parfum).

↓

Il vérifie la liste des invités qui ont confirmé leur venue.

↓

Il prépare ses documents à distribuer et ses stylos.

↓

Il rassure l'hôte/hôtesse et l'accompagne.

Mots clés Atelier • Enquêtes • Motivation • Offres commerciales • Outils d'aide à la vente • Planning • Stocks

S'ENTRAÎNER AU BTS
Exercice 14 : p. 229

Savoir
28
Le déroulement et l'animation de la réunion

Le vendeur anime la réunion et valorise l'hôte/hôtesse et ses invités. Il montre les produits et incite les prospects à l'achat.

1 Le début de la réunion

1.1. L'accueil des invités

L'hôte/hôtesse accueille les invités. Le vendeur salue chaque invité et se présente. Il échange avec chaque invité pour le mettre en confiance.

1.2. Le début de la réunion

Le vendeur présente l'objectif de la réunion et remercie l'hôte/hôtesse d'avoir accueilli la réunion à son domicile. Il indique les étapes de la réunion ainsi que son entreprise, ses valeurs, son historique.
Il montre la gamme des produits et présente certains produits particulièrement. Il répond aux questions des invités. Il met en place un atelier. Il repère de futurs hôtes/hôtesses.

2 L'animation de la réunion

2.1. La démonstration des produits

Le vendeur effectue des démonstrations et fait participer les invités. Il implique plus particulièrement l'hôte/hôtesse. Son objectif est d'initier les invités à l'utilisation du produit et de favoriser les interactions entre eux et avec l'hôte/hôtesse.

EXEMPLE Un nouveau robot nettoyeur de vitres est testé par les invités sur une des fenêtres de la maison de l'hôte/hôtesse.

2.2. La recherche des besoins des invités

Le vendeur développe un contact personnalisé avec chaque invité à travers plusieurs étapes :

ÉTAPE	DESCRIPTION	EXEMPLE
L'OBSERVATION	Il observe son comportement et repère les produits qui l'intéressent.	Vers quels produits se dirige l'invité ?
LE QUESTIONNEMENT	Il échange avec lui, recherche ses besoins en lui posant des questions ciblées et répond à ses questions.	« Êtes-vous satisfait de vos produits actuels ? », « Que souhaiteriez-vous améliorer ? »
LA REFORMULATION	Il résume ce que l'invité recherche pour vérifier qu'il a compris les besoins.	« Donc, vous avez déjà un produit détergeant efficace anti-calcaire mais vous souhaitez… »

2.3. L'argumentation et les conseils personnalisés

Tout au long de la réunion, le vendeur cherche à développer des arguments et des conseils personnalisés afin :
- de convaincre les participants à la réunion d'acheter les produits ;
- de recruter de nouveaux hôtes/hôtesses ;
- de recruter de nouveaux vendeurs/vendeuses.

Le vendeur peut s'appuyer sur la méthode CAP (**C**aractéristiques, **A**vantages, **P**reuves) et la méthode SONCASE (**S**écurité, **O**rgueil, **N**ouveauté, **C**onfort, **A**rgent, **S**ympathie, **É**cologie).

EXEMPLES

	CARACTÉRISTIQUES	AVANTAGES	PREUVES
SÉCURITÉ	« Les produits H_2O at Home sont garantis sans produits chimiques. »	« Vous pouvez les utiliser juste avec de l'eau. »	« Laissez-moi vous faire une démonstration. »
ORGUEIL	« Il s'agit d'un robot laveur de vitres haut de gamme »	Il est très puissant et très performant.	Il a été élu meilleur robot lave-vitres de l'année.
NOUVEAUTÉ	« Vous découvrirez notre dernier concept d'aspirateur robot sans fil. »	« Vous aurez une maison très propre sans effort. »	« Regardez notre dernier catalogue. »
CONFORT	« Notre dernier gant de nettoyage vous simplifiera la vie pour nettoyer. »	« Vous gagnerez du temps pour faire briller votre intérieur. »	« Je vais vous faire une démonstration... »
ARGENT	« Nos produits ont une durée de vie longue et sont réutilisables. »	« Vous ferez des économies car vous n'aurez pas à acheter de nouveaux produits. »	« Voici la preuve de la qualité de nos produits. »
SYMPATHIE	« Ce purificateur d'air est design et coloré »	« Vous pouvez choisir la couleur que vous préférez »	« Regardez les couleurs proposées »
ÉCOLOGIE	« Nos produits sont bio, sans polluants. »	« Nos produits sont respectueux de l'environnement. »	« Regardez l'étiquette des produits. »

2.4. Le traitement des objections des invités

Le vendeur doit répondre aux objections des invités en trois étapes :
- reformuler l'objection ;
- faire preuve d'empathie ;
- argumenter en essayant de lever le frein à l'achat.

EXEMPLE Objection : « Je trouve que les produits sont chers. »
Réponse : « Vous craignez de dépenser plus d'argent avec ces nouveaux produits et je comprends votre inquiétude. Les produits H_2O at Home ont un excellent rapport qualité/prix car vous n'en utiliserez qu'une petite quantité à chaque fois. Un produit est conçu pour un an d'utilisation. »

Mots clés Atelier • Besoins • Démonstrations • Objections

S'ENTRAÎNER AU BTS
Exercice 15 : p. 229

Savoir 29

La conclusion, le suivi et l'évaluation de la réunion

Le vendeur conclut la réunion et évalue les résultats de ses ventes. Il gère le suivi de la réunion ainsi que la livraison des produits.

1 La conclusion de la vente

LA PRÉSENTATION DU PRIX	Le vendeur donne les prix TTC. Les prix sont annoncés à la fin de la réunion, lors des commandes, sauf si le produit a un coût élevé.
LA COMMANDE	Le vendeur : – remet les documents précontractuels et les bons de commande ; – précise les conditions de règlement, de livraison et le droit de rétractation de 14 jours ; – aide les clients à remplir leur bon de commande ; – propose aux clients un produit additionnel.
LE PAIEMENT	Le vendeur encaisse les paiements des clients, en espèces, par carte bancaire, chèque ou paiement mobile. Il utilise un terminal de paiement. Le client a un délai de 14 jours pour se rétracter.
LA PRISE DE CONGÉ	Le vendeur fait remplir un questionnaire de satisfaction. Il récupère les coordonnées des personnes qui n'ont pas acheté de produits. Il présente le calendrier de la livraison des produits et le suivi de la relation. Il remercie les invités ainsi que l'hôte/hôtesse. Il aide l'hôte/hôtesse à ranger son intérieur.

2 Le suivi de la réunion

2.1. La mise à jour du fichier clients

Le vendeur met à jour sa base de données. Il qualifie le fichier en complétant les données des clients et des prospects.

2.2. Le suivi des commandes

Le vendeur transmet les bons de commande à son entreprise. Il se charge de livrer l'hôte/hôtesse. Il effectue différents appels :

UN APPEL DE REMERCIEMENT	48 heures après la livraison, appeler le client pour le remercier.
UN APPEL DE SATISFACTION	2 semaines après l'achat, appeler le client pour évaluer sa satisfaction.
UN APPEL D'OFFRE COMMERCIALE	Appeler les clients pour les informer d'une éventuelle nouvelle offre commerciale mise en place par l'entreprise.
UN APPEL DE RÉAPPROVISIONNEMENT	Pour les produits consommables (produits d'entretien, etc.), relancer les clients à des dates pertinentes pour recueillir leurs commandes.

2.3. Les actions commerciales

Le vendeur publie ses actions et poursuit la relation commerciale avec les clients *via* différents outils de communication :
– les réseaux sociaux ;
– les blogs ;
– les *newsletters* et e-mailings ;
– le site de l'entreprise : chaque client, après sa première commande, peut bénéficier d'un espace client personnalisé sur le site de l'entreprise ;
– les journées portes ouvertes, salons, etc.

3 Les indicateurs de performance

3.1. Les indicateurs quantitatifs

Le vendeur vérifie la rentabilité de ses actions avec des indicateurs quantitatifs.

INDICATEURS	DÉFINITIONS
Le capital rendez-vous	Nombre de réunions futures programmées
Le nombre moyen de rendez-vous par réunion	$\frac{\text{Nombre de rendez-vous par réunion}}{\text{Nombre de réunions totales}}$
Le taux de présence	$\frac{\text{Nombre de personnes présentes}}{\text{Nombre d'invités}} \times 100$
Le taux de transformation	$\frac{\text{Nombre de nouveaux clients}}{\text{Nombre d'invités à la réunion}} \times 100$
Le panier d'achat par invité	$\frac{\text{Chiffre d'affaires de la réunion}}{\text{Nombre d'invités}}$
Le panier d'achat par client	$\frac{\text{Chiffre d'affaires de la réunion}}{\text{Nombre de clients}}$
L'indice de vente	$\frac{\text{Nombre de produits vendus}}{\text{Nombre d'acheteurs}}$

3.2. Les indicateurs qualitatifs

Le vendeur peut évaluer la notoriété de la marque, la satisfaction des clients et de l'hôte/hôtesse lors d'un échange à la fin de la réunion ou *via* une enquête distribuée et/ou envoyée par e-mail.

Mots clés Bons de commande • Indice de vente • *Newsletters* • Panier d'achat • Questionnaire de satisfaction • Taux de présence • Taux de transformation

S'ENTRAÎNER AU BTS
Exercice 16 : p. 230

Savoir 30

Le recrutement des vendeurs

Le vendeur peut avoir différents types de statut. Sa rémunération présente souvent une partie fixe et une partie variable. Le recrutement des vendeurs est externe ou interne.

1 Le statut du vendeur

1.1. Le salarié

Le voyageur représentant placier (VRP) est un représentant de commerce qui a la qualité de salarié. Il a un contrat de travail avec l'entreprise. Le VRP est embauché par un ou plusieurs employeurs pour prospecter une clientèle et prendre des commandes. Le VRP est multicarte lorsqu'il travaille pour plusieurs employeurs et que son contrat ne prévoit pas d'exclusivité. Dans ce cas, il ne bénéficie pas d'un revenu minimum professionnel garanti. Le VRP exclusif a un seul employeur avec une garantie d'exclusivité.

1.2. Le vendeur à domicile indépendant (VDI)

Le VDI effectue de la vente directe par démarchage de personne à personne ou par réunions. Ce statut est strictement encadré par la loi et ne peut être utilisé pour la vente à distance (téléphone, Internet), les ventes sur les marchés, les foires ou dans les magasins. Il se situe entre l'autoentrepreneur et le salarié. Il permet de commencer une activité de vente à domicile uniquement mais il est limité en termes de chiffre d'affaires. Le VDI peut travailler pour plusieurs entreprises. Il n'a pas de lien de subordination avec une entreprise.

1.3. L'agent commercial

L'agent commercial indépendant est un mandataire qui négocie et conclut des contrats pour le compte d'une entreprise. Il réalise des contrats de vente, de location ou de prestation de services.
Il se définit par opposition au commercial salarié. Pour devenir agent commercial indépendant, un contrat (mandat) d'agent commercial est signé avec une entreprise. Par ce contrat, l'entreprise mandate l'agent pour la représenter et vendre ses produits en son nom.
Le contrat d'agent commercial prévoit la zone géographique de l'activité, les modalités de la rémunération, le montant des commissions et les missions confiées (démarchage, négociation, vente).

1.4. Le commerçant

Le commerçant achète et revend des marchandises pour son propre compte. Il s'agit d'une personne physique (entreprise individuelle) ou d'une personne morale (société commerciale).

2 La rémunération du vendeur

La rémunération varie en fonction du statut du vendeur. Il peut s'agir :
- d'un salaire fixe ;
- d'un salaire fixe et d'une partie variable ;
- d'une partie uniquement variable, c'est-à-dire d'une commission calculée sur le chiffre d'affaires HT réalisé.

Le vendeur peut aussi être payé par des honoraires fixés par le contrat de distribution de l'entreprise et recevoir des primes.

3 Le profil du vendeur de vente directe

Le vendeur de vente directe doit posséder les qualités suivantes : sens du relationnel, enthousiasme, motivation, empathie, écoute, rigueur, connaissance des produits, de la marque, satisfaction des clients.

4 Le recrutement des vendeurs

LE RECRUTEMENT EXTERNE	Le recrutement des vendeurs peut s'effectuer *via* des offres d'emploi sur les sites institutionnels (Pôle emploi...), les blogs, les sites dédiés (Indeed, LinkedIn...) et le site de l'entreprise.
LE RECRUTEMENT PAR LE RÉSEAU DE VENTE DIRECTE	Les entreprises de vente directe recrutent grâce au réseau actuel de vendeurs. Les ventes en réunion sont l'occasion de rencontrer d'éventuels futurs vendeurs.

5 Le contrat du vendeur à domicile indépendant (VDI)

Le contrat du VDI précise : le statut du vendeur, le statut social, la législation, le mode de rémunération, la durée du contrat et les conditions commerciales d'exercice de l'activité.

Le VDI bénéficie du régime de la Sécurité sociale. Il est assisté par l'entreprise en matière commerciale, financière et administrative. Il doit respecter les normes commerciales et juridiques de l'entreprise ainsi que les règles professionnelles. Le contrat peut prévoir une clause de non-concurrence mais il ne peut réduire l'activité commerciale du vendeur sur un territoire. Un nouveau VDI est toujours accompagné par un parrain, qui l'aide aux niveaux juridique, technique et commercial.

Mots clés Agent commercial • Commerçant • Commission • Vendeur • Vendeur à domicile indépendant • Voyageur représentant placier (VRP)

S'ENTRAÎNER AU BTS
Exercice 17 : p. 230

Savoir 31 Les objectifs, le plan d'action et la formation des vendeurs

Le vendeur fixe avec son manager des objectifs individuels quantitatifs et qualitatifs. Il détermine un plan d'action pour atteindre ses objectifs.

1 Les objectifs

Les objectifs doivent être SMART :

SPÉCIFIQUES	Tout objectif est individuel et spécifique à chaque vendeur.
MESURABLES	Les résultats sont mesurés concrètement et comparés avec les objectifs fixés initialement.
ATTEIGNABLES	Le vendeur doit pouvoir les réaliser.
RÉALISABLES	Les objectifs doivent être cohérents avec le temps dont dispose le vendeur et avec ses conditions de travail.
TEMPORELLEMENT DÉFINIS	Chaque objectif est reporté précisément dans un échéancier.

1.1. Les objectifs quantitatifs

Les objectifs quantitatifs sont de deux sortes :

OBJECTIFS QUANTITATIFS LIÉS AUX RÉUNIONS	OBJECTIFS QUANTITATIFS LIÉS AUX CLIENTS
– Augmentation du chiffre d'affaires (volume des ventes) – Nombre de réunions – Nombre de visites – Nombre de rendez-vous – Panier moyen par client	– Nombre de prospects – Nombre de contacts – Nombre de clients – Nombre de nouveaux clients – Nombre de personnes présentes par réunion – Nombre de personnes invitées par réunion

1.2. Les objectifs qualitatifs

Les objectifs qualitatifs sont de deux sortes :

OBJECTIFS QUALITATIFS LIÉS À L'ENTREPRISE	OBJECTIFS QUALITATIFS LIÉS AU VDI
– Représenter fidèlement les valeurs de l'entreprise. – Donner une meilleure image de l'entreprise et de ses produits. – Privilégier l'amélioration de la satisfaction.	– Développer les compétences techniques. – Travailler les compétences comportementales. – Développer la créativité. – Appliquer les techniques apprises lors des formations. – Améliorer l'organisation personnelle. – Gérer plus rapidement les tâches administratives. – Faire un *reporting* (reporter les tâches effectuées) de meilleure qualité. – Développer l'esprit d'équipe. – Mieux s'intégrer dans l'entreprise. – Mieux communiquer avec la hiérarchie.

2 Le plan d'action

Le plan d'action, défini avec le manager, permet au VDI d'atteindre les objectifs fixés et de suivre leur mise en application et leur évolution. Le suivi permet d'aider le VDI à comprendre le chemin parcouru (ou non) et d'apprécier la distance qui le sépare du but à atteindre. Le vendeur peut ainsi maintenir sa motivation, sa mobilisation et sa détermination.
Le plan d'action prévoit :
- l'organisation de la prospection ;
- la gestion des clients et des hôtes/hôtesses ;
- le calendrier des contacts avec le manager ;
- l'échange et le partage de savoir-faire ;
- le suivi des objectifs à atteindre.

3 La formation des vendeurs

Pour pouvoir mettre en œuvre le plan d'action, le vendeur doit suivre une formation théorique au début de son activité puis tous les ans afin d'acquérir les compétences socles du métier : prospection, communication commerciale, suivi client, argumentaire de vente, gestion du temps, etc.

3.1. La formation interne

La formation peut être réalisée en interne, c'est-à-dire organisée directement par les entreprises de vente directe pour leurs vendeurs. Elles peuvent mettre à la disposition de leurs vendeurs des séances :

EN PRÉSENTIEL	SÉMINAIRES, FORMATIONS EN GROUPE, ATELIERS, ETC.
À DISTANCE (*E-LEARNING*)	Supports numériques, webinaires (conférences en direct en ligne), vidéos, etc.

3.2. La formation externe

Les vendeurs peuvent également se former auprès d'organismes de formation. La Fédération de la vente directe (FVD) propose une formation à distance pour les vendeurs débutants, la Vente Directe Académie, qui permet d'obtenir des certifications professionnelles.

Mots clés : *E-learning* • Objectifs qualitatifs • Objectifs quantitatifs • Plan d'action • *Reporting* • SMART • Webinaires

S'ENTRAÎNER AU BTS
Exercice 17 : p. 230

Savoir 32 La motivation et la formation des vendeurs

Le manager motive le vendeur grâce à des outils variés et à un accompagnement personnalisé.

1 Les facteurs de motivation

Les facteurs de motivation varient en fonction des profils des vendeurs mais allient souvent :

LA RÉMUNÉRATION	Une augmentation de la rémunération et des commissions sur le chiffre d'affaires poussent le vendeur à s'investir davantage car il voit que son travail est reconnu.
LES PRODUITS VENDUS	Le vendeur qui apprécie un produit a plus de facilité à le vendre et à échanger avec les clients.
L'AUTONOMIE	Une grande autonomie permet au vendeur d'organiser son temps de travail et de préserver un équilibre entre son temps professionnel et son temps personnel.

2 Le suivi et l'accompagnement individuel

Le manager doit fidéliser les vendeurs et éviter le *turnover,* c'est-à-dire le renouvellement des vendeurs dans le réseau. Pour cela, il doit mettre en place un suivi régulier des vendeurs afin de repérer les motivations, les points de blocage et les ressorts psychologiques susceptibles d'augmenter ou de maintenir la motivation et l'implication du vendeur dans son travail.

2.1. L'accompagnement du vendeur

Le manager apporte au vendeur à domicile indépendant :
- des conseils de prospection, une formation aux techniques de vente ;
- une assistance pour développer son réseau ;
- une aide pour gérer le temps entre sa vie professionnelle et sa vie privée ;
- un soutien avec des contacts réguliers pour développer sa motivation, lever ses blocages, fixer des objectifs réalisables, élaborer un plan d'action et lancer l'activité ;
- une formation aux produits, à chaque nouvelle gamme de produits, aux nouveaux outils de communication et de démonstration.

2.2. Les moyens du suivi

Le manager peut organiser des contacts hebdomadaires, mensuels et annuels avec chaque vendeur. Le suivi peut s'opérer par des rendez-vous physiques, des visioconférences, des contacts téléphoniques, des e-mails ou par le réseau intranet de l'entreprise.
L'entretien avec le VDI se déroule toujours sous la forme d'un échange, dans une ambiance informelle, conviviale et bienveillante. Le manager doit veiller à la convivialité, à la solidarité, à la reconnaissance du mérite et à la valorisation de la personne, au sein d'équipes soudées.

3 L'animation du réseau de vendeurs

L'animation du réseau de vendeurs est indispensable pour créer une cohésion et un esprit d'équipe entre les vendeurs. Le manager doit favoriser la transmission de la culture, des valeurs et des projets de l'entreprise aux différents vendeurs.

3.1. Les outils pour animer un réseau de vendeurs

Pour animer le réseau de vendeurs, le manager peut organiser :

DES RÉUNIONS ANNUELLES	Il s'agit de retrouver l'ensemble des vendeurs autour de dates marquantes (Noël, anniversaire de l'entreprise...). Les objectifs de ces réunions peuvent être : – de présenter les nouveaux vendeurs du réseau ; – de former les vendeurs aux nouveaux produits ; – de partager des expériences et des bonnes pratiques ; – de transmettre les nouveaux outils nécessaires à l'activité ; – de suivre les résultats et l'évolution de la performance.
DES *TEAM BUILDING*	Séminaires ou activités par équipes permettant de fédérer les vendeurs autour de valeurs communes.
DES CONCOURS OU CHALLENGES	Ils permettent aux meilleurs vendeurs de gagner des prix (cadeaux, voyages, etc.) en fonction de l'atteinte des objectifs. Les concours et les challenges doivent être organisés de manière rigoureuse en respectant plusieurs étapes : fixer les objectifs, la cible, impliquer les vendeurs, communiquer, choisir la récompense adaptée, mesurer la performance. La mesure de la performance suppose le calcul du retour sur investissement (ROI) avec l'évaluation : – des bénéfices quantifiables : CA, marge, etc. ; – des bénéfices non quantifiables : motivation, notoriété, etc. ; – des coûts : cadeaux, primes, temps passé, etc.

3.2. Le développement du réseau

Le manager doit motiver le vendeur à recruter de nouveaux vendeurs. Cela peut faire l'objet de commissions financières, de cadeaux, d'avantages et même de nouvelles perspectives de carrière.

Mots clés Challenges • Cohésion • Facteurs de motivation • Retour sur investissement • *Team building*

S'ENTRAÎNER AU BTS
Exercice 17 : p. 230

Exercice 1 Voir Fiche Savoir 1

Le réseau de distribution

Créée en 1911 dans le Piémont, en Italie, la marque Fila connaît le succès dans les années 1990. Rachetée en 2007 par un groupe sud-coréen, elle renoue alors avec le succès. Le groupe coréen Fila Korea, son propriétaire, a décidé de revoir sa politique de produits (offre technique et créations basées sur le logo de la marque) et sa stratégie de distribution.

1. Quelle est la stratégie de distribution choisie par la marque ? Quels formats de distribution sont utilisés ?

2. Quels sont les avantages pour Fila ?

Annexe La nouvelle stratégie de Fila

La stratégie de distribution est remise à plat, les circuits précédents étant peu qualitatifs. La première stratégie a été de développer la présence de la marque Fila dans les réseaux multimarques, tout en refusant d'entrer dans les réseaux de grande distribution alimentaire. Avec l'ambition d'atteindre une croissance des ventes de 10 % par an jusqu'en 2020, Fila touche désormais tous les types de distribution. Distribuée au sein des réseaux « sport » traditionnels (Foot Locker, Courir, Sport 2000) et des réseaux « mode », notamment en ligne (Sarenza, Asos), Fila s'implante aussi dans les grands magasins (Galeries Lafayette, BHV). La marque a investi 52 millions d'euros pour développer un nouveau programme de distribution directe. Le premier « *flagship store* » (magasin amiral, de 800 m²) de la marque ouvre en 2001 à Milan avec pour cible les grandes capitales. Parallèlement, des « *regional stores* » (de 150 à 400 m²) seront ouverts sous forme de franchise dans les grandes villes européennes. La marque possède en outre son propre site de vente en ligne.

FAIT ☐ REVU ☐

Exercice 2 Voir Fiche Savoir 2

L'organisation du référencement

Après le constat d'un taux de rupture de 8 % des produits ultra-frais en linéaire dans les hypermarchés Carrefour, Danone a mis en place une solution afin de réduire ce taux en partenariat avec le groupe Carrefour. Grâce à un outil interfacé entre Carrefour et Danone (ECCO) et l'échange de données informatisées, les hypermarchés Carrefour envoient chaque jour les assortiments, ventes et stocks de produits Danone au siège de Danone France. En fonction des données reçues, une proposition de commande est transmise à chaque hypermarché. Cette solution a permis un taux de rupture de linéaire à 2 %, sans augmentation de stocks en magasin, et un chiffre d'affaires supplémentaire de 3 millions d'euros par an.

1. Quelles sont les problématiques rencontrées par Danone ?

2. Quels sont les avantages de la solution pour les deux partenaires ?

FAIT ☐ REVU ☐

Exercice 3 Voir Fiches Savoir 3 et 5

La négociation du référencement / La négociation avec le chef de rayon

FRENCH BY NATURE, jeune entreprise lyonnaise créée en 2016, a lancé en 2018 une nouvelle gamme de glaces, « What The French?! ». Destinée à une clientèle jeune, la gamme est bio, fabriquée en France, avec des parfums originaux et aux noms décalés (« Do You do You », « Oh la la! »). La gamme propose 9 recettes autour de 4 familles de produits (crèmes glacées, sorbets, yaourts et glaces alcoolisées). La marque s'engage à garantir la qualité des matières premières, la qualité gustative des produits, la naturalité des ingrédients, le respect de l'environnement et une éthique sociale et sociétale. Elle est référencée auprès des enseignes Carrefour, Géant Casino et Leclerc depuis 2018. Son objectif est de s'implanter dans toutes les enseignes de la grande distribution avec un objectif de chiffre d'affaires d'un million d'euros. Le marché de la glace est porteur. Avec une croissance de 7 % en 2018, il progresse grâce à l'innovation des produits, dont les jeunes sont demandeurs, et à la croissance du marché du bio.

1. Comment, dans un environnement concurrentiel, la marque a-t-elle réussi son référencement en grande distribution ?

2. Préparer la négociation avec un chef de rayon qui objecte qu'il n'a pas assez de références de glaces.

FAIT ☐ REVU ☐

Exercice 4 Voir Fiche Savoir 4

La négociation des prix

La marque Redkun négocie le référencement d'un nouveau shampoing. Elle recherche un taux de marge de 15 %. Elle propose le shampoing au prix de 1,95 € HT la bouteille de 250 ml. Le distributeur recherche un taux de marque de 30 %, avec un prix public limité à 3,20 € TTC (TVA 20 %).

1. Quel est le coût de revient du shampoing pour le fabricant ? Quel est le montant de la marge ?

2. Quel prix sera accepté par le distributeur ?

3. Quel sera le taux de marge du fabricant après la négociation ?

FAIT ☐ REVU ☐

Exercice 5 Voir Fiches Savoir 6 et 7

Le marchandisage / L'implantation des produits en rayon

Le chef de secteur de la marque Fruité visite un point de vente et contrôle la mise en rayon de sa gamme de produits. Le point de vente intègre 8 marques référencées.

1. La marque est-elle correctement représentée dans le linéaire (annexe 1) ?

2. En analysant la place du produit en rayon (annexe 2), proposer une nouvelle allocation du linéaire.

Annexe 1 Marques de jus de fruits

CODE	MARQUE	PART DE MARCHÉ	LINÉAIRE DÉVELOPPÉ
A	MDD standard	50 %	14 mld
B	Tropicana	14 %	4 mld
C	Joker	13 %	4 mld
D	MDD 1ers prix	10 %	3 mld
E	Fruité	7 %	1 mld
F	Pago Granini	3 %	1 mld
G	Réa	2 %	1 mld
H	Pampryl	1 %	2 mld

Annexe 2 Planogramme du rayon « Jus de fruits »

C	A	A	A	A	B
C	A	A	A	A	B
C	A	A	A	A	B
C	H	H	A	A	B
E	F	D	D	D	G

FAIT ☐ REVU ☐

Exercice 6 Voir Fiches Savoir 8 et 9

L'organisation d'une animation commerciale

La marque d'ustensiles de cuisine H&H, créée par l'entreprise italienne Pengo Spa, commercialise sa ligne de poêles Granwood auprès des magasins U. Le chef de secteur est chargé d'organiser des animations commerciales lors de la prochaine fête des Mères dans les points de vente de son secteur géographique. La marque propose une gamme de poêles design en aluminium, de plusieurs tailles, pour tous types de feux, sous le slogan : « La force du granit, l'élégance du bois ». Elle a également un catalogue complet d'ustensiles de cuisine et d'art de la table.

1. Étudier l'intérêt et l'opportunité d'organiser cette animation commerciale pour la marque et l'enseigne.

2. Déterminer l'animation commerciale la plus pertinente.

3. Organiser et planifier une animation commerciale.

FAIT ☐ REVU ☐

Exercice 7 Voir Fiche Savoir 10

L'évaluation d'une animation commerciale

Après avoir créé son produit-phare (une gamme de petits fromages apéritifs carrés et colorés) en 1960, le groupe Bel officialise la marque Apéricube en 2005. Lors de la période d'été, une campagne d'animation commerciale est lancée dans les points de vente distributeurs, comme c'est le cas pour le supermarché de Perpignan. Pendant 3 jours, la gamme Apéricube aromatisée est mise en avant dans l'allée centrale avec une réduction. Tous les coûts (annexe) sont à la charge du fabricant.

1. Calculer la rentabilité de l'animation commerciale pour le groupe Bel.

2. Combien de produits doivent être vendus pour couvrir les coûts de l'animation ?

Annexe Coûts de l'animation

Coût HT de la mise en avant (3 jours)	150 €
BRI (réduction en caisse) à l'unité	0,20 €
Prix de vente TTC moyen de la gamme (250 g – TVA 5,5 %)	3,72 €
Prix d'achat HT moyen de la gamme	2,82 €
Nombre de produits vendus par jour	310
Nombre de passages en caisse par jour	275
CA HT journalier moyen habituel	528,90 €
Coût de revient fabricant	2,16 €

FAIT ☐ REVU ☐

Exercice 8 Voir Fiche Savoir 11

L'évaluation et l'amélioration du référencement

Le chef de secteur d'un fabricant de nourriture bio pour chiens et chats étudie le référencement dans son secteur.

1. La marque est-elle bien référencée (annexe) ? Justifier.

2. Proposer des solutions afin d'améliorer le référencement.

Annexe Chiffres du secteur

Nombre de points de vente avec un rayon « Animalerie »	25
Chiffre d'affaires de la catégorie par mois	98 000 €
Nombre de points de vente référencés pour la marque	15
CA de la marque	18 000 €
CA de la marque	18 000 €
Nombre de points de vente référencés distribuant la marque	10
Nombre de points de vente distribuant la marque sans vente	3
CA catégoriel dans les points de vente référencés	37 000 €

FAIT ☐ REVU ☐

Exercice 9 Voir Fiche Savoir 14

Le choix des partenaires

Le contrat de concession de Renault permet de mettre à la disposition de son concessionnaire la marque Renault et son nom commercial.

En contrepartie, Renault exige l'exclusivité de l'exercice de son activité. Le constructeur automobile est soumis à une obligation de fourniture : il doit régulièrement approvisionner son concessionnaire en produits. Il garantit une assistance matérielle, technique et commerciale. Il doit permettre l'utilisation de l'ensemble des signes qui incitent la clientèle à rallier l'enseigne. Si Renault ne respecte pas ses obligations, il engage sa responsabilité et s'expose à devoir payer des dommages et intérêts au profit de son cocontractant.

Le concessionnaire doit payer les marchandises achetées. S'il ne respecte pas les obligations qui lui incombent, il peut être condamné au versement de dommages et intérêts.

1. Préciser les apports humain, financier et matériel du concédant Renault.

2. Présenter les apports du partenaire concessionnaire.

3. Présenter les avantages et les inconvénients d'une concession.

FAIT ☐ REVU ☐

Exercice 10 Voir Fiche Savoir 16

Le réseau des influenceurs

L'entreprise Carlance, institut de beauté franchisé, souhaite développer sa notoriété. Pour cela, elle a fait appel à des blogueurs afin de se constituer un réseau d'influenceurs (annexe).

En faisant appel à des influenceurs, Carlance souhaite améliorer sa visibilité sur Internet et les réseaux sociaux.

1. Identifier les avantages d'un réseau d'influenceurs pour la marque Carlance.

2. Repérer les outils de communication utilisés par les influenceurs.

3. Montrer les limites de faire appel à un réseau d'influenceurs.

> **Annexe Les influenceurs**
>
> Les influenceurs ont leur propre ligne éditoriale et communiquent sur ce qu'ils aiment et sur leur « *lifestyle* » (manière de vivre). Ils possèdent chacun un blog personnel sur lequel ils publient régulièrement des articles. Ils rassemblent autour d'eux une communauté d'internautes qui partagent les mêmes passions, les mêmes envies et les mêmes difficultés. Ils cherchent à fidéliser leur communauté et possèdent une vraie influence sur leurs cibles.
>
> Les influenceurs sont omniprésents sur les réseaux et médias sociaux, et sont très réactifs. Ils ont une capacité de production de contenus très importante et utilisent plusieurs canaux de communication à la fois. Ils publient des photos, des vidéos, des *gifs* (images animées) sur Instagram, YouTube, Snapchat et Facebook. Ils maîtrisent aussi parfaitement les codes des réseaux sociaux : rythme de publication, contenus, effets de style, ce qu'il faut dire ou ce qu'il ne faut pas dire, etc.
>
> Un influenceur a un coût pour l'entreprise. Une publication sur Instagram par une blogueuse de mode peut aller jusqu'à 3 000 €. Ce prix est défini en fonction de la taille de la communauté réunie autour de l'influenceur. Par exemple, pour un compte Instagram de 50 000 *followers*, il faut compter entre 500 et 1 000 € pour une publication.

FAIT ☐ REVU ☐

Exercice 11 Voir Fiches Savoir 19, 20 et 21

Contrôler l'homogénéité du réseau et des partenaires

Créée à la fin des années 1970, l'enseigne de vêtements KIABI propose une offre « mode » à petits prix. D'abord organisée autour d'un réseau de commerces intégrés, l'entreprise propose depuis 2005 des contrats de commission affiliation de 7 ans et un suivi de chaque partenaire pendant toute la durée du contrat.

Analyser les outils de l'enseigne pour contrôler l'homogénéité du réseau et des partenaires (annexe).

> **Annexe Interview de Frédéric Mulliez, directeur affiliation France du réseau**
>
> « Le soutien de KIABI, qui est permanent et intervient dès la recherche de locaux si besoin, constitue une des forces de notre réseau. Ainsi, les démarches administratives ou bien l'aide à l'aménagement du magasin font partie des services proposés par l'enseigne. Tout associé reçoit une formation initiale pendant deux mois et son personnel pendant 15 jours dans un magasin du réseau. Le process d'accompagnement se poursuit à travers les conseils prodigués par un directeur régional sur toute la partie commerciale. La visite d'un client mystère permet, dans les conditions réelles, de juger de la qualité de service du point de vente. Enfin, la centrale d'achat KIABI constitue une véritable puissance de frappe et le réassort des produits s'effectue automatiquement *via* son performant réseau informatique. »

FAIT ☐ REVU ☐

Exercice 12 Voir Fiche Savoir 22

L'évaluation de la performance du réseau

L'animateur réseau de l'enseigne Foot Locker souhaite évaluer la performance de ses points de vente sur la zone d'Angers. Il dispose des données de la zone de chalandise et de celles fournies par les directeurs des deux magasins de l'enseigne situés dans la zone (annexe).

1. Comparer la performance de la zone de chalandise à celle des deux magasins de l'enseigne dans la zone.

2. Identifier les points d'amélioration pouvant être suggérés aux responsables des magasins.

Annexe Données des deux franchises de l'enseigne de la zone de chalandise

DONNÉES RÉSEAU	Taux de croissance attendu : 5 % CA N : 15 millions d'euros Nombre total de magasins en France : 42 CA zone de chalandise : 7 millions d'euros
DONNÉES MAGASIN 1 OUVERTURE N-2	CA N : 350 000 € CA N-1 : 310 000 € Coût d'achat des marchandises vendues N : 262 500 € Consommations intermédiaires N : 19 874 € Charges salariales N : 75 240 €
DONNÉES MAGASIN 2 OUVERTURE N-6	CA N : 470 000 € CA N-1 : 489 000 € Coût d'achat des marchandises vendues N : 352 500 € Consommations intermédiaires N : 27 690 € Charges salariales N : 67 762 €

FAIT ☐ REVU ☐

Exercice 13 Voir Fiches Savoir 23 et 25

Le réseau de vente directe

L'entreprise Stanhome, créée en 1931 aux États-Unis, commercialise des produits d'entretien pour la maison. En France, elle s'appuie sur un réseau de plus de 10 000 conseillers et conseillères indépendants, qui animent des réunions à domicile afin de faire connaître, conseiller et vendre les produits.

L'investissement de départ est réduit pour l'entreprise car elle n'utilise pas de publicité ni de réseau de distribution traditionnel.

1. Rappeler le principe de la vente en réunion.

2. Expliquer l'intérêt de la vente en réunion pour Stanhome.

3. Proposer à l'entreprise Stanhome des méthodes d'approche des contacts.

FAIT ☐ REVU ☐

Exercice 14 Voir Fiches Savoir 26 et 27

La préparation et l'organisation de la vente en réunion

Vorwerk est le leader mondial de la vente directe d'électroménager haut de gamme. Elle emploie 2 000 vendeurs.

Son dernier produit à être présenté par les vendeurs lors des réunions est le Thermomix TM5, un robot culinaire connecté (annexe).

1. Lister les tâches qu'un vendeur doit effectuer pour préparer une réunion de vente du pack Thermomix.

2. Présenter un plan de découverte sur le produit Thermomix.

Annexe Le pack Thermomix

Le pack comprend :

– le Thermomix TM5 multifonction ;

– la Cook-key, une clé qui permet de synchroniser des recettes de cuisine sur le Thermomix ;

– un livre de recettes *Ma cuisine au quotidien* ;

– 6 mois d'abonnement à Cookidoo, une plate-forme en ligne avec plus de 2 700 recettes certifiées Thermomix.

FAIT ☐ REVU ☐

Exercice 15 Voir Fiche Savoir 28

Le déroulement et l'animation de la réunion

L'entreprise Asthéya est spécialisée dans la fabrication de thés et leur vente en réunion.

Son objectif est d'apporter des moments de bien-être autour du thé. Les thés Asthéya sont naturels, sans colorants ni conservateurs, et les vendeurs n'hésitent pas à mettre en avant les propriétés bénéfiques du thé pour la santé. Une grande variété de thés et différents arômes sont proposés.

1. Présenter les outils du vendeur pour animer la réunion.

2. Lister les étapes de la vente en réunion de la marque Asthéya.

3. Indiquer les réponses aux objections : « Le thé est trop cher » et « Je n'aime pas le thé. »

4. **Indiquer les étapes de la conclusion de la vente Asthéya.**

FAIT ☐ REVU ☐

Exercice 16

Voir Fiche Savoir 29

La conclusion, le suivi et l'évaluation de la réunion

Les vendeurs d'Artémis, une entreprise de vente directe de parfums, analysent leurs résultats après chaque vente en réunion.

L'un d'eux, Fabrice, s'est fixé pour but de recruter 4 hôtes/hôtesses à chaque réunion. Il a en moyenne 5 rendez-vous parmi les participants aux réunions. Son objectif est que 60 % des personnes invitées soient présentes. L'indice de vente doit être au moins de 0,5.

1. **Calculer, à partir des résultats de Fabrice (annexe), le nombre moyen de rendez-vous pris en réunion, le taux de présence, le taux de transformation, le panier moyen par participant et l'indice de vente.**

2. **Proposer des moyens de recueillir les avis des participants après la réunion.**

Annexe Résultats du vendeur Fabrice

Réunions	5
Rendez-vous	22
Invitations lancées	28
Invités présents	10
Produits vendus	15
Invités ayant acheté	6
Ventes ttc	300 €
Taux de marge	25 %
Invités prêts pour une réunion	2
Produits vendus par panier	5
Invités prêts pour le métier	1

FAIT ☐ REVU ☐

Exercice 17

Voir Fiches Savoir 30, 31 et 32

Le recrutement et la motivation des vendeurs

Parenthese Café, société de vente en réunion, propose d'organiser une pause-café ou thé à domicile et de passer ainsi un moment chaleureux et convivial autour de produits authentiques fabriqués en France.

Elle souhaite recruter un VDI (vendeur à domicile indépendant), dont le rôle sera d'exprimer son talent d'animateur en proposant des dégustations de cafés, de thés et d'infusions d'exception (annexe).

1. **Rappeler le statut d'un VDI.**

2. **Préciser les objectifs quantitatifs et qualitatifs fixés par le manager.**

3. **Proposer des outils de motivation qui pourraient être mis en place pour animer et motiver le réseau de VDI.**

Annexe Parenthese Café recrute ses VDI

Vous offrez à vos invités une « parenthèse détente », dans une ambiance conviviale et chaleureuse, durant laquelle vous avez le plaisir de leur faire découvrir et déguster nos gammes de cafés, thés, infusions, chocolats et autres gourmandises fabriqués en France.

Vous vendez à domicile des produits consommables au quotidien, ce qui vous assure une activité pérenne grâce au renouvellement des commandes de vos clients.

Nous vous offrons l'opportunité de travailler à votre rythme, sans vous imposer un chiffre d'affaires minimum à réaliser, et d'organiser vous-même votre emploi du temps : vous êtes votre propre patron.

Le contrat que nous vous proposons est celui de VDI mandataire, qui vous permet un complément de revenus, une activité principale ou un temps partiel.

FAIT ☐ REVU ☐

Corrigés

Exercice 1 Voir Fiche Savoir 1

Le réseau de distribution

1. Quelle est la stratégie de distribution choisie par la marque ? Quels formats de distribution sont utilisés ?

La marque Fila a choisi une stratégie de distribution contrôlée et omnicanale. Les canaux de distribution sont à la fois directs et courts. Une stratégie de distribution sélective est d'abord choisie pour sélectionner un réseau de commerces multimarques et des franchises. Elle cumule commerces de proximité non alimentaires (Courir, Foot Locker), grandes surfaces spécialisées (Sport 2000), sites de vente en ligne multimarques (Sarenza, Asos) et grands magasins (Galeries Lafayette, BHV).

Fila recourt donc à la distribution agréée en donnant son accord de distribution aux réseaux multimarques ainsi qu'à la franchise *via* son réseau de « *regional stores* ». Elle utilise aussi une stratégie de distribution intégrée *via* son site Internet et ses magasins vitrines de type « *flagship store* ».

2. Quels sont les avantages pour Fila ?

Fila a pour objectif d'augmenter ses ventes tout en se positionnant sur une offre moyenne et haut de gamme avec des produits « mode » et techniques. Le choix de sa stratégie de distribution permet de distribuer ses produits dans un maximum de points de vente, tout en conservant son image de marque.

Exercice 2 Voir Fiche Savoir 2

L'organisation du référencement

1. Quelles sont les problématiques rencontrées par Danone ?

Danone est confronté à plusieurs problématiques : réduire le taux de rupture en linéaire pour développer ses ventes, créer un outil pouvant communiquer rapidement avec les hypermarchés Carrefour, convaincre Carrefour de développer ce partenariat.

2. Quels sont les avantages de la solution pour les deux partenaires ?

La solution a permis d'automatiser les commandes entre les hypermarchés Carrefour et Danone au bénéfice des deux partenaires : la baisse du taux de rupture en linéaire augmente le volume des ventes des produits Danone et une gestion optimisée des stocks pour les points de vente, importante pour des produits ultrafrais.

Exercice 3 Voir Fiches Savoir 3 et 5

La négociation du référencement / La négociation avec le chef de rayon

1. Comment, dans un environnement concurrentiel, la marque a-t-elle réussi son référencement en grande distribution ?

La marque a négocié un contrat de référencement avec l'acheteur des centrales Carrefour, Géant Casino et Leclerc. Pour cela, le fabricant FRENCH BY NATURE a préparé sa connaissance des enseignes et les outils d'aide à la vente nécessaires. Il a également développé ses ventes en négociant avec les chefs de rayon des différents points de vente.

2. Préparer la négociation avec un chef de rayon qui objecte qu'il n'a pas assez de références de glaces.

En fonction de l'emplacement du point de vente et de sa clientèle, le chef de secteur prépare les outils d'aide à la vente.

DÉCOUVERTE DU POINT DE VENTE	DÉCOUVERTE DE SES CLIENTS
« Combien de références de glaces avez-vous ? », « Quelles sont-elles ? », « Avez-vous des références bio ? » « Quelles sont vos attentes pour les conditions commerciales (marge, livraison, invendus, paiement) ? »	« Quelle est la part de chiffre d'affaires généré par vos clients à ce rayon ? » « Quel est le panier moyen ? » « Quelles références sont les plus vendues ? » « Quelles sont leurs attentes ? »

ARGUMENTS POUR LE POINT DE VENTE	ARGUMENTS POUR SES CLIENTS
– Marché en croissance – Goût des clients pour l'originalité – Produits pour une clientèle jeune – Croissance du marché du bio – Arguments / conditions commerciales	– Glaces bio, fabriquées en France – Glaces aux parfums originaux – Valeurs de l'entreprise

Réponse à l'objection : « Je comprends. Toutefois, le marché est porteur pour les marques innovantes. Nos glaces s'adressent à une clientèle jeune demandeuse de produits originaux et décalés. Notre originalité et nos engagements pour une production responsable nous différencient de nos concurrents. Êtes-vous convaincu ? »

Exercice 4 Voir Fiche Savoir 4

La négociation des prix

1. Quel est le coût de revient du shampoing pour le fabricant ? Quel est le montant de la marge ?
Coût de revient = Prix de vente HT / (1 + Taux de marge) = 1,95 / 1,15 = 1,70 €
Marge = 1,95 – 1,70 = 0,25 €

2. Quel prix sera accepté par le distributeur ?
Prix de vente final HT = Prix de vente TTC / (1 + Taux de TVA) = 3,20 / 1,20 = 2,67 € HT
Prix d'achat HT = Prix de vente HT × (1 – Taux de marque) = 2,67 × 0,70 = 1,87 € HT

3. Quel sera le taux de marge du fabricant après la négociation ?
Taux de marge du fabricant = Marge / Coût de revient × 100 = (1,87 – 1,70) / 1,70 × 100 = 10 %

Exercice 5 Voir Fiches Savoir 6 et 7

Le marchandisage / L'implantation des produits en rayon

1. La marque est-elle correctement représentée dans le linéaire (annexe 1) ?

CODE	MARQUE	% MLD	IS CA
A	MDD standard	47 %	1,07
B	Tropicana	13 %	1,05
C	Joker	13 %	0,98
D	MDD 1ers prix	10 %	1,00
E	Fruité	3 %	2,10
F	Pago Granini	3 %	0,90
G	Réa	3 %	0,60
H	Pampryl	7 %	0,15

Fruité occupe 3 % du linéaire pour une part de marché de 7 %. L'indice de sensibilité au chiffre d'affaires (IS CA = % CA / % mld) est de 2,10. Il est nettement supérieur à 1, ce qui montre que la marque est sous-représentée. À l'inverse, plusieurs marques sont surreprésentées, notamment Pampryl avec un indice de 0,15.

2. En analysant la place du produit en rayon (annexe 2), proposer une nouvelle allocation du linéaire.
La marque Fruité est implantée en zone froide car elle est située en bas du rayon et au niveau du sol. Le chef de secteur doit obtenir l'emplacement réservé à Pampryl et augmenter son occupation à 2 m linéaires. Pour convaincre le chef de rayon, il peut mettre en avant la part de marché de la marque dans le CA du point de vente et proposer des PLV (tels que des stop-rayons) et des animations commerciales pour aider au développement des ventes.

Exercice 6 Voir Fiches Savoir 8 et 9

L'organisation d'une animation commerciale

1. Étudier l'intérêt et l'opportunité d'organiser cette animation commerciale pour la marque et l'enseigne.
La marque et l'enseigne cherchent à développer les ventes et à pousser à l'achat d'impulsion. La marque améliore la notoriété de ses produits, rassure sur leur qualité. Elle peut également ainsi faire connaître d'autres produits de son catalogue et obtenir une meilleure place dans l'assortiment du point de vente. Elle augmente sa connaissance de ses clients.
Le point de vente recherche une augmentation de son trafic, notamment dans les zones froides, comme c'est le cas ici. Les clients peuvent être amenés à réaliser des achats complémentaires dans le rayon concerné. La période choisie (fête des Mères) est adaptée au produit, dont les femmes sont les acheteuses principales.

2. Déterminer l'animation commerciale la plus pertinente.
Cette animation peut reposer sur la démonstration, le bon de réduction, la vente flash. La marque propose des recettes imaginées par le chef Alessandro Borghese (www.hh-lifestyle.it). La démonstration peut donc être une séance de cuisine. La théâtralisation de l'offre peut être augmentée par une mise en scène des produits d'art de la table. La démonstration peut être assortie d'une vente flash pendant la durée de l'animation avec une remise.

3. Organiser et planifier une animation commerciale.
Cible : les mères de famille.
Produit : la gamme Granwood, avec une découverte de vaisselle de la marque.

MOYENS HUMAINS	Animateur cuisinier, personnel du point de vente.
MOYENS MATÉRIELS	Gamme de Granwood de différents formats, stocks de produits en rayon, espace cuisine, espace repas avec la gamme de vaisselle, décoration, affichage, PLV.
OUTILS COMMERCIAUX	Argumentaire, recettes de cuisine du chef, enquête de satisfaction client, *reporting*.
OUTILS ORGANISATION-NELS	Rétroplanning, liste de tâches, répartition des tâches avec le point de vente.
OUTILS DE COMMUNICA-TION	Affichage et annonce au micro dans le point de vente, e-mailing clients et mention dans les prospectus de l'enseigne, utilisation des réseaux sociaux de l'enseigne et de la marque.

Exercice 7 Voir Fiche Savoir 10

L'évaluation d'une animation commerciale

1. Calculer la rentabilité de l'animation commerciale pour le groupe Bel.
Rentabilité habituelle pour le fabricant
Prix de vente HT : 3,72 / 1,055 = 3,53 €
Nombre de produits vendus sur 3 jours : (528,90 × 3) / 3,53 = 450
CA fabricant : 2,82 × 450 = 1 269 €
Marge fabricant : 1 269 – (2,16 × 450) = 297
Taux de marge : [297 / (2,16 × 450)] × 100 = 31 %
Rentabilité de l'animation pour le fabricant
Nombre de produits vendus : 310 × 3 = 930
CA fabricant : 930 × (2,82 – 0,20) = 2 436,60 €
Marge fabricant : 2 436,60 – (2,16 × 930) = 427,80 €
Taux de marge : [427,80 / (2,16 × 930)] × 100 = 21 %
Rentabilité : 427,80 – 150 = 277,80 €
Variation en volume : [(930 – 450) / 450] × 100 = 107 %
Variation en valeur : [(2 436,60 – 1 268,98) / 1 268,98] × 100 = 92 %

L'opération est rentable. La marge obtenue couvre les frais de mise en avant du produit, malgré une baisse de 4 points du taux de marge.

2. Combien de produits doivent être vendus pour couvrir les coûts de l'animation ?
Il faut calculer le seuil de rentabilité.
Taux de marge sur coût variable (TMCV) = (Marge / CA × 100) = (427,80 / 2 436,60) × 100 = 18 %
Seuil de rentabilité = (Coûts fixes / TMCV) = 150 / 18 % = 833
Il faut vendre 833 produits, soit 277 produits par jour pour rentabiliser l'opération.

Exercice 8 Voir Fiche Savoir 11

L'évaluation et l'amélioration du référencement

1. La marque est-elle bien référencée (annexe) ? Justifier.
Ventes moyennes : 18 000 / 10 = 1 800 €
Rupture numérique : 3 / 10 × 100 = 30 %
DN : 10 / 25 × 100 = 40 %
DV : 18 000 / 98 000 = 18 %
DV / DN : 18 % / 40 % = 0,45
La DN est supérieure à la DV, la marque est présente dans 40 % des points de vente possédant un rayon « Animalerie » pour un chiffre d'affaires limité. 60 % des points de vente ne sont pas couverts dont 5 appartenant à l'enseigne référençant la marque. Avec un ratio de 0,45 de DV/DN, la marque est donc présente dans des magasins ayant un faible volume de ventes.

2. Proposer des solutions afin d'améliorer le référencement.
Le référencement n'est pas optimal. La marque doit obtenir un référencement auprès des autres enseignes avec un rayon « Animalerie ». Les ventes sont faibles : les points de vente distribuant la marque ont un chiffre d'affaires catégoriel moins important que les autres points de vente du secteur. En outre, 30 % des magasins sont en rupture numérique. Le suivi de l'approvisionnement est à améliorer. Le chef de secteur peut développer son chiffre d'affaires par des visites régulières, une proposition d'amélioration de l'assortiment et de l'aménagement du linéaire et des propositions en termes d'animations commerciales.

Exercice 9 Voir Fiche Savoir 14

Le choix des partenaires

1. Préciser les apports humain, financier et matériel du concédant Renault.
Les apports du concédant Renault sont de mettre à la disposition de son concessionnaire la marque Renault et son nom commercial. Il doit approvisionner son concessionnaire en produits. Il garantit une assistance matérielle, technique et commerciale.

2. Présenter les apports du partenaire concessionnaire.
Le partenaire concessionnaire doit s'approvisionner chez Renault et payer les marchandises achetées. Il s'engage à suivre la politique commerciale de Renault. S'il ne respecte pas les obligations qui lui incombent, il peut être condamné au versement de dommages et intérêts.

3. Présenter les avantages et les inconvénients d'une concession.
Les avantages d'une concession sont de pouvoir revendre les produits sur un territoire défini, pendant une période déterminée, d'obtenir un accord d'exclusivité et de bénéficier d'une assistance technique et commerciale. Les inconvénients sont la possibilité d'être multimarques et d'être contrôlé.

Exercice 10 Voir Fiche Savoir 16

Le réseau des influenceurs

1. Identifier les avantages d'avoir un réseau d'influenceurs pour la marque Carlance.
Pour la marque Carlance, les avantages d'avoir un réseau d'influenceurs sont de pouvoir rassembler une communauté d'internautes, d'être très implantée sur les réseaux sociaux, d'avoir un rythme de publication élevé, avec un contenu stylé, d'être très réactive, d'atteindre des segments ciblés, de gagner en notoriété, de soigner son image, d'augmenter les ventes et d'être présente en non-stop.

2. Repérer les outils de communication utilisés par les influenceurs.
Les influenceurs postent essentiellement des photos et des vidéos sur les réseaux sociaux (Instagram, Facebook, etc.), YouTube et les blogs.

3. Montrer les limites de faire appel à un réseau d'influenceurs.
Faire appel à un réseau d'influenceurs représente un coût pour l'entreprise. De plus, il faut être sûr que l'influenceur a beaucoup de *followers* et qu'il valorise la marque.

Exercice 11 Voir Fiches Savoir 19, 20 et 21

Contrôler l'homogénéité du réseau et des partenaires

Analyser les outils de l'enseigne pour contrôler l'homogénéité du réseau et des partenaires (annexe).
L'enseigne KIABI développe un réseau sous forme de contrats de commission affiliation, pour lesquels le DIP est obligatoire et fixe la norme réseau. Lors de son adhésion au réseau, le nouveau membre et son équipe bénéficient d'une formation interne dans un autre point de vente, ainsi qu'une assistance étroite. La formation interne se poursuit grâce à la supervision d'un directeur régional de l'enseigne. Le service client du point de vente est régulièrement contrôlé par le recours au client mystère. Un système d'information performant permet d'optimiser l'offre des magasins.

Exercice 12 Voir Fiche Savoir 22

L'évaluation de la performance du réseau

1. Comparer la performance de la zone de chalandise à celle des deux magasins de l'enseigne dans la zone.
Taux d'évasion commerciale de la zone : {[7 000 000 – (470 000 + 350 000)] / 7 000 000} × 100 = 88,29 %

MAGASIN 1	MAGASIN 2
Taux d'évolution du CA : 12,90 % Marge commerciale : 87 500 € Valeur ajoutée : 67 626 € EBE : – 7 640 €	Taux d'évolution du CA : – 3,89 % Marge commerciale : 117 500 € Valeur ajoutée : 89 810 € EBE : 22 048 €

2. Identifier les points d'amélioration pouvant être suggérés aux responsables des magasins.
Le magasin 1 a un taux d'évolution de son CA élevé, supérieur aux objectifs du réseau. Son ouverture récente explique cette évolution.

Cependant, l'EBE est négatif. Le point de vente subit une charge salariale trop élevée. Le responsable a besoin d'assistance pour rentabiliser son magasin et revoir l'organisation de son équipe.
Le magasin 2 a une évolution négative du CA. En revanche, la structure est rentable. Les coûts sont optimisés. Il est nécessaire d'étudier les causes de cette baisse de CA dans une zone où le taux d'évasion de la zone est élevé (88,29 %). De nombreux consommateurs restent à capter. Une assistance sur l'offre proposée, la qualité de la relation commerciale avec les clients serait pertinente.

Exercice 13 Voir Fiches Savoir 23 et 25

Le réseau de vente directe

1. Rappeler le principe de la vente en réunion.
La vente en réunion est une technique de vente où le vendeur et un particulier (un hôte ou une hôtesse) organisent une réunion de vente à laquelle l'hôte/hôtesse invite son réseau de connaissances. Le vendeur présente les produits et effectue des démonstrations.

2. Expliquer l'intérêt de la vente en réunion pour Stanhome.
La vente en réunion présente les avantages d'avoir une relation directe avec le client, de réduire les coûts et de travailler avec des vendeurs indépendants.

3. Proposer à l'entreprise Stanhome des méthodes d'approche des contacts.
Pour récupérer des contacts, l'entreprise Stanhome peut utiliser : la prospection téléphonique ; l'e-mailing ; les réseaux sociaux (*social selling*) tels que Facebook, Instagram, Snapchat, Google Plus, LinkedIn, etc. ; la prospection physique en se rendant directement au domicile des personnes.

Exercice 14 Voir Fiches Savoir 26 et 27

La préparation et l'organisation de la vente en réunion

1. Lister les tâches qu'un vendeur doit effectuer pour préparer une réunion de vente du pack Thermomix.
Le vendeur doit :
– recruter et prendre contact avec un(e) hôte/hôtesse ;
– cibler et lister les contacts à inviter ;
– transmettre les invitations ;
– motiver et préparer l'hôte/hôtesse : lui présenter les produits, l'impliquer ;
– organiser la réunion : expliquer le déroulement de la réunion et le rôle de l'hôte/hôtesse ;
– construire le programme afin de planifier le déroulement de la réunion ;
– préparer et/ou commander les produits et le matériel nécessaire pour la réunion ;
– confirmer le rendez-vous à l'hôte/hôtesse.

2. Présenter un plan de découverte sur le produit Thermomix.
Situation actuelle : « Cuisinez-vous souvent ? », « Combien de fois par semaine ? »
Solution actuelle : « Êtes-vous satisfait(e) de vos ustensiles de cuisine ? », « Possédez-vous déjà un robot de cuisine ? »
Situation future : « Que pensez-vous du robot Thermomix ? », « Souhaiteriez-vous cuisiner régulièrement avec le Thermomix ? »
Solution future : « Quels accessoires vous intéresseraient ? », « En combien de fois souhaitez-vous payer le Thermomix ? »

Exercice 15 Voir Fiche Savoir 28

Le déroulement et l'animation de la réunion

1. Présenter les outils du vendeur pour animer la réunion.
Le vendeur doit créer une ambiance chaleureuse, accueillante et colorée, mettre en scène les thés Asthéya sur la table avec des éléments de décoration afin de plonger les clients dans un nouvel univers et régler les derniers détails avec l'hôte/hôtesse : liste, placement des invités, etc.

2. Lister les étapes de la vente en réunion de la marque Asthéya.

PRÉSENTATION DU VENDEUR	Présentation du parcours professionnel
REMERCIEMENTS DE L'HÔTE/HÔTESSE	Valorisation de l'hôte/hôtesse
PRÉSENTATION DE L'ENTREPRISE	Présentation de l'entreprise et du code éthique de la vente directe
PRÉSENTATION DES PRODUITS	Présentation des avantages distinctifs des produits

DÉMONSTRATION	Mise en place d'ateliers et mise en scène des produits
DÉCOUVERTE DES BESOINS	Observation, questionnement et reformulation
ARGUMENTAIRE PRODUIT	Argumentaire SONCASE/CAP
RÉPONSE AUX OBJECTIONS	Réponse aux objections fondées et non fondées

3. Indiquer les réponses aux objections : « Le thé est trop cher » et « Je n'aime pas le thé. »

« Le thé est trop cher » : « Je comprends, mais nos thés sont naturels, sans colorants ni conservateurs. Ils protègent votre santé. »

« Je n'aime pas le thé » : « Vous pouvez en offrir à vos amis. Ils seront ravis. »

4. Indiquer les étapes de la conclusion de la vente Asthéya.

PRÉSENTATION DU PRIX	Annoncer les prix TTC.
COMMANDE	Préciser à l'acheteur qu'il a un droit de rétractation de 14 jours.
PAIEMENT	Exposer les modalités de paiement proposées pour régler la facture.
FIN DE RÉUNION	Distribuer éventuellement un questionnaire de satisfaction, remercier l'hôte/hôtesse puis ranger.

Exercice 16 Voir Fiche Savoir 29

La conclusion, le suivi et l'évaluation de la réunion

1. Calculer, à partir des résultats de Fabrice (annexe), le nombre moyen de rendez-vous pris en réunion, le taux de présence, le taux de transformation, le panier moyen par participant et l'indice de vente.

NOMBRE DE RENDEZ-VOUS	22 / 5 = 4,40
TAUX DE PRÉSENCE	10 / 28 × 100 = 36 %
TAUX DE TRANSFORMATION	6 / 10 × 100 = 6 %
PANIER MOYEN PAR PARTICIPANT	300 / 10 = 30 €
PANIER MOYEN PAR CLIENT	300 / 6 = 50 €
INDICE DE VENTE	5 / 6 = 0,8

2. Proposer des moyens de recueillir les avis des participants après la réunion.

Afin de recueillir les avis des participants, il est possible de lire leurs avis sur les réseaux sociaux, d'engager un *tchat* avec les clients, de les appeler ou de leur envoyer un questionnaire de satisfaction.

Exercice 17 Voir Fiches Savoir 30, 31 et 32

Le recrutement et la motivation des vendeurs

1. Rappeler le statut d'un VDI.

Un vendeur distributeur indépendant (VDI) conclut des contrats de vente ou de prestation de services auprès d'un particulier pour distribuer les biens ou les services de l'entreprise avec laquelle il a conclu un contrat de distribution.

2. Préciser les objectifs quantitatifs et qualitatifs fixés par le manager.

OBJECTIFS QUANTITATIFS	OBJECTIFS QUALITATIFS
Augmenter le chiffre d'affaires, la rentabilité, le nombre de réunions, le nombre de rendez-vous.	Valoriser l'entreprise, son image, sa notoriété et répondre aux besoins des clients en termes de bien-être et d'épanouissement.

3. Proposer des outils de motivation qui pourraient être mis en place pour animer et motiver le réseau de VDI.

Les outils de motivation pouvant être mis en place sont les suivants :

- des réunions d'équipe autour d'un thème (*team building*) ;
- des concours et challenges en fonction des résultats.

Savoir 1

Les agents économiques en relation avec l'entreprise

Tous les individus d'une société participent à la vie économique : ce sont des agents économiques. Ils contribuent à des degrés divers aux opérations de production, de répartition et de consommation. Ils sont interdépendants.

1 Les relations entre les entreprises et les ménages

1.1. Définitions

Un ménage désigne l'ensemble des personnes habitant une même résidence principale, même si elles n'ont aucun lien de parenté. La principale fonction économique des ménages est de consommer. Ils participent aussi à la production en travaillant pour les entreprises.

EXEMPLE
4 jeunes salariés, sans lien de parenté, qui partagent la même logement en colocation.

Les entreprises ont comme fonction principale la production des biens et services marchands non financiers. Leurs ressources proviennent de leur chiffre d'affaires. Elles créent de la valeur ajoutée qui contribue à la richesse du pays.

EXEMPLE
Le groupe Accor qui vend des nuitées et des repas dans ses hôtels.

Les entreprises établissent des relations avec les ménages sur le marché des biens et services et sur le marché du travail.

1.2. Le marché des biens et services

Entre les entreprises et les ménages, un flux à double sens s'établit :
- un flux réel des entreprises vers les ménages, à partir des biens et services fournis par les entreprises ;
- un flux monétaire en sens inverse, avec les dépenses des ménages pour acquérir ces biens et services.

1.3. Le marché du travail

La rencontre entre les ménages et les entreprises portent sur l'échange entre une quantité de travail et un salaire avec :
- un flux réel des ménages vers les entreprises, qui porte sur le travail fourni ;
- un flux monétaire, avec le versement d'un salaire en contrepartie du travail fourni.

2 Les relations entre les entreprises et les banques

2.1. Le rôle des banques dans le fonctionnement des entreprises

Les banques proposent des services d'intermédiation financière de banque et d'assurance. Leur fonction principale est de fournir des moyens de paiement, de collecter l'épargne disponible, d'octroyer des crédits pour financer l'économie et de garantir l'indemnisation des victimes en cas de réalisation d'un risque.

EXEMPLE
Une agence de la Banque Populaire qui gère des comptes d'entreprises.

2.2. Le rôle des marchés financiers dans le financement des entreprises

Les entreprises recourent au marché financier lorsqu'elles ont besoin de fonds pour développer leur activité. Le marché financier permet la rencontre entre l'offre et la demande de capitaux. Ce financement est direct, à la différence de celui avec les banques, qui est indirect.

3 Les relations entre les entreprises et l'État

3.1. La définition de l'État au sens large

L'État, les collectivités territoriales (commune, département, région), les administrations publiques et les organismes de Sécurité sociale produisent des services non marchands ou effectuent des opérations de redistribution du revenu et des richesses nationales. Les dépenses de l'État sont financées par les impôts, les taxes et les cotisations sociales.

EXEMPLE La Caisse d'allocations familiales (CAF) verse des allocations aux familles.

3.2. La production de biens et services non marchands

La production de services non marchands par l'État a comme objectif de satisfaire les besoins collectifs ou individuels mais dont l'intérêt est général. L'État soutient l'activité des entreprises à travers différentes dispositions :
- des aides financières proposées aux entreprises pour développer leurs projets ;

EXEMPLE Les subventions pour la recherche et l'innovation.

- la BpiFrance, banque publique d'investissement, accompagne les entreprises en offrant des solutions de financement pour soutenir leur activité.

4 Le circuit économique

Le circuit économique associe à chaque agent une fonction principale : les ménages consomment, les entreprises produisent et l'État redistribue.
La circulation des richesses entre agents économiques génère des flux réels (circulation de biens et services) et des flux monétaires.

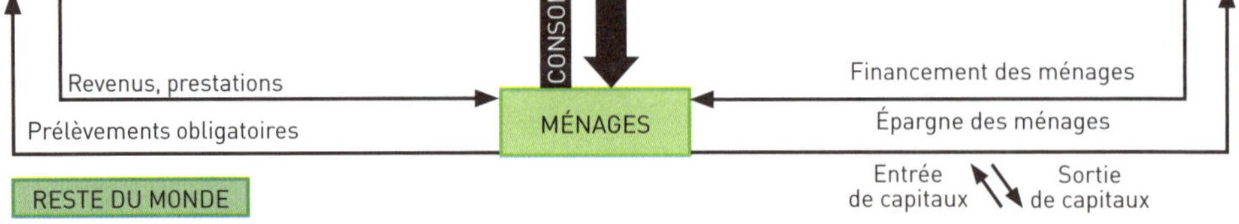

Mots clés : Agent économique • Ménage • Flux réel • Flux monétaire • Circuit économique

Savoir 2

Les relations entre l'entreprise et les institutions financières

Les institutions financières (banques, assurances, organismes de crédit) jouent un rôle essentiel dans le financement de l'économie. Elles interviennent pour faciliter l'accès aux marchés financiers des agents ayant un besoin de financement.

1 Le rôle des banques

1.1. L'intermédiation financière

L'intermédiation financière désigne l'ensemble des activités développées par les intermédiaires financiers, dont les banques et les compagnies d'assurance, afin de mettre en relation l'offre et la demande de capitaux.

EXEMPLE
Outre sa fonction d'assureur, Axa participe au financement de l'économie avec Axa Banque.

1.2. Les avantages de l'intermédiation financière

Par le crédit, les banques assurent le financement d'une partie importante des activités économiques des entreprises, en particulier leurs investissements. Avec le développement des marchés financiers, les banques sont devenues des intermédiaires privilégiés pour accompagner leurs clients dans leurs opérations.

EXEMPLE
Pour aider une entreprise à lever des fonds, la banque intervient sur le marché financier en proposant à des investisseurs d'acheter des titres de l'entreprise.

2 Le rôle des marchés financiers

2.1. Les intervenants sur les marchés financiers

Les entreprises se financent essentiellement par émission d'actions ou d'obligations. L'État et les collectivités se financent par l'émission d'obligations.

2.2. Les investisseurs

Les banques sont les plus gros investisseurs, avec des participations dans de nombreuses entreprises. Les autres acteurs sont les investisseurs institutionnels :
- les compagnies d'assurances ;
- les organismes de placement collectif qui gèrent des fonds d'investissement ;
- les fonds de pension et les fonds d'État ou fonds souverain.

EXEMPLE
La Norvège, premier fonds souverain au monde, reçoit les profits liés au pétrole *via* l'impôt.

Mots clés Institution financière • Intermédiation • Actions • Obligations • Fonds souverain

Savoir 3

Le fonctionnement des marchés

Lieu de rencontre entre offreurs et demandeurs, le marché est au centre du système économique. Sa fonction est d'organiser les échanges en respectant les règles de la concurrence.

1 La fonction du marché

1.1. L'organisation des échanges

a) La définition du marché

Tout bien ou service ne pouvant pas être obtenu librement dans la nature fait l'objet d'un échange sur le marché. Le marché des produits est le lieu de la rencontre réelle ou fictive de l'offre ou de la demande d'un bien ou d'un service.

EXEMPLE

Une grande surface est un marché réel ; un site marchand est un marché fictif.

b) Les participants au marché

Les offreurs (vendeurs) et les demandeurs (acheteurs) qui souhaitent échanger se manifestent sur le marché. L'objectif des offreurs est de vendre au prix qui dégage le bénéfice le plus élevé possible.

L'objectif des demandeurs est d'acquérir des produits destinés à satisfaire leurs besoins à un prix compatible avec leur revenu.

c) La recherche de l'efficacité

La production par un individu de tous les biens nécessaires à la satisfaction de ses besoins quotidiens est difficile. Le recours à l'échange lui permet de se procurer les biens et services fabriqués par d'autres individus à un prix accessible pour une qualité acceptée.

1.2. Les différents types de marchés

a) Le marché des biens et services

Le marché des biens et services est le marché sur lequel s'échangent les biens et services marchands, qui regroupent tous les biens matériels et immatériels destinés à la vente. Les biens marchands sont des marchandises. Les services marchands sont vendus par les entreprises. Les services non marchands sont fournis par les administrations et les associations.

EXEMPLE

L'inscription dans une bibliothèque municipale est un service non marchand car le coût est en grande partie pris en charge par la municipalité.

b) Le marché du travail

Le marché du travail est le lieu de rencontre entre la demande de travail émanant des employeurs (offres d'emploi) et l'offre de travail des individus (demandes d'emploi). Leur rencontre détermine le salaire, qui représente le prix du travail.

EXEMPLE

Les salaires de la restauration ont subi une augmentation de plus de 16 % en janvier 2022, négociée avec les syndicats, pour motiver le recrutement de nouveaux salariés.

c) Le marché des capitaux

Le marché des capitaux est le lieu de rencontre des agents qui disposent d'une épargne disponible (agents à capacité de financement) avec les agents qui souhaitent emprunter (agents à besoin de financement).

EXEMPLE

Le marché des actions, où se négocient les titres des sociétés cotées dans un lieu de référence comme la Bourse de Paris.

2 Les principes de fonctionnement des marchés

2.1. L'économie de marché

L'économie de marché est le système économique d'échange le plus répandu dans le monde. Il repose sur les lois du marché, principalement celle de l'offre et de la demande, dans un environnement concurrentiel. Il s'accompagne le plus souvent d'une certaine forme de régulation par l'autorité publique.

2.2. La concurrence

La concurrence traduit la rivalité entre les acteurs qui ont pour objectif d'obtenir le plus grand avantage possible. L'existence d'une concurrence constitue le meilleur argument en faveur de l'efficacité de l'économie de marché.

EXEMPLE

Le réseau ferré sera ouvert à la concurrence dès 2023. Les régions qui le souhaitent pourront choisir un opérateur autre que la SNCF pour exploiter des lignes de train sur leur territoire.

2.3. La régulation

La régulation du marché garantit le libre accès des participants au marché et contribue de ce fait à l'efficacité économique de l'économie de marché. Les acteurs du marché qui ne respectent pas ces règles peuvent être sanctionnés par les tribunaux.

3 L'asymétrie d'information

L'asymétrie d'information signifie que les différents participants ont un accès inégal à l'information. Ce manque de transparence porte atteinte à la crédibilité de tous les acteurs et nuit à l'efficacité du marché. Acheteurs et vendeurs doivent disposer en temps utile des bonnes informations pour intervenir de façon bénéfique dans l'échange.

L'inégalité d'accès à l'information concerne de nombreuses situations économiques : entre acheteurs et vendeurs, entre employeurs et candidats à l'emploi, entre banquiers et particuliers…

EXEMPLE

Sur le marché des biens d'occasion, l'asymétrie d'information entre acheteurs et vendeurs rend les transactions difficiles, d'où l'intérêt d'une cotation Argus pour les automobiles.

Mots clés

Marché • Service non marchand • Concurrence • Régulation • Asymétrie d'information

Savoir 4 La concurrence et les relations de coopération

Les relations entre entreprises sont de nature concurrentielle ou coopérative. Elles sont influencées par des facteurs environnementaux.

1 La concurrence et la formation des prix

1.1. Le marché théorique de la concurrence pure et parfaite

Cette situation de marché se rencontre lorsque cinq conditions sont réunies :
- atomicité de l'offre et de la demande (multitude d'offreurs et de demandeurs) ;
- fluidité du marché (pas de restrictions à l'entrée du marché) ;
- transparence du marché (information parfaite de tous les acteurs) ;
- homogénéité du produit (la concurrence porte uniquement sur le prix) ;
- mobilité des facteurs de production (chaque entreprise profite des mêmes conditions de production).

1.2. La formation des prix

La loi de l'offre et de la demande illustre le mécanisme de formation des prix en concurrence pure et parfaite. Lorsque la demande est supérieure à l'offre, les entreprises augmentent leurs prix. Lorsque l'offre est supérieure à la demande, les entreprises baissent leurs prix pour vendre tous leurs produits. Le marché s'équilibre lorsque les entreprises n'ont plus intérêt à baisser leurs prix.

1.3. La concurrence imparfaite

La concurrence pure et parfaite est rare dans la réalité. La concurrence imparfaite constitue la règle. Elle conduit à des situations de monopole et d'oligopole. En situation de monopole, l'entreprise fixe elle-même le prix du marché, de manière à maximiser son profit. Sur un marché d'oligopole, une lutte des prix entre entreprises peut conduire à la disparition de certaines d'entre elles. En effet, pour un produit identique, les consommateurs choisissent le moins cher.

2 La coopération avec un concurrent

Les entreprises concurrentes doivent choisir entre s'affronter ou coopérer. Pour accéder aux ressources nécessaires, elles sont tentées de mettre en place des coopérations. Plus les produits et services sont spécifiques, plus il est difficile pour elles de posséder et développer seules les ressources nécessaires à leur création. La coopétition désigne le fait de coopérer avec un ou plusieurs de ses concurrents pour partager certaines ressources comme la R&D, les approvisionnements ou la distribution.

EXEMPLE
Une collaboration a permis de partager un moteur diesel et une transmission fournie par Renault-Nissan avec Daimler pour son utilitaire Mercedes-Benz Vito.

Mots clés Atomicité • Transparence • Monopole • Oligopole • Coopération

Savoir 5

Les barrières à l'entrée

Les barrières à l'entrée sont les obstacles que les entreprises doivent surmonter pour pénétrer un marché ou un secteur.

1 Les différentes barrières à l'entrée d'un marché

1.1. Les barrières dites « naturelles »

Certaines barrières à l'entrée sont naturelles, car indépendantes de la volonté des producteurs. C'est le cas des activités qui nécessitent des investissements élevés. Les barrières à l'entrée peuvent être également la conséquence d'une réglementation plus stricte propre à une activité.

EXEMPLE

Les autorités encadrent l'activité des banques commerciales en leur imposant un capital minimal pour éviter les faillites bancaires.

La législation constitue l'une des barrières à l'entrée les plus répandues. Parmi les réglementations les plus fréquentes figurent les tarifs douaniers, les normes spécifiques à un pays, les monopoles publics, les quotas ou encore les autorisations administratives.

EXEMPLE

L'ARCEP a obligé l'opérateur Free à couvrir 25 % des besoins de la population avec ses antennes (barrière à l'entrée de nature réglementaire).

1.2. Les barrières liées aux stratégies d'entreprises

Les barrières peuvent être instaurées par des entreprises déjà installées.
Cette stratégie délibérée pour éloigner de nouveaux concurrents se traduit par :
- la baisse de prix ou le lancement de promotions agressives ;
- la différenciation des produits pour obtenir une situation de monopole temporaire ;
- la maîtrise des circuits de distribution, empêchant l'implantation de nouveaux concurrents.

2 Le contournement des barrières à l'entrée

Pour pénétrer un marché, plusieurs possibilités se présentent aux nouveaux entrants : soit accepter des coûts plus élevés qui les rendent moins compétitifs, soit contourner les barrières. Parmi les stratégies les plus utilisées figurent le rachat, la collaboration avec une entreprise déjà en place, ou l'innovation.

EXEMPLE

Tesla est entrée sur le marché de l'automobile avec sa gamme de e-véhicules.

Mots clés : Barrière à l'entrée • Réglementation • Norme • Quota • Innovation

Savoir 6

Les externalités

Une externalité désigne une situation dans laquelle un agent économique influe indirectement sur la situation d'autres agents.

1 Les différents types d'externalités

1.1. Les externalités positives

En externalité positive, un agent économique (entreprise, ménage, administration) bénéficie gratuitement d'une utilité ou d'un avantage créé par l'action de tiers.

EXEMPLE

Le transfert de données 5G a créé des millions d'emplois aux États-Unis.

1.2. Les externalités négatives

Dans une externalité négative, un agent économique est défavorisé par l'activité de tiers sans aucune compensation.

EXEMPLE

Les centrales au charbon provoquent des pluies acides qui abîment la carrosserie des voitures, ce qui fait perdre de la valeur aux véhicules.

1.3. Les externalités positives et négatives

Dans certains cas, une externalité produit des effets à la fois négatifs et positifs.

EXEMPLE

Les éoliennes sont des externalités positives pour le climat mais le développement de parc éoliens est aussi porteur d'externalités négatives (bruit, impact sur les paysages, baisse des prix des biens immobiliers des riverains…).

2 Les externalités et le fonctionnement du marché

2.1. L'intervention de l'État

Une externalité correspond à une défaillance du marché. De telles situations peuvent justifier l'intervention de l'État, notamment si les externalités négatives prennent trop d'importance, ou si une action génère des externalités positives excessives.

2.2. La réduction des externalités négatives

Dans le cadre de la responsabilité sociale d'entreprise (RSE), les entreprises sont de plus en plus incitées à faire face aux externalités négatives que leur production ou la consommation de leurs produits peuvent générer.

Mots clés

Externalité • Externalité positive • Utilité • Externalité négative • Responsabilité sociale d'entreprise (RSE)

S'ENTRAÎNER AU BTS
Exercice 1 : p. 321

Savoir 7

La formation du contrat

Les contrats permettent de stabiliser et de sécuriser les relations des entreprises avec les tiers.

1 Les processus de négociation contractuelle

1.1. Les situations précontractuelles

La formation d'un contrat entre entreprises résulte souvent d'un processus.

a) Les pourparlers

La signature d'un contrat est couramment précédée de pourparlers dans le cadre d'une phase de négociation précontractuelle, précédant l'accord définitif.
Les contractants sont libres de mener à terme les discussions, voire de rompre les pourparlers sans avoir conclu de contrat, dès lors qu'ils sont de bonne foi.
Cependant, si la rupture des pourparlers cause un préjudice à celui qui veut poursuivre la négociation, elle peut être sanctionnée. La responsabilité encourue est délictuelle et donne lieu à l'attribution de dommages-intérêts au profit de celui qui subit la rupture fautive.

EXEMPLE
La rupture brutale des pourparlers avec une légèreté blâmable.

b) Les avant-contrats

À l'inverse, les avant-contrats sont de vrais contrats créant des obligations, dont celle de conclure le contrat définitif. Ils peuvent prendre deux formes :

LA PROMESSE UNILATÉRALE DE CONTRAT	Une personne, le promettant, s'engage à conclure un contrat avec une autre personne, le bénéficiaire, qui accepte cette offre. Ce contrat prévoit le prix, la date de livraison, etc. Il fait naître des obligations à la charge du promettant. Le bénéficiaire se voit proposer une option et dispose d'un temps convenu pour donner suite ou non et conclure ou non le contrat définitif. Si le promettant ne donne pas suite à la volonté du bénéficiaire de conclure le contrat projeté, il engage sa responsabilité.
LA PROMESSE SYNALLAGMATIQUE DE CONTRAT	Elle engage les deux parties sur le prix, la date d'exécution et les modalités du contrat, de façon ferme et définitive. Elle intervient quand la conclusion du contrat dépend de conditions qui doivent être réalisées.

EXEMPLE
L'accord de la banque pour l'obtention d'un prêt.

c) L'information précontractuelle

L'information communiquée (ex. : les caractéristiques essentielles du bien ou du service, le prix) doit permettre au cocontractant de s'engager en toute connaissance de cause, pour permettre l'expression d'un consentement libre et éclairé.
À défaut d'intention de tromper, le défaut d'information sera sanctionné par l'octroi de dommages et intérêts.

1.2. La représentation

En principe, les conventions sont formées par la rencontre des volontés des parties. Cependant, il arrive que l'un des cocontractants ne participe pas directement à la conclusion de l'accord. La représentation permet à une personne (le représentant) d'agir au nom d'une autre personne (le représenté). Elle permet donc aux personnes

CEJM

morales de contracter *via* des personnes physiques qui les dirigent, par le mécanisme du mandat. Le mandat est l'acte juridique par lequel le mandant (le représenté) confie au mandataire (son représentant) le soin de négocier en son nom avec un ou plusieurs tiers.
La représentation peut être imposée par la loi (ex. : les dirigeants des sociétés peuvent représenter les personnes morales) ou résulter d'un accord entre le représenté et le représentant. Le représenté détermine l'étendue des pouvoirs du représentant, et les tiers qui concluent un contrat avec le représentant sont informés que ce dernier négocie au nom d'une personne représentée.

2 Les conditions de validité d'un contrat

UN CONSENTEMENT LIBRE ET NON VICIÉ	Le consentement doit être libre et non vicié. La volonté exprimée par les contractants doit donc être sans défaut. Trois vices du consentement peuvent être sanctionnés par la nullité du contrat conclu : – l'erreur est une croyance fausse au sujet d'un élément du contrat ; – le dol est une erreur provoquée par les mensonges du cocontractant ayant joué un rôle déterminant dans la conclusion du contrat ; – la violence consiste à extorquer d'une personne son consentement à un acte par le moyen de la crainte qu'on lui inspire. Elle peut être physique, psychologique ou économique.
LA CAPACITÉ DE CONTRACTER DES PARTIES	Les parties doivent être capables pour conclure un contrat. La capacité comprend la capacité de jouissance, qui consiste en l'aptitude à être titulaire de droits (ex. : le droit de propriété), et la capacité d'exercice, qui est l'aptitude à exercer ces droits (ex. : vendre son bien). Sont considérées comme incapables les personnes dans l'incapacité de conclure des contrats, qui ont moins de 18 ans ou dont les facultés personnelles sont altérées. Ces personnes ont interdiction soit d'exercer temporairement le commerce, soit de diriger une société (ex. : personne condamnée à une sanction pénale pour crime, délit, fraude entraînant la liquidation d'une entreprise).
LE CONTENU LICITE ET CERTAIN	Le contenu du contrat doit être licite et certain. L'élaboration de l'offre contractuelle permet d'expliciter les intentions des parties et les modalités de réalisation de la relation contractuelle. Le contrat doit porter sur une chose dont on peut disposer par contrat sans porter atteinte à la loi (respect de l'ordre public) et que l'on peut déterminer, qui existe ou existera.

Mots clés Pourparlers • Avant-contrat • Promesse unilatérale de contrat • Promesse synallagmatique de contrat • Information précontractuelle • Représentation

S'ENTRAÎNER AU BTS
Exercice 6 : pp. 322-323

Savoir

8 Le contenu du contrat

Le principe de bonne foi est l'instrument de la justice contractuelle et guide le juge dans la recherche de l'équilibre contractuel tout au long de la vie du contrat.

1 Les effets du contrat

L'EFFET OBLIGATOIRE À L'ÉGARD DES PARTIES	Les parties au contrat doivent obligatoirement respecter leur engagement. Le contrat fait « la loi des parties », qu'elles soient créancières ou débitrices. La force obligatoire du contrat suppose l'impossibilité de résiliation de celui-ci par une seule partie. Aucune partie ne peut se désengager des obligations établies par le contrat. Les contractants doivent exécuter leurs engagements de bonne foi et sans tromperie.
L'EFFET RELATIF À L'ÉGARD DES TIERS	On parle d'« effet relatif » du contrat car, sauf exception, le contrat n'a pas d'effet obligatoire vis-à-vis des tiers puisque nul ne peut être engagé par un acte auquel il n'a pas participé.

Lorsqu'il est saisi d'un litige, le juge doit se soumettre à la force obligatoire du contrat. Ne pouvant normalement pas le réviser (sauf cas particulier), il peut cependant l'interpréter en recherchant la volonté des parties, voire y mettre fin. Les entreprises peuvent toutefois rédiger une clause de « hardship » (imprévision), qui énonce les événements exclus du périmètre de révision du juge.

EXEMPLE
La variation du prix d'une matière première sous clause d'imprévision.

2 Les clauses relatives à l'exécution des contrats

2.1. La clause de renégociation

Grâce à cette clause, les parties à un contrat se prémunissent de la survenance d'un événement imprévu qui pourrait avoir un impact sur ce contrat. Elles ont donc l'obligation de se concerter pour tenter de rétablir l'équilibre dans leurs droits et obligations.
Cette clause est essentielle dans les contrats qui s'appliquent sur une longue durée (ex. : la fourniture de matières premières) puisqu'elle oblige les parties à renégocier le contrat si des événements, imprévisibles lors de sa conclusion, viennent rendre son exécution trop onéreuse pour l'une d'entre elles. La partie victime du changement de circonstances peut demander à son cocontractant une renégociation du contrat. Si celui-ci refuse ou si la renégociation échoue, les parties peuvent mettre fin au contrat ou saisir le juge pour qu'il procède à son adaptation.

2.2. La clause de réserve de propriété

Elle permet à une entreprise de décaler la date de transfert de propriété des biens livrés à un de ses clients au moment où il aura payé intégralement le prix. Si l'acheteur est confronté à des difficultés de paiement (ex. : une entreprise en cessation des paiements), le vendeur impayé pourra réclamer la restitution du bien dont il est toujours propriétaire. Elle peut être insérée, par exemple, sur les factures de vente, les devis, les bons de commande et de livraison, dans un contrat de vente.

3 Les clauses relatives au règlement des litiges

LA CLAUSE RÉSOLUTOIRE	Les parties prévoient qu'en cas d'inexécution, le contrat pourra être résolu (annulation rétroactive) ou résilié (annulation pour l'avenir) et donc anéanti de plein droit sans l'intervention du juge. Cette clause a donc un rôle dissuasif en poussant le cocontractant défaillant à exécuter ses obligations. Elle évite au créancier d'avoir à saisir la justice pour demander l'annulation du contrat non respecté.
LA CLAUSE PÉNALE	Stipulée dans l'intérêt du créancier, elle fixe d'avance le montant précis de la réparation due par le débiteur en cas d'inexécution de ses obligations contractuelles. Elle pousse le débiteur à respecter ses obligations. La seule violation du contrat suffit à justifier une indemnisation. La loi impose cependant des limites à la liberté des parties et permet, si elle est excessive, d'en réduire le montant.

4 La clause limitative de responsabilité

4.1. Limiter sa responsabilité pour contrôler les risques pour son entreprise

Prévue dans l'intérêt du débiteur, cette clause prévoit qu'en cas d'inexécution de ses obligations, celui-ci s'expose à payer des dommages-intérêts au créancier. Elle fixe un plafond au montant de l'indemnisation du créancier de l'obligation inexécutée ou mal exécutée.

En effet, en cas de manquement à une obligation contractuelle, le cocontractant défaillant engage sa responsabilité contractuelle et doit verser à la partie lésée une somme destinée à compenser les dommages causés. Il est donc envisageable de limiter sa responsabilité contractuelle dans le but d'encadrer les conséquences d'un manquement.

Cette clause donne la certitude au créancier que le débiteur ne s'opposera pas à la demande d'indemnité. L'avantage pour le débiteur est ainsi de savoir à l'avance à quelle conséquence pécuniaire maximale il s'expose en cas de manquement. Pour les deux cocontractants, cette clause est une garantie de règlement rapide du litige sans avoir à saisir la justice.

4.2. L'encadrement des clauses limitatives de responsabilité

Ces clauses doivent être encadrées car il n'est pas admis de limiter la responsabilité de l'un des cocontractants au point d'en vider le contenu. Il convient d'être attentif à la rédaction des clauses limitatives ou exonératoires de responsabilité au sein des contrats. Une telle clause ne doit pas aboutir à rendre inexistantes les obligations contractuelles de l'une ou l'autre des parties.

Mots clés Clause de renégociation • Clause de réserve de propriété • Clause résolutoire • Clause pénale • Clause limitative de responsabilité

Savoir 9

Les finalités de l'entreprise et les parties prenantes

La finalité est la raison d'être de l'entreprise. Il existe plusieurs finalités (économiques, sociales et sociétales), qui doivent être menées en harmonie avec les parties prenantes, c'est-à-dire avec tous ceux qui peuvent affecter ou être affectés par les décisions de l'entreprise.

1 Les finalités de l'entreprise

1.1. La finalité économique

Selon P. Drucker, la finalité première de l'entreprise est la satisfaction du client. Le profit n'est pas une finalité en soi, il est le résultat du management adopté pour répondre aux attentes des clients. Fabriquer et vendre des biens et des services, qui satisfont le mieux possible leurs besoins, permet ensuite de générer le profit, pouvoir investir, embaucher, faire de la recherche, former les salariés, et distribuer des dividendes aux actionnaires. La finalité économique est donc essentielle car elle assure la pérennité de l'entreprise.

EXEMPLE
Pour une entreprise de téléphonie, fabriquer des smartphones performants adaptés aux besoins de mobilité de ses clients.

1.2. La finalité sociale

L'entreprise a aussi une finalité sociale qui consiste à favoriser l'épanouissement de ses salariés *via* des formations, des promotions, des rémunérations plus stimulantes, ou par des services destinés à faciliter la vie quotidienne. Au-delà de la satisfaction du personnel, la finalité sociale permet de développer la performance de l'entreprise en améliorant l'implication des salariés vis-à-vis de l'entreprise.

EXEMPLE
Proposer des crèches d'entreprise pour faciliter le travail des jeunes parents.

1.3. La finalité sociétale

La finalité sociétale s'inscrit dans une démarche de développement durable qui :
- préserve l'environnement ;

EXEMPLE
Lutter contre la pollution, recycler les déchets, faire des économies d'énergie...

- favorise les relations avec la société.

EXEMPLE
Créer de bonnes relations avec les partenaires sociaux, les salariés, et s'assurer que les fournisseurs et sous-traitants ont des conditions de travail dignes.

Cette finalité permet de respecter les obligations légales, tout en améliorant l'image de l'entreprise auprès de ses parties prenantes (clients, salariés, institutions...).

1.4. Le passage des finalités aux objectifs

Les finalités sont le but général qui justifie l'existence de l'entreprise et dont découlent les objectifs qui doivent être simples, quantifiables, mesurables et avoir une échéance à court, moyen ou long terme.

EXEMPLES

Il peut s'agir pour une finalité :
- économique : d'augmenter le chiffre d'affaires de 5 % en un an ;
- sociale : de réduire les accidents de travail de 10 % dans les 3 ans à venir ;
- sociétale : de diminuer les déchets de 20 % dans les 5 ans à venir.

2 Les différentes parties prenantes de l'entreprise

2.1. L'influence des parties prenantes

L'entreprise doit prendre en compte tous les acteurs impactés par son activité, c'est-à-dire ses parties prenantes (*stakeholder* en anglais), tout individu ou groupe d'individus qui peuvent influencer ses décisions, affecter ou être affectés par la réalisation de ses objectifs.

ACTEURS INTERNES	ACTEURS EXTERNES	
- Les dirigeants - Les salariés - Les représentants des salariés - Les actionnaires	- Les clients - Les fournisseurs - Les concurrents - Les banques - Les syndicats	- Les ONG - La société civile - Les collectivités locales

L'entreprise doit identifier ses parties prenantes et évaluer leurs intérêts car comme le montre E. Freeman, le but de l'entreprise est de répondre aux besoins des acteurs impactés par ses décisions.

2.2. Les enjeux liés aux intérêts des parties prenantes

a) Les coalitions d'individus

R. M. Cyert et J. M. March montrent que l'entreprise est composée de coalitions d'individus, des « groupes de participants aux demandes disparates », ayant des intérêts propres et souvent différents de ceux de l'entreprise. Pour s'assurer de la coopération de l'ensemble de ses membres, le dirigeant doit arbitrer en permanence entre les attentes contradictoires des différentes parties prenantes. Les décisions prises sont donc le fruit de négociations ; elles résultent du meilleur compromis possible pour résoudre les conflits d'intérêts.

b) Les jeux de pouvoir et de contre-pouvoir des parties prenantes

Selon M. Crozier, dans une entreprise, tout ne peut être entièrement réglé et contrôlé car les différents acteurs ont une capacité d'action et peuvent exercer un contre-pouvoir. Le dirigeant doit réguler en permanence ces tensions pour obtenir la coopération des différents acteurs.

Mots clés
Finalité • Finalité économique • Finalité sociale • Finalité sociétale • Parties prenantes • Coalition d'individus • Contre-pouvoir

Auteurs : P. Drucker • E. Freeman • R. M. Cyert et J. G. March • M. Crozier

S'ENTRAÎNER AU BTS
Exercice 13 : pp. 324-325

Savoir 10 Les démarches entrepreneuriales et managériales

La démarche de l'entrepreneur permet de créer et pérenniser l'entreprise. Elle doit être complétée par la démarche du manager qui met en œuvre la stratégie au quotidien.

1 Les étapes de la création d'une entreprise

Pour créer une entreprise, il faut suivre un certain nombre d'étapes avant de se lancer. Il s'agit d'avoir une idée qu'il faut approfondir en faisant une étude de marché, de façon à vérifier la faisabilité commerciale et financière de son projet. Ensuite, il faut construire un business plan, document portant sur une étude économique et financière, pour structurer et valider le projet. Enfin, il faudra rechercher le financement, les aides, choisir le statut juridique, puis accomplir les différentes formalités de création avant l'installation de l'entreprise.
Une fois l'entreprise créée, il faut, pour la développer, poursuivre la démarche entrepreneuriale, mais aussi adopter une logique managériale adaptée.

2 La démarche entrepreneuriale

L'entrepreneur est, selon J. Schumpeter, un innovateur, quelqu'un qui brise la routine. Il doit être capable de percevoir les opportunités, de savoir comment les exploiter et de prendre des risques (financement). Il doit donc détenir des qualités exceptionnelles pour ne pas être un simple producteur, comme avoir le goût du risque, être visionnaire et savoir anticiper. La démarche entrepreneuriale demande une constante capacité d'identifier, d'exploiter et de tirer profit des opportunités qui peuvent naître sur un marché, et de les exploiter pour créer de la valeur.

3 La démarche managériale

La démarche managériale consiste à définir des buts et à coordonner les efforts des membres de l'entreprise pour pouvoir atteindre les objectifs fixés. Le rôle du manager consiste donc à adapter de façon optimale les compétences et les ressources, afin de développer la performance de l'entreprise. Il met en œuvre la stratégie préalablement définie dans le cadre de la politique générale de l'entreprise, et se distingue ainsi de l'entrepreneur qui innove pour définir des stratégies souvent audacieuses et risquées.

Mots clés Démarche entreprenariale ● Démarche managériale

● **Auteur :** J. Schumpeter

S'ENTRAÎNER AU BTS
Exercice 15 : pp. 325-326

CEJM

Savoir 11

Les composantes de la performance de l'entreprise

Le manager doit s'assurer que l'entreprise est performante en analysant les indicateurs qui peuvent être regroupés dans un tableau de bord.

1 La notion de performance

La performance montre le niveau d'accomplissement des objectifs poursuivis. Une entreprise est efficace si elle atteint les objectifs qu'elle s'est fixés, et efficiente si elle les atteint en optimisant les moyens mis en œuvre.

EXEMPLE

L'efficacité d'un commercial se mesure par la quantité vendue par rapport au nombre de clients contactés, alors que son efficience se juge par la quantité vendue par rapport au nombre d'heures travaillées.

La performance se mesure grâce à des indicateurs de résultat qualitatifs ou quantitatifs.

EXEMPLE

L'augmentation du chiffre d'affaires de 10 % durant les 3 derniers mois est un résultat quantitatif. L'amélioration de la satisfaction client est un résultat qualitatif.

2 L'évaluation de la performance

Le tableau de bord est un document qui récapitule l'ensemble des indicateurs retenus par l'entreprise pour évaluer sa performance. Il permet d'analyser les écarts entre les objectifs fixés et les résultats pour décider des actions correctrices.
Les entreprises devenant de plus en plus complexes, les indicateurs financiers traditionnels ne donnaient plus aux managers toutes les informations dont ils avaient besoin pour prendre des décisions stratégiques pertinentes et performantes. C'est pourquoi, en 1992, R. S. Kaplan et D. Norton ont élaboré le tableau de bord prospectif (TBP), qui permet d'analyser une entreprise selon quatre axes :
– Axe 1 : que faut-il apporter aux actionnaires ?
– Axe 2 : que faut-il apporter aux clients ?
– Axe 3 : quels sont les processus essentiels à la satisfaction des clients et des actionnaires ?
– Axe 4 : comment piloter le changement et l'amélioration ?

Actuellement, un tableau de bord adapté doit contenir des indicateurs financiers et non financiers sur l'ensemble de l'activité de l'entreprise.

EXEMPLE

La valeur des actions et les quantités produites sont des indicateurs financiers, alors que les caractéristiques de la clientèle, la formation des salariés, la qualité des produits et des services, sont des indicateurs non financiers.

Mots clés Performance • Indicateur • Tableau de bord

Auteurs : R. S. Kaplan et D. Norton

S'ENTRAÎNER AU BTS
Exercice 15 : pp. 325-326

Savoir 12

La croissance économique

La croissance de l'économie a pour finalité de distribuer des revenus supplémentaires aux agents économiques. C'est un facteur déterminant de la création d'emplois.

1 La mesure de la croissance

1.1. Le produit intérieur brut (PIB)

Le PIB mesure les richesses créées dans un pays pour une année. Il englobe les productions marchandes et non marchandes de l'ensemble des entreprises du pays. Le PIB par habitant est l'indicateur retenu pour les comparaisons entre pays.

1.2. L'évolution du PIB et la croissance de l'économie

Le PIB est utilisé pour mesurer la croissance d'une économie d'un pays, d'un groupe de pays ou d'une région. On calcule l'évolution du PIB entre deux années.

EXEMPLE

Fin 2021, le PIB annuel de la France s'élevait à 2 483,6 milliards d'euros, contre 2 302,8 en 2020, soit un taux de croissance de : (PIB 2021 – PIB 2020) / PIB 2020 = 7,8 %.

Le PIB tient compte des activités aux effets nuisibles pour l'homme : dégradations de l'environnement, épuisement des ressources, accidents de la route. Il n'intègre pas l'économie souterraine : travail clandestin, activité bénévole, travail domestique.

2 La relation entre croissance et emploi

Dans une économie en croissance, le pouvoir d'achat et la demande augmentent : pour produire plus, des emplois sont créés. L'emploi dépend donc de la croissance, tandis qu'une baisse de croissance induit du chômage. Stimuler la croissance est donc l'une des solutions pour atteindre le plein emploi.

EXEMPLE

Une prévision de croissance à la baisse aura un impact négatif sur les recrutements.

3 Les indicateurs de développement

3.1. L'indice de développement humain (IDH)

L'IDH évalue le niveau de vie moyen d'un pays, à partir de l'espérance de vie à la naissance, du niveau d'instruction et du PIB par habitant.

3.2. Le PIB vert

Le PIB vert correspond aux coûts liés à la pollution et à la réduction des ressources naturelles déduits du PIB.

Mots clés

Produit intérieur brut (PIB) • PIB par habitant • Plein emploi • Indice de développement humain (IDH) • PIB Vert

Savoir 13

Les déséquilibres économiques

Le fonctionnement de l'économie nécessite une intervention permanente de l'État. Pour atteindre ses objectifs de plein emploi et de stabilité des prix, l'État doit lutter contre les deux principaux déséquilibres : l'inflation et le chômage.

1 L'inflation

1.1. Les mouvements de prix

L'inflation est définie par une hausse durable du niveau général des prix. Elle révèle un déséquilibre économique sur le marché des biens et services.
En règle générale, la hausse des prix de certains biens et services (pétrole, alimentation, électricité) est plus ou moins compensée par la baisse des prix d'autres produits, mais ce n'est pas toujours le cas. On parle d'inflation lorsqu'il y a une hausse généralisée des prix et pas seulement de quelques produits.

EXEMPLE
Pour 2022, la Banque centrale européenne a prévu une inflation à 5,1 % en zone euro et une croissance revue à la baisse.

Au niveau européen, l'inflation est mesurée par l'indice des prix à la consommation harmonisé (IPCH), qui facilite les comparaisons entre pays de l'UE.

1.2. Les causes de l'inflation

L'inflation est qualifiée différemment selon la cause qui en est à l'origine :
- lorsque la demande des consommateurs dépasse la capacité de production des entreprises, on parle d'inflation par la demande ;
- lorsque les coûts de production des entreprises augmentent, on parle d'inflation par les coûts ;
- lorsque la masse monétaire en circulation (ensemble des moyens de paiement) augmentation de manière excessive, on parle d'inflation monétaire.

1.3. Les conséquences de l'inflation

Si le taux d'inflation dépasse l'augmentation du revenu des ménages, l'inflation fait baisser le pouvoir d'achat des ménages, pénalise le commerce extérieur (produits nationaux plus chers à l'exportation) et entraîne une augmentation des taux d'intérêt, freinant le recours au crédit pour la consommation et l'investissement.

EXEMPLE
Au 1er trimestre 2022, 68 % des produits alimentaires vendus en grande surface sont touchés par l'inflation qui menace le pouvoir d'achat des ménages.

1.4. Les politiques de lutte contre l'inflation

Pour lutter contre l'inflation, l'État peut :
- réduire ses dépenses ;
- augmenter ses recettes au moyen de la fiscalité.

Dans les deux cas, l'objectif est de limiter les dépenses des agents économiques pour limiter la demande de biens et services.

2 Le chômage

2.1. La mesure du chômage

Le taux de chômage exprime la proportion de personnes sans emploi dans la population active. Selon la définition du Bureau international du travail (BIT), les chômeurs sont les personnes sans travail, en recherche d'emploi et disponibles à court terme. Pour Pôle emploi, un chômeur est une personne inscrite sur ses listes.

EXEMPLE

Selon les chiffres publiés par l'Insee pour le 4e trimestre 2021, le taux de chômage en France est de 7,4 % de la population active, soit 0,6 point de moins qu'au 3e trimestre.

2.2. Les causes du chômage

a) L'entrée dans le chômage

La première circonstance d'entrée dans le chômage est l'arrivée du terme d'un emploi précaire.

Il s'agit de contrats de travail temporaire : contrat à durée déterminée (CDD), emploi aidé, intérim.

b) Les causes économiques du chômage

Globalement, on distingue trois causes majeures de chômage :
- la rigidité du marché du travail, qui résulte d'un manque d'adaptation de l'emploi et de sa rémunération aux variations de la demande et de la concurrence ;
- un niveau d'activité insuffisant, dû à un manque de débouchés dans certaines professions ;
- une offre et une demande de travail en inadéquation du fait d'une pénurie de main-d'œuvre qualifiée.

Une autre cause du chômage est le recul de l'âge de départ à la retraite.

2.3. La lutte contre le chômage

Les politiques de l'emploi ont pour objectif de corriger les déséquilibres et les conséquences néfastes du marché du travail :
- les mesures actives incitent à reprendre une activité professionnelle, à se former pour mieux répondre aux besoins du marché (dispositifs de formation professionnelle), à soutenir l'emploi (exonération de charges sur les bas salaires) ;

EXEMPLE

La prime d'activité a pour objectif d'inciter à reprendre un emploi. Elle complète les ressources des travailleurs aux revenus modestes et améliore ainsi leur pouvoir d'achat.

- les mesures passives permettent de faire face financièrement à la période de chômage (politiques d'indemnisation du chômage), ou soutiennent le retrait d'activité (prise en charge des préretraites).

Mots clés Inflation • Indice des prix à la consommation harmonisé (IPCH) • Taux de chômage • Bureau international du travail (BIT)

S'ENTRAÎNER AU BTS
Exercice 2 : p. 321

Savoir 14

Le rôle de l'État

En plus de ses fonctions régaliennes (police, justice, défense nationale), l'État organise la vie économique et sociale du pays, à travers trois fonctions : l'allocation de ressources, la redistribution des richesses, et la régulation de l'économie.

1 L'allocation des ressources

L'allocation des ressources désigne l'affectation par l'État de ressources financières pour produire et financer des biens publics non marchands, comme l'éclairage ou le transport public. L'État a aussi créé des entreprises de production de biens et services marchands, dans lesquelles il reste encore présent, même s'il se désengage de plus en plus au nom de la libre concurrence voulue par l'UE.

EXEMPLE
L'État français possède des participations dans près de 70 entreprises des secteurs de l'énergie, de l'industrie, du transport, des services et de la finance.

2 La redistribution des richesses

La fonction de redistribution repose sur des critères de justice sociale et consiste à prélever une partie des richesses créées pour réduire les inégalités au sein de la population. Elle se traduit par une modification de la répartition du revenu primaire, réduisant l'écart de revenu entre les plus riches et les plus pauvres.

> Revenu après redistribution = revenu primaire – prélèvements obligatoires + transferts sociaux

EXEMPLE
La France a versé 813 milliards d'euros de prestations sociales en 2020 (35 % du PIB).

3 La régulation de l'économie

La fonction de régulation a pour objectif de contrôler la situation économique afin de maintenir l'économie proche d'un équilibre souhaité.
La fonction de régulation consiste notamment à :
– lutter contre les défaillances du marché : production de biens publics, réduction des externalités négatives (par exemple les nuisances dégradant l'environnement) ;
– lutter contre les dysfonctionnements économiques tels que la concurrence déloyale ou l'asymétrie d'information.
La fonction de régulation repose donc sur la mise en place de règles qui accompagnent les politiques économiques mises en œuvre par l'État.

EXEMPLE
L'État a imposé une charte aux plateformes de e-commerce pour protéger contre leurs pratiques abusives les PME/TPE qui y vendent leurs produits.

Mots clés Allocation • Redistribution • Régulation • Bien public

CEJM

Savoir 15

Les politiques économiques conjoncturelles

La conjoncture économique désigne la situation économique à un moment donné. Les politiques économiques conjoncturelles regroupent les actions mises en œuvre par les pouvoirs publics pour atteindre à court terme des objectifs de croissance et de lutte contre le chômage.

1 La mise en œuvre de la politique conjoncturelle

1.1. L'action sur la demande (politique de la demande)

En stimulant la demande globale, l'État souhaite relancer l'activité économique, ce qui permettra de réduire le chômage et d'avoir une croissance plus forte.

EXEMPLE
Une prime inflation de 100 € a été mise en place pour les personnes ayant un revenu inférieur à 2 000 € net par mois, au titre du mois d'octobre 2021, pour accompagner le budget des ménages.

1.2. L'action sur l'offre (politique de l'offre)

L'État peut également agir sur l'offre de biens et de services pour susciter la demande des consommateurs.

EXEMPLE
Depuis le 1er janvier 2019, l'allègement des cotisations patronales, ciblé sur les bas salaires, vise à renforcer l'efficacité de la mesure sur l'emploi peu qualifié.

2 Les outils de la politique conjoncturelle

2.1. La politique budgétaire

La politique budgétaire, qui correspond à l'ensemble des mesures liées aux dépenses et recettes de l'État, vise à déterminer le budget *via* deux outils :
– la fiscalité : une diminution des recettes de l'État peut améliorer le pouvoir d'achat des ménages, relancer la consommation, l'investissement et donc l'emploi ;

EXEMPLE
Suppression de l'impôt de solidarité sur la fortune (ISF) et de la taxe d'habitation.

– les dépenses publiques : leur hausse crée des débouchés pour les entreprises.
La politique budgétaire doit tenir compte du niveau de déficit budgétaire. Au sein de la zone euro, le déficit budgétaire d'un État ne doit pas dépasser 3 % du PIB.

2.2. La politique monétaire

Trop de monnaie en circulation provoque l'inflation et diminue la valeur monétaire. Conduite par la Banque centrale européenne (BCE), la politique monétaire vise à réguler la quantité de monnaie en circulation pour stabiliser les prix, principalement par la variation des taux d'intérêt pour influer sur les demandes de crédits.

Mots clés Conjoncture • Budget • Déficit budgétaire • Banque centrale européenne (BCE)

Savoir 16

Les politiques économiques structurelles

Les politiques économiques structurelles visent à agir sur l'économie à moyen-long terme en modifiant les structures économiques et sociales d'un pays. Les entreprises sont directement affectées par ces choix des États.

1 Les principales politiques structurelles

L'appartenance de la France à l'Union européenne fait coexister deux catégories de politiques structurelles : les politiques structurelles nationales et les politiques structurelles de l'UE.
En France, les principales politiques structurelles sont les suivantes :

POLITIQUE ÉNERGÉTIQUE ET ENVIRONNEMENTALE	Elle privilégie les énergies renouvelables et non polluantes, lutte contre la pollution et protège la biodiversité.
AMÉNAGEMENT DU TERRITOIRE ET TRANSPORT	Elle vise à corriger les disparités entre régions et développe les infrastructures de transport et de communication.
POLITIQUE DE RECHERCHE ET DÉVELOPPEMENT	Liée à la politique de formation, elle vise à intégrer les nouvelles technologies dans les entreprises ou les ménages.

EXEMPLE
L'État a investi 700 millions d'euros pour développer une filière européenne de la batterie. Ce plan fait partie d'un projet accompagné par l'Union européenne à hauteur de 3,2 milliards d'euros.

2 Quelques outils des politiques structurelles

2.1. La fiscalité

La taxe carbone s'inscrit dans la mise en œuvre de la politique de l'environnement et vise à réduire les émissions de gaz à effet de serre.
Le crédit d'impôt recherche (CIR) permet de stimuler la recherche et le développement des entreprises en réduisant le poids de la fiscalité.

2.2. La réglementation

Le renforcement du contrôle technique permet de réduire la circulation des véhicules polluants et dangereux.

2.3. Le soutien à un nouveau modèle économique

L'économie circulaire a pour objectif de produire des biens et services de manière durable, en limitant la consommation et le gaspillage des ressources (eau, énergie...) ainsi que la production de déchets. Il s'agit de rompre avec le modèle de l'économie linéaire : extraire, fabriquer, consommer, jeter.

Mots clés Énergie renouvelable • Biodiversité • Crédit d'impôt recherche (CIR) • Économie circulaire • Économie linéaire

S'ENTRAÎNER AU BTS
Exercice 3 : pp. 321-322

Savoir 17 Les limites à l'intervention de l'État

L'internationalisation des marchés et l'existence de l'Union européenne impliquent une limitation de la capacité d'intervention de la France en matière économique.

1 Les critères de convergence au sein de l'UE

1.1. Le Pacte de stabilité et de croissance (PSC)

Pour garantir la stabilité de l'Union, les pays fondateurs de la zone euro ont défini un Pacte de stabilité et de croissance (PSC) qui constitue un engagement politique des États membres sur le contrôle de leur déficit public par lequel ils s'engagent à coordonner leurs politiques économiques (Union économique et monétaire).

Remarque : La crise liée à la Covid-19 a fait voler en éclats les règles budgétaires encadrant les finances des pays de la zone euro. En effet, la Commission européenne a suspendu le PSC depuis mars 2020.

1.2. Les critères de convergence

La réussite du PSC implique que les pays membres de l'UE respectent les critères de convergence établis lors du traité de Maastricht, et ce, sous peine de sanction. Ces critères imposent la maîtrise de l'inflation, de la dette et du déficit publics (fixés respectivement à 60 % et à 3 % du PIB), et la convergence des taux d'intérêt.

2 Les normes et la réglementation de l'UE

2.1. Les normes

L'UE a mis en place un certain nombre de normes qui, bien que facultatives, visent à assurer un certain niveau de qualité, de sécurité et de fiabilité des produits et services, pour simplifier la vie des consommateurs et des entreprises.

2.2. La réglementation

La réglementation européenne comprend un ensemble de textes (règlements ou directives) que les États membres sont tenus d'appliquer.

EXEMPLE
Le Règlement européen sur la protection des données personnelles, entré en application le 25 mai 2018.

3 Les traités internationaux

Accords de coopération ou d'échange entre deux ou plusieurs pays, les traités contiennent des obligations que les États acceptent d'appliquer dans leur pays.

Mots clés

Pacte de stabilité et de croissance (PSC) • Critères de convergence • Traité de Maastricht

Savoir 18 La régulation supranationale dans le cadre européen

L'UE est fondée sur le principe de supranationalité, par lequel les États concèdent une part de leur souveraineté pour agir ensemble au niveau européen par délégation.

1 La Banque centrale européenne (BCE)

L'Eurosystème, composé de la BCE et des banques centrales des États membres de la zone euro, conduit la politique monétaire de l'euro. L'objectif final qui lui est assigné est la stabilité des prix. Indépendante des États qui la composent, la BCE est la « banque des banques » de la zone euro. Elle contrôle la création monétaire en augmentant ou en diminuant ses taux d'intérêt à court terme.

2 La politique européenne de l'environnement

Les principaux axes de la politique européenne de l'environnement sont la lutte contre la pollution de l'air et de l'eau, la prévention des risques majeurs et la protection de la nature et de la biodiversité. Cette politique repose sur des principes fondamentaux qui déterminent l'action de chaque État.

EXEMPLES

Par principe de précaution, l'absence de certitude ne doit pas retarder les mesures de prévention du risque concernant l'environnement, la santé ou l'alimentation.
Selon le principe du pollueur-payeur, les coûts liés à la prévention, la réduction et la lutte contre la pollution sont supportés par le pollueur.

3 La politique européenne de la concurrence

Elle vise à assurer le bon fonctionnement des marchés, en contrôlant les actions des entreprises et leur respect des règles de concurrence, pour ne pas créer de déséquilibre au détriment d'autres entreprises et/ou des consommateurs.

CEJM

4 La politique européenne de l'innovation

L'innovation est au cœur de la stratégie européenne pour la croissance et l'emploi. Le programme Horizon Europe pour la recherche et l'innovation dans l'Union européene pour la période 2021-2027, qui regroupe les financements de l'UE dans ce domaine, s'articule autour de quatre grands axes :
- la science d'excellence ;
- les problématiques mondiales et la compétitivité industrielle européenne ;
- l'Europe plus innovante ;
- l'élargissement de la participation et le renforcement de l'espace européen de la recherche.

EXEMPLE

La France et l'Allemagne se sont accordées pour bâtir ensemble un consortium européen de production de batteries pour voitures électriques.

Mots clés Banque centrale européenne (BCE) • Eurosystème • Innovation

Savoir 19

Le droit de la concurrence

Le principe de la libre concurrence est au cœur des économies de marché et doit être régulé et protégé dans l'intérêt des consommateurs et des entreprises.

1 Le rôle du droit dans la régulation

La concurrence entre les entreprises a pour but de maintenir une situation économique équilibrée dans l'intérêt du consommateur final. Le droit veille au bon équilibre des relations commerciales entre les agents économiques.

2 Le rôle des autorités administratives indépendantes (AAI)

Les AAI sont des institutions de l'État chargées, en son nom, d'assurer la régulation de secteurs considérés comme essentiels et pour lesquels le gouvernement veut éviter d'intervenir trop directement (ex. : l'audiovisuel). On distingue deux catégories :

LES AAI CHARGÉES DE LA RÉGULATION DES ACTIVITÉS ÉCONOMIQUES	• L'autorité de la concurrence (ADLC) • La Commission nationale d'aménagement commercial (CNAC) • La Haute Autorité pour la diffusion des œuvres et la protection des droits sur Internet (Hadopi)
LES AAI PROTÉGEANT LES DROITS DES CITOYENS	• Le Défenseur des droits • La Commission nationale consultative des droits de l'homme (CNCDH) • La Commission nationale de l'informatique et des libertés (CNIL)

Ces autorités disposent d'un certain nombre de pouvoirs allant de la recommandation et de la décision à la sanction.

3 Le droit de la concurrence

C'est l'ensemble des lois et des règlements visant à garantir le maintien d'une concurrence saine et loyale entre les acteurs économiques et à lutter contre les pratiques anticoncurrentielles (concurrence déloyale, entente illicite, abus de position dominante). Le droit de la concurrence est contenu dans le Code de commerce et comporte un volet européen (traité de Rome).

3.1. La concurrence déloyale

Certaines entreprises ont recours à des pratiques abusives pour récupérer les clients de leurs concurrents, ce qui tend à restreindre ou fausser le jeu normal de la concurrence. On distingue quatre pratiques « abusives » sanctionnables.

a) Les pratiques déloyales

LE DÉNIGREMENT	Il consiste à discréditer publiquement les produits, l'activité ou les représentants d'une entreprise concurrente (ex. : la critique abusive d'un concurrent).
L'IMITATION	Il s'agit d'imiter certains signes distinctifs d'un concurrent (ex. : son logo) ou ses produits (biens et services) en créant un risque de confusion chez le consommateur.
LA DÉSORGANISATION	C'est le fait de désorganiser en interne un concurrent (ex. : le débauchage de salariés avec divulgation des secrets de l'entreprise).
LE PARASITISME	Il consiste à profiter de façon injuste et illicite des efforts investis par un concurrent pour tirer profit, sans rien dépenser, de la notoriété acquise ou des investissements consentis.

b) Les sanctions des pratiques déloyales

Une entreprise victime d'une telle pratique peut intenter une action en concurrence déloyale, à condition d'établir une faute, un préjudice et l'existence d'un lien de causalité entre la faute et le préjudice subi. Le juge prononcera une sanction pour réparer le préjudice et exiger la cessation de cette pratique (ex. : cessation de la pratique, dommages et intérêts).

3.2. L'entente illicite

Elle désigne des accords entre entreprises et des pratiques concertées susceptibles de porter atteinte au libre jeu de la concurrence. Elle est interdite au niveau national comme au niveau de l'Union européenne.

EXEMPLE

Les ententes sur la fixation des prix entre deux pays sont interdites.

3.3. L'abus de position dominante

C'est le fait pour une entreprise détenant une part de marché conséquente d'abuser de cette situation et d'en profiter afin de fausser ou de restreindre le jeu de la concurrence, en portant atteinte aux intérêts des consommateurs.

EXEMPLE

Des conditions désavantageuses imposées à un distributeur.

a) Les autorités compétentes

Associée aux tribunaux, l'Autorité de la concurrence prend des décisions visant à rétablir les conditions de concurrence sur un marché, au bénéfice de l'ensemble des acteurs de ce marché (ex. : fournisseurs, clients, concurrents, consommateurs). Elle partage son rôle avec la Commission européenne, compétente pour faire respecter le droit de la concurrence au niveau européen. Pour obtenir réparation de son préjudice, la victime d'un comportement anticoncurrentiel peut se tourner vers le juge civil pour demander des dommages et intérêts.

b) Les sanctions

L'Autorité de la concurrence et la Commission européenne, selon les cas, peuvent prononcer une injonction ou infliger des sanctions à l'entreprise coupable d'abus de position dominante en ordonnant la cessation des actes anticoncurrentiels. Ces sanctions seront proportionnelles à la gravité des faits, aux dommages causés et à la situation de l'entreprise concernée. Elles peuvent atteindre au maximum 10 % du chiffre d'affaires mondial hors taxes de l'entreprise condamnée.

Mots clés : Régulation • Autorités administratives indépendantes (AAI) • Concurrence déloyale • Entente illicite • Abus de position dominante

S'ENTRAÎNER AU BTS
Exercice 7 : p. 323

Savoir 20

Le droit de la propriété industrielle

Le droit de la propriété industrielle vise à protéger les entreprises dans leurs innovations (brevets) et leurs signes distinctifs (marques). Il fait l'objet de protections judiciaires.

1 La protection des innovations

1.1. Le brevet

Le brevet protège une innovation, c'est-à-dire un produit ou un procédé qui apporte une nouvelle solution technique à un problème donné.
La réussite et la pérennité des entreprises dépendent en grande partie de leur capacité à imaginer de nouveaux produits qui méritent d'être protégés.

1.2. Les trois critères de brevetabilité

L'innovation doit être nouvelle, susceptible d'application industrielle (pouvoir être fabriquée ou utilisée quel que soit le type d'industrie) et impliquer une activité inventive (qui ne doit pas découler de manière évidente de la technique pratiquée par le professionnel).

1.3. La valorisation des créations nouvelles à caractère industriel

Le brevet d'invention est demandé à l'Institut national de la propriété intellectuelle (INPI) qui confère à l'inventeur l'exclusivité de l'exploitation de son procédé. Ce titre de propriété industrielle permet à son titulaire d'interdire aux tiers d'exploiter son invention pendant 20 ans au maximum. L'inventeur a alors le droit exclusif de disposer d'un monopole pour exploiter son invention.

2 La valorisation des signes distinctifs de l'entreprise

2.1. La marque

La marque est un signe distinctif qui permet au consommateur de différencier le produit d'une entreprise de ceux des entreprises concurrentes.
Elle peut être matérialisée par un nom propre, un mot, une expression ou un symbole visuel (logo, symbole, couleur, taille de caractères) afin d'être un repère pour le consommateur. Elle se compose de caractères physiques distinctifs qui créent l'identité de l'entreprise et bénéficient de la propriété industrielle.

EXEMPLE
La marque Nike est reconnaissable par sa virgule.

2.2. Les conditions de validité

La marque doit être déposée à l'INPI pour fournir au déposant un droit exclusif sur celle-ci. Toute entreprise ou personne physique peut déposer une marque. Le dépôt doit respecter quatre conditions de validité. Ainsi, la marque doit être :
- distinctive, c'est-à-dire qu'elle ne doit pas décrire le produit de façon usuelle ou être liée trop fortement à la nature du produit ;
- non contraire à l'ordre public ;
- non déceptive, c'est-à-dire ne pas tromper le consommateur en évoquant une caractéristique que le produit n'a pas ;
- libre et donc disponible.

2.3. La durée de la protection de la marque

Une marque déposée à l'INPI est protégée pendant une période de 10 ans à compter de la date de dépôt.
Cette protection permet à son titulaire d'agir en contrefaçon contre toute personne qui utiliserait cette marque sans son autorisation, pendant toute cette durée.
Elle lui permet également de disposer des attributs de la propriété intellectuelle : faire usage de sa marque (en l'exploitant), en tirer les fruits (s'il souhaite la concéder à un tiers au titre d'un contrat de licence de marque) ou la céder par un contrat de cession de marque.
Le titulaire de la marque peut renouveler la protection autant de fois qu'il le souhaite. À défaut, il perd la propriété de sa marque.

3 Les protections judiciaires de l'entreprise

Qu'ils soient déposés auprès de l'INPI en France, de l'OEB (Office européen des brevets) en Europe ou de l'OMPI (Organisation mondiale de la propriété intellectuelle) sur le plan international, les brevets sont protégés pour 20 ans, moyennant des redevances annuelles.
La marque, protégée durant 10 ans, peut être renouvelée indéfiniment auprès de l'INPI en France, de l'Office de l'Union européenne pour la propriété intellectuelle (EUIPO) au niveau européen ou de l'OMPI au niveau mondial.

3.1. L'action en contrefaçon

La contrefaçon est un moyen par lequel le contrefacteur crée une confusion entre le produit original et le produit contrefait.
Le titulaire d'un droit de propriété industrielle (brevet, marque) peut engager une action auprès des tribunaux pour que soit reconnue la violation de ses droits par un ou des tiers. La contrefaçon existe du seul fait de l'atteinte au droit privatif, indépendamment de toute faute ou préjudice.

3.2. L'action en concurrence déloyale

Elle a pour objectif de sanctionner un manquement à la déontologie commerciale en permettant au titulaire du brevet ou de la marque de demander réparation au tiers déloyal pour le préjudice qu'il lui cause.
Le demandeur doit rapporter la preuve d'une faute, d'un préjudice et d'un lien de causalité entre ces deux éléments.

Mots clés Brevet • Marque • Action en contrefaçon • Action en concurrence déloyale

S'ENTRAÎNER AU BTS
Exercice 8 : p. 323

Savoir 21

Le rôle de l'innovation dans le macro-environnement

L'environnement global, ou macro-environnement, concerne toutes les influences dans les domaines politiques, économiques, sociaux, technologiques, écologiques, légaux, qui peuvent affecter l'entreprise aux niveaux national et international.

1 La prise en compte des évolutions de l'environnement

La méthode PESTEL est un outil de diagnostic du macro-environnement qui répartit les influences en six grandes catégories :
- politique (stabilité politique, fiscale, protection sociale, commerce extérieur...) ;
- économique (croissance économique, évolution des prix, politique économique, évolution du PNB, des taux d'intérêt, du chômage, du revenu disponible...) ;
- socioculturelle (évolution des valeurs, des croyances, du niveau d'éducation, mobilité sociale, attitude face aux loisirs et au travail, démographie...) ;
- technologique (évolution des connaissances, nouveaux produits, diffusion internationale de l'innovation, dépenses publiques en R&D...) ;
- écologique (protection de l'environnement, traitement des déchets...) ;
- légale (règlementation, interdictions, conditions de garantie de vente, lois sur les monopoles, droit du travail, législation sur la santé, normes de sécurité...).

L'analyse PESTEL permet donc d'identifier et de hiérarchiser les éléments de l'environnement susceptibles d'affecter de façon durable l'activité de l'entreprise.

2 Innover pour s'adapter à l'environnement

2.1. Les types d'innovations possibles

L'innovation est la mise en œuvre d'une idée nouvelle, permettant de mettre à disposition un nouveau produit, un nouveau service ou un nouveau procédé sur le marché.

L'INNOVATION DE PRODUIT OU DE SERVICE	L'INNOVATION DE PROCÉDÉ
Permet de proposer un bien ou service nouveau : – présentant une rupture radicale ou majeure ; EXEMPLE L'IBM Simon, le premier smartphone, téléphone mobile à écran tactile, a été lancé en 1992. – ou enrichissant l'existant grâce à de nouvelles caractéristiques. EXEMPLE En 2019, Samsung a enrichi l'offre des smartphones avec le premier smartphone pliant.	Permet d'adopter une nouvelle méthode de production, de distribution ou d'organisation du travail impliquant des changements dans la conception, le conditionnement, la tarification d'un produit ou l'organisation du lieu de travail. EXEMPLE La Southwest Airlines a innové dans le transport aérien aux États-Unis en introduisant le *low-cost*.

J. Schumpeter distingue cinq types d'innovation : un nouveau produit, une nouvelle matière première, une nouvelle organisation, un nouveau marché, une nouvelle méthode de production. Il montre que l'innovation est un vecteur de progrès économique par le biais du phénomène de destruction créatrice. En effet, l'innovation élargit les débouchés, génère des emplois, et permet une augmentation de la productivité. Mais elle est aussi à l'origine de la suppression de produits existants, et peut donc faire disparaître des entreprises et des emplois.

2.2. Les enjeux de l'innovation pour l'entreprise

La démarche d'innovation permet à l'entreprise de se constituer un patrimoine technologique qui se compose de l'ensemble des technologies qu'elle maîtrise et/ou utilise. Elle permet donc à l'entreprise de créer la croissance nécessaire au renforcement de la compétitivité sur son marché. Elle renforce les atouts de l'entreprise et son avantage concurrentiel en :

– se différenciant des concurrents ;

EXEMPLE
Les slogans « Think different » (*Penser différemment*) et « One more thing » (*Encore une chose*) d'Apple jouent sur l'innovation pour se distinguer de la concurrence.

– améliorant la compétitivité (réduction des coûts) ;

EXEMPLE
Samsung cherche à produire en masse pour faire des économies d'échelle.

– améliorant l'image : l'innovation est valorisante.

EXEMPLE
En innovant dans les voitures électriques, Renault a valorisé son image d'entreprise éco-responsable.

2.3. Les modalités d'une politique d'innovation

Pour mener à bien une innovation en accord avec son environnement, l'entreprise doit respecter différentes modalités consistant à :

– mener une veille stratégique pour surveiller l'environnement dans le but d'anticiper les changements ;

– mettre en place une politique de recherche et de développement, en interne au sein d'un service de R&D, en externe dans le cadre d'une externalisation ou d'une collaboration avec d'autres organisations ;

– protéger ses innovations par des brevets, qui permettent de générer des revenus (l'entreprise peut céder le brevet ou le concéder en licence) ;

– mettre en œuvre une démarche qualité qui repose sur un processus d'amélioration continue du fonctionnement de l'entreprise, et qui permet d'améliorer la capacité d'une entreprise à innover.

Mots clés Méthode PESTEL • Macro-environnement • Innovation • Avantage concurrentiel

Auteur : J. Schumpeter

Savoir **22**

Les facteurs de production

L'entreprise organise son activité en combinant des facteurs de la façon la plus efficace et la moins coûteuse possible.

1 L'emploi des facteurs de production

1.1. Le facteur travail

Le facteur travail désigne la main-d'œuvre, c'est-à-dire la force, l'énergie et les compétences nécessaires pour produire des biens et services. On le mesure à la quantité de travail disponible, qui dépend de la population active.

1.2. Le facteur capital

Le facteur capital représente les biens nécessaires à la production :
– le capital fixe, composé des biens durables (qui servent plusieurs années avant d'être renouvelés), se subdivise en capital technique (bâtiments, machines, véhicules) et capital immatériel (logiciels, brevets, marques...) ;
– le capital circulant est composé des biens consommés ou transformés au cours d'un seul cycle de production (matières premières et produits semi-finis, énergie).

1.3. Le facteur connaissances

Le facteur connaissances est lié à l'économie du savoir : la principale source de richesse réside dans les savoirs. Il est devenu un facteur de production fondamental du fait des progrès scientifiques et technologiques, et de la diffusion des technologies de l'information et de la communication (TIC).

EXEMPLE
Les dépenses d'éducation et de formation, de recherche et développement.

1.4. Le facteur matières premières

Ce facteur concerne les biens ou services qui vont être détruits ou transformés lors du processus de production, principalement les matières premières et l'énergie. Leur coût varie selon leur contexte de production.

2 La combinaison productive

Le facteur travail combiné au facteur capital assure la production. Le choix de la combinaison productive prend en considération le coût, la qualité et les contraintes techniques, la combinaison optimale étant la moins coûteuse et la plus efficace.

- Les facteurs sont substituables si l'un d'eux peut être remplacé par un autre.

  EXEMPLE La machine à vendanger remplace les vendangeurs.

- Si deux facteurs doivent être utilisés ensemble, ils sont complémentaires.

  EXEMPLE Le cameraman et sa caméra.

- Un facteur qui ne peut être remplacé par un autre est dit « incompressible ».

Mots clés : Facteur travail • Facteur capital • Combinaison productive

Savoir 23 Les coûts de production et la productivité

Dans une économie de marché, les entreprises cherchent constamment à améliorer leur mode de production, pour baisser leurs coûts et vendre moins cher que la concurrence. L'efficacité d'un mode de production se mesure à partir de la notion de productivité des facteurs. Le coût lié à l'utilisation des facteurs de production influence les décisions des entreprises, notamment en matière de recrutement.

1 Les coûts de production

Ce sont les coûts nécessaires pour maintenir en production une usine, une ligne de production ou un équipement donné. Dans une entreprise en bonne santé, la différence entre les revenus (produits des ventes ou d'autres sources) et les coûts de production représente la marge brute.
Cela signifie que le devenir économique d'une entreprise est lié aux revenus et aux coûts de production des produits vendus. Tandis que les revenus, en particulier les produits des ventes, sont liés au secteur commercial de l'entreprise, les coûts de production sont associés à la fabrication et à la logistique.

2 La productivité

Les deux facteurs de production que sont le travail et le capital sont constamment évalués par le calcul de la productivité, qui est l'indicateur le plus connu de l'efficacité économique. La productivité d'un facteur de production s'explique par sa combinaison, au sein du processus productif, avec d'autres facteurs de production.

2.1. La mesure de la productivité

a) La définition de la productivité

La productivité correspond au rapport entre la quantité produite d'un bien ou d'un service et la quantité de facteurs nécessaire pour cette production.

EXEMPLES
Énergie consommée, nombre d'heures de travail, machine employée.

Elle constitue une mesure de l'efficacité avec laquelle une économie utilise ses ressources disponibles pour produire. L'Insee détermine la productivité globale des facteurs de production comme le rapport entre la production réalisée par une unité économique et l'ensemble des facteurs de production (capital et travail) utilisés lors du processus de production.

b) La productivité du facteur travail

Elle évalue la quantité de biens ou services que peut produire une entreprise en une heure de travail. C'est donc le rapport entre la production obtenue et la quantité de travail utilisée.

c) La productivité du facteur capital

Elle indique la quantité de biens ou services que peut produire une entreprise pour 1 euro de capital investi. C'est donc le rapport entre la production obtenue et la quantité de capital utilisée.

2.2. Les gains de productivité

Il y a gain de productivité lorsqu'une entreprise produit le même volume de biens et services en utilisant moins de facteurs de production, ou réalise un volume plus important avec la même quantité de facteurs. L'origine peut être le progrès technique (innovations modifiant les méthodes de production), une organisation plus rationnelle du travail ou une meilleure qualification des travailleurs. Un gain de productivité est positif pour l'entreprise puisqu'il lui permet d'économiser des coûts.

EXEMPLES

Amélioration des méthodes de travail, machines plus performantes, nouvelles technologies.

2.3. Les déterminants économiques de la productivité

Les facteurs qui influent sur la productivité d'une entreprise sont nombreux et variés : nombre de machines utilisées, organisation du travail, compétence professionnelle des ouvriers, types d'équipements... Au niveau global, les facteurs économiques qui influencent la croissance de la productivité sont l'investissement et le développement des savoir-faire, l'innovation et la diffusion des technologies et le développement des infrastructures publiques.

3 L'influence des paramètres économiques sur les décisions de l'entreprise

3.1. Le coût des facteurs de production

Parmi les différents coûts liés à la production, celui du travail a une influence déterminante sur les décisions de l'entreprise. Le niveau des salaires est un des facteurs déterminants de la décision de recruter du personnel. En ce qui concerne la décision de recrutement, les entreprises prennent en compte leur besoin en niveau de qualification, la disponibilité des demandeurs d'emploi et leur adaptation à l'emploi proposé. La rémunération n'est pas toujours le paramètre essentiel de la décision de recrutement.

EXEMPLE

Début 2022, pour attirer de nouveaux candidats vers les métiers de l'hôtellerie-restauration, les professionnels du secteur ont négocié avec les syndicats une augmentation du salaire de plus de 16 %.

3.2. Les taux d'intérêt

La baisse des taux d'intérêt impacte certaines décisions des entreprises, en particulier celles qui concernent l'investissement. L'investissement est un coût pour l'entreprise, qui peut le financer par un emprunt bancaire. Dans ce cas, le taux d'intérêt représente le coût de cet emprunt. Sa baisse encourage l'emprunt et, de façon indirecte, l'investissement.

Mots clés Productivité ● Progrès technique

S'ENTRAÎNER AU BTS
Exercice 4 : p. 322

Savoir 24 Le choix de l'entreprise entre « faire » ou « faire faire »

La décision de conserver certaines activités ou, au contraire, de les confier à un prestataire extérieur peut découler d'une analyse de la chaîne de valeur.

1 La chaîne de valeur

La chaîne de valeur, concept développé par M. Porter, est un processus permettant d'identifier les différentes activités d'une entreprise, pour distinguer celles qui sont créatrices de valeur, lesquelles se répartissent en deux catégories : les activités principales et les activités de soutien.

EXEMPLES
La logistique interne est une activité principale ; la R&D est une activité de soutien.

2 Le choix de faire

L'analyse de la chaîne de valeur aide l'entreprise à identifier les activités qui doivent être conservées en interne. L'entreprise doit être performante sur ses activités clés, c'est-à-dire celles qui constituent son cœur de métier et qui sont source d'avantage concurrentiel. Ces activités doivent donc être privilégiées par l'entreprise.
Par ailleurs, en conservant la totalité des activités liées au processus de production, l'entreprise peut réduire ses coûts de transport, de gestion des stocks et de logistique, et avoir une plus grande maîtrise sur la qualité des produits.

EXEMPLE
La marque de luxe Hermès a implanté de nouvelles usines de maroquinerie en France.

3 Le choix de faire faire

Le principe de l'impartition consiste à faire faire une partie ou l'intégralité des activités de l'entreprise à des partenaires extérieurs. Traditionnellement, l'impartition comprend les activités de sous-traitance, de concession et de franchise, qui créent des liens de coopération étroits entre les partenaires. En recourant à l'impartition, l'entreprise cherche à bénéficier du savoir-faire spécifique de ses partenaires, et se recentre sur les activités créatrices de valeur.
En allégeant sa structure et en la réduisant aux activités essentielles, l'entreprise peut améliorer son fonctionnement, gagner en flexibilité, et se concentrer sur les activités sources d'avantage concurrentiel comme l'innovation.
Mais l'impartition crée également une dépendance réciproque entre les partenaires et peut entraîner une perte de savoir-faire qui fragilise l'entreprise.

EXEMPLE
Hermès achète les roues de ses valises en Chine, faute de production en France.

Mots clés Chaîne de valeur • Impartition • Sous-traitance

Auteur : M. Porter

CEJM

Savoir 25

Les différentes structures juridiques

Que l'activité soit commerciale, industrielle, artisanale, libérale ou sociale et solidaire, l'entrepreneur a le choix entre plusieurs formes juridiques.

1 Le choix de l'entreprise individuelle

1.1. L'entreprise individuelle (EI)

a) La simplicité de création

Une entreprise individuelle se constitue sans création d'une structure juridique dotée de la personnalité morale. Elle n'existe pas indépendamment de l'entrepreneur individuel qui la possède. Elle ne peut agir en son nom propre et n'est pas sujet de droit. Elle est donc adaptée aux petites entreprises et devient inadaptée lorsque celles-ci se développent.

Les EI se caractérisent par leur simplicité de constitution, de fonctionnement et de liberté d'action du chef d'entreprise.

b) La protection du patrimoine de l'entrepreneur individuel

L'entreprise individuelle et l'entrepreneur sont théoriquement confondus : profit et responsabilité sont liés à la personne de l'entrepreneur, qui doit accepter de prendre des risques puisqu'il engage son patrimoine afin de garantir ses dettes professionnelles.

Jusqu'à présent, l'entrepreneur individuel (qui exerce son activité professionnelle en nom propre et non pas sous la forme d'une société), disposait d'un seul et unique patrimoine. En cas de difficultés économiques, ses biens personnels étaient exposés aux poursuites des créanciers professionnels.

Le législateur, conscient des problèmes posés à l'entrepreneur individuel, a assoupli à plusieurs reprises le principe de l'engagement sans limite de ce dernier en édictant des lois qui lui permettent de protéger ses biens personnels.

Depuis février 2022, avec la loi en faveur de l'activité professionnelle indépendante, le législateur a encore amélioré le statut unique d'entrepreneur individuel en prévoyant que l'ensemble du patrimoine personnel soit, par défaut, insaisissable par les créanciers professionnels (sauf si l'entrepreneur en décide autrement). Seuls les éléments nécessaires à l'activité professionnelle de l'entrepreneur pourront être saisis en cas de difficultés financières. Le patrimoine personnel et le patrimoine professionnel sont désormais séparés.

c) La transmission de l'entreprise individuelle

Si l'entrepreneur individuel souhaite faire évoluer son activité ou s'il envisage de vendre son entreprise, il peut passer du statut d'entreprise individuelle à celui de société avec simplicité. La transmission totale de son patrimoine professionnel peut se faire en une seule opération.

1.2. L'autoentreprise

Le statut d'autoentrepreneur (ou micro-entrepreneur) est un régime simplifié de l'EI permettant de créer facilement une activité à but lucratif dès lors qu'un plafond de chiffre d'affaires n'est pas dépassé.

2 Le choix d'une structure sociétaire

L'entreprise sociétaire, ou société, est une personne morale créée par un contrat (les statuts) entre plusieurs personnes (les associés).
Les principales sociétés commerciales sont la société anonyme (SA), la société par actions simplifiée (SAS), la société par actions simplifiée unipersonnelle (SASU), la société à responsabilité limitée (SARL) et l'entreprise unipersonnelle à responsabilité limitée (EURL).
Ces sociétés ont un nom (dénomination sociale), un domicile (siège social) et disposent d'apports constituant leur patrimoine.
En principe, les sociétés commerciales de capitaux (SA, SAS) et les sociétés de personnes (SARL, EURL) permettent aux associés de n'engager leur patrimoine qu'à hauteur de leurs apports.

3 Le choix d'une forme juridique de l'économie sociale et solidaire (ESS)

Les entreprises de l'ESS se caractérisent par des modes de gestion et de décision démocratiques et participatifs. Elles organisent un encadrement strict de l'utilisation des résultats financiers, sans profit personnel, et réinvestissent leurs bénéfices.
Leurs domaines d'activité (ex. : santé, éducation, logement) et les structures (coopératives, mutuelles, sociétés commerciales labellisées) sont variés.

3.1. Les coopératives

Ces entreprises démocratiques se différencient des entreprises « classiques » par leur gouvernance fondée sur le principe « une personne = une voix ». Leurs membres sont à la fois associés, clients, producteurs et salariés.

EXEMPLE Le Crédit Mutuel.

3.2. Les mutuelles

Ces sociétés de personnes à but non lucratif organisent la solidarité entre leurs membres et leurs fonds proviennent principalement des cotisations des membres. Elles ne recherchent pas le bénéfice et ont un rôle avant tout social. Elles fonctionnent selon un principe démocratique d'égalité entre les adhérents et sont dirigées par des bénévoles élus au sein de leurs rangs.

EXEMPLE La MAIF.

3.3. Les sociétés commerciales labellisées ESS

Des sociétés commerciales peuvent être labellisées ESS et bénéficier d'une fiscalité avantageuse et de dispositifs de financement spécifiques. Elles doivent respecter les valeurs de l'ESS (gouvernance démocratique, finalité d'intérêt général, bénéfices équitablement répartis ou réinvestis dans le projet).

Mots clés Entreprise individuelle (EI) • Société • Personne morale • Économie sociale et solidaire (ESS)

Savoir
26 Les critères de choix des structures juridiques

Le choix d'une structure juridique dépend des motivations de son ou ses créateurs et de l'évolution prévue de l'entreprise.

1 Les motivations patrimoniales et humaines

1.1. La protection du patrimoine

Sur le plan patrimonial, le choix de la structure juridique se fait en fonction de la responsabilité de l'entrepreneur et des associés éventuels sur le patrimoine, qui sera plus ou moins étendue selon les cas.
L'entrepreneur individuel, qui était auparavant responsable des dettes sociales sur l'ensemble de son patrimoine, bénéficie depuis 2022 d'une protection totale de son patrimoine personnel (voir Fiche Savoir 25).
Quant aux associés, leur responsabilité est, en principe, limitée à leurs apports. Leurs biens personnels sont à l'abri des créanciers. C'est le cas dans les sociétés commerciales comme les SA, SAS, SASU, SARL et EURL.

1.2. Les moyens humains

Il s'agit de choisir si l'on veut créer une société seul ou à plusieurs et comment on entend exercer le pouvoir dans l'entreprise.
L'entrepreneur exerce seul le pouvoir dans l'entreprise individuelle et dans les structures sociétaires telles que les sociétés unipersonnelles (EURL, SASU) alors que, dans les autres types de sociétés, le pouvoir est partagé entre les associés.
Le pouvoir du créateur d'une SA ou d'une SARL est à la hauteur de son engagement financier et des risques qu'il doit assumer.

2 Les motivations matrimoniales

LE RÉGIME DE LA COMMUNAUTÉ RÉDUITE AUX ACQUÊTS	Les personnes se marient sans signer de contrat devant notaire. Les biens acquis à titre onéreux pendant le mariage, les « acquêts », sont communs aux époux et donc engagés dans le cadre de l'activité professionnelle. Ce régime matrimonial est déconseillé à ceux qui veulent entreprendre seuls ou dans le cadre d'une société de personnes entraînant la responsabilité illimitée des associés.
LE RÉGIME DE LA SÉPARATION DE BIENS	Il est le plus adapté à la vie des affaires car il aboutit à dissocier les biens de chaque époux : tout ce qui a été acquis par l'un des membres du couple, avant et pendant le mariage, lui appartient personnellement et ne peut être saisi du fait d'une difficulté d'exploitation de l'autre. Le PACS (pacte civil de solidarité) aboutit aux mêmes dispositions.

3 Les motivations sociales et fiscales

L'OBJECTIF SOCIAL	L'exploitant d'une entreprise individuelle est un travailleur indépendant, comme le gérant associé d'une EURL ou le gérant associé majoritaire d'une SARL. Il n'est pas bénéficiaire des prestations du régime général de la Sécurité sociale et dépend d'un régime social spécifique. Cependant, le dirigeant de société est assimilé à un salarié s'il est à la tête d'une SA ou s'il est gérant non majoritaire d'une SARL, bénéficiant alors d'assurances sociales complètes, au titre de la maladie, de la maternité, des accidents du travail, de la vieillesse.
L'OBJECTIF FISCAL	Le droit fiscal prévoit deux régimes d'imposition des profits de l'entreprise : – soit l'impôt sur le revenu (IR), qui prend en compte les revenus personnels du créateur (entrepreneur individuel et dirigeant de l'EURL) et le bénéfice de l'entreprise en taxant les bénéfices réalisés, selon un barème progressif; – soit l'impôt sur les sociétés (IS), pour les SARL, SA, SAS et SASU, qui consiste en un prélèvement proportionnel à hauteur de 33,33 % des bénéfices. Chaque dirigeant doit prendre en compte les différents paramètres liés à sa situation personnelle et familiale et les profits attendus de l'entreprise.

4 Les moyens financiers

Tandis que l'entrepreneur individuel apporte ses économies et/ou ses biens personnels, les associés d'une société doivent réaliser des apports en société (apports en numéraire, en nature, en industrie). En échange, ils disposent de parts sociales (ou actions dans une SA) proportionnelles à leurs apports.
Le capital social, composé des apports en espèces ou en nature :
– définit le pourcentage de détention des parts de chaque associé ;
– témoigne de la solidité financière de la société afin de rassurer les créanciers ;
– permet de financer les premiers investissements.
Son montant peut évoluer tout au long de la vie de la société.

5 Le choix en fonction de l'évolution de l'entreprise

Le choix entre une structure individuelle et une des structures sociétaires peut s'opérer aussi au cours de l'évolution de l'entreprise. Ainsi, la transformation d'une entreprise individuelle en entreprise sociétaire peut être motivée par des objectifs patrimoniaux, fiscaux, sociaux et financiers.

EXEMPLES
Avoir besoin de fonds, s'associer à plusieurs après avoir exercé seul pour assurer la croissance de la structure, anticiper la succession, assurer la pérennité de l'entreprise.

6 Les finalités de l'économie sociale et solidaire (ESS)

Les finalités des formes juridiques de l'ESS sont liées à la solidarité, à l'équité et à l'utilité sociale, à la base de leur statut et de leur organisation.

Mots clés Patrimoine • Régime matrimonial • Apports en société • Économie sociale et solidaire (ESS)

Savoir

27 La responsabilité de l'entreprise

L'entreprise, de par les risques engendrés par son activité, peut être tenue responsable civilement ou pénalement de ses actes.

1 Les types de risques

Un risque est la possibilité ou probabilité d'un fait, d'un événement considéré comme un dommage. Le risque a évolué dans la société : à l'origine, il était constitué par la faute de l'auteur du dommage ; aujourd'hui, on considère que certaines situations générant un risque permettent de mettre en cause la personne qui, objectivement, est à l'origine de ce risque, même si aucune faute ne peut lui être reprochée. Cette évolution s'est faite dans l'intérêt des victimes.

EXEMPLE
Un employeur est responsable si une de ses machines blesse des salariés.

La collectivisation du risque consiste à mettre à la charge du plus grand nombre d'individus l'obligation de réparer le préjudice subi par certaines victimes. Que l'auteur du dommage soit solvable ou non, connu ou non, les victimes seront indemnisées.

2 Les responsabilités civile et pénale

- La responsabilité civile a pour objectif de réparer les dommages.
- La responsabilité pénale vise la sanction des personnes ayant commis des actes interdits par la loi. Le droit pénal a en effet pour objectif de protéger la société.

EXEMPLE
Le harcèlement moral au travail est sanctionné par le droit pénal.

3 Les principes des responsabilités civiles contractuelle et extracontractuelle

Trois éléments sont indispensables à la mise en œuvre de la responsabilité civile : un fait générateur, un dommage et un lien de causalité entre les deux.

3.1. La responsabilité civile contractuelle

Elle est invoquée dans le cas d'un contrat mal ou non exécuté par le débiteur.

EXEMPLE
Un transporteur ne livre qu'une partie de la marchandise ou des colis abîmés.

a) La faute contractuelle

La responsabilité contractuelle résulte d'une faute dans l'exécution du contrat, qui peut être l'inexécution totale des obligations nées du contrat, l'exécution défectueuse ou seulement partielle, le retard dans l'exécution. La preuve de la faute contractuelle varie en fonction de ce à quoi le débiteur s'est engagé. Le contrat fait naître des obligations soit de résultat, soit de moyens. L'obligation de résultat est l'obligation par laquelle le cocontractant s'engage à atteindre un résultat déterminé.

EXEMPLE
Dans le cadre d'un contrat de vente, le vendeur doit livrer la chose promise.

Le créancier de l'obligation inexécutée doit prouver cette inexécution et le dommage qu'il subit. La faute du débiteur est présumée et le responsable n'est pas autorisé à s'exonérer de sa responsabilité en établissant l'absence de faute. Il n'est libéré que s'il établit l'existence d'une cause étrangère à l'origine de l'inexécution du contrat.

L'obligation de moyen est l'obligation par laquelle le cocontractant s'engage à mettre en œuvre tous les moyens pour atteindre le résultat défini par les parties, le cocontractant ayant un rôle actif dans l'exécution du contrat.

EXEMPLE

Un club de gymnastique est tenu par une obligation de moyen vis-à-vis de chacun de ses clients pour que tout se passe bien dans la pratique de son sport.

Le créancier de l'obligation doit prouver, en plus du dommage subi, l'inexécution du contrat et la faute du débiteur qui en est à l'origine. Le cocontractant peut se libérer de toute responsabilité en prouvant l'absence de faute de sa part.

b) Le cas de l'inexécution du contrat

En cas d'inexécution des obligations, les conséquences sont variables :

L'EXÉCUTION FORCÉE EN NATURE	Elle consiste à demander au juge de mettre en demeure le débiteur défaillant d'exécuter ses obligations. Lorsque l'obligation inexécutée est celle de payer une somme d'argent, l'exécution forcée est facile à mettre en œuvre (ex. : l'intervention d'un huissier).
LA RÉDUCTION DU PRIX	Le créancier peut accepter, en contrepartie d'une réduction du prix à payer, que l'exécution imparfaite de l'obligation de son cocontractant ne soit pas remise en cause, par souci d'efficacité et de rapidité.
LA RÉSOLUTION OU LA RÉSILIATION DU CONTRAT	Le créancier de l'obligation peut faire constater l'inexécution du contrat soit par son cocontractant, soit par la justice, et demander l'annulation rétroactive des engagements réciproques : il y a résolution du contrat (ex. : une vente dont le prix a été payé mais dont l'objet n'a pas été livré). En revanche, si la demande d'annulation concerne un contrat à exécution successive (ex. : un contrat de travail), mis en œuvre depuis un certain temps, l'exécution réalisée ne peut pas être restituée à l'autre partie. La seule solution juridique envisageable est l'anéantissement des effets futurs du contrat : on parle de « résiliation du contrat ».

3.2. La responsabilité civile extracontractuelle

Elle est invoquée dans le cas d'un comportement fautif créant des dommages à autrui, sans lien contractuel entre la personne fautive et la victime. On peut relever trois cas :

– la faute personnelle de l'auteur du dommage, qu'elle soit volontaire (ex. : un acte de malveillance) ou d'imprudence ;

– le fait d'une chose dont on a la garde (ex. : une entreprise responsable du déversement par mégarde de produits chimiques dans une rivière) ; il existe aussi la responsabilité du fait des produits défectueux en cas de défaut du produit commercialisé ;

– le fait d'autrui, c'est-à-dire d'une personne dont on doit répondre (ex. : l'employeur est responsable des dommages causés par le salarié).

Mots clés : **Responsabilité civile • Responsabilité pénale • Responsabilité civile contractuelle • Responsabilité civile extracontractuelle**

S'ENTRAÎNER AU BTS
Exercice 9 : p. 323

Savoir

28 L'organisation de l'activité de l'entreprise

L'organisation d'une entreprise demande de choisir un style de management, une structure, des mécanismes de coordination et de contrôle adaptés.

1 Les styles de management dans l'entreprise

R. Likert a identifié quatre styles de management (la façon dont le dirigeant partage le pouvoir et la prise de décision au sein de l'entreprise). Ce classement est théorique car, sur le terrain, il n'y a pas de « style pur ».

STYLES	AUTORITAIRE	PATERNALISTE	CONSULTATIF	PARTICIPATIF
CONFIANCE DANS LES SALARIÉS	Aucune, rapports distants et autoritaires	Proximité avec les subordonnés, mais autorité incontestée du dirigeant	Rapports de confiance avec les subordonnés	Confiance totale et participation réelle des salariés à la gestion
PRISE DE DÉCISION DE LA PART DES SALARIÉS	Aucune : décision autoritaire prise par le dirigeant	Possibilité de suggestions, mais décisions prises par le dirigeant	Consultation avant la décision finale, prise par le dirigeant	Participation des salariés à la décision qui est décentralisée dans des groupes de travail
MÉTHODE DE MOTIVATION	Crainte des menaces et des sanctions	Récompenses et sanctions	Récompenses et sanctions	Implication des salariés

EXEMPLE

En fonction de la situation, un manager autoritaire peut se montrer paternaliste ou consultatif.

2 Le type de structure de l'entreprise

La structure est la combinaison d'éléments et de mécanismes qui permettent de répartir, coordonner et contrôler les activités de l'entreprise, afin d'atteindre avec efficacité et efficience les objectifs stratégiques. L'action sur la structure est de la compétence du manager. L'organigramme est une représentation schématique de la structure : il met en évidence les liens hiérarchiques et fonctionnels qui relient ses membres, ainsi que leurs fonctions. Cependant, cette représentation n'est exacte qu'au moment de son élaboration et privilégie les relations hiérarchiques. Elle ne donne pas une vision des rapports informels qui lient les salariés.

3 Les mécanismes de coordination au sein de l'entreprise

Les six principaux mécanismes de coordination décrits par H. Mintzberg permettent aux différentes composantes de l'entreprise d'agir en cohérence.

AJUSTEMENT MUTUEL	Coordination faite « d'arrangements » (échanges informels) EXEMPLE Adapté quand la complexité de la coordination et le nombre d'acteurs sont faibles, comme dans les PME ou les start-up.
SUPERVISION DIRECTE	Fait intervenir un acteur dont le rôle est de prendre en charge la coordination entre opérateurs. EXEMPLE Adaptée aux PME lorsque la complexité augmente.
STANDARDISATION DES PROCÉDÉS	Des règles formalisent les façons de faire. Le suivi des protocoles et procédures garantit la coordination entre tous. EXEMPLE Adoptée par les entreprises industrielles comme Peugeot.
STANDARDISATION DES RÉSULTATS	Résultats précisés à l'avance et standardisation des objectifs. EXEMPLE Adaptée pour des entreprises de grande taille multidivisionnelle comme Danone.
STANDARDISATION DES QUALIFICATIONS	Qualifications et compétences formalisées pour que les opérateurs connaissent précisément les façons de travailler ensemble. EXEMPLE Adaptée aux entreprises constituées d'experts, tous formés dans les mêmes parcours de formation comme les hôpitaux.
STANDARDISATION DES NORMES	Les valeurs et la culture jouent le rôle de mécanisme de coordination. EXEMPLE Adoptée dans beaucoup de start-up comme Blablacar.

4 Les mécanismes de contrôle au sein de l'entreprise

Les mécanismes de contrôle permettent de s'assurer que la structure est efficace en comparant les objectifs fixés et les résultats obtenus. L'analyse des écarts permet d'adopter des actions correctrices si nécessaire. Le contrôle concerne :
- tous les objectifs, aussi bien financiers que sociétaux ;
- tous les niveaux hiérarchiques, les décisions stratégiques prises à long terme par la direction de l'entreprise tout comme les décisions opérationnelles à court terme.

Les modes de contrôle dépendent du style de management et du mode de coordination :
- si le style de management est autoritaire ou même paternaliste, les contrôles omniprésents seront basés sur des procédures précises, privilégiant l'autorité et la supervision directe au sommet ;
- si le style de management est consultatif ou participatif, les contrôles consisteront davantage à comparer les objectifs aux résultats obtenus.

Mots clés Styles de management • Structure • Mécanismes de coordination • Mécanismes de contrôle

Auteurs : R. Likert • H. Mintzberg

Savoir 29

L'organisation des ressources et des compétences

L'organisation des ressources et des compétences consiste à agencer les moyens à disposition de l'entreprise pour les engager dans ses processus productifs et organisationnels afin de pouvoir offrir des biens adaptés aux attentes des clients.

1 Identifier les ressources et les compétences

1.1. Repérer les ressources de l'entreprise

Les ressources sont les actifs détenus par l'entreprise qui lui permettent de mener à bien son activité. E. Penrose a montré que l'entreprise est un ensemble de ressources qu'elle classe en ressources tangibles et intangibles :

LES RESSOURCES TANGIBLES (MATÉRIELLES)	LES RESSOURCES INTANGIBLES (IMMATÉRIELLES)
– physiques (équipements, usines...) ; – ressources humaines (effectif) ; – ressources financières (sources de financement possibles...).	– technologiques (brevets, licences...) ; – organisationnelles (structure, flexibilité...) ; – mercatiques (image de marque...).

1.2. Les compétences professionnelles individuelles et collectives

Une compétence est une aptitude nécessaire à l'exercice d'une activité dans un poste déterminé. La compétence professionnelle englobe la connaissance (le savoir), la pratique (le savoir-faire) et les attitudes dans le contexte de l'entreprise (le savoir-être).

EXEMPLE

Un comptable a acquis des savoirs pendant ses études en BTS, qu'il a mis en pratique lors de son activité professionnelle, ce qui lui a donné un savoir-faire. Il a acquis un savoir-être en étant capable de s'adapter à des situations variées, d'écouter, etc.

Les synergies entre les compétences individuelles permettent de créer des compétences collectives indispensables au développement de l'entreprise. Celles-ci regroupent l'ensemble des savoirs émergents d'un groupe de travail, qui utilise les ressources à sa disposition de manière à créer de nouvelles synergies, générant ainsi des combinaisons inédites de compétences.

1.3. Favoriser l'émergence de compétences collectives distinctives

G. Hamel et C. K. Prahalad montrent qu'une compétence distinctive permet à l'entreprise de déployer des ressources afin d'obtenir un avantage concurrentiel difficilement imitable. Une compétence est distinctive si elle :

- permet à l'entreprise de saisir une opportunité ou d'échapper à une menace ;
- permet de réduire les coûts ou de générer un supplément de valeur pour le client ;
- n'est pas détenue par un grand nombre de concurrents ;
- est difficilement imitable par les concurrents actuels ou potentiels.

EXEMPLE

Apple a su se distinguer des concurrents grâce à ses compétences en design industriel lui permettant de proposer des produits originaux.

2 Organiser les ressources dans des processus

Un processus est un enchaînement ordonné d'activités interactives, qui permettent de transformer des éléments d'entrée en éléments de sortie. Selon la norme AFNOR FD X 50-176 d'août 2017, il existe dans l'entreprise trois types de processus :
– les processus productifs, assurant la réalisation du bien ou du service ;
– les processus de support (processus organisationnels), permettant la gestion des ressources ;
– les processus de pilotage (processus décisionnels), assurant la prise de décision.
Ces processus sont essentiels pour améliorer la productivité car ils permettent une bonne gestion des ressources de l'entreprise.

EXEMPLE
Un processus organisationnel peut prendre la forme d'un planning, pour gérer l'accès à un outil de façon à éviter qu'il soit sous-utilisé pendant certaines tranches horaires et qu'il y ait de l'attente à d'autres moments.

3 Les facteurs influençant l'organisation des ressources

Les parties prenantes peuvent agir en tant que contre-pouvoir, c'est-à-dire comme un groupement organisé agissant pour limiter le pouvoir d'un décideur, quand elles estiment que les décisions prises par les dirigeants de l'entreprise portent atteinte à leurs intérêts. Leur pouvoir est lié à la maîtrise de ce que, dans les années 1970, M. Crozier et E. Friedberg appellent une zone d'incertitude (théorie de l'acteur stratégique).
En développant ses compétences, un salarié devient de moins en moins substituable. Il peut être le seul à pouvoir résoudre certains problèmes, à maîtriser un nouveau logiciel, etc. Il maîtrise alors une zone d'incertitude qui le rend indispensable et accroît sa capacité de négociation.
Les parties prenantes exercent une influence plus ou moins forte sur le processus décisionnel grâce aux moyens d'action dont elles disposent.

EXEMPLE
Les salariés peuvent faire grève, les consommateurs boycotter les produits, les actionnaires vendre des actions, les associations et les ONG, alerter l'opinion internationale, l'État peut modifier la réglementation...

Adopter une logique RSE permet à l'entreprise d'anticiper les risques auxquels elle pourrait être confrontée (approvisionnement, demande de transparence...). Les attentes des parties prenantes, étant fortes sur ces sujets, l'entreprise risque de voir son image de marque ternie si elle ne prend pas en compte les valeurs de la RSE.

Mots clés Ressources • Ressources tangibles • Ressources intangibles • Compétences • Compétence distinctive • Processus • Partie prenante • Contre-pouvoir • Pouvoir • Responsabilité sociétale des entreprises (RSE)

Auteurs : E. Penrose • G. Hamel et C. K. Prahalad • M. Crozier et E. Friedberg

S'ENTRAÎNER AU BTS
Exercices 14, 15 : pp. 325-326

Savoir 30

Les besoins de financement de l'entreprise

L'entreprise doit trouver les financements à court et à long terme adaptés à son activité.

1 Les différents besoins et ressources de financement

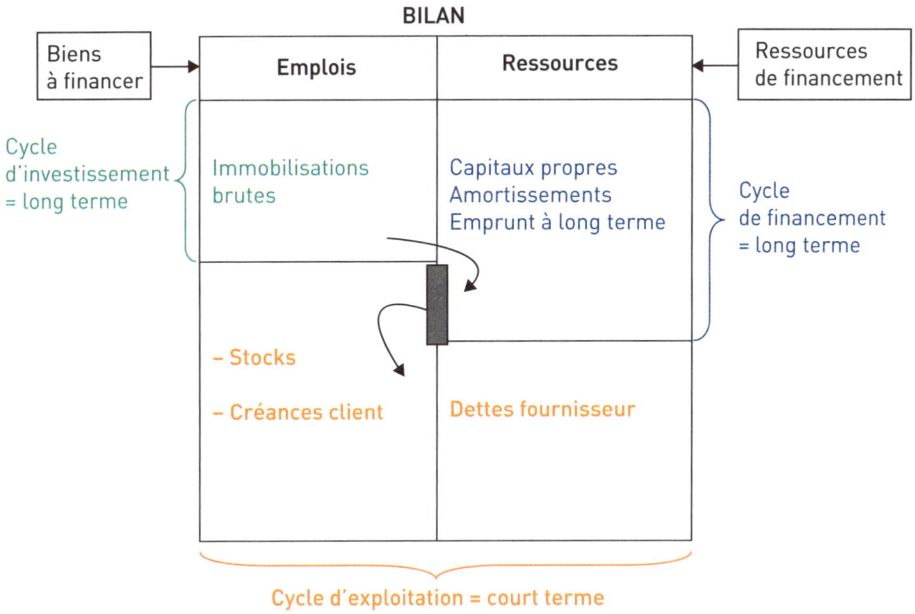

Selon la règle de l'équilibre financier, les biens à long terme (immobilisations) doivent être financés par des ressources à long terme.

Généralement, les ressources à long terme sont supérieures aux immobilisations brutes. Ces ressources supplémentaires non utilisées à long terme serviront à compléter le financement du cycle d'exploitation, on les appelle le « fonds de roulement » (FR).

En général, les dettes fournisseur ne suffisent pas à financer les stocks et créances, il manque des ressources qui seront puisées dans ces surplus à long terme ; on les appelle alors le « besoin en fonds de roulement » (BFR).

EXEMPLE

Dans une entreprise où les ressources stables sont de 100 et les emplois à long terme de 75, on voit que les investissements à long terme sont bien financés par des ressources à long terme. Un FR de 25 permettra de financer l'exploitation.

Si les besoins en exploitation ne sont que de 20, les 5 restants constitueront la trésorerie.

2 Les solutions de financement adaptées à l'entreprise

2.1. Le financement à court terme du cycle d'exploitation

Les besoins de financement liés au cycle d'exploitation sont récurrents et doivent donc être financés par des ressources internes issues du fonds de roulement (FR). Si le FR est insuffisant, il faut recourir à des financements externes :

LES CONCOURS BANCAIRES À COURT TERME	LE CRÉDIT INTER-ENTREPRISES
Les crédits à court terme accordés par les banques (facilités de caisse, crédits relais pour faire face aux besoins exceptionnels, lignes de crédit pour faire face aux variations du BFR et autres crédits à moins d'un an).	Les clients obtiennent souvent de leurs fournisseurs des délais de règlement. Ce crédit fournisseur permet de financer partiellement le BFR.

Actuellement, les banques durcissent leurs conditions financières et font moins facilement confiance aux entreprises, surtout aux PME, rendant l'accès au crédit bancaire plus difficile.

2.2. Le financement à long terme du cycle d'investissement

Les besoins de financement liés au cycle d'investissement peuvent être financés par des ressources internes :

L'AUTOFINANCEMENT	L'AUGMENTATION DE CAPITAL
Lorsque les produits encaissés excèdent les charges décaissées, il reste à l'entreprise un surplus monétaire : la capacité d'autofinancement utilisable pour financer les investissements.	Lorsqu'il est fait appel aux actionnaires ou associés d'origine pour accroître les ressources stables.

Cependant, les fonds internes sont souvent limités et ne permettent pas de financer tous les investissements nécessaires au développement d'une entreprise. Il est souvent nécessaire de trouver des sources externes de financement comme :

L'EMPRUNT	LE *CROWDFUNDING*	LE CRÉDIT-BAIL
Le(s) prêteur(s) (banque, établissement de crédit...) mettent à la disposition de l'emprunteur (entreprise, entrepreneur individuel) une somme d'argent. Cependant, il faut prendre en compte le coût des intérêts payés en contrepartie, ainsi que la possible dépendance financière de l'entreprise vis-à-vis de ses banquiers.	Ce financement participatif consiste à faire appel à un grand nombre de particuliers pour financer un projet. Il est favorisé par les réseaux sociaux, qui ont permis l'apparition de plateformes de financement participatif mettant en relation les porteurs de projets et les financeurs.	Ce financement est proposé par des sociétés spécialisées (crédits-bailleurs) : l'entreprise renonce à acheter le bien elle-même mais le loue au crédit-bailleur pour une durée déterminée, avec une promesse de vente à l'échéance. Cependant, le coût des loyers ou redevances est élevé.

Mots clés Équilibre financier • Cycle d'exploitation • Cycle d'investissement

Savoir 31

L'impact du numérique sur les relations d'échange

Les nouvelles technologies sont au cœur des relations de partenariat entre entreprises. Le digital a facilité l'apparition de nouveaux acteurs dans tous les secteurs d'activité.

1 De nouvelles opportunités et de nouveaux partenaires

Le numérique a donné naissance à de nombreuses innovations. Les acteurs en place (Amazon, Google) se sont diversifiés pour adapter leur offre aux entreprises. D'autres se sont spécialisés en accompagnement de la transformation numérique. De nouvelles formes de commerce se sont aussi développées tel que le quick commerce.

EXEMPLE
La start-up Cajoo s'est alliée à Carrefour pour un service de livraison express à domicile.

2 Les nouvelles modalités d'échange avec les partenaires

2.1. Un phénomène de désintermédiation

La désintermédiation, favorisée par le développement d'Internet, est un phénomène économique et commercial qui se traduit par la réduction ou la suppression des intermédiaires dans le circuit de distribution.

EXEMPLE
La vente en ligne de billets d'avion par les compagnies aériennes se fait au détriment des agences de voyages traditionnelles.

2.2. Un phénomène de réintermédiation

L'organisation des échanges *via* les places de marché (plateformes virtuelles) permet la relation entre vendeurs et acheteurs avec mise à disposition d'outils et de services qui facilitent les échanges. Amazon est ainsi devenu le leader mondial du e-commerce.

EXEMPLE
Le site Amazon réserve des emplacements pour que ses partenaires puissent vendre leurs produits. En échange, la place de marché prélève une commission sur chaque vente.

3 L'émergence d'une nouvelle concurrence

Le digital a favorisé l'apparition d'acteurs qui sont venus perturber les marchés traditionnels. Cette nouvelle concurrence, qui s'est accélérée avec la multiplication des outils nomades, a vu se développer les *pure players*, qui vendent uniquement sur Internet, et les *marketplaces*, concurrents des enseignes traditionnelles.

4 Les externalités de réseau

Le bouleversement des flux d'information est à la fois une menace et une opportunité pour l'entreprise : les plateformes se développent par les effets de réseau, l'offre est comparée, la réputation de l'entreprise peut être remise en cause.

Mots clés : Désintermédiation • Réintermédiation • *Pure player* • *Marketplace*

Savoir **32**

L'impact du numérique sur les modes de consommation et de production

Le numérique contribue à la mise en place de nouveaux modèles économiques, tant du point de vue de la consommation que de la production.

1 L'impact du numérique sur les modes de consommation

Le numérique change le rapport au produit et à la possession et facilite le développement de l'économie d'usage : le consommateur privilégie l'usage à la propriété par l'abonnement, la location ou le partage (économie collaborative). Ces pratiques de consommation alternatives, apparues en temps de crise, persistent malgré la reprise économique.

EXEMPLE
La location de vélo permet de ne payer que lorsqu'on utilise le service, mais il faut changer de vélo à chaque utilisation contrairement à l'achat d'un vélo personnel.

2 L'impact du numérique sur les modes de production

Le numérique transforme la façon de produire. L'enjeu est la transformation profonde de l'emploi, sa structure, sa localisation et son contenu, par :
– l'automatisation des tâches et l'optimisation des procédés de production ;

EXEMPLE
Intégration de l'intelligence artificielle dans la production industrielle.

– l'amélioration de la flexibilité et de la réactivité, permettant une meilleure adaptation de l'offre aux attentes des clients ;
– la remise en cause du fonctionnement et de l'organisation des filières ;
– l'évolution des qualifications, compétences, métiers et statut des salariés.

3 L'impact du numérique sur les modèles économiques

Un modèle économique a pour fonction de décrire la manière dont une entreprise fait des affaires, crée de la valeur et assure ainsi sa pérennité.

EXEMPLES
Airbnb, BlaBlaCar ou Waze ont construit leur modèle économique sur le *crowd* (la foule) et la mise en relation directe de tous les acteurs.

Le numérique a contribué à modifier la structure des coûts et à développer de nouvelles méthodes de tarification, comme le *freemium* (qui combine la gratuité pour les services de base et la souscription payante pour les services complémentaires) et le *yield management* (qui consiste à faire varier les prix en fonction du comportement des consommateurs).

EXEMPLE
Le modèle économique de Candy Crush est le *freemium* : le jeu est gratuit mais l'accès à des vies supplémentaires, par exemple, est payant.

Mots clés Automatisation • Flexibilité

CEJM

Savoir 33

La protection des actifs immatériels

À l'ère du numérique, les actifs immatériels (logiciels, applications, bases de données, sites Internet, noms de domaine) sont une source de valeur pour les entreprises auxquelles ils appartiennent. Des protections légales existent face aux menaces dont ils font l'objet en raison de la facilité de leur transmission.

1 La protection des actifs immatériels par le droit d'auteur

1.1. Le droit d'auteur

On distingue :

– le droit moral : c'est le droit de regard permanent de l'auteur sur la façon d'exploiter son œuvre pour protéger ses intérêts non économiques. Il est perpétuel, imprescriptible et inaliénable ;

– les droits patrimoniaux : ils permettent à l'auteur de percevoir une rémunération pour l'exploitation de son œuvre par des tiers. La durée de la protection est de 70 ans à compter du décès de l'auteur.

1.2. La protection des logiciels

Les programmes relatifs au fonctionnement d'un ensemble de traitements de données ne peuvent être modifiés qu'avec l'accord du titulaire des droits, qui en contrôle la commercialisation et les usages qui en sont faits par les acquéreurs. Pour être protégé par le droit d'auteur, un logiciel doit être une « œuvre de l'esprit » originale grâce à un travail personnalisé de son auteur.

Si un logiciel a été créé par un salarié dans le cadre de son travail, les droits sur les logiciels créés sont dévolus automatiquement à l'entreprise. Si le salarié l'a créé en dehors du cadre de ses fonctions, il bénéficie du droit d'auteur.

Les logiciels d'une application mobile, à télécharger pour effectuer une mission précise sur un smartphone ou une tablette, peuvent être protégés par le droit d'auteur en étant originaux, si l'œuvre reflète la personnalité de son auteur.

1.3. La protection des sites Internet

Un site Internet regroupe des éléments tels que des créations graphiques (images, photographies) et multimédias (vidéos, sons), une interface graphique (arborescence, design), des textes, un logo et des composants logiciels (moteur de recherche, *widget*…). Le propriétaire d'un site Internet peut bénéficier de la protection du droit d'auteur à deux conditions :

– que son site soit original (ex. : travail créatif caractérisant l'originalité du site) ;

– qu'il soit matérialisé et suffisamment élaboré par un choix de couleurs, de formes, etc.

Pour se défendre contre une « copie servile » (reproduction à l'identique de la création originale), le créateur doit apporter la preuve que le concurrent contrefacteur, en cherchant à usurper sa notoriété, lui a causé un préjudice économique. Le concurrent doit avoir profité indûment des investissements réalisés et créé un risque de confusion dans l'esprit du consommateur potentiel.

1.4. La protection du nom de domaine

Le nom de domaine est un moyen technique de localisation et d'accès à des pages Web. Il est possible de le réserver, par des démarches simples et rapides, auprès d'organismes spécialisés (ex. : l'Afnic – Association française pour le nommage Internet en coopération – est le registre Internet des noms de domaine en « .fr »).

Le nom de domaine profite à celui qui, le premier arrivé, en demande la réservation, selon la règle du « premier arrivé, premier servi ».

Des menaces pèsent sur les noms de domaine, comme le *cybersquatting* (dépôt d'un nom de domaine en rapport avec une marque dans le but de lui nuire et/ou d'utiliser sa notoriété) ou le *typosquatting* (fautes d'orthographe détournant un nom de domaine).

2 La protection des bases de données

Une base de données est un recueil d'œuvres, de données ou d'autres éléments indépendants, disposés de manière méthodique et individuellement accessibles par des moyens électroniques ou par tout autre moyen.

Dès lors que le critère d'originalité est satisfait, une base de données bénéficie d'un système de protection juridique spécifique à double titre :

LA PROTECTION PAR LE DROIT D'AUTEUR	Elle protège le « contenant », c'est-à-dire la structure de la base de données, la manière dont les données sont agencées.
LA PROTECTION PAR LE DROIT DES PRODUCTEURS, OU DROIT *SUI GENERIS*	Elle protège le « contenu », c'est-à-dire l'investissement substantiel du producteur de la base de données.

3 Les actions en justice

Le créateur d'un actif immatériel peut agir en justice sur le fondement de l'action en contrefaçon, qui a pour but de réparer le préjudice causé par l'atteinte à son monopole d'exploitation.

Il peut aussi entreprendre une action en concurrence déloyale et parasitaire (fait de profiter indûment des investissements qu'une autre société a réalisés, tout en créant un risque de confusion dans l'esprit du consommateur potentiel).

Ce type de fait de concurrence déloyale crée un trouble commercial entraînant un préjudice.

EXEMPLE

La perte de visibilité sur Internet.

Il faut dès lors prouver le préjudice causé par la faute du concurrent malveillant.

Pour faire valoir leurs droits, les créateurs d'actifs numériques doivent apporter la preuve de la paternité et de la date de la création, ce qui est parfois difficile. C'est pourquoi, le procédé de la *blockchain* (ou chaîne de blocs) a été créé pour mettre en place un horodatage (inscription de la date et de l'heure) précis des opérations réalisées pour la création d'une œuvre numérique. Cet horodatage constitue une preuve d'antériorité et de traçabilité infalsifiable.

Mots clés Actifs immatériels • Droit d'auteur • Droit moral • Droits patrimoniaux • Droit *sui generis* • Action en contrefaçon • Action en concurrence déloyale et parasitaire

Savoir 34

La protection des données à caractère personnel

La multiplication des données numériques et des technologies développées pour les traiter présente des risques pour la vie privée des internautes, des consommateurs, des salariés. Les données les concernant doivent être protégées.

1 Les données à caractère personnel

1.1. La définition des données à caractère personnel

Les données à caractère personnel sont légalement définies comme toute information relative à une personne physique identifiée, directement ou indirectement, par référence à un ou plusieurs éléments qui lui sont propres.

EXEMPLES

Nom, prénom, sexe, photographies, date et lieu de naissance, adresse IP.

1.2. Le cadre de l'utilisation des données personnelles à des fins commerciales

Modifiant la loi « Informatique et libertés » de 1978, le règlement général sur la protection des données (RGPD) constitue le texte de référence européen en matière de protection des données à caractère personnel. Depuis mai 2018, il renforce la protection des données des individus face à l'utilisation qui en est faite par les entreprises qui les gèrent à des fins commerciales (clients, fournisseurs, salariés, etc.). Les données personnelles permettent d'identifier les personnes et de cibler les messages publicitaires. Elles ont donc une grande valeur commerciale.

Prescrivant que les données ne doivent être conservées que pendant une durée limitée et doivent être cohérentes avec la finalité du traitement, le RGDP impose de nombreuses obligations aux entreprises :

LA TRANSPARENCE	Information des personnes le demandant concernant le stockage et l'utilisation de leurs données.
LE DROIT D'ACCÈS	Droit d'interroger les services chargés de mettre en œuvre les traitements.
LE CONSENTEMENT	Acte positif clair par lequel la personne concernée manifeste, de façon libre, spécifique et éclairée, son accord au traitement des données. Le consentement peut être retiré à tout moment.
LE DROIT À LA PORTABILITÉ	Possibilité de récupérer, sous une forme réutilisable, les données fournies à une organisation pour ensuite les transférer à un tiers.
LE DROIT À LA RECTIFICATION ET À L'OUBLI	Possibilité pour les individus de faire rectifier leurs données et de s'opposer à leur utilisation, voire de les faire supprimer.
LE DROIT D'OPPOSITION	Droit de s'opposer, pour des raisons légitimes, à ce que des informations nominatives fassent l'objet d'un traitement.

1.3. La sanction de l'utilisation de l'identité numérique à des fins malveillantes

L'identité numérique, qui est l'ensemble des données formelles et informelles laissées par les individus sur Internet, peut faire l'objet d'usurpation par des tiers malveillants. Ces derniers peuvent commettre des actes répréhensibles sous une fausse identité, bénéficier d'avantages à la place d'un autre, nuire en portant atteinte à l'honneur ou à la réputation de la personne dont l'identité est usurpée. Le délit d'usurpation d'identité numérique est généralement commis par la technique du *phishing* (ou hameçonnage), ou par la création d'un faux site Web ou d'un faux profil sur un réseau social.

2 L'usage du numérique dans l'activité de travail

L'usage du numérique dans l'activité de travail renforce le contrôle des salariés par l'employeur, qui peut facilement surveiller leur activité.

2.1. Les libertés fondamentales des salariés

Le Code du travail précise que « nul ne peut apporter aux droits des personnes et aux libertés individuelles et collectives de restrictions qui ne seraient pas justifiées par la nature de la tâche à accomplir ni proportionnées au but recherché » (art. L1121-1). Tout salarié a droit, durant le temps et sur son lieu de travail, au respect de sa vie privée.

2.2. La protection des intérêts de l'entreprise

Les entreprises sont en droit d'attendre que leurs salariés consacrent leur activité professionnelle à leur service. Elles sont donc en mesure d'encadrer les conditions d'utilisation du matériel professionnel, d'accès à Internet et de la messagerie à des fins personnelles.
Des outils de cybersurveillance peuvent être mis en place (ex. : vidéosurveillance, géolocalisation) à condition d'être justifiés par l'intérêt de l'entreprise et d'en avoir informé les salariés. Cependant, l'employeur doit respecter les dispositions du droit interne et communautaire en matière de protection de la vie privée du salarié et de ses données à caractère personnel. Souvent, une charte informatique précise les droits et obligations de chacun afin que l'équilibre entre la protection du salarié et le pouvoir de direction de l'employeur soit assuré.

3 Le rôle de la CNIL

La Commission nationale de l'informatique et des libertés (CNIL) vérifie la mise en conformité des entreprises avec le RGPD et aide les particuliers (consommateurs ou salariés) à exercer leurs droits sur leurs données personnelles. Elle peut prononcer des avertissements et des sanctions à l'égard des responsables de traitement des données. Le montant des sanctions pécuniaires peut atteindre 20 millions d'euros ou 4 % du chiffre d'affaires annuel mondial.

Mots clés : Données personnelles • Règlement général sur la protection des données (RGPD) • Identité numérique • Cybersurveillance • Commission nationale de l'informatique et des libertés (CNIL)

S'ENTRAÎNER AU BTS
Exercice 10 : pp. 323-324

Savoir 35

La preuve et les contrats numériques

Le développement du numérique a entraîné la dématérialisation des échanges, avec des conséquences sur le droit de la preuve, des contrats de vente par voie électronique avec les consommateurs et des contrats de prestations de services numériques avec les entreprises.

1 La preuve électronique

1.1. La valeur juridique d'un document numérique

Le droit de la preuve a évolué pour s'adapter à la dématérialisation des échanges. Un document numérique peut être une preuve recevable en cas de litige car la loi précise que « lorsqu'un écrit est exigé pour la validité d'un acte juridique, il peut être établi et conservé sous forme électronique ».

L'écrit électronique a la même force probante que l'écrit sur support papier, à condition que puisse être identifiée avec certitude la personne dont il émane et qu'il soit établi et conservé dans des conditions de nature à garantir l'intégrité de l'acte. En cas de litige, un expert en informatique devra donc prouver l'origine et l'intégrité du document numérique.

1.2. La valeur juridique de la signature électronique

La signature numérique permet de garantir l'intégrité d'un document électronique et d'en authentifier l'auteur, comme pour la signature manuscrite d'un document papier. Dans les deux cas, il y a réunion de trois éléments : le document, le signataire et l'outil de signature, grâce à un certificat numérique porté sur différents supports.

EXEMPLE

La saisie d'un code reçu par SMS valide le paiement, en activant un certificat numérique unique qui vaut signature électronique.

2 Les contrats de vente électronique

Spécifiques de par l'échange de consentement réalisé à distance, ces contrats comportent des risques pour les cyberconsommateurs, qui doivent donc être protégés.

L'INFORMATION PRÉCONTRACTUELLE RENFORCÉE	Exigence de nombreuses informations en langue française de manière claire et compréhensible, par tout moyen adapté permettant un accès facile, direct et permanent, pour permettre au client de s'engager en toute connaissance de cause.
LA VALIDATION DE LA COMMANDE	Procédure du « double clic » : un premier « clic » pour vérifier la commande et un second pour l'accepter.
LE DÉLAI DE RÉTRACTATION	Possibilité pour le consommateur d'annuler le contrat conclu à distance dans un délai de 14 jours à compter de la réception du bien, ou de la date de la conclusion du contrat de service.
LA COLLECTE ET LE TRAITEMENT DES DONNÉES À CARACTÈRE PERSONNEL	Information du cyberconsommateur sur le but de la collecte et l'utilisation de ses données. Le consentement du client doit être donné par un acte positif clair, selon la pratique de l'*opt-in* (case à cocher pour exprimer son consentement), sauf si la personne est déjà cliente de l'entreprise pour des produits analogues.

3 Les contrats de prestations de services numériques

Les entreprises ont de plus en plus recours aux services de prestataires informatiques pour les besoins de leur activité.

EXEMPLES
- Hébergement de données.
- Développement de logiciels ou de sites Internet.

Un contrat de prestation informatique comporte plusieurs clauses importantes, impliquant les deux parties :

LES OBLIGATIONS DU PRESTATAIRE	• Devoir de renseignement pour obtenir un maximum d'informations de la part du client afin de comprendre ses besoins. • Obligation de conseil envers le client. • Devoir de mise en garde sur des contraintes particulières et des risques. • Devoir de confidentialité interdisant au prestataire de divulguer toute information relevant du système informatique du client. • Obligation de délivrance de la prestation dans les délais convenus. • Devoir de réversibilité des données offrant au client la possibilité de récupérer en fin de contrat l'ensemble de ses données ou de transférer le contrat à un nouveau prestataire. • Une clause de cession de droits de propriété stipulant que la propriété des créations du prestataire revient à l'entreprise cliente.
LES OBLIGATIONS DU CLIENT	• Devoir de collaboration avec le prestataire en lui fournissant les informations et la documentation nécessaires, en lui donnant accès au système informatique dans la mesure du besoin. • Obligation de paiement du prix convenu. • Obligation de réception (devoir de « recette ») consistant à accuser réception et à donner son approbation au prestataire informatique après avoir vérifié que la « livraison » est conforme à ce qui a été convenu, pour un logiciel, du matériel ou une prestation informatique.

Mots clés Preuve électronique • Document numérique • Signature électronique • Information précontractuelle • Double clic • Délai de rétractation

CEJM

Savoir

36 Le rôle du système d'information

Le système d'information de l'entreprise est « un ensemble organisé des ressources techniques, organisationnelles et humaines indispensables au traitement des informations nécessaires à la mise en place de la stratégie et aux métiers de l'entreprise »[1]. Il offre de grandes opportunités à condition de maîtriser les risques qu'il comporte.

1 Les dimensions du système d'information (SI)

Le SI a des dimensions techniques, humaines, et organisationnelles.

- **Au niveau technique :** il fait appel à un système informatique composé de ressources matérielles et immatérielles. Il comporte notamment les infrastructures réseau, les dispositifs de sécurité, les bases de données, les outils de gestion de la relation client (CRM, *Customer Relationship Management*), de gestion de la chaîne logistique (SCM, *Supply Chain Management*) et les applications métiers.
- **Au niveau des ressources humaines :** le SI s'appuie sur les collaborateurs qui traitent et analysent l'information.
- **Au niveau organisationnel :** il intègre les processus, les règles et les procédures qui permettent le traitement des informations.

2 Les rôles du SI dans le fonctionnement de l'entreprise

Le SI permet de mettre à disposition en interne et en externe l'information nécessaire à la prise de décision des différents acteurs (approvisionnement, production, marketing, distribution, logistique, RH...). Son rôle est donc de :

- collecter l'information concernant l'environnement ;
- la stocker pour pouvoir la restituer ;
- la traiter en analysant et en structurant les données ;
- la diffuser aux différents acteurs en interne et en externe de l'entreprise.

3 Les opportunités liées au système d'information

3.1. Fournir l'information et faciliter sa circulation

Un SI performant permet de piloter l'entreprise de façon efficiente en fournissant l'information nécessaire à la prise des différentes décisions. Il permet aussi de fluidifier la circulation de l'information en :

- améliorant l'échange informationnel : il évite le cloisonnement des données dans les différents services alors qu'elles peuvent être utiles à différents salariés ;

EXEMPLE

Beaucoup d'entreprises adoptent un PGI (progiciel de gestion intégré) pour rassembler les données des différents services dans une base de données unifiée, facilement accessible par l'ensemble du personnel. Cela permet notamment aux commerciaux de visualiser les données de la production, des stocks lors des échanges avec les clients.

1. R. Reix, *SI et management des organisations*, Vuibert.

– maîtrisant les flux d'informations (Big Data) qui représentent un réel défi pour les entreprises actuelles : la multiplication des sources d'information, la nécessité de gérer une immense masse de données, complexifie la prise de décision et peut paralyser les managers. Il est donc de plus en plus important d'avoir des outils informatiques permettant de gérer ces flux de données.

3.2 Faciliter la démarche stratégique et flexibiliser l'entreprise

Le SI apporte un avantage concurrentiel quand l'information qu'il fournit permet de mettre en œuvre une stratégie qui assure l'adéquation entre les compétences de l'entreprise et les attentes de l'environnement. Cette capacité à intégrer les données de l'environnement pour améliorer ses performances rend l'entreprise plus réactive et lui permet de proposer une offre adaptée aux attentes des clients.

EXEMPLE
La veille mise en place par le système d'information commercial peut permettre d'avoir de nouvelles idées, d'innover pour se différencier des concurrents.

4 Les risques liés au système d'information

Bien que le SI soit un véritable facteur de performance, il peut faire peser des risques sur l'entreprise, notamment dans les domaines :
– de la sécurité ;

EXEMPLE
Le vol ou la perte de données peut altérer les fichiers clients et ruiner le travail des commerciaux.

– opérationnels ;

EXEMPLE
L'obsolescence, les défauts de maintenance du matériel et des logiciels, peuvent provoquer des pannes et paralyser la production.

– juridiques ;

EXEMPLE
Les nouvelles obligations dans le cadre du RGPD (règlement général sur la protection des données) peuvent conduire à d'importantes sanctions pour les entreprises qui n'ont pas adopté une protection des données efficiente.

– sociaux ;

EXEMPLE
L'introduction d'outils numériques provoque souvent une résistance au changement des salariés craignant d'être remplacés par les machines.

– financiers.

EXEMPLE
L'augmentation du piratage ou des cyber-attaques augmente les coûts pour acquérir le matériel et les RH nécessaires pour se protéger.

Mot clé : Système d'information (SI)

Savoir 37

Les conséquences du déploiement du numérique

La mise en œuvre du numérique dans les entreprises a eu des effets sur le management et les processus décisionnels. On a vu évoluer les structures, les formes de coordination, l'organisation du travail et les frontières de l'entreprise.

1 De nouvelles structures

1.1. L'évolution vers des structures plus flexibles

Pour faire face aux mutations technologiques, les entreprises doivent renforcer leur digitalisation et adopter des structures plus réactives, capables de s'adapter aux aléas de cet environnement incertain. Ainsi, en fonction des contraintes de leurs activités, les entreprises évoluent vers :
– une plus grande spécialisation des entités afin de mieux répondre aux demandes de plus en plus spécifiques de l'environnement ;
– l'intégration des entités pour favoriser des synergies.

Ces nouvelles structures qui émergent dans le cadre de la digitalisation sont souvent caractérisées par :
– une réduction des niveaux hiérarchiques (adopter une organisation du travail en mode projet au sein d'équipes autonomes) ;
– une gestion plus transversale des activités de l'entreprise, de façon à ce que le numérique imprègne l'ensemble de l'organisation de façon cohérente.

EXEMPLE
Orange a créé la « Digital Academy », une structure digitale de formation pour l'ensemble de ses collaborateurs, de façon à développer une culture digitale commune au sein du Groupe en apportant un socle de connaissances sur ce domaine.

1.2. Une évolution structurelle à mener avec précaution

Ces évolutions des structures peuvent être génératrices de crises (L. E. Greiner) et de résistance aux changements (M. Crozier).

a) Une évolution génératrice de crises (L. E. Greiner)

Greiner montre qu'une entreprise a un cycle de vie caractérisé par des phases de croissance, de stagnation ou de déclin. Ainsi, il faut faire évoluer les ressources, les hommes et les structures au fur et à mesure de son développement. Ces changements provoquent, après les périodes de stabilité, des périodes de crises qui lui permettent de passer d'un stade d'organisation à un autre. Comme la révolution digitale est un facteur qui génère de profondes mutations structurelles dans l'entreprise, elle peut provoquer une crise qui doit être anticipée et résolue pour permettre à l'entreprise de s'affirmer dans ce nouvel environnement.

b) Une évolution avec des résistances au changement (M. Crozier)

Pour Crozier, le changement peut être plus difficile à mettre en œuvre dans une entreprise où l'histoire, les valeurs de solidarité et les liens sont forts. Il a analysé les jeux d'acteurs dans l'entreprise et montré que certains collaborateurs, pour maintenir leur zone de pouvoir, résistaient ou refusaient le changement. Ainsi, dans une entreprise qui fait évoluer sa structure pour se digitaliser davantage, certains peuvent avoir peur et vouloir sauvegarder leur situation ou leurs intérêts, ce qui peut conduire à des résistances face à ce changement.

2 De nouvelles formes de coordination

Pour réussir leur mutation digitale, beaucoup d'entreprises ont adopté une plus grande standardisation des procédés et des résultats.

EXEMPLE
Utiliser un robot pour standardiser les phases de sélection des CV lors d'une procédure de recrutement.

Il est nécessaire de garder des formes d'ajustement mutuel, ou de supervision directe par un collaborateur « humain » pour les activités complexes.

3 De nouvelles modalités de travail

Le déploiement du numérique favorise une évolution des modalités de travail dans l'entreprise, en permettant aux collaborateurs de communiquer, de collaborer et d'interagir. De nouvelles modalités de travail se généralisent, intégrant :
– le travail collaboratif à distance grâce à des outils numériques sécurisés ;
– des espaces pour faciliter l'action collective (espaces de *coworking*).

4 De nouvelles frontières pour l'entreprise

Le numérique favorise la redéfinition des frontières de l'entreprise avec le recours croissant à des stratégies d'externalisation vers des entreprises spécialistes.

EXEMPLE
Confier la gestion de la paye à des spécialistes dotés d'outils numériques.

Il permet aussi de développer les partenariats entre des entreprises qui travaillent en réseau et avec le client.

EXEMPLE
Décathlon a créé sa plateforme digitale internationale de co-création des produits sportifs du futur, qui regroupe une communauté de sportifs passionnés du monde entier. Chacun d'entre eux peut déposer des idées, commenter et voter pour les propositions les plus attrayantes des autres « contributeurs », et tester les produits en cours de développement.

Mots clés Structure • Travail collaboratif • Externalisation • Partenariat

Auteurs : L. E. Greiner • M. Crozier

Les principales tendances du marché du travail

Le marché du travail est un marché particulier, qui fait apparaître, en France, un déséquilibre économique persistant : le chômage.

1 L'offre et la demande de travail

1.1. La distinction entre offre de travail et demande de travail

On distingue sur le marché du travail :
- l'offre de travail correspondant aux demandes d'emploi des individus ;
- la demande de travail correspondant aux offres d'emploi des entreprises.

L'offre et la demande de travail peuvent être appréhendées de manière quantitative (nombre de personnes en recherche d'emploi, nombre d'offres d'emploi) ou qualitative (compétences, mobilité des demandeurs d'emploi).

1.2. La diversité des contrats de travail

Sur le plan juridique, il existe une diversité de contrats de travail pour répondre à la demande de travail des entreprises. En théorie, la rencontre de l'offre et de la demande de travail permet de déterminer un salaire d'équilibre. En réalité, le Smic (salaire minimum interprofessionnel de croissance) constitue un seuil plancher en dessous duquel les employeurs ne peuvent pas descendre pour payer les salariés.

2 La segmentation du marché du travail

2.1. La distinction entre secteur protégé et secteur exposé

Sur le marché du travail, on observe :
- un secteur protégé : salaires relativement élevés, emplois qualifiés et stables, promotion des salariés ;
- un secteur exposé : salaires plus bas, emplois peu qualifiés, fragilité de la relation de travail (CDD, temps partiel subi).

EXEMPLE

Dans le secteur exposé, on trouve des emplois divers : ouvriers du secteur automobile, employés des centres d'appels, viticulteurs, ingénieurs en logiciels...

2.2. La théorie *insiders/outsiders*

La théorie *insiders/outsiders* essaie d'expliquer les raisons de cette segmentation du marché du travail et du chômage persistant, conséquence d'un rapport de force entre les deux catégories de salariés : *insiders*, travailleurs titulaires d'un emploi, et *outsiders*, travailleurs inemployés. Les *insiders*, bien implantés dans l'entreprise, influencent les décisions liées aux salaires et à l'emploi, dissuadant l'employeur d'embaucher des *outsiders*.

L'embauche de salariés génère un coût en recrutement et en formation et implique la capacité et la volonté des *insiders* de coopérer et d'intégrer de nouveaux collègues. Au final, il est plus onéreux pour l'entreprise d'embaucher des chômeurs que de promouvoir les *insiders*.

2.3. Les secteurs réglementés

Il existe par ailleurs sur le marché du travail des secteurs réglementés, qui participent également à la rigidité et à la segmentation du marché : par exemple, métiers de la santé ou certaines professions libérales, quota limité d'accès à une profession (*numerus clausus*), métiers accessibles avec certains diplômes…

EXEMPLE

Les auto-écoles ne peuvent exercer leur activité qu'après avoir reçu une habilitation de l'État.

3 Les déséquilibres du marché du travail français

3.1. Le chômage

Le chômage, situation dans laquelle l'offre de travail est supérieure à la demande de travail, est le principal déséquilibre persistant sur le marché du travail. La population active comprend les personnes occupant un emploi et les personnes au chômage (en recherche d'emploi).

$$\text{Taux de chômage} = \frac{\text{Nombre de chômeurs (exprimé en \%)}}{\text{Population active}}$$

Selon la définition du Bureau international du travail (BIT), les chômeurs sont les personnes sans travail, en recherche d'emploi et disponibles à court terme. Pour Pôle emploi, un chômeur est une personne inscrite sur ses listes.

3.2. Les écarts de rémunération

L'analyse du marché du travail permet d'identifier des écarts de rémunération discriminants selon l'âge, le sexe, le niveau de diplôme et le type de contrat.

EXEMPLE

Le temps partiel subi s'est développé dans des secteurs où l'emploi féminin est prédominant.

3.3. Les métiers en tension

Alors que la France est confrontée à un chômage persistant, il existe des métiers en tension, pour lesquels l'offre de travail reste inférieure à la demande de travail. Ces métiers manquent d'attractivité et les employeurs peinent donc à recruter.

EXEMPLES

Secteurs de l'hôtellerie-restauration, du bâtiment, de l'industrie, de l'informatique…

Le marché du travail est donc un marché complexe, toujours caractérisé en France par un chômage important. Suivre l'évolution des tendances du marché du travail et identifier ses dysfonctionnements permettent aux pouvoirs publics d'adapter leur politique de l'emploi dans un objectif de plein emploi et afin de répondre aux besoins des entreprises.

Mots clés : **Offre de travail** • **Demande de travail** • ***Insider*** • ***Outsider*** • **Taux de chômage**

CEJM

Savoir 39 L'action des pouvoirs publics sur le marché du travail

Pour remédier aux déséquilibres du marché du travail et accompagner ses transformations, l'État met en place des mesures visant à agir sur l'emploi, en particulier les politiques de lutte contre le chômage : les politiques actives et les politiques passives.

1 Les politiques actives

1.1. L'objectif des politiques actives

Les politiques actives visent à accroître le volume d'emploi dans l'économie et à favoriser le retour à l'emploi des chômeurs.
Elles reposent sur plusieurs dispositifs en constante évolution. Elles permettent de s'adapter aux nouvelles tendances du marché du travail.

EXEMPLE
La flexibilité du travail est l'un des moyens permettant à l'entreprise de s'adapter aux évolutions de la demande sur son secteur et aux évolutions de son environnement.

1.2. Pôle emploi, acteur essentiel des politiques actives

Pôle emploi est le service public qui met en relation les demandeurs d'emploi et les recruteurs et qui accompagne les chômeurs dans leur réinsertion professionnelle, à travers des actions de formation, d'acquisition de nouvelles compétences et d'accompagnement dans la création ou la reprise d'entreprise.

1.3. Les mesures de politique active

Les récentes mesures mises en place par les pouvoirs publics sont principalement axées sur la formation, l'apprentissage et le développement des compétences et visent le plus souvent un public précis ; par exemple :
– le contrat unique d'insertion (CUI) favorise l'embauche des personnes sans emploi rencontrant des difficultés d'insertion sociale et professionnelle (personne souffrant d'un handicap par exemple). Il associe formation et accompagnement personnalisé pour son bénéficiaire, et aide financière pour l'employeur. Le parcours emploi compétences (PEC) s'adresse au secteur non marchand (association, service public...) et le contrat initiative emploi (CUI-CIE) au secteur marchand.
– le contrat de sécurisation professionnelle (CSP) permet aux salariés visés par une procédure de licenciement économique de bénéficier de mesures favorisant un retour accéléré à l'emploi durable ;
– les emplois francs : une aide financière est versée aux entreprises qui embauchent un demandeur d'emploi résidant en quartier prioritaire.

2 Les politiques passives

2.1. L'objectif des politiques passives

Les politiques passives ont pour objectif principal de rendre le chômage plus supportable financièrement. Elles permettent au bénéficiaire de faire face financièrement à la période de chômage (indemnisation). Elles peuvent également faciliter le retrait d'activité des plus âgés (dispositifs de préretraite).

2.2. L'indemnisation des chômeurs

Les politiques passives reposent sur une indemnisation versée aux personnes sans emploi, variable selon l'ancienneté et l'âge de la personne.
Pour bénéficier de l'allocation chômage de Pôle emploi, les demandeurs d'emploi doivent avoir travaillé au moins 6 mois au cours de 24 derniers mois (36 derniers mois pour les personnes âgées d'au moins 53 ans à la date de fin de leur contrat de travail). Ils doivent avoir involontairement perdu leur emploi et rechercher activement un emploi ou une formation. La durée d'indemnisation ne peut pas dépasser 2 ans pour les moins de 53 ans.

Dans certains cas, l'indemnisation chômage peut être renforcée par des allocations ou aides supplémentaires :
- allocation de sécurisation professionnelle, dans le cadre du contrat de sécurisation professionnelle ;
- aide à la reprise ou à la création d'entreprise (ACRE) et aide au retour à l'emploi (ARE) en cas de création ou reprise d'une entreprise par un allocataire.

2.3. La réforme de l'assurance chômage

La réforme de l'assurance chômage mise en œuvre en 2021 a pour objectifs :
- de lutter contre le recours abusif aux contrats courts (instauration d'un bonus-malus sur les cotisations chômage pour inciter les entreprises à embaucher sur des emplois de longue durée) ;
- de faire en sorte que le travail paye plus que l'inactivité (nouvelles règles d'indemnisation qui incitent à la reprise de l'emploi) ;
- de renforcer l'accompagnement des demandeurs d'emploi (recrutement de 1 000 nouveaux conseillers par Pôle emploi).

EXEMPLE

Un travailleur qui cumule plusieurs contrats de quelques jours dans le même mois percevra une indemnité plus élevée que le salarié qui effectue le même volume d'heures dans le cadre d'un seul CDD à mi-temps.

Mots clés

Politiques actives • Politiques passives • Pôle emploi • Contrat unique d'insertion (CUI) • Parcours emploi compétences (PEC) • Contrat de sécurisation professionnelle (CSP)

S'ENTRAÎNER AU BTS
Exercice 5 : p. 322

Savoir 40 — Les régimes juridiques du salarié et du travailleur indépendant

Le régime juridique du salarié doit être distingué de celui du travailleur indépendant.

1 Le statut de salarié

Le droit du travail accorde une place importante aux normes internationales, nationales, constitutionnelles et européennes. On relève aussi la forte présence de sources non étatiques.

1.1. Les différentes sources du droit du travail

LE DROIT INTERNATIONAL	• Conventions de l'Organisation internationale du travail (OIT). • Traités internationaux.
LE DROIT EUROPÉEN COMMUNAUTAIRE	• Traités et jurisprudence de la Cour de justice des communautés européennes (CJCE). • Règles sociales des États membres.
LE DROIT NATIONAL	• **Sources étatiques :** droit constitutionnel (dont le préambule de la Constitution de 1958), lois et règlements. • **Sources non étatiques :** droit négocié entre les partenaires sociaux (ex. : convention collective, accord d'entreprise) et le droit émanant de l'employeur (ex. : règlement intérieur).

1.2. Le contrat de travail

Comme tout contrat, le contrat de travail répond aux conditions générales de validité des contrats, c'est-à-dire un consentement libre, éclairé et non vicié, la capacité des parties, un objet et une cause licites.
Le contrat de travail est celui par lequel une personne réalise un travail au profit d'autrui contre rémunération et en se plaçant sous sa subordination juridique. Trois critères doivent être réunis :

- Un travail effectif pour le compte et au profit d'un employeur
- Une rémunération
- Un lien de subordination juridique

Ce dernier élément est l'élément essentiel et qui découle du contrôle de la réalisation de la prestation de travail, réalisé par l'employeur.

EXEMPLES
La soumission à un horaire, le respect des consignes.

L'employeur a l'obligation, en contrepartie, de fournir les moyens et le matériel nécessaires au travail.

1.3. Les différents contrats de travail

LE CDI	Le contrat de travail à durée indéterminée est la forme habituelle de la relation de travail. Sous réserve de la période d'essai, il est conclu sans limitation de durée. L'une ou l'autre des parties peut y mettre fin à tout moment, en respectant un préavis réciproque.
LE CDD	Le contrat à durée déterminée est conclu entre un employeur et un salarié pour une durée définie à l'avance. Une date précise, la survenance d'un événement ou l'achèvement d'un travail peut fixer cette limite. La tâche précise et temporaire pour laquelle le contrat est conclu ne peut être liée à l'activité normale de l'entreprise. Ainsi, les cas de recours sont limités : remplacement d'un salarié absent pour maladie, accroissement temporaire d'activité, accomplissement d'une tâche occasionnelle, emploi saisonnier ou pour lequel il n'est pas d'usage de recourir à un CDI. Le CDD peut être renouvelé une fois pour une durée éventuellement supérieure à celle de la période initiale, sans excéder 18 mois, sauf cas particuliers.
LE CTT	Le contrat de travail temporaire est conclu entre une entreprise de travail temporaire (l'agence d'intérim) et un salarié (l'intérimaire). L'agence d'intérim embauche et rémunère l'intérimaire en le mettant à la disposition provisoire et sous le contrôle de l'entreprise utilisatrice. Une entreprise ne peut faire appel à un intérimaire que pour l'accomplissement d'une tâche précise et temporaire, la « mission », et seulement pour certains motifs inscrits au contrat (ex. : l'accroissement temporaire de son activité).

2 Le statut du travailleur indépendant

Un travailleur indépendant (ex. : artisan, commerçant, membre d'une profession libérale) est une personne physique qui exerce une activité intellectuelle, commerciale ou libérale dans le cadre d'un contrat d'entreprise et non dans le cadre d'un contrat de travail. Il gère son activité librement, en accord avec ses clients, sans aucun lien de subordination avec un employeur. Propriétaire de ses instruments de travail, il exerce à son profit une activité professionnelle dont il supporte les risques. Sa rémunération se fait sous forme d'honoraires, qu'il fixe librement.
Dans notre société de plus en plus numérique, les frontières du salariat deviennent floues et il convient de distinguer un « faux » indépendant et un « vrai » salarié.

EXEMPLE

La jurisprudence concernant la société Uber et ses chauffeurs travaillant en tant qu'indépendants vise à obtenir la requalification du contrat de ces derniers en contrat de travail car plusieurs indices tendent à établir le lien de subordination imposé par Uber (possibilité de désactiver ou restreindre l'accès à l'application Chauffeur).

Mots clés Travailleur indépendant • Lien de subordination • CDI • CDD • CTT

S'ENTRAÎNER AU BTS
Exercice 11 : p. 324

Savoir 41 La relation d'emploi, la protection et la formation des salariés

L'employeur peut, dans l'intérêt de l'entreprise, inscrire des clauses dans les contrats de travail de ses salariés. Il doit, en outre, assurer leur protection et leur formation.

1 Les clauses du contrat de travail

De nombreuses clauses sont introduites dans les contrats de travail pour répondre aux besoins de l'entreprise et des salariés.

EXEMPLES

La période d'essai, les clauses de confidentialité et de loyauté, de mobilité, de non-concurrence.

Permettant à l'entreprise de s'adapter à l'évolution de son contexte économique, ces clauses sont valables si elles sont justifiées par l'intérêt légitime de l'entreprise.

LA PÉRIODE D'ESSAI	Les parties peuvent mettre fin au contrat pendant la période d'essai sans avoir à justifier d'un motif.
LES CLAUSES DE CONFIDENTIALITÉ ET DE LOYAUTÉ	• La clause de confidentialité interdit au salarié, pendant et après le contrat de travail, de divulguer à autrui toute information sensible et stratégique de la vie de l'entreprise. • Le salarié est tenu envers l'employeur d'une obligation de loyauté, en s'interdisant notamment de se livrer à des actes de concurrence.
LA CLAUSE DE MOBILITÉ	Elle autorise l'employeur à modifier le lieu de travail du salarié durant l'exécution du contrat de travail, à condition qu'il ne s'agisse pas d'un abus de droit. Inscrite dans le contrat de travail du salarié, elle doit : – être indispensable à la protection des intérêts de l'entreprise et proportionnée au but recherché, compte tenu de l'emploi occupé par le salarié ; – ne pas aboutir à modifier la rémunération du salarié ; – préciser un délai raisonnable entre l'annonce de la mutation et sa prise d'effet ; – comporter une zone géographique précise ne pouvant être modifiée unilatéralement par l'employeur.
LA CLAUSE DE NON-CONCURRENCE	Le salarié s'interdit, lorsqu'il quitte l'entreprise, d'exercer certaines activités pouvant nuire à son ancien employeur. Cette clause doit : – être inscrite dans le contrat de travail signé par le salarié, en tenant compte des spécificités de son emploi ; – être indispensable à la protection des intérêts légitimes de l'entreprise ; – être limitée dans le temps et dans l'espace ; – fixer l'obligation pour l'employeur de verser au salarié, après la rupture du contrat, une contrepartie financière « non dérisoire » pour indemniser le salarié dont les possibilités d'exercer un autre emploi sont limitées.

2 Les obligations de l'employeur pour protéger les salariés

Le Code du travail limite le pouvoir de direction de l'employeur et lui impose un certain nombre d'obligations. L'employeur doit notamment assurer :
– l'absence de discrimination ;
– une obligation de sécurité pour préserver la sécurité et la santé des salariés ;
– le respect des libertés fondamentales et de leur vie privée.
Il doit, en outre, être de bonne foi en agissant dans l'intérêt de l'entreprise.

3 Les dispositifs de formation

3.1. Les dispositifs de formation des salariés

La formation est le moyen pour un salarié d'acquérir ou d'actualiser ses connaissances, de développer ses compétences et son employabilité. C'est une nécessité pour l'entreprise qui contribue à son financement, et pour les salariés afin de développer leur employabilité.

3.2. Les dispositifs permettant au salarié de choisir librement sa formation

• Le dispositif du compte personnel de formation (CPF) permet à toute personne active d'acquérir des droits à la formation mobilisables au cours de sa vie professionnelle. Depuis 2019, il est crédité chaque année de 500 €, pour toute activité à mi-temps ou plus, dans la limite de 5 000 €. Le CPF est utilisable par tout salarié, tout au long de sa vie active, pour suivre une formation qualifiante.
• Avec la validation des acquis de l'expérience (VAE), un salarié peut, s'il le souhaite, faire reconnaître ses compétences acquises au travail pour obtenir un diplôme.

3.3. Les dispositifs à l'initiative de l'employeur

Le plan de développement des compétences permet aux salariés de suivre des actions de formation à l'initiative de leur employeur. C'est un document écrit qui regroupe toutes les actions de formation retenues par l'employeur et mises en place dans le cadre de sa politique de gestion du personnel de l'entreprise. Tout salarié peut être visé par une action de formation prévue par le plan de développement des compétences de son entreprise. Son départ en formation est alors assimilé à l'exécution normale de son contrat de travail. Le salarié ne peut pas s'y opposer (sauf cas particuliers).
Ces dispositifs montrent que la formation est de plus en plus attachée à la personne du salarié et non à l'entreprise.

Mots clés Clause de confidentialité et de loyauté • Clause de mobilité • Clause de non-concurrence • Compte personnel de formation (CPF) • Validation des acquis de l'expérience (VAE) • Plan de développement des compétences

Savoir
42

Les modifications, changements et ruptures du rapport d'emploi

La relation de travail évolue dans le temps car elle peut être remise en cause en fonction d'un certain nombre d'événements (ex. : une restructuration). Le droit intervient pour assurer la protection du salarié face à ces évolutions.

1 Les transformations de la relation d'emploi

L'employeur peut proposer au salarié une modification de son contrat de travail. Selon qu'il s'agit de la modification d'un des éléments essentiels du contrat ou d'un simple changement des conditions de travail, le refus du salarié aura des conséquences différentes.

1.1. La modification du contrat de travail

Elle porte sur un élément essentiel comme la rémunération, la qualification, sur un élément du contrat qui pouvait être déterminant pour le salarié lors de la conclusion du contrat dans une clause précise. Elle est donc considérée comme importante car portant sur un élément substantiel du contrat. L'employeur ne peut la décider unilatéralement et doit obtenir l'accord du salarié. Soit celui-ci l'accepte et le contrat se poursuit après signature d'un avenant. Soit il la refuse, ce qui ne constitue pas une faute ; si l'employeur maintient sa décision, le salarié est licencié pour motif économique.

EXEMPLE
Le passage d'un horaire de jour à un horaire de nuit.

1.2. Le changement des conditions de travail

Le chef d'entreprise peut décider de changer unilatéralement les conditions de travail qui n'ont pas fait l'objet d'un accord contractuel. Le refus du salarié d'accepter ce simple aménagement constitue une faute. Le salarié s'expose alors à un licenciement, en principe pour faute grave.

EXEMPLES
Un changement de planning, une affectation à un poste équivalent.

1.3. Le cas du changement d'employeur

En cas de modification dans la situation juridique de l'employeur (ex. : succession, cession de l'entreprise), les contrats de travail doivent être maintenus dans les mêmes conditions (même salaire, même ancienneté) avec le nouvel employeur. Celui-ci est garant des sommes dues aux salariés par l'ancien employeur. Il peut donc conserver les salariés, les licencier ou proposer une modification de leurs contrats s'il justifie d'un motif économique.

2 Les modes de rupture du contrat de travail

2.1. La rupture à l'initiative du salarié

Le salarié qui démissionne ou prend sa retraite doit manifester une volonté libre, sérieuse et sans équivoque de quitter définitivement son emploi.

2.2. La rupture à l'initiative de l'employeur

a) Le licenciement pour motif personnel

• Il peut intervenir pour faute s'il est fondé sur un motif réel, c'est-à-dire objectif (les faits étant vérifiables et sérieux), qui repose donc sur des griefs rendant impossible la poursuite du contrat. Il existe plusieurs degrés de gravité de la faute.

• L'employeur peut reprocher au salarié une insuffisance professionnelle ou de ses résultats, reposant sur des faits concrets.

EXEMPLE

Le manque d'efficacité dans l'atteinte des objectifs fixés.

b) Le licenciement pour motif économique

Il est effectué par l'employeur :

– pour un ou plusieurs motifs non inhérents à la personne du salarié ;

– s'il résulte d'une suppression ou d'une transformation d'emploi, d'une modification refusée par le salarié d'un élément essentiel du contrat de travail, suite à des difficultés économiques ou à des mutations technologiques, à la cessation d'activité de l'entreprise ou à une réorganisation nécessaire à la sauvegarde de sa compétitivité.

c) La nécessité d'une cause réelle et sérieuse et du respect de formalités

Pour qu'un licenciement pour motif économique ou personnel soit valable, il doit être motivé par une cause réelle et sérieuse. De même, l'employeur doit respecter des formalités (convocation à un entretien, débat contradictoire avec le salarié, envoi de la lettre de licenciement en recommandé avec accusé de réception) et, sauf exceptions, accorder un délai de préavis et payer diverses indemnités.

EXEMPLES

Des indemnités d'ancienneté, de congés payés.

2.3. La rupture par négociation entre salarié et employeur

La rupture conventionnelle, qu'elle soit individuelle ou collective, permet à un salarié en CDI et à un employeur de rompre d'un commun accord le contrat de travail.

2.4. Les dispositifs pour préserver les emplois

Pour préserver les emplois, l'entreprise peut, selon les cas, élaborer un plan de sauvegarde de l'emploi (PSE) afin d'éviter ou de limiter les licenciements pour motif économique. Elle peut également négocier en matière de gestion des compétences pour prévoir les actions nécessaires à l'évolution professionnelle des salariés, et bâtir des accords de préservation de l'emploi pour lui permettre de s'adapter plus rapidement aux variations d'activité et aux changements de conjoncture.

EXEMPLE

Un accord emploi/compétitivité peut imposer au salarié une baisse de sa rémunération pour un même nombre d'heures de travail, notamment dans un contexte de difficultés économiques de l'entreprise.

Mots clés Modification du contrat de travail • Changement des conditions de travail • Licenciement pour motif personnel • Licenciement pour motif économique

S'ENTRAÎNER AU BTS
Exercice 12 : p. 324

Savoir 43

Le rôle du droit négocié et des partenaires sociaux

Le droit du travail évolue vers un droit négocié par les partenaires sociaux, qui dialoguent dans le cadre de l'adaptation de l'entreprise et des salariés aux mutations de l'activité professionnelle.

1 Les partenaires sociaux

1.1. Les représentants des employeurs

Les employeurs peuvent participer aux négociations de façon isolée ou par l'intermédiaire de groupements d'employeurs.

EXEMPLES
Le MEDEF (Mouvement des entreprises de France), la CGPME (Confédération générale des petites et moyennes entreprises).

1.2. Les représentants des salariés

Pour être représentatifs dans l'entreprise, les syndicats doivent satisfaire sept critères de représentativité :
- le respect des valeurs républicaines (ex. : la garantie de la liberté d'opinion) ;
- l'indépendance vis-à-vis de l'employeur ;
- la transparence financière ;
- une ancienneté d'au moins 2 ans ;
- une audience suffisante (au moins 10 % des suffrages exprimés au premier tour des élections professionnelles permettant d'élire les représentants du personnel au comité social économique – CSE – dans les entreprises d'au moins 11 salariés) ;
- une influence caractérisée par l'activité et l'expérience ;
- des effectifs suffisants d'adhérents et de cotisations.

En remplissant ces conditions, les syndicats représentatifs peuvent désigner un délégué syndical pour négocier dans l'entreprise, conclure des conventions collectives, des accords d'intéressement et de participation, exercer des actions individuelles en justice, etc.

2 L'objet des négociations

Les textes négociés peuvent contenir des dispositions plus favorables aux salariés que les lois et règlements. On distingue :
- la convention collective conclue entre les partenaires sociaux, traitant de l'ensemble des conditions d'emploi, de travail et des garanties sociales ;

EXEMPLE
La convention collective de la métallurgie.

- l'accord collectif, qui ne traite que d'un ou de plusieurs sujets déterminés dans cet ensemble.

EXEMPLE
La signature d'un accord salarial.

3 Les niveaux de négociation

Chaque convention ou accord précise son champ d'application, qui peut être conclu au niveau national, de la branche ou de l'entreprise.

LE NIVEAU NATIONAL	Les accords nationaux interprofessionnels (ANI) sont signés pour couvrir tous les secteurs d'activité et tous les emplois au niveau national, en traitant des problèmes sociaux communs à tous les secteurs d'activité (ex. : ANI sur la formation des salariés).
LE NIVEAU DE LA BRANCHE	Les accords de branche régissent les conditions de travail de tout un secteur d'activité (ex. : la chimie, le bâtiment, la banque).
LE NIVEAU DE L'ENTREPRISE	Les accords d'entreprise tendent à adapter les règles du Code du travail aux particularités de l'entreprise concernée.

4 Les procédures d'adoption

4.1. L'accord majoritaire

Tout accord collectif au niveau de l'entreprise doit, pour être valide, avoir été signé par un ou plusieurs des syndicats représentatifs ayant recueilli au moins 50 % des suffrages obtenus au premier tour des élections professionnelles.

4.2. La validation par référendum

Si le ou les syndicats ont obtenu moins de 50 % mais plus de 30 % des suffrages, ils peuvent déclencher une consultation des salariés par référendum sur l'accord d'entreprise. Si plus de 50 % des salariés acceptent l'accord, celui-ci est valide.
L'objectif est de contourner une absence de majorité syndicale pour donner l'occasion aux salariés de s'exprimer sur leurs conditions de vie au travail et les choix qui les concernent directement, afin d'être mieux défendus.

5 La préférence pour les négociations de proximité

L'accord d'entreprise majoritaire prime désormais sur la convention de branche, même s'il est moins favorable aux salariés. Les règles sont donc de plus en plus négociées entreprise par entreprise. Certains syndicats craignent que ces accords d'entreprise « dérogatoires » ainsi conclus soient défavorables aux salariés puisque leurs représentants pèsent bien moins lors des négociations que les syndicats ne pouvaient le faire au niveau de la branche professionnelle.

6 L'équilibre entre efficacité économique et justice sociale

Le dialogue social vise à concilier efficacité économique et protection des salariés. La négociation collective permet des adaptations rapides et pallie les lenteurs et les rigidités de la loi, en créant un droit négocié par les parties et non imposé par la loi. La négociation collective est censée contribuer ainsi aux avancées sociales.

Mots clés Représentativité • Syndicats représentatifs • Convention collective • Accord collectif • Accord majoritaire • Référendum

Savoir 44

L'adoption d'une GPEC

Dans un environnement incertain et très concurrentiel, les compétences et la capacité d'adaptation des ressources humaines sont devenus sources d'avantages concurrentiels. Les entreprises peuvent faire face aux bouleversements actuels en mettant en place une gestion prévisionnelle des emplois et des compétences (GPEC).

1 L'adoption d'une GPEC

1.1. Le principe de la GPEC

La gestion prévisionnelle des emplois et des compétences (GPEC) est une méthode pour accompagner le changement en anticipant les adaptations nécessaires en termes d'emplois, d'effectifs et de compétences, en fonction des évolutions de la stratégie des entreprises et de leur environnement. Elle vise donc à réduire de manière anticipée les écarts entre les besoins et les ressources de l'entreprise pour les adapter aux mutations de l'environnement et de la stratégie.
Mise en place dans les entreprises depuis les années 1990, la GPEC se met en œuvre à partir d'accords entre la direction et les syndicats représentatifs. Elle comprend :
- un volet quantitatif, lié à l'évaluation du volume d'emploi dont l'entreprise aura besoin pour mettre en œuvre sa stratégie avec les contraintes de l'environnement (recrutement de ressources humaines compétentes pour affronter les défis numériques) ;
- un volet qualitatif, qui concerne les compétences détenues par les salariés (développement du savoir-faire ou réorientation du salarié vers d'autres métiers).

1.2. L'importance de la gestion des compétences selon Zarifian

La définition classique décompose les compétences en savoirs, savoir-faire et savoir-être. Mais pour le sociologue P. Zarifian, la compétence concerne surtout « la capacité à la prise d'initiative et de responsabilité de l'individu sur des situations professionnelles auxquelles il est confronté ». Elle inclut ainsi :
- l'initiative (avoir de l'inventivité, donner une réponse adaptée à un événement) ;
- la responsabilité (aller au bout de ses initiatives en répondant des conséquences).

Le second volet de la GPEC visant à anticiper et développer les compétences est donc essentiel. L'entreprise doit encourager l'initiative et l'autonomie par :
- un management des compétences impliquant tous les acteurs ;
- une analyse des situations de travail pour identifier les compétences nécessaires.

1.3. Les dispositifs de GPEC

La GPEC a favorisé la mise en œuvre de différents dispositifs d'adaptation des ressources humaines, notamment au niveau collectif :
- des politiques d'ajustement de l'effectif (recrutement, prévention et accompagnement des réductions d'effectifs) ;
- dispositifs d'ajustement de la durée du travail (réduction du temps de travail, flexibilisation du temps de travail) ;
- des dispositifs de développement des compétences (formation professionnelle, de promotion ou encore de mobilité interne).

Au niveau individuel, la GPEC a généralisé l'utilisation d'outils, comme l'entretien individuel annuel d'évaluation, de façon à identifier les compétences professionnelles du salarié, ses points forts et ceux à améliorer, et fixer des objectifs pour l'année à venir.

1.4. Les limites de la GPEC

Les outils mis en œuvre dans le cadre de la GPEC doivent être adaptés pour suivre les évolutions du travail qui s'effectue de plus en plus en mode projet et collaboratif. Ainsi, l'entretien annuel d'évaluation, qui conduit à l'attribution ponctuelle de notes en fonction du niveau de performance individuel sur l'année, ne prend pas en compte le travail en équipe. Ces pratiques d'évaluation sont actuellement remises en cause au profit d'un processus d'évaluation flexible et continu par projet.

2 La gestion des talents

2.1. La notion de talent

Le talent est « la combinaison de compétences rares ». La transformation numérique modifie la façon dont les entreprises travaillent et donne naissance à des métiers nouveaux dont l'exercice demande des compétences rares. Les entreprises évoluent donc dans un environnement de plus en plus exigeant en talents.
Alors que la GPEC a une vision collective des compétences de l'entreprise, la notion de talent valorise l'unicité de la personne.

	UNITÉ D'ANALYSE	MÉTHODOLOGIES	APPORTS	CONTEXTE
COMPÉTENCES	Savoirs, savoir-faire, savoir-être développés dans une logique d'adaptation et d'employabilité.	Définition d'un référentiel collectif, puis ajustement des ressources et des besoins en compétences.	Comparaison des collaborateurs grâce aux référentiels et aux compétences.	Environnement incertain nécessitant une forte adaptabilité du personnel.
TALENT	Combinaison de compétences rares.	• Repérage de profils atypiques. • Valorisation de la différence.	• Hyper-individualisation. • Attirer et retenir les meilleurs.	Environnement très concurrentiel, recherche d'innovation.

2.2. Les dispositifs de gestion des talents

C. Dejoux et M. Thévenet montrent que les entreprises peuvent compléter la GPEC par une gestion des talents en différentes étapes :
- attraction : développer la notoriété de l'employeur (par des *serious games*...) ;
- détection : évaluer les compétences *via* leurs interactions avec l'entreprise (appels, commentaires sur le site...) ;
- développement : (coacher, mentorer et challenger les talents) ;
- reconnaissance : écouter, motiver financièrement ou non (distinctions, carrière...).

Mots clés Gestion prévisionnelle des emplois et compétences (GPEC) • Compétences • Talent

Auteurs : P. Zarifian • C. Dejoux et M. Thévenet

S'ENTRAÎNER AU BTS
Exercice 15 : pp. 325-326

Savoir 45

Les leviers de motivation

Pour que la motivation des salariés soit un facteur de performance, il faut, à côté des dispositifs de motivation traditionnels, s'intéresser à la motivation des « digital natives » et proposer de nouvelles formes d'organisation.

1 Les facteurs de la motivation et de la satisfaction au travail

1.1. La satisfaction des besoins selon Maslow et Herzberg

D'après A. Maslow, la motivation des salariés dépend de cinq besoins que l'entreprise doit satisfaire.

Il faut d'abord permettre au salarié de satisfaire ses besoins physiologiques, lui permettre de survivre (manger, boire, se vêtir, dormir...), avant de chercher à satisfaire son besoin d'accomplissement (valoriser son potentiel, ses compétences, lui donner plus de responsabilités...).

En complément de la pyramide de Maslow, F. Herzberg distingue deux types de facteurs.

• **Les facteurs internes**, particuliers à chaque individu, qui sont sources de motivation : il faut les favoriser car l'individu va chercher à les atteindre, mais aussi à les dépasser.

EXEMPLE

Pour motiver ses salariés, il faut développer l'intérêt du travail, la réussite, la promotion, l'initiative, l'autonomie...

• **Les facteurs externes**, propres à tous les individus, sont source de satisfaction mais pas de motivation : non satisfaits, ils provoquent la démotivation. Mais une fois satisfaits, ils ne sont plus motivants.

EXEMPLE

Quand on améliore les conditions d'hygiène au travail, les salariés sont satisfaits, mais cela n'est pas suffisant pour les motiver à s'impliquer davantage.

Maslow et Herzberg

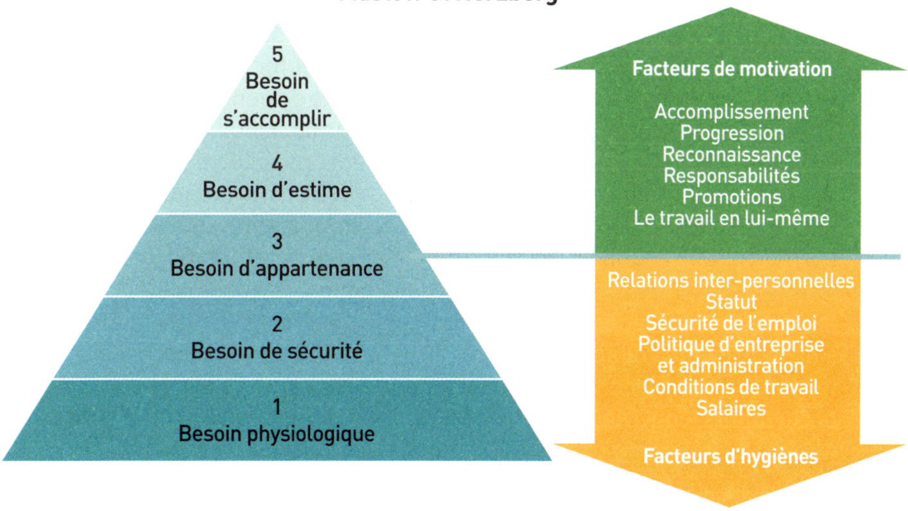

CEJM

1.2. Le besoin d'équité identifié par le psychologue J. S. Adams

La recherche de la « justice » est un moteur essentiel de motivation individuelle. Chaque salarié compare sa situation à celle des autres, au sein et en dehors de l'entreprise. Il calcule un ratio d'équité en comparant la rétribution de son travail (salaire, avantages, conditions de travail...) avec l'effort engagé (contribution en temps de travail, expérience, formation...). Si son ratio est :
– identique à celui des autres : sentiment d'équité et de satisfaction ;
– supérieur : sentiment de sur-équité qui pousse à augmenter l'investissement ;
– inférieur : sentiment de sous-équité, source de tensions pour rétablir la justice.

EXEMPLE
Un sentiment de sous-équité peut amener un salarié à demander une meilleure rétribution, se démotiver (absentéisme, limitation des efforts), et à adopter une stratégie de non-coopération vis-à-vis des ratios supérieurs.

2 La motivation des « digital natives »

Les jeunes générations ont de fortes attentes en termes :
– de responsabilité sociétale : elles favorisent le travail au sein d'entreprises qui se soucient des conséquences environnementales et sociales de leur activité et sont plus fidèles à une entreprise qui favorise l'autonomie, la créativité, la capacité d'innovation, tout en étant investie dans une démarche de RSE ;
– de gestion de la diversité : elles apprécient les mesures par les employeurs pour recruter, conserver et former des salariés issus de catégories sociales, d'âge, de nationalité, de sexe, d'origine ethnique, d'orientation sexuelle différents.
Selon J.-M. Peretti, les jeunes salariés souhaitent que le travail soit un facteur d'enrichissement personnel. Quand le salarié ne se retrouve pas, en termes de valeurs personnelles, dans son travail, il hésite de moins en moins à le quitter. Il est donc primordial de faire converger les valeurs de l'entreprise et celles des salariés pour améliorer leur fidélisation, leur motivation et diminuer le *turn-over*.

3 De nouvelles formes d'organisation

Les jeunes salariés réclament :
– un management plus participatif, favorisant l'autonomie, la responsabilisation et l'individualisation. La reconnaissance et l'écoute deviennent essentielles (mettre en place un management qui permette de traiter les collaborateurs de manière individualisée et de leur donner de nouvelles responsabilités) ;
– de nouveaux modes d'organisation du travail contribuant à la mobilité et à un usage plus large des technologies de communication mobiles. L'entreprise doit permettre aux collaborateurs d'être connectés où et quand ils le souhaitent. Elle doit aussi favoriser une organisation qui améliore la qualité de vie du salarié, (adopter le télétravail répondant aux attentes de qualité de vie des salariés) ;
– de favoriser la collaboration, la transparence, le partage de connaissances, (développer le « flex office » qui remplace les bureaux attitrés par des espaces communs accueillants, conviviaux, connectés, favorisant le travail en mode projet).

Mots clés Motivation • Satisfaction • Équité

Auteurs : A. Maslow • F. Herzberg • J. S. Adams • J.-M. Peretti

Savoir 46

Le diagnostic stratégique

Identifier ses forces et ses faiblesses, puis analyser les opportunités et les menaces de son environnement, permet à l'entreprise de définir sa stratégie.

1 Le diagnostic externe

1.1. Le diagnostic du macro-environnement

L'analyse de l'environnement global de l'entreprise (le macro-environnement) peut être menée grâce à l'outil PESTEL, qui met en lumière les variables (au niveau politique, économique, social, technologique, écologique et légal) pouvant avoir une influence positive (opportunité à saisir) ou négative (menace à éviter) sur l'entreprise.

EXEMPLE

L'évolution des valeurs environnementales incite de plus en plus les dirigeants d'entreprise à intégrer le développement durable dans leurs choix stratégiques. Ces choix seront renforcés par les nouvelles législations concernant les normes antipollution et inciteront les entreprises à adapter leur stratégie pour innover et faire évoluer leur offre.

1.2. Le diagnostic du micro-environnement

L'analyse du micro-environnement (les acteurs immédiatement en contact avec l'entreprise) permet de comprendre les rapports entre l'entreprise et ses concurrents et de déterminer les facteurs clés de succès (FCS).

a) Le modèle des 5 forces + 1 de M. Porter

M. Porter montre la pression des forces qui s'exercent sur l'entreprise qui doit analyser les rapports qu'elle entretient avec ses concurrents et ses marchés, pour mettre en lumière l'attrait ou non d'un domaine d'activités stratégiques (DAS). Certains analystes y ajoutent une 6e force : l'influence de l'État.

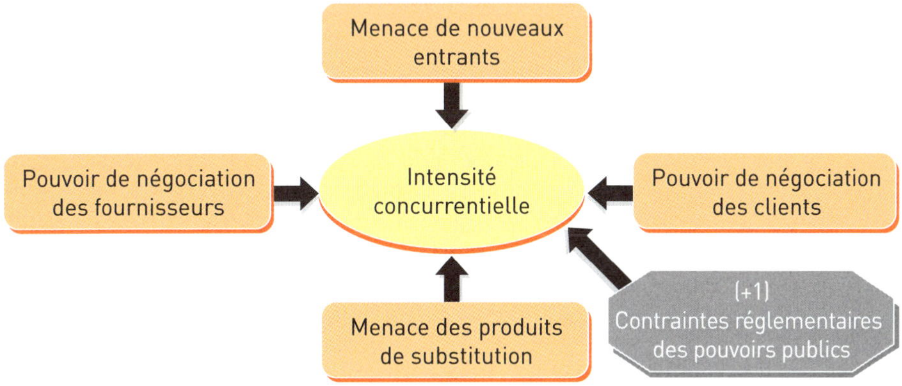

b) L'analyse des facteurs clés de succès (FCS)

Diagnostiquer l'environnement permet à l'entreprise de cerner ses facteurs clés de succès (FCS), c'est-à-dire les éléments commerciaux ou technologiques qu'elle doit maîtriser pour réussir sur son domaine d'activités stratégiques (DAS). Quand l'entreprise maîtrise ses FCS mieux que ses concurrents, elle dispose d'un avantage concurrentiel, c'est-à-dire un élément qui la différencie et lui procure un avantage.

CEJM

EXEMPLE

Sur le marché des lessives, la communication est un FCS car on ne peut vendre sans investir en publicité. Mais si une entreprise trouve un autre moyen de communiquer, elle aura un avantage concurrentiel.

2 Le diagnostic interne

2.1. L'analyse des ressources et des compétences

E. Penrose montre que l'entreprise est un ensemble de ressources (ou d'actifs) :
– tangibles ou matérielles (ressources physiques (magasins, usines, outils de production...), financières (de l'argent...) et humaines (salariés)) ;
– intangibles ou immatérielles (ressources immatérielles technologiques (brevets, licences, dépenses en recherche et développement), organisationnelles (savoir-faire, structure de l'entreprise) et mercatiques (notoriété et image de marque)) ;
Parmi ces ressources, le diagnostic permet d'identifier les actifs matériels et immatériels stratégiques, c'est-à-dire ceux qui permettent d'obtenir et conserver un avantage concurrentiel. On peut les identifier en fonction de leur :
– valeur pour le client par rapport aux ressources des concurrents ;
– exclusivité pour l'entreprise.

2.2. Le diagnostic des compétences distinctives

Une compétence est la capacité à utiliser des ressources pour atteindre un objectif donné. D'après G. Hamel et C. K. Prahalad, ce sont les compétences fondamentales ou distinctives qui permettent à l'entreprise d'être compétitive. Le diagnostic doit donc les identifier, sachant qu'elles ont quatre caractéristiques :
– elles permettent de saisir une opportunité ou d'échapper à une menace ;
– elles baissent les coûts ou augmentent valeur pour le client ;
– elles sont détenues par un nombre restreint de concurrents réels ou potentiels ;
– elles sont difficilement imitables par les concurrents actuels ou potentiels.

2.3. Le diagnostic des mécanismes de gouvernance et de décision

Le diagnostic doit également analyser les mécanismes de gouvernance et de prise de décision de l'entreprise en sachant que, comme le montrent :
– R. M. Cyert et J. G. March, il y a dans l'entreprise des conflits entre des acteurs ou des groupes d'acteurs cherchant à satisfaire leurs propres intérêts. Il faut donc analyser la capacité de l'entreprise à prendre des décisions qui résultent de négociations.
– M. Crozier et E. Friedberg, les actions collectives se construisent à partir des stratégies individuelles, des comportements et des intérêts (parfois contradictoires) des différents acteurs. Il faut donc analyser la capacité de l'entreprise à faire des choix stratégiques en tenant compte de la marge de liberté des collaborateurs.

Mots clés Macro-environnement • Micro-environnement • Facteurs clés de succès (FCS) • Avantage concurrentiel

Auteurs : M. Porter • E. Penrose • G. Hamel et C. K. Prahalad • R. M. Cyert et J. G. March • M. Crozier et E. Friedberg

S'ENTRAÎNER AU BTS
Exercice 14 : p. 325

Savoir 47 La démarche stratégique

Le schéma classique de la démarche stratégique propose d'élaborer la stratégie dans un ordre logique, en commençant par les diagnostics stratégiques interne et externe, pour ensuite faire le choix des options stratégiques et enfin mettre en œuvre ces options.

1 La démarche stratégique selon le modèle LCAG

1.1. Le modèle LCAG

La démarche d'analyse stratégique s'appuie souvent sur celle de quatre professeurs de la Harvard Business School, Learned, Christensen, Andrews et Guth (LCAG), qui proposent un modèle qui retrace les étapes permettant de déterminer les choix stratégiques selon une démarche rigoureuse.

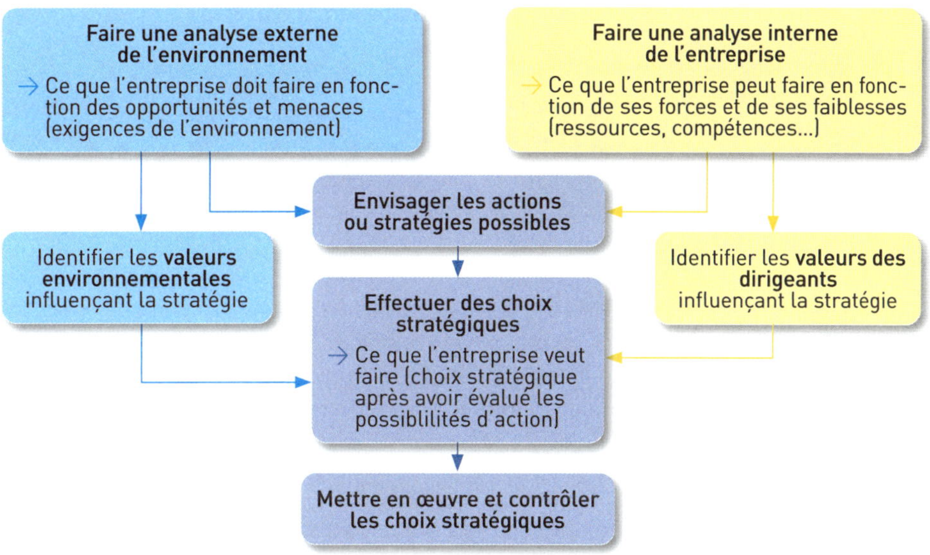

1.2. Les étapes de la démarche stratégique

a) Mener un diagnostic interne et externe

Ce double diagnostic peut se mener à l'aide d'un outil appelé SWOT (*Strength/Weaknesses, Opportunities/Threats*) ou FFOM (forces/faiblesses, menaces/opportunités).

Diagnostic interne	Forces	Faiblesses
Diagnostic externe	Menaces	Opportunités

Cette matrice, qui analyse en parallèle les deux dimensions (forces/faiblesses en interne et opportunités/menaces en externe), permet d'évaluer l'environnement et les ressources de l'entreprise.

b) Proposer des choix stratégiques

L'analyse du SWOT permet d'identifier les différentes orientations stratégiques possibles pour l'entreprise.

c) Mettre en œuvre des choix stratégiques

Les choix stratégiques sont souvent mis en œuvre à partir d'une planification qui définit, dans le temps, les objectifs et les moyens pour concrétiser les projections.

d) Contrôler

À partir de tableaux de bord, les managers vont contrôler la mise en œuvre de la stratégie et si nécessaire prévoir des actions correctives.

2 Les modes d'élaboration de stratégie

2.1. La décision stratégique

La stratégie permet d'anticiper et de préparer l'avenir. Elle consiste à fixer les buts et objectifs à long terme ainsi que les moyens de les atteindre, compte tenu des ressources actuelles et des possibilités d'en acquérir de nouvelles. H. A. Simon montre que ces décisions stratégiques sont prises en situation d'information imparfaite et que la rationalité du décideur est limitée.

Il est donc nécessaire de procéder par étapes (modèle IMC) :

Intelligence pour identifier dans son environnement des situations où il doit prendre des décisions. → **Modélisation** pour recenser les solutions envisageables. → **Choix** à partir de l'évaluation de la meilleure des solutions. → **Contrôle** pour confirmer le choix ou le réorienter.

2.2. Une stratégie délibérée

Quand l'entreprise met en œuvre une stratégie planifiée sur le long terme par les dirigeants, on parle de stratégie délibérée. Les objectifs stratégiques sont traduits dans un plan annuel ou pluriannuel.

2.3. Une stratégie émergente

H. Mintzberg montre que souvent la stratégie est émergente, c'est-à-dire influencée par les activités quotidiennes et les événements non prévus auxquels l'entreprise doit réagir et qui demandent une adaptation permanente. Elle n'est donc pas programmée à long terme par les dirigeants, mais doit s'adapter en continu aux changements internes et de l'environnement.

2.4. La stratégie effective

La stratégie effective résulte souvent d'une interaction entre une stratégie délibérée et une stratégie émergente. En effet, une stratégie totalement délibérée serait difficile à appliquer dans un environnement en mutation constante. D'un autre côté, une stratégie totalement émergente empêche la construction d'un projet à long terme. C'est pourquoi, le plus souvent, les deux stratégies coexistent. La stratégie délibérée doit être complétée par une stratégie émergente pour que les dirigeants réagissent au jour le jour et que l'entreprise s'adapte en permanence à l'environnement.

Mots clés Démarche stratégique • Stratégie • Décision stratégique • Stratégie délibérée • Stratégie émergente • Stratégie effective

Auteurs : H. A. Simon • H. Mintzberg

CEJM

Savoir 48

Les stratégies globales

Après avoir réalisé un diagnostic stratégique pour atteindre les objectifs fixés, les dirigeants effectuent des choix stratégiques qui concernent l'entreprise dans son ensemble. Il s'agit de la stratégie globale qui permet de choisir entre spécialisation/diversification, et entre intégration/externalisation.

1 Le choix entre spécialisation et diversification

1.1. Le choix de la stratégie de spécialisation

La stratégie de spécialisation consiste à rester sur un seul domaine d'activité stratégique (DAS) où l'entreprise a des compétences distinctives lui conférant un avantage concurrentiel. I. Ansoff montre que l'entreprise peut se spécialiser en :
– pénétrant le marché : on augmente la part de marché auprès des clients existants ;
– développant son marché : on vise une nouvelle cible pour les produits actuels ;
– développant ses produits ou services sur un marché existant.

AVANTAGES	INCONVÉNIENTS
• Crée une image d'expert, développe l'expérience, le savoir-faire. • Possibilité d'avoir une position de leader en concentrant ses ressources et compétences dans un seul DAS.	• Dépendance au seul DAS. • Les perspectives de croissance du DAS peuvent attirer des concurrents et intensifier la concurrence.

1.2. Le choix de la stratégie de diversification

I. Ansoff montre que la stratégie de diversification consiste à élargir son champ d'activité. Il peut s'agir de proposer de nouveaux produits et/ou de s'adresser à de nouveaux marchés par :
– la diversification liée (concentrique), où on l'on reste sur un marché familier, (un fabricant de pâtes se diversifie dans la production de pizzas) ;
– la diversification non liée (conglomérale) vers un marché nouveau, (un fabricant de pâtes s'oriente vers la construction automobile) ;

AVANTAGES	INCONVÉNIENTS
• Permet de répartir les risques sur plusieurs DAS. • Encourage l'acquisition de nouvelles compétences.	• Sur le plan financier : besoin d'investissements qui peuvent lourdement endetter l'entreprise. • Sur le plan technologique : nécessité d'acquérir de nouvelles compétences technologiques. • Sur le plan organisationnel : manque de cohérence et de synergies entre les activités.

Quand l'entreprise se sépare des DAS les moins rentables pour se recentrer sur ceux qu'elle maîtrise le mieux et qui sont les plus porteurs, on parle de recentrage.

2 Le choix entre l'intégration et l'externalisation

2.1. Le choix de la stratégie d'externalisation

La stratégie d'externalisation consiste à confier une activité à un prestataire extérieur. Il faut éviter d'externaliser les activités qui sont au cœur de métier de l'entreprise et qui sont déterminantes pour maintenir un avantage concurrentiel.

AVANTAGES	INCONVÉNIENTS
• Réduction des coûts supportés par le prestataire externe. • Accès aux compétences d'experts, de spécialistes. • Flexibilité en ajustant les besoins aux variations de la demande. • Concentration sur le cœur de métier en externalisant les activités non essentielles pour se consacrer à des activités créatrices de valeur.	• Perte du savoir-faire externalisé. • Dépendance envers le prestataire. • Risque social : externaliser peut entraîner des transferts de personnel ou des licenciements et donc détériorer le climat social.

2.2. Le choix de la stratégie d'intégration

Cette stratégie, qui consiste à développer ses activités en interne, peut se faire :
– vers des activités en amont de l'activité principale (fournisseurs) ;

EXEMPLE
Moody's, spécialisée dans la gestion des risques en entreprise, a acquis PassFort Limited et 360kompany AG, deux fournisseurs européens de solutions KYC (*Know Your Customer*, ou « Sachez qui est votre client »). Ces derniers permettent à Moody's d'avoir de meilleures capacités technologiques d'analyse pour mieux conseiller ses clients et évaluer leurs risques.

– vers des activités situées en aval de son activité principale effectuées par les distributeurs (commercialisation, SAV) ou par les clients (livraison, réparation...).

EXEMPLE
Le géant franco-italien des lunettes EssilorLuxottica a racheté le néerlandais Grand-Vision, ce qui lui donne accès à ses 7 000 boutiques et lui permet de maîtriser ses activités, de la conception des verres aux montures et jusqu'à la vente au client final.

L'intégration est complète (stratégie de filière) lorsque toutes les activités, de l'approvisionnement à la distribution, sont maîtrisées par la même entreprise.

AVANTAGES	INCONVÉNIENTS
• Accroît la rentabilité en supprimant les marges des intermédiaires (fournisseurs ou distributeurs). • Accroît la taille de l'entreprise et le pouvoir de négociation. • Sécurise les approvisionnements (si activité en amont) et les débouchés ainsi que l'image auprès des clients (si activité en aval).	• Nécessite des investissements élevés afin d'intégrer une activité. • Peut entraîner des rigidités dans le fonctionnement de l'entreprise ainsi qu'une perte de flexibilité. • Réaliser plusieurs activités ne permet souvent pas de développer des compétences particulières sur une activité spécifique.

Mots clés Spécialisation • Domaine d'activité startégique (DAS) • Diversification • Externalisation • Intégration

Auteur : I. Ansoff

S'ENTRAÎNER AU BTS
Exercice 14 : p. 325

Savoir 49

Les stratégies de domaine

Au niveau d'un domaine d'activité stratégique (DAS), la stratégie de domaine (appelée aussi stratégie concurrentielle) permet à l'entreprise de pouvoir se démarquer durablement de la concurrence en choisissant de dominer par les coûts, de se différencier ou de se concentrer (focaliser).

1 La segmentation stratégique en différents DAS

Quand une entreprise a plusieurs activités différentes, il est important de la segmenter en domaines d'activité stratégiques (DAS) cohérents. Cela permet de définir une stratégie adaptée à chaque DAS, c'est-à-dire à chaque domaine qui :
– se confronte aux mêmes concurrents ;
– réclame les mêmes compétences ;
– concerne des marchés possédant des facteurs clés de succès (FCS) identiques et sur lequel l'entreprise peut avoir un avantage concurrentiel quand elle maîtrise mieux que ses concurrents un FCS.

2 Les différentes stratégies de domaine d'activité

M. Porter montre que, sur chaque DAS, l'entreprise a le choix entre trois stratégies pour sauvegarder un avantage concurrentiel et surpasser ses concurrents.

2.1. La stratégie de domination par les coûts

Cette stratégie consiste à réduire les coûts pour proposer une offre avantageuse, permettant d'attirer davantage de clients et d'obtenir une position dominante sur le marché. La baisse des coûts peut être obtenue en améliorant l'organisation de l'entreprise, de façon à favoriser :
– les synergies (associer deux entreprises ou deux services pour créer une valeur supérieure à celles de chacun des deux pris isolément) ;
– l'effet d'expérience (baisse du coût unitaire marginal au fur et à mesure que la production augmente) ;
– les économies d'échelle (baisse du coût unitaire grâce à la répartition des coûts fixes – machines, bâtiments, structure administrative… – sur un plus grand nombre d'unités produites).

AVANTAGES	INCONVÉNIENTS
• Attire la clientèle grâce aux prix bas. • Élimine la concurrence et permet de dominer le marché grâce à des prix bas. • Maîtrise les charges, ce qui contribue à améliorer la rentabilité. • Limite l'entrée de nouveaux concurrents sur le marché grâce aux prix bas (barrière à l'entrée).	• L'image de l'entreprise peut se dégrader si les clients associent prix bas et baisse de la qualité. • Difficile à mener pour les biens où la qualité, le conseil sont essentiels (luxe, par exemple). • Peut déclencher une guerre des prix entre les entreprises. • La maîtrise des coûts peut se faire au détriment de l'innovation.

2.2. La stratégie de différenciation

Cette statégie consiste à se démarquer de la concurrence en proposant une offre ayant des caractéristiques différentes de celles de la concurrence et appréciée par

CEJM

les clients. Les façons de se différencier sont multiples et peuvent porter sur la qualité, le conditionnement, les services associés, la technologie, la distribution, l'image de la marque…

Pour être unique, l'entreprise peut opter pour une différenciation vers :

– le haut (stratégies « d'amélioration ») ;

EXEMPLE

En proposant une offre plus élaborée que celle des concurrents à un prix plus élevé, comme le font Apple ou BMW.

– le bas (stratégies dites « d'épuration »).

EXEMPLE

En proposant une offre moins élaborée, mais à un prix moins élevé, comme le font Ikea ou Ryanair.

AVANTAGES	INCONVÉNIENTS
• Protège de la concurrence grâce au facteur de différenciation (barrière à l'entrée) et peut concéder un monopole temporaire. • Attire et fidélise la clientèle. • Permet d'échapper à une guerre des prix entre les concurrents.	• Est souvent onéreuse car nécessite des moyens financiers et matériels importants (innovation, communication, formation…). • Risque de se banaliser avec le temps, les mutations technologiques et les évolutions de l'environnement. • Risque d'imitation, de contrefaçon.

2.3. La stratégie de focalisation (ou de concentration)

Cette stratégie consiste à se concentrer sur un segment de marché spécifique (produits, clientèle ou zone géographique), pour se protéger des assauts de la concurrence en proposant une offre différente qui ne peut intéresser qu'une niche, c'est-à-dire une clientèle réduite. Elle peut reposer sur un avantage concurrentiel détenu par l'entreprise et est fondée soit sur les coûts soit sur la différenciation du produit.

EXEMPLE

Pour profiter de l'avantage concurrentiel apporté par son expérience, une entreprise spécialisée dans des produits régionaux se concentre sur son marché.

AVANTAGES	INCONVÉNIENTS
• Convient aux petites structures ou à de nouveaux entrants sur un marché. • L'entreprise qui exploite un segment limité connaît mieux les besoins de sa clientèle et peut répondre parfaitement à ses attentes.	• Peut attirer la convoitise d'autres entreprises. • L'entreprise est dépendante de son marché de niche. • Le segment de marché peut devenir trop étroit pour assurer la croissance de l'entreprise. • La demande des clients peut changer et ne plus correspondre à l'offre proposée par l'entreprise.

Mots clés

Domaine d'activité stratégique (DAS) • Domination par les coûts • Différenciation • Focalisation

CEJM

Savoir
50 La croissance de l'entreprise

Une fois la stratégie choisie, l'entreprise doit analyser la façon la plus pertinente de se développer, en choisissant une croissance interne ou une croissance externe, ou encore en faisant appel à des partenaires (croissance conjointe). Cette croissance peut se faire dans le pays d'origine ou en s'internationalisant.

1 La croissance interne

La croissance interne est l'augmentation de la taille de l'entreprise, par la création de capacités nouvelles (industrielle, commerciale, recherche) en utilisant des ressources propres. Il s'agit donc de mobiliser les ressources internes (savoir-faire, compétences, ressources financières...) pour développer l'entreprise.

AVANTAGES	INCONVÉNIENTS
• Permet au dirigeant de garder le contrôle. • Permet à l'entreprise de se développer progressivement. • Le climat social s'améliore car les salariés ont des perspectives d'évolution, et voient leurs compétences valorisées.	• Mise en œuvre parfois longue car elle dépend des seules ressources dégagées par l'entreprise. • Les moyens financiers limités peuvent freiner la croissance et augmenter l'endettement.

EXEMPLE

JCDecaux a pu devenir le groupe leader de la communication extérieure et poursuit sa croissance en France grâce aux capacités d'innovations créatives de ses salariés qui ont su digitaliser ses dispositifs publicitaires.

2 La croissance externe

La croissance externe consiste à acquérir ou prendre le contrôle d'entreprises concurrentes ou complémentaires pour élargir le périmètre d'activité de l'entreprise. Ce type de croissance peut être mis en œuvre grâce à plusieurs modalités juridiques, comme la fusion (A + B = C), la fusion absorption (A + B = A) ou la prise de participation, qui consiste à acquérir une partie du capital d'une autre entreprise.

AVANTAGES	INCONVÉNIENTS
• Permet d'entrer sur un nouveau marché, en profitant de l'expérience acquise par les entreprises. • Permet d'acquérir une technologie, un brevet que possède l'entreprise rachetée. • Favorise le passage des seuils dimensionnels présents sur certains marchés (taille critique). • Facilite les opérations de diversification en profitant du savoir-faire des entreprises rachetées.	• Des ressources financières importantes sont nécessaires pour racheter l'entreprise convoitée. • Possibilités d'alourdir l'endettement. • Licenciements souvent nécessaires pour éviter les doublons de poste après rachat. • Respect des lois pour lutter contre les abus de position dominante indispensable. • Problèmes d'intégration des entreprises acquises pouvant avoir des cultures et des modes de fonctionnement très différents.

EXEMPLE

Le groupe français de construction et de BTP Spie Batignolles a racheté la société Curot Construction, bien implantée en Bourgogne et en Franche-Comté et spécialisée sur les travaux de maintenance et d'entretien du patrimoine industriel et des collectivités. Cette opération de croissance externe permet à Spie Batignolles de développer ses activités en travaux de maintenance de proximité.

3 La croissance conjointe

La croissance conjointe consiste pour deux ou plusieurs entreprises à mener à bien un projet ou une action en coordonnant leurs moyens et compétences plutôt que d'être en concurrence ou de procéder à un rapprochement de type croissance externe. Son objectif principal est donc la recherche de complémentarités.
Elle peut prendre la forme de partenariats (contrat de sous-traitance, de franchise, de concession), de groupements d'intérêt économique (GIE), ou de création de filiales communes.

AVANTAGES	INCONVÉNIENTS
• Permet de mettre en commun des ressources et des compétences pour créer des synergies optimales en évitant la concurrence. • Favorise une relation collaborative tout en préservant l'indépendance des partenaires.	• Difficulté pour trouver et convaincre le partenaire de conclure l'alliance dans une relation de confiance. • Difficultés de coordination afin d'avoir des objectifs et des modes de fonctionnement communs aux différentes entreprises.

EXEMPLE
Le géant automobile allemand Volkswagen a créé une coentreprise avec Umicore, une entreprise belge développant des technologies et des matériaux mis en œuvre notamment dans les batteries rechargeables. Cette coentreprise permettra à Volkswagen de développer ses compétences et ses capacités de production en batteries pour ses véhicules électriques.

4 L'internationalisation

L'internationalisation consiste pour l'entreprise à croître en dehors de ses frontières. Le développement des échanges internationaux dans une économie mondialisée, globalisée, favorise l'internationalisation. L'entreprise peut se développer à l'international en optant pour des exportations à partir du pays d'origine, en faisant des investissements directs à l'étranger ou en créant des partenariats locaux.

AVANTAGES	INCONVÉNIENTS
• Chercher de nouveaux débouchés à l'étranger. • Trouver des relais de croissance dans les pays émergents, comme les BRIC (Brésil, Russie, Inde, Chine). • Répartir les risques entre zones géographiques. • Réduire les coûts en spécialisant ses activités suivant les avantages du pays (faible coût des matières premières, des salaires...).	• Trouver les moyens humains et financiers pour réussir l'internationalisation, qui peut être un processus lent et progressif. • Difficultés à prendre en compte les différences du pays étranger (culturelles, logistiques, fiscales...).

EXEMPLE
Bouygues a racheté Equans, la filiale d'Engie spécialisée dans les services techniques de l'énergie, de façon à s'imposer sur de nouveaux marchés internationaux. En effet, Equans est bien implantée en Europe et aux États-Unis, des marchés où Bouygues souhaite se développer.

Mots clés Croissance interne • Croissance externe • Croissance conjointe • Internationalisation

S'ENTRAÎNER AU BTS
Exercice 13 : pp. 324-325

Exercice 1 voir Fiche Savoir 6

Les externalités

Annexe

En finir avec les pesticides ?

Pour protéger la santé et la biodiversité, on parle de plus en plus de sortir des pesticides pour aller vers une agriculture zéro pesticide. Mais, pour comprendre ce débat, il est important de savoir à quoi ils servent et pourquoi ils sont utilisés en agriculture. Les pesticides et engrais agricoles (chimiques ou naturelles) sont utilisés pour faciliter la production agricole car ils protègent les végétaux contre les parasites et les maladies. Ils évitent ainsi les pertes de production.

Le problème de ces produits est qu'ils sont suspectés de contribuer à certains problèmes sanitaires ou environnementaux. Le débat sur la sortie des pesticides porte donc sur l'opposition de ses deux caractéristiques : utiles pour l'agriculture, ils pourraient aussi être dangereux pour la santé ou pour les écosystèmes.

1. **Rappelez ce qu'est une externalité négative.**

2. **Quelles sont les conséquences positives et négatives de l'emploi des pesticides ?**

FAIT ☐ REVU ☐

Exercice 2 voir Fiche Savoir 13

Les déséquilibres économiques

Annexe 1

Sueurs froides pour les épargnants

Pour éviter que le capital placé ne s'effrite et donc préserver son pouvoir d'achat, il faut que le taux d'intérêt soit supérieur ou égal à l'inflation. Or, très peu de placements aujourd'hui offrent une rémunération suffisante.

Annexe 2

L'évolution des prix à la consommation

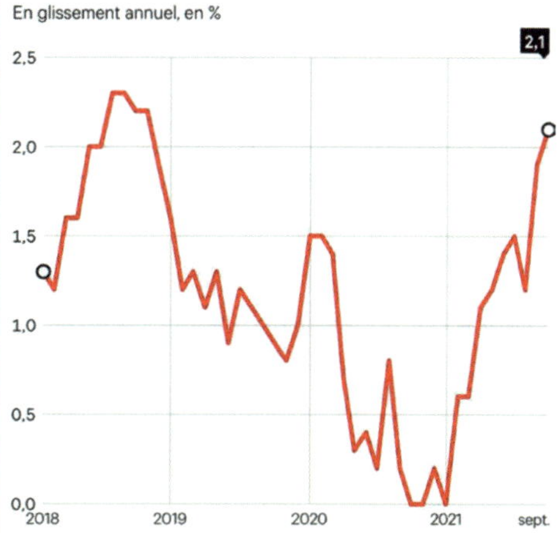

Source : Insee

1. **Rappelez la définition de l'inflation.**

2. **Sachant que le rendement annuel du livret A est à 1 %, quelles périodes ce placement était-il intéressant pour les épargnants ?**

3. **Précisez la conséquence de l'inflation sur les épargnants en prenant appui sur le graphique.**

FAIT ☐ REVU ☐

Exercice 3 voir Fiche Savoir 16

Les politiques économiques structurelles

Annexe

L'alliance franco-allemande de la batterie

Les constructeurs automobiles ont annoncé plusieurs investissements majeurs pour le développement de la mobilité électrique. Du côté des États, le projet « Airbus des batteries » se construit avec la volonté de ne pas laisser la production de batteries exclusivement en Asie. Le gouvernement français s'est engagé à investir 700 millions d'euros durant les 5 prochaines années pour le développement d'une filière européenne de la batterie aux côtés de l'Allemagne. Le gouvernement allemand s'est engagé de son côté à investir 1,12 milliard d'euros. L'objectif clairement affiché est de rivaliser avec l'industrie asiatique, actuellement leader du marché.

La localisation d'usines de production de batteries pourrait couvrir 30 % des besoins européens. Pour créer de la valeur sur le territoire de l'Union européenne, le consortium dédié à la recherche et à la production de batteries de stockage a choisi d'ouvrir 2 usines, l'une en France et l'autre en Allemagne.

1. **Quelles informations montrent que cette décision relève de la politique structurelle ?**

2. **Quel est l'objectif poursuivi par ce projet ?**

3. **Pourquoi ce projet est-il conduit au niveau de l'Union européenne et pas seulement par le gouvernement français ?**

FAIT ☐ REVU ☐

Exercice 4 voir Fiche Savoir 23

Les coûts de production et la productivité

Annexe

Décomposition du prix d'un tee-shirt produit au Bangladesh

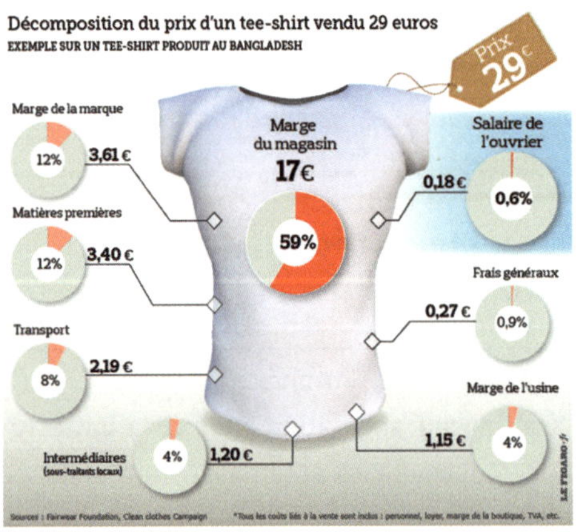

Source : Isabelle de Foucaud et Service Infographie, lefigaro.fr

1. **Rappelez ce que représente un coût de production.**

2. **Calculez le coût de production d'un tee-shirt fabriqué au Bangladesh.**

3. **Justifiez l'écart entre le coût de revient et le prix de vente d'un tee-shirt.**

FAIT ☐ REVU ☐

Exercice 5 voir Fiche Savoir 39

L'action des pouvoirs publics sur le marché du travail

Annexe

Pôle emploi : l'approche par les compétences

Pôle emploi estime qu'une approche par les compétences, par rapport à une approche par métier, constitue une réponse aux problématiques d'appariement entre offre et demande d'emploi. Aussi, pour répondre aux évolutions du marché du travail et des pratiques de recrutement, Pôle emploi entend s'appuyer sur cette nouvelle approche [...] permettant d'identifier les savoir-faire, savoirs et qualités professionnelles [...]. L'objectif :

– améliorer la fluidité du marché du travail : en développant un rapprochement plus pertinent sur la base de compétences mieux explicitées ;

– favoriser les transitions professionnelles : en maximisant les opportunités de rencontre entre recruteurs et candidats sur la base de compétences mobilisables ; l'idée est d'élargir le *sourcing* et d'ouvrir la recherche à des candidats « inattendus » ;

– consolider la stratégie d'achat de formations : visant à combler les écarts entre compétences détenues et compétences attendues par l'entreprise, notamment dans le cadre du conseil en évolution professionnelle (CEP).

Source : www.cap-metiers.pro.

1. **Montrez que l'action de Pôle emploi relève d'une politique active en faveur de l'emploi.**

2. **En quoi l'approche par compétences améliore-t-elle le fonctionnement du marché du travail ?**

FAIT ☐ REVU ☐

Exercice 6 voir Fiche Savoir 7

La formation du contrat

Le propriétaire d'un appartement se plaint de nuisances sonores provenant du restaurant-karaoké situé en dessous de chez lui. Il affirme avoir été victime de manœuvres dolosives de la part du vendeur de son bien, qui demandait de façon systématique par SMS au gérant du restaurant de réduire le volume sonore de la musique lors des visites. L'acheteur assigne le vendeur en annulation de la vente et en paiement de dommages-intérêts.

La cour d'appel de Paris exclut l'annulation de la vente au motif qu'il ne résulte pas des faits et des témoignages des parties intervenantes à la vente que les manœuvres du vendeur ont eu un rôle déterminant dans le consentement de l'acheteur. Ce dernier n'a pas, selon elle, recherché un appartement particulièrement calme en s'intéressant à un bien situé dans un quartier animé du centre de Paris, juste au-dessus d'un bar-restaurant de type pub, générateur, de toute évidence, de nuisances sonores. Le procès-verbal de l'assemblée générale remis à l'acheteur mentionnait de manière explicite que les nuisances sonores avaient déjà entraîné des plaintes.

1. Rappelez la définition du dol.

2. Qualifiez les faits.

3. Expliquez la décision de la cour d'appel.

FAIT ☐ REVU ☐

Exercice 7 voir Fiche Savoir 19

Le droit de la concurrence

Le fleuriste Aquarelle.com reproche à son concurrent Réseau Fleuri d'avoir repris sur son site Internet des photographies représentant ses compositions les plus emblématiques afin de vendre quatre types de bouquets identiques aux siens. Aquarelle.com attaque Réseau Fleuri en concurrence déloyale.

1. Rappelez la définition et les conditions de la concurrence déloyale.

2. La pratique de Réseau Fleuri peut-elle être qualifiée de « concurrence déloyale » ? Justifiez.

FAIT ☐ REVU ☐

Exercice 8 voir Fiche Savoir 20

Le droit de la propriété industrielle

L'entreprise Tesla, réputée pour ses voitures électriques, renonce à son portefeuille de brevets au nom de la lutte contre le réchauffement climatique. Grâce à cette décision, son directeur général, Elon Musk, veut accélérer l'avènement du transport durable. C'est l'occasion de revenir sur les fondamentaux du droit des brevets et de ses excès. Des années de recherche et développement sont offertes à tous les concurrents en vue de contribuer au développement d'une mobilité durable.

1. Expliquez le principe du brevet en précisant l'intérêt et la durée de sa protection.

2. Comment expliquer le renoncement de Tesla à l'exploitation de ses brevets ?

FAIT ☐ REVU ☐

Exercice 9 voir Fiche Savoir 27

La responsabilité de l'entreprise

L'entreprise Chapon, spécialisée dans la réparation de véhicules, permet à ses clients d'effectuer eux-mêmes les travaux de réparation de leur véhicule en mettant à leur disposition un espace spécialisé équipé de ponts élévateurs, de l'outillage adapté et de matériel électronique. Les clients peuvent donc intervenir seuls sur leur véhicule, comme un garagiste professionnel. Toutefois, seuls les salariés de l'entreprise peuvent manipuler le gros matériel (ex. : pont élévateur). En effet, une connaissance parfaite du matériel est nécessaire afin d'éviter toute erreur susceptible de provoquer une mise en danger des personnes et des biens. Or, un technicien-mécanicien, M. Carlet, n'a pas respecté la procédure de manipulation d'un pont élévateur et a sérieusement endommagé l'automobile d'un client. Ce dernier demande la réparation de son dommage à la SARL Chapon. Le gérant, M. Vaillant, refuse de prendre en charge le dommage causé par le salarié.

1. Rappelez les types de responsabilité pouvant incomber à une entreprise.

2. Appréciez la décision de M. Vaillant de refuser la réparation du dommage au regard du droit de la responsabilité.

FAIT ☐ REVU ☐

Exercice 10 voir Fiche Savoir 34

La protection des données à caractère personnel

Fin 2021, la Commission nationale de l'informatique et des libertés (CNIL) a condamné la RATP (Régie autonome des transports parisiens) à une amende de 400 000 euros. Elle a en effet constaté que des centres d'autobus avaient décompté le nombre de jours de grève des agents dans un fichier utilisé pour préparer les choix de promotion des agents. La CNIL relève que « *La RATP [a] manqué à ses obligations car seules des données strictement nécessaires à l'évaluation des agents auraient dû figurer dans ces fichiers. L'indication du nombre de jours d'absence suffisait, sans qu'il soit nécessaire de préciser le motif d'absence lié à l'exercice du droit de grève.* » En outre, la CNIL a relevé d'autres manquements concernant la conservation (durée excessive) et la sécurisation des données personnelles.

1. Rappelez la définition des données personnelles.

2. Résumez les faits et expliquer en quoi consiste le RGPD.

FAIT ☐ REVU ☐

Exercice 11 voir Fiche Savoir 40

Les régimes juridiques du salarié et du travailleur indépendant

La cour d'appel de Paris requalifie en contrat de travail la collaboration indépendante d'un chauffeur Uber. Déjà, quelques mois plus tôt, la Cour de cassation avait rendu un arrêt requalifiant en contrat de travail le contrat de collaboration d'un livreur de Take Eat Easy. La justice retient que, pour pouvoir devenir « partenaire » de la société Uber, ledit partenaire est loin de décider librement de l'organisation de son activité, de rechercher une clientèle ou de choisir ses fournisseurs. Il a ainsi intégré un service de prestation de transport créé et entièrement organisé par la société Uber qui n'existe que grâce à cette plateforme, service de transport à travers lequel il ne constitue aucune clientèle propre, ne fixe pas librement ses tarifs ni les conditions d'exercice de sa prestation de transport, qui sont entièrement régis par la société Uber.

Cette dernière affirme que seuls les utilisateurs sont les donneurs d'ordre des chauffeurs, lesquels n'ont aucun contact direct avec la clientèle de la plateforme lors de la conclusion du contrat de transport.

La justice retient que le contrôle des chauffeurs utilisant la plateforme Uber s'effectue *via* un système de géolocalisation et qu'il est interdit aux chauffeurs, pendant l'exécution d'une course réservée *via* l'application Uber, de prendre en charge d'autres passagers en dehors du système Uber.

1. Rappelez en quoi consiste le lien de subordination caractérisant le contrat de travail.

2. Justifiez la décision judiciaire dans cette affaire.

FAIT ☐ REVU ☐

Exercice 12 voir Fiche Savoir 42

Les modifications et ruptures du rapport d'emploi

Un chef de chantier conteste la rupture de son contrat de travail à la suite de son refus d'une nouvelle affectation sur un chantier de construction de tramway, à plus de 300 km de son précédent chantier. Il estime que cela constitue une modification de son contrat de travail. Il rappelle aussi l'absence de clause de mobilité dans son contrat de travail et reproche à l'employeur ces postes dans deux lieux de travail successifs n'appartenant pas à un même secteur géographique.

1. Rappelez les différences entre le changement des conditions de travail et la modification du contrat de travail.

2. Quelle peut être l'issue de ce conflit ? Justifiez la réponse.

FAIT ☐ REVU ☐

Exercice 13 voir Fiches Savoir 9, 50

Fusion PSA-FCA : la création de Stellantis

Le groupe automobile Stellantis a été créé le 16 janvier 2021 suite à la fusion du groupe PSA et de Fiat Chrysler Automobiles (FCA) avec la recherche de rentabilité comme finalité première. Dès la première année, cette fusion a eu d'excellents résultats car les synergies créées permettent aux marques de partager les plateformes, les compétences, les budgets R&D et de réduire les coûts de production. L'exécution progressive des synergies (5 milliards d'euros de synergies annuelles à réaliser) et l'intégration de l'ingénierie, de la fabrication et des achats doivent continuer avoir des répercussions. En effet, Stellantis bénéficie de synergies qui proviennent d'une plus grande taille augmentant le pouvoir de négociation vis-à-vis des fournisseurs. Cela permet ainsi de faire baisser les coûts d'achat des composants, de faire des économies d'échelle dans la production et dans les fonctions transversales (fin des doublons entre les deux entreprises, dans des activités de marketing, de ressources humaines et même de direction générale).

Il y a aussi eu des synergies provenant d'économies de gamme : les deux constructeurs peuvent fabriquer des véhicules avec différents modèles, mais en prenant appui sur les mêmes dépenses de R&D, le même design ou une plateforme commune (900 millions d'euros sur les 1,3 milliard d'euros de synergies provenant des investissements et de la R&D). Stellantis s'appuie sur les points forts de chaque constructeur et valorise leurs avantages technologiques et géographiques. Ainsi le groupe se situe entre la 4e et la 6e place en réalisant plus des trois quarts de son chiffre d'affaires en Europe, mais avec la possibilité d'accéder au marché américain grâce à l'apport de marques comme Jeep, Chrysler ou Dodge.

Cependant, malgré ces chiffres prometteurs, Stellantis est un groupe qui commercialise 14 marques automobiles différentes (5 issues du Groupe PSA et 9 issues de FCA), ce qui peut conduire à abandonner les plus faibles d'entre elles au fur et à mesure de la restructuration. Le groupe veille à réduire le risque de réduction de postes pour les salariés, d'autant plus que PSA a déjà réalisé un plan de restructuration en supprimant 13 000 postes chez Peugeot (sans compter ceux de la marque Opel).

Mais le succès de Stellantis dépend avant tout de sa capacité à saisir les enjeux d'un monde en mutation. Carlos Tavares, PDG de Stellantis, dit lui-même que « *l'électrification, c'est le défi numéro un de toute l'industrie automobile dans le monde* ». Les envies des consommateurs en recherche de véhicules plus verts et plus économiques s'imposent. En réponse à cette évolution, et sous l'impulsion des exigences européennes et d'associations de défense de l'environnement, les gouvernements soutiennent financièrement l'achat de véhicules électriques pour favoriser la réduction des émissions de CO_2. Stellantis a pour objectif d'atteindre le 100 % électrique d'ici 2030.

1. Rappelez la définition de la croissance interne et de la fusion.

2. De quelle façon le groupe PSA a-t-il choisi de se développer ?

3. Quels avantages le groupe PSA espère-t-il tirer de son opération de croissance ?

4. Quels éléments pourraient rendre le succès de cette opération difficile ?

5. Identifiez deux finalités de Stellantis.

6. Comment Stellantis prend-il en compte l'intérêt de ses parties prenantes ?

FAIT ☐ REVU ☐

Exercice 14 voir Fiches Savoir 29, 46, 48

weOva gère les fournisseurs

weOva a lancé un service qui gère de A à Z le processus d'achats fournisseurs, et qui promet de « transformer radicalement la relation client-fournisseur en allégeant sa gestion auprès des directions achats, des DAF, DRH, comptabilité ».

Pour 14,90 € HT, par mois et par fournisseur (...), weOva propose « une externalisation, à la demande, d'un processus complexe, pour plus de flexibilité et d'économie ». Les équipes weOva « accompagnent à chaque étape tous les intervenants, internes et externes ; gestion du référentiel fournisseur (processus KYC), contractualisation, workflow, rapprochement commande/facture, engagement de dépense, monitoring, comptabilité analytique... ».

« La société facilite l'accès aux ressources innovantes qui peuvent faire défaut aux grandes entreprises souhaitant en particulier fluidifier leurs collaborations avec les petites structures (free-lances, créatifs, experts, start-ups, TPE...), aujourd'hui compromises par des complexités de gestion. Les processus actuels de gestion fournisseurs montrent en effet leurs limites, car ils ont été conçus pour répondre à de nombreuses contraintes, évidemment légitimes, telles que contrôle budgétaire, réduction des coûts, lutte contre la fraude, conformité... ».

1. Identifiez le type de stratégie globale adoptée par les clients de weOva. Montrez quel est son intérêt.

2. Quel type d'activité concerne cette stratégie ?

3. Caractérisez, d'après Edith Penrose, les différentes ressources apportées par cette stratégie.

4. Quels avantages propose weOva aux entreprises ayant recours à ses services ?

FAIT ☐ REVU ☐

Exercice 15 voir Fiches Savoir 10, 11, 29, 44

Yves Guillemot, Ubisoft

La réussite d'Ubisoft est avant tout celle d'une famille de Carentoir (56). À l'origine de la saga Ubisoft, les cinq frères Guillemot : Christian, Claude, Gérard, Michel et Yves, Président-Directeur général.

Tout débute dans les années 1980, les frères aînés Claude et Michel rejoignent l'entreprise familiale de négoce agricole et commencent à diversifier son activité en proposant aux agriculteurs de se doter d'ordinateurs et de logiciels de gestion. Ayant décelé le potentiel du marché informatique, la fratrie se lance ensuite avec succès dans l'import de logiciels de loisirs. Fraîchement diplômé d'une école de commerce, Yves Guillemot les rejoint dans cette aventure. En 1986, les cinq frères fondent Ubisoft, leur société de jeux vidéo ; Yves en prend la présidence en 1988. Ubisoft figure parmi les leaders mondiaux de la création, de l'édition et de la distribution de jeux vidéo et de services interactifs destinés aux consoles de salon, PC, smartphones et tablettes. Unique acteur européen de taille mondiale sur ce secteur, le groupe est reconnu pour la qualité de ses expériences.

Les valeurs impulsées par Yves Guillemot, président d'Ubisoft

On connaît tous, au moins de nom, les « Lapins Crétins », mais aussi « Assassin's Creed « ou encore la saga « Tom Clancy's ». Derrière ces blockbusters du jeu vidéo se cache un leader mondial de l'édition des jeux vidéo et unique acteur européen de taille mondiale du secteur : Ubisoft. Aujourd'hui, le groupe Ubisoft est porté par des valeurs et une culture d'entreprise favorisant l'anticipation, l'innovation et la créativité sans limite.

Le secret d'Ubisoft : la force créative de 19 000 collaborateurs

En quête des meilleurs talents, Ubisoft recherche des candidats passionnés, recrutés pour leur potentiel, leur curiosité et leur créativité. Savoir collaborer, analyser, identifier des solutions innovantes et prendre des initiatives sont des compétences clés pour intégrer le groupe.

Performance financière

Fondé il y a plus de 30 ans en France, le groupe Ubisoft est aujourd'hui l'un des leaders de l'industrie du jeu vidéo, le segment le plus dynamique de l'industrie du divertissement.

Depuis son introduction en bourse, le rendement total pour les actionnaires a dépassé 2 500 %, dont 825 % au cours des cinq dernières années.

1. Rappelez la définition de l'entrepreneur. Quelles sont ses principales qualités ?

2. Montrez pourquoi Yves Guillemot peut être qualifié d'entrepreneur.

3. Sur quels types de compétences se fonde le succès d'Ubisoft ?

4. Qu'est-ce qu'un talent ? Pourquoi les talents sont-ils indispensables à Ubisoft ?

5. Pourquoi peut-on dire qu'Ubisoft est une entreprise performante ?

FAIT ☐ REVU ☐

CORRIGÉS

Exercice 1 voir Fiche Savoir 6

Les externalités

1. Une externalité désigne une activité de production ou de consommation réalisé par un agent économique qui affecte le bien-être d'un autre sans qu'aucun des deux ne reçoive ou ne paye une compensation pour cet effet.
Une externalité peut être positive ou négative selon que sa conséquence sur le bien-être est favorable ou défavorable. La pollution est l'exemple le plus caractéristique d'une externalité négative.

2. Les pesticides ont des aspects positifs pour les agriculteurs. Ils permettent de lutter contre les maladies et les insectes qui s'attaquent aux cultures. Ils sont économiquement importants pour éviter de perdre une partie, ou la totalité, de leurs récoltes. L'usage de pesticides a fait beaucoup progresser les rendements à l'hectare. Mais de nombreux pesticides sont des produits toxiques, dangereux pour la santé humaine (malformations, cancers…).

Exercice 2 voir Fiche Savoir 13

Les déséquilibres économiques

1. L'inflation est la perte du pouvoir d'achat de la monnaie qui se traduit par une augmentation générale et durable des prix. Pour évaluer le taux d'inflation, on utilise l'indice des prix à la consommation (IPC).

2. Compte tenu du taux d'intérêt de 1 %, les périodes intéressantes sont celles où le taux d'inflation se situe en dessous du taux de rémunération, donc une grande partie de 2020 et début 2021.

3. L'inflation réduit le taux de rendement de l'épargne. Le taux d'intérêt réel se calcule en effet de la façon suivante :
Taux d'intérêt nominatif – Taux d'inflation.
Si l'on observe fin 2019-début 2020, l'inflation était de 1,5 %, donc supérieure au taux d'intérêt de l'épargne : les épargnants perdent de l'argent. Raisonnons à partir d'un exemple : un épargnant dispose de 1 000 € qu'il place à un taux de 1 % ; à la fin de l'année, il disposera de 1 010 €. Mais, avec une inflation de 1,5 %, son pouvoir d'achat baissera de 0,5 €.

Exercice 3 voir Fiche Savoir 16

Les politiques économiques structurelles

1. Le développement d'une filière européenne pour produire des batteries est à l'horizon de 5 ans, cela signifie qu'il s'agit d'une politique structurelle dont les effets se feront sentir sur le long terme.

2. L'objectif de ce projet est essentiellement d'assurer aux européens la maîtrise d'une production vitale pour réussir la transition écologique. Actuellement l'Asie, et en particulier la Chine, domine le marché mondial. L'Europe doit éviter une dépendance technologique pour son avenir énergétique.

3. Le développement d'une filière européenne pour produire des batteries électriques en partenariat avec l'Allemagne est un projet européen comparable à Airbus pour la production d'avions. Ce projet nécessite une participation financière, humaine, technologique qui n'a de sens qu'au niveau européen. Le retard pris sur la Chine ne permet pas à un pays donné de mener à bien ce projet seul.

Exercice 4 voir Fiche Savoir 23

Les coûts de production et la productivité

1. Le coût de production se compose de l'ensemble des dépenses qui ont été réalisées pour produire un bien ou un service :
– les charges directes correspondent à l'ensemble des dépenses qui peuvent être affectées à la production de manière précise (achat et consommation de matière, main-d'œuvre directement liée à la production, entretien de l'équipement de production…) ;
– les charges indirectes ne sont pas directement liées à la production du bien ou service concerné (consommation d'énergie, travail des services administratifs…).

2. Le coût de production d'un tee-shirt fabriqué au Bangladesh comprend les salaires, les matières utilisées, les coûts de sous-traitance et les frais généraux, soit :
– salaire de l'ouvrier = 0,18 € ;
– matières premières = 3,40 € ;
– intermédiaires locaux = 1,20 € ;
– frais généraux liés à la production = 0,27 €.
Le coût de production est donc de 5,05 €.

Pour avoir le coût de revient, on ajoute la marge de l'usine : 5,05 € + 1,15 € = 6,20 €.

3. L'écart entre le coût de revient et le prix de vente d'un tee-shirt proposé au consommateur final est de 22,80 € (29 € – 6,20 €). À elle seule, la marge du magasin représente les 3/4 du prix final. Cette décomposition du prix fait apparaître un perdant, l'ouvrière de l'usine, et un gagnant, l'enseigne qui vend cet article.

Exercice 5 voir Fiche Savoir 39

L'action des pouvoirs publics sur le marché du travail

1. L'action de Pôle Emploi, qui s'appuie sur le rapprochement des compétences entre les demandeurs d'emploi et les postes proposés par les entreprises, doit favoriser le retour rapide des chômeurs sur le marché du travail. En cela, cette action s'inscrit dans le cadre des politiques actives en faveur de l'emploi.

2. L'approche par compétences permet de mieux répondre aux attentes des entreprises autant qu'à celles des demandeurs d'emploi. Il s'agit de réduire l'écart entre les compétences acquises des demandeurs d'emploi et celles attendues par les responsables du recrutement.
Si l'on prend l'exemple d'une personne en reconversion professionnelle, le dispositif l'aide à valoriser ses compétences dans le cadre de sa recherche d'emploi et à identifier celles qu'il lui faudra renforcer ou acquérir pour que son projet de reconversion aboutisse.

Exercice 6 voir Fiche Savoir 7

La formation du contrat

1. Le dol (ou manœuvres dolosives) est un vice du consentement qui entache celui-ci s'il est prouvé. La volonté exprimée par les contractants doit être sans vice, c'est-à-dire sans défaut pouvant l'entacher. Trois vices du consentement sont prévus par la loi et peuvent être sanctionnés par la nullité du contrat conclu : l'erreur sur la substance, le dol (erreur provoquée par les manœuvres du cocontractant, ayant joué un rôle déterminant dans la conclusion du contrat) et la violence.

2. L'acheteur d'un appartement demande l'annulation de la vente qui lui a été consentie au motif que son consentement a été vicié par un dol de la part du vendeur qui lui aurait caché des nuisances sonores provenant du restaurant-karaoké situé en dessous de chez lui.

3. Dans ce cas, la cour d'appel n'a pas retenu le dol car l'acheteur n'a pas recherché un appartement particulièrement calme en s'intéressant à l'achat d'un bien situé dans un quartier animé du centre de Paris juste au-dessus d'un bar-restaurant de type pub. Les nuisances sonores étaient connues de l'acheteur qui n'a donc pas vu son consentement vicié par un dol de la part du vendeur.

Exercice 7 voir Fiche Savoir 19

Le droit de la concurrence

1. La concurrence déloyale regroupe les pratiques interdites ou réglementées pour capter les clients des concurrents. Ces pratiques commerciales abusives visent à restreindre ou fausser le jeu normal de la concurrence. La concurrence déloyale prend principalement la forme de quatre pratiques commerciales dites « abusives » : le dénigrement, l'imitation, la désorganisation et le parasitisme. Les entreprises victimes d'un préjudice suite à un comportement déloyal de la part d'un concurrent peuvent intenter une action en concurrence déloyale, à condition d'établir une faute, un préjudice et l'existence d'un lien de causalité entre la faute et le préjudice subi.

2. Il semble que le site de ventes de fleurs en ligne qui a reproduit des photographies de bouquets d'Aquarelle.com n'a pas commis d'actes de concurrence déloyale. En effet, les clichés sont similaires à ceux utilisés par la majorité des fleuristes pour présenter leurs produits. Il apparaît qu'il n'y a, dans ce cas, aucune faute contraire à la libre concurrence. Cette présentation florale pour commercialiser des produits similaires ne présente aucun caractère déloyal, car seule une récupération des investissements, faite dans des circonstances déloyales, serait de nature à caractériser la faute de parasitisme. Or, les photographies de fleurs sont banales.

Exercice 8 voir Fiche Savoir 20

Le droit de la propriété industrielle

1. Un brevet est un droit exclusif conféré sur une invention. Les conditions sont les suivantes : l'invention doit être nouvelle, impliquer une « activité inventive », être susceptible d'application industrielle (à savoir qu'elle doit pouvoir être utilisée dans un but industriel ou commercial).
Le brevet d'invention est déposé à l'Institut national de la propriété intellectuelle (INPI) et confère à l'inventeur l'exclusivité de l'exploitation de son procédé. C'est donc un titre de propriété industrielle qui permet à son titulaire d'interdire aux tiers d'exploiter son invention pendant 20 ans au maximum.
Ce dépôt donne le droit exclusif à l'inventeur de disposer d'un monopole pour exploiter son invention, c'est-à-dire l'utiliser, la fabriquer, l'importer. Le brevet lui permet d'agir en justice en contrefaçon si un tiers exploite son invention sans autorisation préalable ou, à l'inverse, d'accorder une autorisation (une licence) à un exploitant.

2. Le renoncement de Tesla à l'exploitation de ses brevets est une décision tout à fait surprenante (est-elle sincère ou est-ce un effet de communication ?) puisque l'entreprise renonce à ses brevets et donc à ses investissements en recherche et développement, pour faire bénéficier toute entreprise qui serait intéressée pour développer des automobiles moins polluantes, au nom de la lutte contre le réchauffement climatique.

Exercice 9 voir Fiche Savoir 27

La responsabilité de l'entreprise

1. Toute entreprise peut être tenue responsable civilement (pour réparer les dommages qu'elle a causés) ou pénalement (pour sanctionner des actes interdits par la loi). On doit aussi distinguer, en ce qui concerne la responsabilité civile, celle qui relève d'un contrat mal ou non exécuté par le débiteur (responsabilité contractuelle) et celle qui est invoquée dans le cas d'un comportement fautif créant des dommages à autrui, sans lien contractuel entre la personne fautive et la victime.

2. Dans le cas présent, il s'agit de la responsabilité contractuelle puisqu'un contrat a bien été conclu entre la SARL Chapon et le client.
L'obligation du contrat de mise à disposition de matériel est une obligation de résultat et incombe à la société Chapon. La voiture a été endommagée lors de la manœuvre du pont élévateur : il y a donc inexécution contractuelle. En outre, les employeurs sont civilement responsables des dommages causés par leurs préposés dans les fonctions auxquelles ils les ont employés dès lors qu'il y a existence d'un lien de subordination entre le salarié et l'employeur, et que le salarié a commis une faute à l'origine du dommage. M. Carlet et l'entreprise Chapon sont liés par un contrat de travail ; il existe donc un lien de subordination. Le salarié a, dans le cadre de son travail, effectué une mauvaise manipulation du pont élévateur, qui peut être considérée comme une faute et qui a causé un dommage au véhicule d'un client.
L'entreprise Chapon est donc responsable des dommages causés au véhicule et devra réparer le dommage causé au client.

Exercice 10 voir Fiche Savoir 34

La protection des données à caractère personnel

1. Les données à caractère personnel sont légalement définies comme « toute information relative à une personne physique identifiée, directement ou indirectement, par référence à un ou plusieurs éléments qui lui sont propres » (ex. : nom, prénom, sexe, photographies, date et lieu de naissance, adresse IP).

2. La RATP a été condamnée à une amende de 400 000 euros pour avoir tenu un fichier sur les promotions des agents en lien avec leurs jours de grève. Ledit fichier, conservé durant une durée excessive, contenait des données personnelles non sécurisées. Le règlement général sur la protection des données personnelles (RGPD) encadre la manière dont les entreprises gèrent les informations dont elles disposent sur leurs utilisateurs.

Exercice 11 voir Fiche Savoir 40

Les régimes juridiques du salarié et du travailleur indépendant

1. Le lien de subordination est caractérisé par l'exécution d'un travail sous l'autorité d'un employeur qui a le pouvoir de donner des ordres et des directives, d'en contrôler l'exécution et de sanctionner les manquements de son subordonné.

2. Le problème est de distinguer un salarié d'un indépendant. C'est l'existence du lien de subordination lié au pouvoir de sanction de l'employeur qui les distingue puisque, par définition, un travailleur indépendant est libre de son activité en dehors de tout lien de subordination. Dans les affaires Take Eat Easy et Uber, la justice relève un « faisceau d'indices » pour conclure que les « indépendants » sont en réalité des salariés déguisés et qu'il faut requalifier leur statut en conséquence. Les faisceaux d'indices sont que les chauffeurs ne décident pas librement de leurs courses, n'ont pas de clientèle propre, sont géolocalisés, peuvent être « désactivés » unilatéralement par Uber, etc. Il y a donc bien tous les éléments pour conclure au fait qu'il y a de « faux indépendants » et de « vrais salariés » nécessitant la requalification de leur contrat.

Exercice 12 voir Fiche Savoir 42

Les modifications et ruptures du rapport d'emploi

1. Le chef d'entreprise peut décider de changer unilatéralement les conditions de travail qui n'ont pas fait l'objet d'un accord contractuel. Lorsque la modification porte sur un élément essentiel prévu dans le contrat, l'employeur doit solliciter l'accord du salarié.

2. Le salarié conteste la rupture de son contrat de travail, estimant qu'elle intervient à la suite d'une modification de son contrat et non d'un simple changement des conditions de travail, entrant dans les prérogatives d'un employeur.
Celui-ci peut décider d'un déplacement occasionnel imposable au salarié, sous réserve que sa mission soit motivée par l'intérêt de l'entreprise, justifiée par des circonstances exceptionnelles ou que ses fonctions impliquent une certaine mobilité géographique et que le salarié ait été préalablement informé, dans un délai raisonnable, du caractère temporaire de l'affectation ainsi que de sa durée prévisible.

Dans le cas présent, l'employeur peut décider du déplacement du chef de chantier car cette fonction implique par nature une disponibilité géographique. Il n'y a donc pas de modification du contrat de travail soumise à l'accord préalable du salarié.

Exercice 13 voir Fiches Savoir 9, 50

Fusion PSA-FCA : la création de Stellantis

1. La croissance interne consiste à racheter et prendre le contrôle d'autres entreprises pour élargir son activité.
C'est une fusion quand ce type de croissance conduit à la disparition des deux entreprises dans une nouvelle entité (A + B = C), ou une fusion absorption quand l'une des deux entreprises disparaît et est absorbée par l'autre (A + B = A).

2. Le groupe PSA a choisi de se développer par croissance externe, en procédant à une opération de fusion avec Fiat Chrysler Automobiles (FCA).

3. Grâce à cette opération de fusion, le groupe PSA espère en tirer un avantage économique (rentabilité accrue grâce aux économies d'échelle), améliorer sa position sur le marché et acquérir de nouvelles technologies qui lui permettront de mieux répondre à la demande et aux mutations de son environnement.

4. Cette opération de fusion pourrait être rendue difficile si le groupe n'arrive pas à coordonner les 14 marques automobiles différentes. S'il abandonne trop facilement les plus faibles, il peut devoir faire face à des conflits sociaux et une perte d'identité.

5. Les finalités de Stellantis sont au nombre de deux :
– économique, car le groupe réduit les coûts pour augmenter sa rentabilité et développer les synergies ;
– sociétale, car Stellantis a pour objectif de produire des véhicules 100 % électriques et donc moins polluants.

6. Stellantis prend en compte l'intérêt de ses parties prenantes, notamment :
– les employés, en veillant à réduire le risque de réduction de postes ;
– les clients, qui vont pouvoir acquérir des produits innovants qui répondent à leurs attentes (impact environnemental moindre) ;
– les citoyens et les associations de défense de l'environnement, qui vont bénéficier des efforts du groupe pour la protection de l'environnement (véhicules moins polluants).

Exercice 14 voir Fiches Savoir 29, 46, 48

weOva gère les fournisseurs

1. Les clients de weOva adoptent une stratégie d'externalisation. L'intérêt de weOva est :
- de diminuer les coûts supportés par le prestataire externe ;
- d'avoir accès aux compétences d'experts, de spécialistes ;
- de permettre à l'entreprise cliente de se concentrer sur son cœur de métier en externalisant les activités non essentielles, pour se consacrer à des activités créatrices de valeur.

2. L'externalisation peut concerner toutes les activités à condition que ces dernières n'appartiennent pas au cœur de métier de l'entreprise et qu'elles ne soient pas déterminantes pour maintenir un avantage concurrentiel.

3. Edith Penrose a montré que l'entreprise est un ensemble de ressources humaines, matérielles et immatérielles. Au niveau des ressources tangibles (matérielles), on trouve notamment les RH (les équipes de weOva). Au niveau des ressources intangibles immatérielles, on trouve la technologie (brevets, licences…) et les ressources organisationnelles (structure, flexibilité de ce sous-traitant…).

4. weOva propose à ses entreprises clientes un service qui gère de A à Z le processus d'achats fournisseurs, et qui en allège la gestion.
Le prix de ce service s'élève à 14,90 € HT, par mois et par fournisseur. Les bénéfices de cet abonnement sont multiples :
- avoir accès à des spécialistes car les équipes weOva accompagnent les clients à chaque étape : gestion du référentiel fournisseur (processus KYC), contractualisation, workflow, rapprochement commande/facture, engagement de dépense, monitoring, comptabilité analytique…
- avoir accès aux ressources innovantes dont peuvent manquer les clients confrontés à une complexité croissante de la gestion de leurs fournisseurs (logiciels spécialisés de geston des fournisseurs…).

Exercice 15 voir Fiches Savoir 10, 11, 29, 44

Yves Guillemot, Ubisoft

1. L'entrepreneur est, d'après J. Schumpeter, un innovateur qui rompt la routine. Il perçoit les opportunités, parvient à les exploiter et prend des risques (financement). Il a des qualités comme le goût du risque, la capacité à être visionnaire, dynamique, ambitieux, travailleur, passionné, à anticiper, et est capable de sang-froid.

2. Y. Guillemot peut être qualifié d'entrepreneur, car il est capable d'anticiper, d'innover et fait preuve d'une créativité sans limite ; il a même su en faire des valeurs fondamentales de sa culture d'entreprise. Dès le début de l'activité, il a su déceler le potentiel du marché informatique, et innover pour hisser Ubisoft parmi les leaders mondiaux de la création, de l'édition et de la distribution de jeux vidéo et de services interactifs destinés aux consoles de salon, PC, smartphones et tablettes.

3. Ubisoft recherche des collaborateurs curieux et créatifs. Ses RH doivent aussi être capables de collaborer, d'analyser, d'identifier des solutions innovantes et de prendre des initiatives.

4. Le talent est « la combinaison de compétences rares ». Ces dernières sont indispensables à Ubisoft, car cette entreprise évolue dans un environnement exigeant en talents pour faire face aux défis numériques permettant à l'entreprise d'être parmi les leaders mondiaux de la création, de l'édition et de la distribution de jeux vidéo et de services interactifs.

5. La performance indique le niveau d'accomplissement des objectifs poursuivis. Ubisoft les a atteints car elle est parvenue à être l'un des leaders de l'industrie du jeu vidéo, le segment le plus dynamique de l'industrie du divertissement. En termes financiers, l'entreprise a, depuis son introduction en Bourse, augmenté le rendement total pour les actionnaires de plus 2 500 %, dont 825 % au cours des 5 dernières années.

Méthode 1 Analyser un graphique économique

Le sujet de Culture économique, juridique et managériale (CEJM) se présente sous la forme d'un dossier documentaire qui peut comporter un ou plusieurs graphiques économiques.
Les graphiques présentent des données chiffrées sous une forme plus visuelle. Le plus souvent, ils viennent compléter ou sont complétés par un document rédigé, afin de favoriser une meilleure compréhension d'un phénomène. Ils doivent faire l'objet d'une analyse approfondie.
Les deux objectifs de l'analyse d'un graphique sont les suivants :
– exploiter le graphique afin d'identifier des informations ;
– utiliser ces informations pour traiter les questions posées.

1 Étape 1 : identifier le contexte du graphique

Le contexte d'un graphique comprend quatre éléments à identifier :
– le titre et la légende renseignent sur la ou les variables étudiées dans le graphique ;
– la date et la source situent l'origine des données ;
– les axes, c'est-à-dire les droites, servent de référence principale pour le traçage des données dans un graphique. Ils sont accompagnés des intitulés de l'axe des abscisses (échelle horizontale) et de l'axe des ordonnées (échelle verticale), qui déterminent les unités de mesure retenues mais aussi les valeurs en relation les unes avec les autres ;
– les unités de mesure (%, milliers, milliards, €, K€...) et les échelles (valeur d'une unité) doivent être correctement prises en compte, sous peine de fausser l'analyse ultérieure. S'il s'agit de chiffres, on est en valeur absolue ; s'il s'agit de pourcentages, on est en valeur relative.

2 Étape 2 : reconnaître le principe de construction du graphique

La reconnaissance du principe de construction du graphique est déterminante pour l'analyse.
Les questions à se poser dépendent du type de graphique :
– les graphiques de répartition (camembert, à barres, en bâtons...) témoignent d'une situation à un moment donné. La question principale porte sur la part de chaque composante dans la répartition ;
– les graphiques chronologiques (courbes, lignes brisées...) étudient l'évolution d'une ou de plusieurs séries statistiques dans le temps. La question principale porte sur l'existence de tendances ;
– les graphiques d'évolution structurelle (histogramme accolé...) montrent la répartition d'un phénomène sur plusieurs années. La question principale porte sur l'existence d'une évolution de la répartition entre la date de début et la date de fin du graphique.

3 Étape 3 : exploiter le graphique

L'exploitation du graphique comporte plusieurs étapes de travail :
– le repérage du phénomène ou de la variable étudié(e) en ordonnées et en abscisses ;

– l'identification des différentes périodes ou des différents secteurs du graphique (en utilisant la légende) ;
– le relevé de la tendance générale du graphique, des points de rupture et des valeurs extrêmes ;
– la sélection d'une quantité limitée de données à exploiter (en choisissant les données les plus pertinentes) ;
– la hiérarchisation des informations sélectionnées ;
– la compréhension des données retenues qui serviront de base à l'étape 4 (voir ci-dessous).

4 Étape 4 : utiliser les informations du graphique

L'analyse des informations retenues à l'issue de l'étape 3 doit suivre une démarche structurée.
L'élève doit être capable de présenter l'évolution ou la répartition des données, de mettre en évidence les valeurs extrêmes, d'expliquer l'évolution ou la répartition de ces données.
Cette démarche constitue la véritable valeur ajoutée du travail, en apportant des informations complémentaires et une meilleure compréhension des informations initiales.
La mise en forme des informations permettant de répondre aux questions doit suivre la logique suivante :
– présenter les données en commençant par le général et en approfondissant au besoin par le particulier ;
– faire suivre la présentation des données observées par les explications issues de l'analyse ou/et des connaissances.

Le chômage au plus bas

Évolution trimestrielle du taux de chômage en France métropolitaine (en %) *

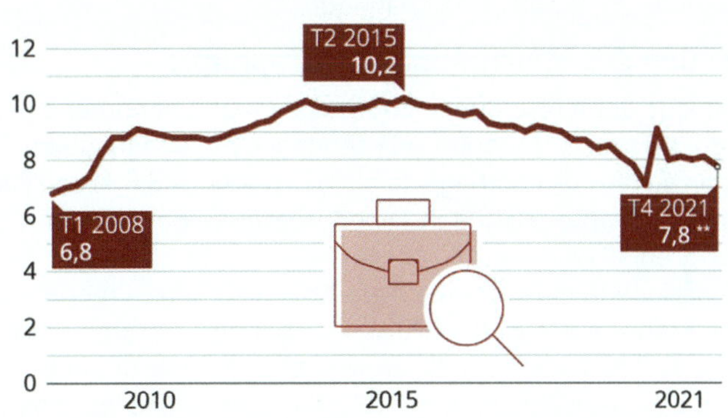

* Chômage au sens du Bureau International du Travail (BIT).
** Dernière prévision en date de décembre 2021.
Source : Insee

statista

Le contexte du graphique

Le titre du graphique, « Le chômage au plus bas », donne une orientation en vue de l'analyse du graphique. Ce dernier ne comporte pas de légende mais deux notes qui explicitent la définition du chômage au sens du BIT et précisent la date de la dernière observation statistique (décembre 2021).

Le graphique a été publié dans Statista, site Internet allemand offrant des statistiques issues de données d'instituts, d'études de marché et d'opinion provenant du secteur économique, et a été réalisé à partir de données de l'Insee (Institut national de la statistique et des études économiques).

L'Insee est une direction générale du ministère de l'Économie et des Finances qui a pour mission de collecter, analyser et diffuser des informations sur l'économie et la société française sur l'ensemble de son territoire.

Le principe de construction du graphique

Il s'agit d'un graphique chronologique, de type ligne brisée en continue, qui permet de suivre l'évolution du taux de chômage par trimestre.

L'axe des abcisses représente les années et l'axe des ordonnées les valeurs du taux de chômage, comprises entre 0 et 12 %.

Les trois valeurs trimestrielles illustrées (au début de la période, au milieu et à la fin) serviront de base pour l'analyse du graphique qui devra identifier une (ou des) tendance(s) dans cette évolution.

L'exploitation du graphique

Le graphique présente l'évolution du taux de chômage en France entre 2008 et 2021, il met en évidence les fluctuations trimestrielles.

Le taux de chômage est l'unique variable étudiée. Pour rappel, il se calcule en divisant le nombre de chômeurs (personnes en recherche active d'emploi) par la population active (nombre de personnes en âge de travailler disponibles sur le marché du travail), le tout multiplié par 100.

L'observation du graphique permet d'identifier 3 périodes :

- une augmentation du taux de chômage de 2008 à 2015 ;
- une baisse du taux de chômage de 2015 à 2019 ;
- une période 2020-2021 très chaotique.

L'utilisation des informations du graphique

Le graphique démontre que le chômage est un phénomène persistant pour l'économie de la France. Il montre une tendance de fond jusqu'en 2015, avec une augmentation du taux de chômage de 50 % (il passe de 6,8 % en 2008 à 10,2 % en 2015). La période suivante, 2015 à 2019, est marquée par une lente décrue du taux qui atteint 7 % en 2019.

Pour la période la plus récente, l'analyse des chiffres montre le fort recul du chômage en France entre 2020 et 2021. On observe une augmentation brutale du taux, qui passe de 7 % à 9 % en 2020, année qui a connu le début de la pandémie liée à la Covid-19. La baisse observée en 2021 a plus qu'effacé les conséquences de la crise sanitaire en 2020. Le taux de 7,8 % à la fin de la série statistique reprend la tendance à la baisse observée avant la période Covid. Il est parmi les taux les plus bas mesurés depuis 2008, avant l'impact de la crise financière mondiale sur l'emploi.

Méthode 2 Traiter une situation juridique

Le droit porte sur l'étude de réglementations qui s'imposent à l'entreprise tant au niveau interne (droit du travail, droit des sociétés) que dans ses actions vis-à-vis des tiers (droit des contrats) ou dans le fonctionnement des marchés (droit de la concurrence, droit de la propriété industrielle). Il attribue également à l'entreprise une responsabilité relative à ses actes.
Afin de traiter au mieux une situation juridique, il convient de maîtriser différentes méthodes :
– répondre à une situation pratique par le biais du syllogisme juridique ;
– proposer une argumentation juridique pour résoudre des situations juridiques auxquelles l'entreprise est confrontée ;
– analyser un contrat, une réglementation (ses enjeux et objectifs), des décisions d'autorités compétentes (ex. : autorités judiciaires, Autorité de la concurrence), d'une jurisprudence, etc.

1 Le raisonnement grâce au syllogisme

Le syllogisme est un raisonnement en 3 étapes :
– 1re étape (la majeure) : énoncé de la règle de droit ;
– 2e étape (la mineure) : énoncé des faits ;
– 3e étape (la solution) : application de la règle de droit aux faits et conclusion.
C'est l'application juridique du syllogisme de Platon : « Tous les hommes sont mortels [majeure], Socrate est un homme [mineure], donc Socrate est mortel [conclusion]. »

2 L'argumentation juridique au sein d'un cas pratique (ou d'une situation juridique)

L'objectif du cas pratique est d'apprécier votre aptitude au raisonnement juridique grâce au syllogisme et à la mobilisation de connaissances.
La résolution de toute situation juridique suppose de répondre aux questions suivantes : quels sont les faits ? Quel est le problème juridique posé ? Quelle est la règle de droit applicable ? Quelle argumentation peut-on développer ? Quelle solution peut-on proposer ?
Plutôt que répondre directement à une question, il convient de se livrer à l'exercice de qualification juridique qui consiste à rattacher la problématique concrète (les faits concernés) à une catégorie juridique abstraite afin d'en tirer des conclusions quant aux règles de droit applicables.
La qualification juridique permet d'appliquer au cas particulier la règle de droit afin de proposer une solution. Il convient de suivre les étapes suivantes :

LA QUALIFICATION JURIDIQUE DES FAITS (MINEURE DU SYLLOGISME)	Après avoir rappelé qui sont les acteurs, la qualification juridique des faits consiste à traduire la situation soumise dans le contexte en termes juridiques.
LA DÉTERMINATION DU PROBLÈME DE DROIT	Il s'agit d'identifier la problématique générale soulevée par la situation proposée.

L'IDENTIFICATION DES RÈGLES DE DROIT APPLICABLES (MAJEURE DU SYLLOGISME)	Il s'agit d'exposer les règles de droit applicables au cas, pour permettre d'apporter une ou des réponses au cas. Pour cela, il faut maîtriser le cours.
LA SOLUTION JURIDIQUE PROPOSÉE OU L'APPLICATION AU CAS (CONCLUSION DU SYLLOGISME)	Il s'agit de rapprocher les faits, juridiquement qualifiés, des règles de droit qui y sont applicables, grâce au « syllogisme juridique » exposé ci-dessus. La logique apparaît avec la proposition mineure des faits, à laquelle il faut confronter une proposition majeure, la règle de droit, afin d'en tirer la conclusion qui sera la solution.

3 L'analyse d'une documentation juridique

Les documents à analyser peuvent être de diverses natures (contrats, articles juridiques, textes réglementaires, décisions de justice, etc.). Dans tous les cas, il convient de repérer le titre, la source, la date et le type de document étudié.

3.1. Cas d'un contrat ou d'une clause d'un contrat

Si vous devez l'analyser, et/ou pour vous aider à en comprendre le sens, vous devez repérer la nature du document (ex. : contrat de vente ? de location ?) et ses caractéristiques (ex. : synallagmatique ? à exécution successive ?), le contenu du contrat, les parties (vendeur ? acheteur ? salarié ? employeur ?), l'objet du contrat (contenu de la prestation à fournir ?), les obligations réciproques des parties, le domaine de droit concerné, les clauses particulières du contrat, les réponses aux questions posées.

3.2. Cas d'articles de code(s) ou de presse spécialisée

Il convient d'en repérer le sens et d'utiliser les idées importantes pour réaliser le travail demandé.

3.3. S'il s'agit d'une décision de justice

Un extrait de décision de justice peut être soumis à l'analyse afin d'en retirer des éléments de réponse pour le travail à réaliser. Afin de vous aider à en comprendre le sens, vous pouvez utiliser la méthodologie d'analyse d'une décision de justice :
- Titre : Analyse de la décision de... en date du...
- Les faits (quelle est l'affaire qui donne lieu au litige ?)
- Qui sont les intervenants ?
- La procédure (qui en est à l'origine ? Qui la subit ? Devant quelle juridiction ?)
- Le problème de droit (quelle est la nature du problème juridique qui oppose les parties ?)
- L'argumentation des parties (quelles sont leurs prétentions ?)
- La décision (en quoi consiste le jugement ou l'arrêt ? Qui est condamné ? À quoi ?)

Méthode 3 La méthodologie propre au management

1 Le contexte

Le management fait partie intégrante de l'épreuve E3 – Culture économique juridique et managériale (CEJM). Cette épreuve écrite de 4 heures, qui a un coefficient 4, se présente sous la forme d'un dossier d'une dizaine de pages, qui contient des documents variés (en économie, droit et management) présentant des situations professionnelles. En management, il est nécessaire d'exploiter cette base documentaire pour faire une analyse organisationnelle et stratégique des situations auxquelles est confrontée l'entreprise présentée dans le sujet.
Il s'agit de :
– procéder à un diagnostic (ou une partie de diagnostic) préparant une prise de décision stratégique ;
– d'exposer des analyses et des propositions de manière cohérente et argumentée sur la situation de l'entreprise ;
– en faisant le lien avec les aspects économiques et juridiques qui éclairent le problème de management ;
– sans oublier de faire appel aux outils de diagnostic et aux fondements théoriques pertinents pour mener l'analyse de la situation.

2 La démarche à suivre en management

2.1. S'approprier le cas dans son ensemble

Il est important de commencer par lire avec soin toute la base documentaire afin de cerner précisément la situation à laquelle l'entreprise est confrontée.
Cette étude d'ensemble vous permettra d'identifier le problème de management, mais aussi les liens avec l'économie et le droit qu'il faudra toujours garder en mémoire.

2.2. Présenter la solution retenue ou à retenir à partir d'une analyse de la situation

Vos réponses ne doivent pas être de simples rappels du cours, mais doivent mobiliser vos capacités d'analyse. Ainsi, par exemple, en fonction de l'identification du problème qui aura été faite suite au diagnostic, il faudra proposer des solutions de manière argumentée et présenter les décisions opérationnelles possibles.

2.3. Faire appel aux outils et méthodes propres au management

Avant de répondre aux questions, il ne faut pas oublier qu'en management, il est indispensable selon ce qui vous est demandé de faire appel à certains outils, même si cela ne vous a pas été explicitement demandé. Le tableau ci-dessous récapitule les outils à utiliser pour un diagnostic et une analyse :

UN DIAGNOSTIC	UNE ANALYSE
– en externe : le modèle PESTEL ; – en interne : le modèle des 5 forces + 1 de Porter.	– de la démarche d'analyse stratégique : le modèle LCAG (Learned, Christensen, Andrews, Guth) ; – de la stratégie : la matrice d'Ansoff ; – de l'activité de l'entreprise : la chaîne de valeur de Porter.

2.4. Mobiliser les connaissances théoriques qui éclairent la situation managériale

En management, des auteurs, dont les apports théoriques ont éclairé les problèmes managériaux, ont été abordés dans le cadre du programme de 1re et 2e années de BTS. Quand l'une des questions du cas fait appel à une situation qu'ils ont abordée, il est bon de les citer en prenant appui sur ce qu'ils ont apporté à l'analyse d'une situation. Il s'agit, par exemple :

AUTEURS	APPORT THÉORIQUE À MOBILISER
P. Drucker	La distinction entre finalités et objectifs de l'entreprise
J. Schumpeter	• La définition et le rôle de l'entrepreneur • Le rôle joué par l'innovation
E. Freeman	La définition et l'analyse des parties prenantes
I. Kirzner	L'état d'esprit entrepreneurial
W. Gartner	La dimension processuelle de l'entrepreneuriat
H. Mintzberg	• Les différents rôles du manager • Les mécanismes de coordination
R. S. Kaplan et D. Norton	La structure et la fonction stratégique des tableaux de bord
M. Porter	• L'analyse de la chaîne de valeur • Le modèle des 5 forces + 1 • Les trois stratégies concurrentielles sur les DAS (domination par les coûts, différenciation, focalisation)
M. Crozier et E. Friedberg	Les sources des pouvoirs des parties prenantes
R. Likert	Les styles de management
L. E. Greiner	L'évolution des structures qui peuvent peut être génératrices de crises
M. Crozier	Les résistances au changement
A. Maslow	La théorie des besoins
F. Hertzberg	La théorie bifactorielle de motivation
J. S. Adams	La notion de ratio d'équité
J.-M. Peretti	La gestion de la diversité et de la reconnaissance au travail
P. Zarifian	La notion de compétences
C. Dejoux et M. Thévenet	La gestion des talents et le rôle du manager
H. A. Simon	La rationalité limitée du décideur
R. M. Cyert et J. G. March	Les décisions qui sont le fruit de négociations entre individus ayant des objectifs différents
E. Penrose	L'analyse des ressources et des compétences
G. Hamel et C. K. Prahalad	Les compétences distinctives
J. G. March et H. A. Simon	Les trois étapes dans la décision
H. Mintzberg	La stratégie « effective » qui combine une stratégie « délibérée » et une stratégie « émergente »
M. Ansoff	La stratégie globale en termes de spécialisation/diversification intégration/externalisation

LEXIQUE

Abus de position dominante : fait pour une entreprise détenant une part de marché conséquente d'abuser de cette situation pour fausser ou restreindre le jeu de la concurrence, en portant atteinte aux intérêts des consommateurs.

Accord collectif : accord conclu entre employeur(s) et organisation(s) syndicale(s) pour fixer des règles relatives aux conditions de travail, à l'emploi ou aux garanties sociales des salariés.

Accord majoritaire : accord collectif signé par un ou plusieurs syndicats représentant au moins 50 % (des voix exprimées en faveur des syndicats représentatifs lors du 1er tour des dernières élections professionnelles).

Actifs immatériels : éléments sans substance physique, constitués par les informations et connaissances détenues par une entreprise.

Action : titre de propriété négociable, représentant une partie du capital social d'une société de capitaux.

Action en concurrence déloyale et parasitaire : action visant à faire sanctionner des procédés déloyaux, contraires aux usages professionnels, visant à détourner la clientèle d'un concurrent.

Action en contrefaçon : action en justice menée contre le contrefacteur qui a créé une confusion entre le produit original et le produit contrefait.

Agent économique : acteur de l'économie en relation avec d'autres agents et qui est à l'origine de décisions économiques.

Allocation : production par l'État de biens et services non marchands mis à la disposition de la population.

Apports en société : biens qui sont mis en commun par les associés lors de la création d'une société.

Asymétrie d'information : situation dans laquelle tous les participants à un marché ne disposent pas de la même information.

Atomicité : caractéristique du marché indiquant la présence d'un grand nombre de vendeurs et d'acheteurs, empêchant ainsi toute position dominante.

Automatisation : machines et équipements ayant pour but de réduire ou de rendre inutile l'intervention d'opérateurs humains dans la production.

Autorités administratives indépendantes : institutions de l'État chargées, au nom de celui-ci, d'assurer la régulation de secteurs essentiels.

Avantage concurrentiel : permet à l'entreprise de créer davantage de valeur que ses concurrents.

Avant-contrat : contrat précédant le contrat définitif.

Banque centrale européenne (BCE) : banque centrale des 19 pays de l'Union européenne ayant adopté l'euro (sur les 27 pays membres).

Barrière à l'entrée : désigne un obstacle qui rend difficile ou impossible l'implantation d'une entreprise sur un marché.

Bien public : bien répondant aux deux conditions de non-rivalité (sa consommation par un individu ne prive pas un autre individu de le consommer de la même manière) et de non-exclusion (une personne ne peut en aucun cas être privée de consommer ce bien).

Biodiversité : diversité des milieux de vie, des caractères et des espèces d'êtres vivants sur la planète.

Brevet : document juridique officiel permettant de protéger les résultats d'une recherche scientifique et technique, dès lors qu'elle est nouvelle, susceptible d'application industrielle.

Budget : prévision des recettes et dépenses de l'État pour une année.

Bureau international du travail (BIT) : organisme rattaché à l'ONU chargé des questions générales liées au travail dans le monde.

CDD : contrat à durée déterminée par lequel un employeur recrute un salarié pour une durée limitée, dans des cas précisés par la loi.

CDI : contrat à durée indéterminée conclu entre un employeur et un salarié, sans limite de durée.

Chaîne de valeur : étude réalisée par une entreprise afin de déterminer quelles sont ses activités qui participent le plus à apporter de la valeur ajoutée à son activité.

Circuit économique : représentation schématique d'une économie, en particulier des flux financiers ou flux réels entre les agents.

Clause de confidentialité et loyauté : clause imposant au salarié de travailler de bonne foi dans son entreprise.

Clause de mobilité : clause par laquelle le salarié accepte, par avance, une modification de son lieu de travail.

Clause de non-concurrence : clause visant à limiter la liberté d'un salarié d'exercer, après la rupture de son contrat, des fonctions équivalentes chez un concurrent ou à son propre compte.

Clause de renégociation : clause obligeant les parties à renégocier le contrat si des événements, imprévisibles lors de sa conclusion, rendent son exécution trop onéreuse pour l'une d'entre elles.

Clause de réserve de propriété : clause permettant de décaler la date de transfert de propriété des biens livrés à un client au moment où il aura payé intégralement le prix.

Clause limitative de responsabilité : clause prévoyant qu'en cas d'inexécution de ses obligations, le débiteur s'expose à payer des dommages-intérêts, dont le montant est plafonné, au créancier.

Clause pénale : clause fixant à l'avance le montant précis de la réparation due par le débiteur en cas d'inexécution de ses obligations contractuelles.

Clause résolutoire : clause prévoyant que le contrat pourra être résolu (annulation rétroactive) ou résilié (annulation pour l'avenir) sans avoir à saisir la justice.

CNIL : Commission Nationale de l'Informatique et des Libertés – autorité administrative indépendante veillant à ce que l'informatique ne porte pas atteinte aux libertés, aux droits, à l'identité humaine ou à la vie privée de chacun.

Coalition d'individus : regroupement de personnes ayant des aspirations disparates, des attentes différentes et contradictoires.

Combinaison productive : proportion de capital et de travail utilisée pour une production donnée.

Compétences : ressources (connaissances, capacités, comportements) mobilisées par une personne afin d'atteindre des résultats dans une situation professionnelle. Il y a trois catégories de compétences – savoirs, savoir-faire, savoir-être – développées dans une logique d'adaptation et d'employabilité.

Compétences distinctives : compétences difficilement imitables permettant à l'entreprise de se différencier de ses concurrents.

Compte personnel de formation : dispositif permettant aux salariés de bénéficier de formations.

Concurrence : système économique qui laisse à chacun toute liberté de production et de vente, l'État n'intervenant que pour garantir le libre jeu de la concurrence.

Conjoncture : référence aux évolutions économiques de court terme d'un pays.

Contrat de sécurisation professionnelle (CSP) : dispositif d'accompagnement des salariés ayant subi un licenciement économique.

Contre-pouvoir : individu ou groupe d'individus pouvant influencer la réalisation des objectifs de l'entreprise (inclut les concurrents et les parties prenantes d'une entreprise).

Convention collective : accord conclu entre des employeurs ou une organisation patronale et un ou plusieurs syndicats de salariés pour régler les conditions d'emploi des travailleurs et les garanties sociales.

Coopération : alliance entre entreprises dans laquelle chacune conserve son indépendance.

Crédit d'impôt recherche (CIR) : aide publique qui permet de soutenir l'effort des entreprises en matière de recherche et d'innovation.

Critères de convergence : critères fondés sur des indicateurs économiques que doivent respecter les pays membres de l'Union européenne candidats à l'entrée dans la zone euro.

Croissance conjointe : augmentation de la taille d'une entreprise par l'association avec d'autres organisations.

Croissance externe : augmentation de la taille d'une entreprise par l'acquisition d'une autre entreprise pour accélérer son propre développement.

Croissance interne : augmentation de la taille d'une entreprise par ses propres moyens.

CTT : contrat de travail temporaire liant un salarié à une entreprise de travail temporaire, mettant provisoirement des salariés à disposition d'entreprises qui utilisent ces salariés.

Cybersurveillance : mécanisme de surveillance de personnes, reposant sur les nouvelles technologies *via* des réseaux d'information, tel Internet.

Cycle d'exploitation : période relativement courte entre l'achat des matières premières et le paiement de la facture par le client.

Cycle d'investissement : période longue qui permet l'investissement, c'est-à-dire l'acquisition de biens durables.

Décision stratégique : décision prise par l'entreprise en vue de réaliser ses objectifs afin d'assurer sa rentabilité, son développement, sa pérennité.

Déficit budgétaire : solde négatif du budget de l'État : il y a déficit lorsque les dépenses sont supérieures aux recettes.

Délai de rétractation : délai de 14 jours à compter de la réception des biens achetés sur Internet pour se rétracter ou rendre le produit.

Demande de travail : quantité de travail dont les entreprises ont besoin pour pouvoir produire des biens et services.

Démarche entrepreneuriale : volonté d'une ou plusieurs personnes de créer ou de reprendre une entreprise.

Démarche managériale : capacité du manager à gérer de manière optimale les compétences et ressources de l'entreprise pour assurer sa pérennité.

Démarche stratégique : façon de mettre en œuvre la stratégie, qui est différente selon qu'il s'agit d'une PME ou d'une grande entreprise, d'une entreprise mono- ou multi-activités.

Désintermédiation : réduction ou suppression des intermédiaires dans un circuit de distribution.

Différenciation : consiste, pour une entreprise, à proposer une offre dont la valeur est différente de celle des offres des concurrents pour se démarquer d'eux (soit une offre haut de gamme, soit une offre *low cost*).

Diversification : consiste, pour une entreprise, à offrir de nouveaux produits ou services en s'engageant dans de nouveaux domaines d'activité stratégique.

Domaine d'activité stratégique (DAS) : sous-partie d'une entreprise qui se confronte à un marché spécifique, des conditions concurrentielles spécifiques, et qui doit mener une stratégie concurrentielle particulière.

Domination par les coûts : consiste, pour une entreprise, à réduire les coûts pour proposer des prix plus bas que ceux de la concurrence pour une offre de même valeur.

Donnée personnelle : toute information relative à une personne physique identifiée ou qui peut être identifiée, directement ou indirectement, par référence à un numéro d'identification ou à un ou plusieurs éléments qui lui sont propres.

Droit moral : protection des intérêts non économiques d'un auteur.

Droit *sui generis* : situation juridique nécessitant de créer des textes spécifiques.

Droits patrimoniaux : protection des intérêts économiques d'un auteur.

Économie circulaire : concept économique qui s'inscrit dans le cadre du développement durable et dont l'objectif est de produire des biens et services tout en limitant la consommation et le gaspillage des matières premières, de l'eau et des sources d'énergie.

Économie linéaire : organisation de l'économie caractérisée par un gaspillage de ressources, avec des conséquences négatives sur l'environnement.

Économie sociale et solidaire : activité économique réalisée par des entreprises aux modes de gestion et de décision démocratiques et participatifs.

Énergie renouvelable : énergie qui provient de sources que la nature renouvelle en permanence, par opposition à une énergie non renouvelable.

Entente illicite : pratiques concertées d'entreprises, susceptibles de porter atteinte au libre jeu de la concurrence.

Entreprise individuelle : propriété exclusive d'une personne physique qui exerce son activité sans avoir le statut de personne juridique distincte.

Équilibre financier : stabilité du rapport entre les ressources financières et les emplois d'une entreprise. La règle de l'équilibre financier minimum exige que les capitaux permanents soient suffisants pour financer les actifs à long terme. Cela implique que le fonds de roulement soit positif.

Équité : sentiment de justice par rapport à une situation donnée, qui fait référence à une approche identique pour tous.

Eurosystème : organe composé de la Banque centrale européenne (BCE) et des banques centrales nationales de l'Union européenne, chargé de définir et mettre en œuvre la politique monétaire unique des pays ayant adopté l'euro.

Externalisation : stratégie aussi appelée *outsourcing*, qui correspond au transfert d'activités d'une entreprise vers un prestataire externe spécialisé (par exemple, un sous-traitant).

Externalité : action d'un agent économique ayant un impact sur le bien-être et le comportement d'autres agents.

Externalité négative : situation dans laquelle un agent économique est défavorisé par l'action de tiers sans compensation.

Externalité positive : situation dans laquelle l'interaction entre agents économiques aboutit à améliorer leur bien-être.

Facteur capital : ensemble des biens permettant à une entreprise de produire d'autres biens et/ou services destinés à être commercialisés.

Facteur travail : ensemble des heures de travail effectuées par les personnes qui travaillent dans l'entreprise, salariées ou non.

Facteurs clés de succès (FCS) : éléments à caractère commercial ou technologique que l'entreprise doit maîtriser pour réussir dans une activité donnée.

Finalité : raison d'exister de l'entreprise.

Finalité économique : permet de garantir la pérennité de l'entreprise, et dépend de sa capacité à dégager des profits.

Finalité sociale : concerne l'impact sur la société (formation, emplois...).

Finalité sociétale : concerne la prise en compte des préoccupations sociales et environnementales dans ses activités, et dans ses interactions avec les parties prenantes.

Flexibilité : capacité d'une entreprise à s'adapter aux évolutions de la demande et de son environnement en réorganisant son activité.

Flux monétaire : circulation d'argent entre des agents économiques.

Flux réel : flux concret entre des agents économiques, généralement constitué de biens et services.

Focalisation : consiste, pour une entreprise, à proposer une offre qui ne s'adresse qu'à une partie de la clientèle pour éviter la confrontation directe avec la concurrence. Elle se limite à un segment de marché très spécifique.

Fonds souverain : fonds d'investissement détenu ou contrôlé par un État.

Gestion prévisionnelle des emplois et des compétences (GPEC) : démarche qui vise à adapter les ressources humaines aux besoins des entreprises.

Identité numérique : ensemble des contenus publiés sur Internet qui permettent de définir un individu.

Impartition : fait pour une entreprise de confier une partie de ses activités à une autre entreprise spécialisée.

Indicateur : critère d'évaluation permettant de suivre l'état d'avancement des résultats par rapport aux objectifs fixés.

Indice de développement humain (IDH) : mesure le niveau de développement construit par le Programme des Nations unies pour le développement (PNUD).

Indice des prix à la consommation harmonisé (IPCH) : indice calculé pour chaque pays de l'UE destiné à faciliter les comparaisons entre eux.

Inflation : perte de pouvoir d'achat de la monnaie qui se traduit par une augmentation générale et durable des prix.

Information précontractuelle : Information communiquée avant le contrat permettant au cocontractant de s'engager en toute connaissance de cause.

Innovation : ensemble de processus permettant de créer ou d'améliorer des produits, techniques ou services.

***Insider* :** personne titulaire d'un emploi dans une entreprise.

Institution financière : organisme qui participe au financement de l'économie par l'octroi de prêts (banques et sociétés financières).

Intégration : consiste à regrouper des activités au sein d'une même entreprise pour maîtriser le savoir-faire technique, commercial ou financier, et accroître la productivité.

Intermédiation : ensemble des activités développées par les intermédiaires financiers pour mettre en relation l'offre et la demande de capitaux.

Internationalisation : consiste, pour une entreprise, à se développer au-delà de son marché national d'origine. Elle peut aller de l'exportation à l'investissement direct dans une unité de fabrication ou commercialisation à l'étranger.

Licenciement : mesure décidée par un employeur pour rompre un contrat de travail soit pour des raisons liées à la personne du salarié (comportement fautif, insuffisance professionnelle, etc.), soit pour des raisons économiques (suppression, transformation de l'emploi du salarié concerné, modification d'un élément essentiel du contrat de travail refusée par le salarié).

Macro-environnement : environnement global de l'entreprise constitué des facteurs qui influencent l'entreprise aux niveaux politique, économique, social, technologique, légal, écologique.

Marché : lieu de rencontre de l'offre et de la demande où se fixent les prix et les quantités échangées.

***Marketplace* :** espace que réservent certains grands acteurs de l'e-commerce aux offres d'e-commerçants partenaires. Le site hébergeur gère le paiement et prélève une commission.

Marque : signe distinctif permettant au consommateur de différencier le produit d'une entreprise de ceux des entreprises concurrentes.

Mécanismes de contrôle : permettent d'évaluer les résultats réalisés en les comparant aux objectifs et aux standards prédéterminés. L'analyse des écarts par rapport aux prévisions indique si des mesures correctrices doivent être mises en œuvre.

Mécanismes de coordination : permettent l'articulation des tâches qui ont été divisées et réparties. Il en existe cinq : supervision directe, standardisation des tâches, standardisation des compétences, standardisation des résultats, ajustement mutuel.

Ménage : ensemble des occupants d'un même logement (même sans lien de parenté).

Méthode PESTEL : outil d'analyse de l'environnement, qui permet de répartir les influences en six grandes catégories (politique, économique, sociologique, technologique, écologique, légal).

Micro-environnement : environnement immédiat de l'entreprise constitué des différents partenaires de l'entreprise sur son marché (concurrents, clients, fournisseurs, produits de substitution...).

Modification du contrat de travail : modification d'un élément contractuel, déterminant, pour laquelle l'employeur doit obtenir l'accord du salarié.

Monopole : situation économique qui se caractérise par l'absence de toute concurrence.

Motivation : ce qui pousse un salarié à agir.

Norme : cadre de référence visant à fournir des lignes directrices, des prescriptions techniques ou qualitatives pour des produits, services ou pratiques au service de l'intérêt général.

Obligation : titre de dette émis par une entreprise ou par l'État et donnant droit au versement d'intérêts pour l'investisseur.

Offre de travail : quantité de travail que fournissent les travailleurs en échange d'une rémunération.

Oligopole : marché comptant un petit nombre de vendeurs pour une multitude d'acheteurs.

***Outsider* :** travailleur inemployé.

Pacte de stabilité et de croissance (PSC) : ensemble de critères économiques, dits « de convergence », que les États de la zone euro se sont engagés à respecter.

Parcours emploi compétences (PEC) : dispositif d'insertion professionnelle et forme d'emploi aidé reposant sur l'emploi, la formation et l'accompagnement.

Partenariat : association entre deux ou plusieurs entreprises qui décident de coopérer pour réaliser un objectif commun.

Partie prenante : individu ou groupe d'individus pouvant affecter ou être affecté par l'activité de l'entreprise.

Patrimoine : ensemble des biens, des droits et des obligations d'une personne.

Performance : capacité d'une organisation à atteindre les objectifs qu'elle s'était fixés.

Personne morale : groupement doté de la personnalité juridique.

PIB par habitant : indicateur économique de la richesse d'un pays divisée par le nombre d'habitants.

PIB vert : PIB ajusté tenant compte des effets de la croissance économique sur l'environnement.

Plan de développement des compétences : dispositif permettant au salarié de suivre des actions de formation à l'initiative de son employeur.

Plein emploi : situation dans laquelle toute personne souhaitant travailler occupe effectivement un emploi.

Pôle emploi : service public de l'emploi en France chargé d'indemniser les demandeurs d'emploi et de les accompagner vers le retour à l'emploi.

Politique passive : politique visant à rendre le chômage supportable et à réduire la population active inoccupée.

Politiques actives : politiques dont le but est d'obtenir une croissance plus riche en emplois.

Pourparlers : phase de négociation précédant un accord définitif.

Pouvoir : capacité d'une personne à obtenir d'une autre personne qu'elle fasse quelque chose qu'elle n'aurait pas fait sans son intervention.

Preuve électronique : preuve, à valeur probante, de l'écrit *via* la signature électronique.

Processus : enchaînement ordonné d'activités interactives, qui permettent de transformer des éléments d'entrée en éléments de sortie.

Productivité : efficacité de la combinaison des moyens de production mesurée par le rapport entre la quantité produite et les facteurs de production utilisés pour l'obtenir.

Produit intérieur brut (PIB) : indicateur économique de la richesse produite par un pays sur une période donnée. La variation d'une année sur l'autre permet de connaître sa croissance.

Progrès technique : ensemble des innovations entraînant une transformation des moyens et méthodes de production, de l'organisation du travail, des produits.

Promesse synallagmatique de contrat : les deux parties s'engagent sur des points qui seront écrits dans le contrat définitif.

Promesse unilatérale de contrat : le promettant s'engage à conclure un contrat avec une autre personne, le bénéficiaire, qui accepte cette offre.

***Pure player* :** entreprise née et exerçant son activité exclusivement sur Internet.

Quota : autorisation d'entrée ou de sortie d'un pays, d'une quantité limitée d'un bien, en valeur ou en volume.

Redistribution : prélèvement d'une partie des revenus de certains agents économiques pour les transférer vers d'autres.

Référendum d'entreprise : accord voté par les salariés pour prendre directement part à la négociation au sein de l'entreprise.

Régime matrimonial : dispositions légales ou conventionnelles qui règlent les rapports patrimoniaux entre époux.

Réglementation : texte dont l'application est imposée et qui relève des pouvoirs publics.

Régulation : ensemble des interventions de l'État visant à assurer le bon fonctionnement des marchés.

Réintermédiation : apparition de nouveaux intermédiaires sur un nouveau canal.

Représentation : mécanisme permettant à une personne (le représentant) d'agir au nom d'une autre personne (le représenté).

Représentativité : exigence de légitimité pour les syndicats qui pourront signer des accords engageant les salariés.

Responsabilité civile : obligation légale imposant à toute personne de réparer les dommages causés à une victime de son fait, de celui des personnes dont elle doit répondre ou des choses dont elle a la charge. On parle de responsabilité civile contractuelle pour l'obligation de réparer le dommage causé à autrui dans le cadre d'un contrat et de responsabilité civile extra-contractuelle pour les dommages causés hors contrat.

Responsabilité pénale : obligation faite à une personne reconnue coupable, par un tribunal, d'une infraction et de subir la sanction pénale prévue par la loi.

Responsabilité sociale des entreprises (RSE) : ensemble des pratiques des entreprises pour intégrer les principes du développement durable dans leurs activités.

Ressources : actifs, tangibles ou intangibles, détenus par l'entreprise qui lui permettent de mener à bien son activité.

Ressources intangibles : ressources matérielles (physiques, humaines, financières).

Ressources tangibles : ressources immatérielles (technologiques, organisationnelles, mercatiques).

RGPD : règlement général sur la protection des données fixant un cadre juridique de l'Union européenne pour gouverner la collecte et le traitement des données à caractère personnel.

Satisfaction : niveau de conformité de l'individu suite à la correspondance entre le travail et ses attentes (sa rémunération, le type de travail, les relations humaines...).

Service non marchand : service fourni gratuitement ou à prix faible par les administrations publiques.

Signature électronique : mécanisme permettant de garantir l'intégrité d'un document électronique et d'en authentifier l'auteur, par analogie avec la signature manuscrite d'un document papier.

Société : contrat entre plusieurs personnes (les associés) pour exercer leur activité.

Sous-traitance : contrat par lequel un donneur d'ordre demande à un sous-traitant d'exécuter ponctuellement une mission précise.

Spécialisation : consiste, pour une entreprise, à se concentrer sur un domaine d'activité stratégique.

Stratégie : consiste à déterminer les finalités et les objectifs de l'entreprise à long terme, de mettre en place les actions et d'affecter les ressources nécessaires pour les atteindre.

Stratégie délibérée : stratégie planifiée et formalisée, qui implique que les cadres doivent veiller à appliquer les décisions retenues.

Stratégie effective : combinaison de la stratégie délibérée et de la stratégie émergente.

Stratégie émergente : stratégie qui se décide au jour le jour, sans formalisme, en fonction des contraintes et des opportunités de l'environnement, dans un contexte où l'information est limitée et où la nécessité d'adaptation est permanente.

Structure : combinaison d'éléments et de mécanismes qui permettent de répartir, coordonner et contrôler les activités de l'entreprise, afin d'atteindre avec efficacité et efficience les objectifs stratégiques.

Styles de management : différentes manières dont un dirigeant peut manager ses collaborateurs. Il en existe quatre : autoritaire, paternaliste, consultatif, participatif.

Syndicats représentatifs : syndicats répondant aux exigences des critères de la loi (indépendance vis-à-vis de l'employeur, etc.).

Système d'information : ensemble organisé de ressources qui permet de collecter, stocker, traiter et distribuer de l'information.

Tableau de bord : outil d'évaluation de l'entreprise, comportant plusieurs indicateurs, qui permet d'avoir une vision synthétique de la situation de l'entreprise.

Talent : combinaison rare de compétences rares.

Taux de chômage : nombre de chômeurs en pourcentage de la population active.

Traité de Maastricht : traité de 1992 instituant l'Union européenne et la monnaie unique.

Transparence : situation dans laquelle les informations liées au marché sont disponibles et circulent rapidement et sans coût.

Travail collaboratif : organisation du travail fondée sur la collaboration de nombreuses personnes, notamment grâce aux technologies de l'information et de la communication.

Travailleur indépendant : personne exerçant à son compte une activité économique, en supportant les risques de cette activité et en s'appropriant les profits générés, sans lien de subordination.

Utilité : satisfaction qu'un individu retire de la consommation de biens et services.

Validation des acquis de l'expérience (VAE) : mécanisme permettant d'obtenir un diplôme correspondant à l'expérience professionnelle acquise au fil des années de travail.

Savoir 1 — Lire les documents et en reformuler les idées principales

Le corpus est composé de documents : extraits d'essais, articles de presse, textes littéraires, documents iconographiques. Il s'agit de lire les documents pour en relever les idées principales et les reformuler.

1 Méthode

1.1. Lire efficacement

a) Identifier les documents

Pour analyser rapidement les documents, appuyez-vous sur le paratexte (titre, auteur, date de publication) et assurez-vous :

– du type et du genre de texte :

TEXTE NARRATIF	TEXTE INFORMATIF	TEXTE EXPLICATIF	TEXTE ARGUMENTATIF
Il raconte une histoire (roman, nouvelle, conte).	Il donne des renseignements (article de dictionnaire).	Il explique un fait ou une démarche (article de presse, d'encyclopédie).	Il développe un point de vue argumenté (essai).

– du contexte : cette étape permet d'envisager la démarche et l'intention de l'auteur.

b) Gagner du temps

Commencez par le document avec lequel vous êtes le plus à l'aise (un article de dictionnaire, par exemple), il offrira des pistes d'interprétation pour les autres documents. Lisez chaque document en tenant compte des autres.

1.2. Relever les idées principales

Il s'agit de comprendre le sens global du texte et l'intention de son auteur. Pour cela, surlignez d'une couleur les idées principales et soulignez, au crayon à papier, les idées secondaires qui ne seront pas nécessairement utilisées dans la synthèse. Attention à ne pas trop surligner. Si vous surchargez le texte, vous aurez des difficultés à dégager les idées principales.

EXEMPLE *Le Monde Culture et Idées*

Quand on demande au philosophe André Comte-Sponville, qui a beaucoup écrit sur l'amitié, s'il possède un cercle d'amis en ligne, il répond vivement : « Mes enfants avaient créé, sans me consulter, une page Facebook à mon intention. Dans les heures qui ont suivi, j'ai reçu trois messages de gens que je ne connaissais pas me demandant si je voulais être leur ami. Cela m'a paru une invasion insupportable et un contresens sur l'amitié. J'ai supprimé ma page aussitôt ! » Selon lui, les relations qui se tissent sur le réseau social sont « superficielles ».

Idée principale / Idée secondaire

1.3. Reformuler les idées

La reformulation des idées permet de synthétiser les idées relevées dans le texte et d'interpréter ces relevés, et évite de reprendre des mots des textes.

Au brouillon, reformulez les idées surlignées dans chaque texte en formulant précisément l'intention de son auteur. L'auteur veut-il : informer, expliquer, expliciter, s'opposer à, rendre compte de, défendre, dénoncer, accuser, ironiser... ?

1.4. Aborder un document iconographique

a) Méthode

Comme pour le texte, dans un document iconographique, il faut :
- identifier le type de document : tableau, dessin, photographie ;
- en étudier l'organisation (composition, couleurs, légende, slogan) ;
- comprendre sa fonction.

b) Les fonctions d'un document iconographique

- Un dessin de presse peut critiquer, dénoncer.
- Un tableau peut avoir une visée esthétique, provoquer des émotions, être engagé.
- Une affiche publicitaire cherche à convaincre.

2 Exemple développé : relever l'idée principale d'un extrait et la reformuler

EXEMPLE

a) Le document

Des colonies françaises. Abolition immédiate de l'esclavage, Schoelcher, 1848.

Celui qui prétend avoir le droit de garder des hommes en servitude, parce qu'on ne trouverait pas de bras libres pour planter des cannes, et celui qui soutiendrait qu'on a le droit de voler parce qu'on n'a pas d'argent, sont à nos yeux deux fous ou deux scélérats absolument pareils. [...] Que l'esclavage soit ou ne soit pas utile, il faut le détruire ; une chose criminelle ne doit pas être nécessaire.

b) Les activités

1. Surligner l'idée principale.
2. Reformuler l'idée principale.

c) Les réponses

1. L'idée principale est surlignée en bleu.
2. Reformulation : Schoelcher dénonce l'esclavage et prône son abolition.

3 Point langue : synonymes/antonymes

	DÉFINITION	RÔLE DANS LA PRÉPARATION DE LA SYNTHÈSE
SYNONYMES	Mots appartenant à la même classe grammaticale (nom, verbe, ...) et qui ont le même ou presque le même sens. On peut avoir recours à un mot générique (dont le sens est plus large). *J'ai vu des moineaux.* → *J'ai vu des oiseaux.*	Le recours aux synonymes évite de répéter les mots du texte.
ANTONYMES	Mots appartenant à la même classe grammaticale et qui ont des sens contraires : *avare / généreux, lâche / courageux, sombre / lumineux*	L'emploi d'antonymes évite d'avoir recours à la forme négative jugée lourde. *Son caractère n'est pas souple.* → *Son caractère est rigide.*

Mots clés Idées principales • Reformulation

S'ENTRAÎNER AU BTS
Exercice 1 : p. 367

Savoir 2

Confronter les documents du corpus

Après avoir lu les documents, il s'agit de les confronter. On attend que soient opérés des rapprochements entre les documents, en s'appuyant sur les idées qui les traversent, de manière à formuler la problématique puis à construire le plan de la synthèse (voir Fiche Savoir 3).

1 Méthode

1.1. Confronter des documents

Trouvez entre les documents des points de convergence et/ou des oppositions.
Lisez les textes en notant les idées reformulées au brouillon et en les numérotant.

EXEMPLE **Thème : la ville**

TEXTE 1 *La pollution touche huit citadins sur dix dans le monde*, lemonde.fr, 13 mai 2016	TEXTE 2 Alain Cambier, *Qu'est-ce qu'une ville ?*, 2005, Librairie philosophique, Chemins philosophiques
La pollution atmosphérique touche plus de huit citadins sur dix dans le monde. Et la situation continue de se dégrader, notamment dans les pays émergents. [...] À l'autre bout du prisme, le Canada se classe parmi les meilleurs élèves avec la Finlande, l'Estonie, l'Islande, l'Australie, l'Irlande et la Nouvelle-Zélande. Dans chacun de ces pays, la quasi-totalité, quand ce ne sont pas toutes les villes, ne dépasse pas le seuil maximum de 20 µg/m^3.	Si la ville a pu être le berceau de la démocratie, elle est devenue aujourd'hui le symbole de la massification qui n'en est que la caricature. La ville a grandi en se développant [...], ne fonctionnant qu'à partir de différences de potentiel thermique : celles-ci prennent la forme de la discrimination et de l'exclusion sociales.
Idée 1 : la ville, lieu pollué, « la pollution touche plus de huit citadins sur dix ». **Idée 2 :** des villes luttent contre la pollution.	**Idée 1 :** la ville, lieu de ségrégation sociale, « discrimination », « exclusion ». **Idée 2 :** la ville est le « berceau de la démocratie ».

Les deux idées sont communes : les aspects négatifs de la ville.

1.2. Réaliser un tableau de confrontation

Sur la 1re ligne du tableau : titre des documents.
Dans la 1re colonne, on insère les idées relevées dans le premier document, dans la 2e colonne, les idées du second document.
On ajoute de nouvelles cases pour les nouvelles idées ou on laisse une case vide quand l'idée ne figure pas dans un document.
Dans la dernière colonne, « Pistes », on formule une synthèse de l'ensemble de chaque idée.

EXEMPLE

DOCUMENT 1 *La pollution touche huit citadins sur dix dans le monde*, lemonde.fr, 13 mai 2016	DOCUMENT 2 *Qu'est-ce qu'une ville ?* Alain Combier	PISTES
Les villes sont polluées.	La ville, lieu de ségrégation sociale.	Les désagréments de la ville.
Certaines villes combattent avec succès la pollution.	La démocratie est née dans les villes.	Les aspects positifs de la ville.

CULTURE GÉNÉRALE ET EXPRESSION

2 Exemple développé : lire un corpus de documents et en confronter les idées

EXEMPLE

Thème : La fraude aux examens

a) Les documents

Texte 1

« L'interdiction du smartphone en salle d'examen pour lutter contre la fraude aux examens ? » lemonde.fr

Examens : vers une interdiction des smartphones ?

Le gouvernement français envisage d'interdire les smartphones dans les salles d'examen pour éviter la triche, a indiqué dimanche 26 juin sur Radio J la ministre de l'Enseignement supérieur.

Texte 2

« Les moyens pour lutter contre la triche au Danemark. » L'Étudiant.fr, Virginie Bertereau.

Comment prendre à contre-pied les tricheurs qui utilisent leur téléphone portable ou leurs livres pendant les épreuves ? En autorisant l'accès à Internet pendant les examens [...]. C'est une solution expérimentée par le Danemark, où l'on considère que le Net est indissociable de la vie des jeunes d'aujourd'hui. Ainsi, le pays nordique a choisi une autre façon d'évaluer, basée davantage sur la réflexion, la recherche et l'utilisation d'informations replacées dans un contexte que sur le par-cœur.

b) Le tableau de confrontation

TEXTE 1 (ARTICLE DU *MONDE*)	TEXTE 2 (ARTICLE DE *L'ÉTUDIANT*)	PISTES
Interdiction éventuelle du téléphone portable pendant les examens en France.	Autorisation d'utiliser le smart-phone pendant les examens.	Mesures prises par les pouvoirs publics concernant le téléphone portable pendant les examens.
	On évalue ainsi les capacités à réfléchir et pas seulement les connaissances.	Les conséquences de ces mesures.

3 Point langue : l'étymologie

L'étymologie est l'étude de l'origine des mots. Le français provient de langues disparues : le latin, le grec, le celtique. Connaître les racines latines ou grecques permet de deviner la signification de certains mots.

Quelques racines fréquentes :

RACINE	SIGNIFICATION	EXEMPLES
anthropo	du grec *anthropos* : « homme »	anthropophagie
homo	Ø en grec : « le même » Ø en latin : « homme »	homosexuel, homologue homo sapiens
logie	du grec *logos* : « discours »	ethnologie, biologie
poly	du grec *polus* : « nombreux »	polygone

Mots clés : Point de convergence • Oppositions • Idées

S'ENTRAÎNER AU BTS
Exercice 2 : p. 367

CULTURE GÉNÉRALE ET EXPRESSION

Savoir 3

Problématiser et bâtir le plan de la synthèse

La problématique de la synthèse repose sur les pistes de réflexion formulées dans le tableau de confrontation. Elle s'appuie sur tous les documents, mais seulement sur eux.

1 Méthode

1.1. Formuler la problématique

Pour trouver une problématique, on se demande pour quelles raisons les documents du corpus sont rassemblés. On la formule sous forme de question.

1. 2. Les différents types de plans

a) Le plan thématique
Il étudie les différents aspects du champ étudié.

b) Le plan dialectique
Il présente un point de vue (I) puis une concession à ce point de vue (II) (les avantages et inconvénients d'un phénomène) et, éventuellement, une synthèse (III).

c) Le plan analytique
Il étudie les causes et les conséquences d'un phénomène.

1. 3. Construire un plan de synthèse

Le plan répond à la problématique. Il s'appuie sur le tableau de confrontation.
L'étape de confrontation permet de trouver deux ou trois idées directrices sur lesquelles s'appuyer pour formuler les grandes parties de la synthèse.
Il s'agit ensuite de trouver les sous-parties qui seront présentées sous forme de paragraphes (voir Fiche Savoir 4).

EXEMPLE **Thème : Les jeux en ligne**

TEXTE 1	TEXTE 2	PISTES
Les adolescents passent beaucoup trop de temps sur les jeux vidéo.	Il existe un risque d'addiction.	Les inconvénients des jeux vidéo
Les jeux vidéo peuvent aider des jeunes à sortir de leur solitude.	L'identification à des héros positifs peut aider les adolescents à se construire.	Les avantages de ces jeux

Problématique : L'utilisation des jeux en ligne est-elle nocive ?
Plan :
I. Les risques présentés par l'utilisation des jeux vidéo
II. Les avantages et bienfaits de ces jeux

1.4. Élaborer un plan

Cette phase de travail se fait au brouillon.

Structure du plan :

I. Thèse 1 A. Argument 1 + Exemples B. Argument 2 + Exemples *Phrase de transition*	**II. Thèse 2** A. Argument 1 + Exemples B. Argument 2 + Exemples

Chaque groupe « argument + exemple » correspond à un paragraphe.

2 Exemple développé : formuler une problématique et bâtir un plan de synthèse

EXEMPLE

a) Les documents

Thème : Twitter

Document 1 : ***Iran, la révolution Twitter*** (Sylvain Mouillard, *Libération*)

Le site *The Inquisitr* souligne que l'information fournie par Twitter n'est que « *primaire, brute et non-filtrée* ».[...]. Comme le rappelle le site *Mediatrend*, les mouvements contestaires nés [...] dans ce pays d'Europe orientale [la Moldavie], par le biais des plateformes de microblogging, se sont vite éteints.

Document 2 : ***Toi aussi deviens un twitto*** (*Télérama*)

S'inscrire sur Twitter, c'est affronter le vide. D'ailleurs, un grand nombre d'inscrits ne vont pas au-delà de l'inscription. Sur Facebook , on devient vite « ami » avec ses copains d'enfance. Sur Twitter, personne ne vous attend. [...] En revanche, il demeure un outil idéal de mobilisation : on l'a vu à propos des réfugiés tunisiens du 36, rue Botzaris à Paris, dont le sort a été ignoré par les médias jusqu'à ce que des activistes inondent Twitter de messages d'alerte.

Document 3 : ***Qu'est-ce que Twitter ?*** (R. Lamaze-Beyssac, suite 101.fr)

Twitter est avant tout un outil de communication. Il vous permet de tenir vos amis au courant de ce que vous faites à un moment donné («What are you doing?») et de discuter entre vous. Grâce à la fonction de recherche, c'est aussi devenu un outil d'information puisqu'il est possible de voir ce qui se dit sur un sujet précis en temps réel.

b) Le tableau de confrontation

DOCUMENT 1	DOCUMENT 2	DOCUMENT 3	PISTES
Avec Twitter, information non triée			Information sur Twitter non vérifiée, risque de messages faux
	Sur Twitter, on est seuls		Sentiment de solitude
	Permet de lancer des appels	Sert à communiquer et informer	Fonctions de Twitter

c) La problématique et le plan

Quels sont les enjeux de Twitter ?

I. Les fonctions de Twitter

II. Les dangers potentiels de Twitter

3 Point langue : l'interrogative directe ou indirecte

La problématique est une question. Elle peut être formulée de manière directe ou indirecte.

Mots clés Problématique • Plan • Tableau de confrontation

S'ENTRAÎNER AU BTS
Exercices 3 et 4 : p. 367

Savoir 4

Rédiger un paragraphe de synthèse

La synthèse de documents est composée de deux ou trois grandes parties, elles-mêmes organisées en deux ou trois paragraphes (chacun étant composé d'un argument et d'exemples). Le premier paragraphe de chaque partie présentera la thèse défendue.

1 Méthode

1. 1. Organiser une partie de synthèse

Chaque partie :
- est un des éléments de réponse à la problématique ;
- s'ouvre sur un titre qui doit être formulé sous forme de phrase ;
- est organisée en deux ou trois paragraphes, chacun correspondant à un argument.

1.2. Construire un paragraphe de synthèse

Le paragraphe est organisé.
On laisse un alinéa au début du paragraphe et on ne va pas à la ligne avant la fin.
Il commence par une phrase qui annonce l'idée développée (argument + exemples).
Il se termine avec une phrase de conclusion partielle.

1.3. Rédiger un paragraphe de synthèse

Le paragraphe est cohérent et comporte des articulations logiques (car, mais, or...).
Les références aux documents doivent être claires :
- chaque paragraphe confronte au moins deux documents ;
- on précise le titre, le nom de l'auteur ainsi que le genre d'un document, la première fois qu'on y fait référence ; ensuite on peut donner le numéro du document ;
- la confrontation des documents est explicite.

Soyez objectif. N'ajoutez pas commentaire sur les idées reformulées (on n'emploie pas le pronom « je »).
Ne faites pas de référence à d'autres sources que les documents du corpus.

EXEMPLE Comme le document 1, le document 2 souligne l'importance du devoir de mémoire. Si le document 1 dénonce l'usage abusif des réseaux sociaux, le document 2 insiste sur leur importance dans les relations sociales.

2 Exemple développé : rédiger un paragraphe de synthèse

EXEMPLE

Thème : Les nouveaux moyens de communication

a) Les documents

Document 1 (Sylvain Mouillard, *Libération*)

Face à la répression exercée par les autorités, Internet apparaît comme un espace de liberté pour les manifestants iraniens et une source d'information privilégiée des médias occidentaux.

Internet, caisse de résonance des Iraniens en colère. [...] Avant même que les bureaux de vote ne ferment, échanger des SMS était devenu impossible dans le pays. Dimanche, c'était au tour des téléphones portables, de Facebook, Twitter et d'autres réseaux sociaux d'être inaccessibles.

Document 2 (Frédérique Roussel, *Le Monde*)
Ex-directeur du « Monde diplomatique », Ignacio Ramonet publie un livre sur l'explosion de l'information à l'heure du numérique.
Les médias dominants ont explosé au profit d'une masse des médias, dans un passage des médias-soleil aux médias-poussière. Il y en a partout. Les amateurs ont accédé à l'expression avec une expertise au moins aussi grande que certains journalistes. Les spécialistes n'ont plus besoin d'intermédiaires. [...] Il suffisait de voir le JT de France 2 l'autre soir sur le Japon : une majorité de vidéos prises par des citoyens français était diffusée.

b) La problématique
Comment les nouveaux moyens de communication modifient-ils le statut de l'information ?

c) Le paragraphe rédigé
Les moyens de communication ont développé des modes de circulation de l'information nouveaux. C'est ce que souligne le document 2 avec l'article du *Monde*, « Le journalisme est pris dans un affolement » à travers l'expression « médias-poussière ». Cette référence évoque la multiplicité des réseaux auxquels chacun a accès. Auparavant, les sources de l'information n'étaient pas à ce point fragmentées car il existait très peu de moyens pour la transmettre hormis la radio, la presse papier et la télévision. L'article de *Libération* « Iran, la révolution Twitter », énumère, quant à lui, les nouveaux canaux de l'information. Il s'agit, notamment, de Facebook et d'autres réseaux sociaux tels que Twitter. L'accès à ces réseaux s'est développé grâce au téléphone portable.

3 Point langue : la ponctuation

Maîtriser les signes de ponctuation permet de se faire comprendre.

3.1. À la fin d'une phrase

- **Le point :** à la fin d'une phrase déclarative.
- **Le point d'interrogation :** à la fin d'une phrase interrogative.
- **Le point d'exclamation :** à la fin d'une phrase exclamative : *Ce conflit n'en finira jamais !*

Ces signes de ponctuation forte sont toujours suivis d'un mot qui commence par une majuscule.

3.2. À l'intérieur de la phrase

- **La virgule** marque une pause légère :
  – dans une énumération : *Elle a pris son ordinateur, ses dossiers et le vidéoprojecteur.*
  – pour mettre en valeur un mot ou un groupe de mots : *Surpris, il l'a longuement écouté.*
- **Le point-virgule** marque une pause plus longue dans la phrase : *Je me suis mise au travail à 20 h ; j'ai terminé vers 22 h 30.*
- **Les deux points** annoncent une information, une explication, un point de vue.
  Le développement des réseaux sociaux est fulgurant : on y a accès dans presque tous les pays.

Mot clé Cohérence

S'ENTRAÎNER AU BTS
Exercice 5 : p. 368

Savoir 5

Rédiger intégralement la synthèse

L'introduction et la conclusion sont rédigées en dernier. On y apportera tout le soin nécessaire car il s'agit, pour l'introduction, des premières lignes qui sont lues par le correcteur, et pour la conclusion des dernières lues par celui-ci.

1 Méthode

1.1. Rédiger l'introduction

Elle peut être brève. Les étapes de l'introduction :

a) La phrase d'accroche

Elle a un lien avec le thème du corpus et doit mener à la problématique.

EXEMPLE Le corpus de documents concerne le thème « Ces objets qui nous envahissent : objets cultes, culte des objets ». Les objets occupent dans notre société une place centrale, tant par leur valeur économique qu'affective.

b) La problématique

Elle peut être rédigée sous forme de question directe ou indirecte (*cf.* Savoir 3).

EXEMPLE On pourra s'interroger sur l'utilité des objets.

c) L'annonce du plan

Il s'agit d'annoncer clairement la démarche.

EXEMPLE Une première partie sera consacrée aux fonctionnalités de l'objet et une seconde partie à sa place dans notre société contemporaine.

1. 2. Rédiger la conclusion

Elle propose un bilan de la synthèse de documents et une réponse à la problématique.

EXEMPLE On l'a vu, l'objet a des fonctions très diverses et occupe, dans nos sociétés contemporaines, une place essentielle.

1. 3. Rédiger une transition

Entre les deux grandes parties, on peut rédiger une phrase de transition. Elle est l'occasion de dresser un bilan de la première partie et d'annoncer la seconde.

EXEMPLE Si les objets ont longtemps tenu un rôle purement fonctionnel, ils occupent aujourd'hui une place symbolique forte.

2 Exemple développé : rédiger l'introduction et la conclusion de la synthèse de documents

EXEMPLE

a) Les activités

À partir du groupement de textes proposé au savoir 3, vous rédigerez :
1. Une introduction de synthèse de documents.
2. Une conclusion de synthèse de documents.

b) Le thème

Twitter

c) La problématique

Quels sont les enjeux de Twitter ?

d) Le plan

I. Les fonctions de Twitter

II. Les dangers potentiels de Twitter

e) L'introduction rédigée

Le thème du corpus de documents étudié est Twitter. Celui-ci est un réseau social qui s'est développé ces dernières années et permet, en 280 caractères, de communiquer et d'être lu par de nombreux utilisateurs, pour peu que l'on s'exprime de façon percutante. Quels sont les enjeux de ce réseau social ? Pour tenter de répondre à cette question, nous étudierons dans une première partie les fonctions de Twitter, et ses dangers potentiels feront l'objet d'une seconde partie.

f) La conclusion rédigée

Twitter est un outil de communication pratique, ludique mais les échanges qu'il permet sont souvent superficiels et peuvent entraîner un sentiment de solitude chez les utilisateurs.

3 Point langue : l'expression de l'opposition et de la concession

3.1. L'opposition

Elle met côte à côte deux faits qui sont opposés mais qui ne se contredisent pas nécessairement.

EXEMPLE

Les villes européennes s'étendent de moins en moins vite alors qu'en Afrique, elles s'étendent très rapidement.

3.2. La concession

a) Définition

Elle fait coexister deux faits dont l'un devrait entraîner l'autre mais ne l'entraîne pas ; ils sont incompatibles. La concession s'exprime de plusieurs manières :

– elle peut être introduite par une préposition : *malgré, en dépit de...*

EXEMPLE

Malgré la diversité des activités offertes par la ville, elle reste souvent un lieu d'exclusion.

– elle peut s'exprimer par une conjonction de subordination : *bien que* (+ subjonctif), *quoique* (+ subjonctif), *même si* (+ indicatif)...

EXEMPLE

Bien que la ville soit le lieu de toutes les pollutions, l'état sanitaire y est souvent très bon.

b) Quand utiliser l'expression de la concession ?

La concession évite de présenter un second point de vue qui s'oppose radicalement au premier, ce qui donnerait l'impression d'une contradiction dans votre pensée.

Mots clés Problématique • Démarche • Transition • Concession

S'ENTRAÎNER AU BTS
Exercice 6 : pp. 368-369

Savoir 6 Lire le sujet d'écriture personnelle

Le sujet d'écriture personnelle est composé d'une question et d'une consigne.
La question : elle porte sur un des deux thèmes au programme.
La consigne : elle est toujours la même et formulée de la manière suivante.
« Vous répondrez à cette question d'une façon argumentée en vous appuyant sur les documents du corpus, vos lectures de l'année et vos connaissances personnelles. »

1 Méthode

1.1. Relever les mots clés

Il s'agit de relever, dans la question, les mots ou groupes de mots clés et de les mettre en relation.

EXEMPLE

Sujet : En quoi le sentiment amoureux est-il extraordinaire ?
Vous répondrez d'une façon argumentée à cette question en vous appuyant sur les documents du corpus, vos lectures de l'année et vos connaissances personnelles.
Relever les mots clés : « sentiment amoureux », « extraordinaire ».

1.2. Étudier les mots clés et lancer les idées

Étudier ces mots, en notant, au brouillon, les idées qu'ils suggèrent.
Cette étape du travail est essentielle car :
– elle permet de faire le lien entre le sujet d'écriture et un des thèmes étudiés au cours de l'année ;
– et elle évite de faire un hors-sujet.

1.3. Faire le lien avec une problématique étudiée au cours de l'année

La consigne demande de s'appuyer sur « *les documents du corpus, vos lectures de l'année et vos connaissances personnelles* ». Il s'agit de faire le lien entre le sujet d'écriture personnelle qui vous est soumis et un des deux thèmes étudiés en cours pendant la deuxième année, même si la formulation est différente.

2 Exemple développé : relever et travailler sur les mots clés et faire le lien avec une problématique

EXEMPLE

a) Le sujet
Peut-on se lasser de ce qui est présenté comme extraordinaire dans les médias ?
Vous répondrez à cette question d'une façon argumentée en vous appuyant sur les documents du corpus, vos lectures de l'année et vos connaissances personnelles.

b) Les activités
1. Relever les mots clés : « se lasser », « extraordinaire » et « médias ».
2. Associer des idées aux mots relevés.
3. Faire le lien avec des problématiques étudiées pendant l'année.

c) La réponse

MOTS CLÉS	IDÉES ASSOCIÉES	LIEN AVEC LES PROBLÉMATIQUES ÉTUDIÉES
se lasser	s'ennuyer, trouver les choses fades	– Les informations, même les plus banales, ne sont-elles pas souvent traitées comme des événements extraordinaires ? – À force de traiter le fait divers comme un événement, les médias ne prennent-ils pas le risque de nous rendre indifférents à l'information ?
extraordinaire	ce qui est intense, étonne, bouleverse	
médias	information, diffusion de l'information.	

3 Point langue : dénotation/connotation

La plupart des mots, quelle que soit leur classe grammaticale, ont un sens dénoté et connoté.

3.1. Le sens dénoté

Le sens dénoté est le sens premier du terme, celui trouvé dans le dictionnaire.

EXEMPLE
La mémoire : faculté de conserver et de rappeler des états de conscience passés et ce qui s'y trouve associé (*Petit Robert*).

3.2. Le sens connoté

Le sens connoté est le sens implicite du mot suivant le contexte dans lequel il est employé. Un mot peut recevoir plusieurs connotations.

EXEMPLE
La mémoire peut renvoyer à la mémoire individuelle, la mémoire collective, le traumatisme.

3.3. Pourquoi s'attacher aux connotations d'un mot ?

Lire un sujet d'écriture personnelle, c'est révéler les différents sens des mots clés de ce sujet. Or, si l'on saisit facilement le sens premier d'un terme, il est essentiel d'en comprendre les sous-entendus et de s'assurer que l'écriture personnelle couvrira tout le champ du sujet.

EXEMPLE
Sujet : « Le raz-de-marée médiatique provoqué, entre autres, par les chaînes d'information en continu, met sur le même plan des informations essentielles à notre compréhension du monde et une actualité très secondaire. » Partagez-vous cette affirmation ?
Un des mots clés du sujet est « raz-de-marée ». Dans cette citation, il faut travailler, non pas à partir du sens dénoté de ce mot (vague très haute qui submerge une côte), mais de ses connotations : le terme, associé à « médiatique », renvoie à la fois aux supports très variés de l'information et à leur omniprésence.

Mot clés Associations d'idées

S'ENTRAÎNER AU BTS
Exercice 7 : p. 369

Savoir **7**

Formuler deux thèses et les arguments pour les défendre

Le sujet d'écriture personnelle demande une réflexion personnelle qui s'appuie sur des connaissances et une argumentation organisée. L'objectif de ce travail est de convaincre.

1 Méthode

1.1. Formuler des thèses

On distingue deux types de sujets.

a) Les sujets qui comportent une ou deux thèses (implicite ou explicite)

La thèse ou les deux thèses peuvent être suggérées dans l'énoncé du sujet. Il s'agit alors de les expliciter. Pour cela, on peut s'appuyer sur les documents du corpus.

EXEMPLE

Sujet : Pensez-vous qu'il doive exister un droit à l'oubli ?
Vous répondrez d'une façon argumentée à cette question en vous appuyant sur les documents du corpus, vos lectures de l'année et vos connaissances personnelles.

Thèses :

1. Certes, il doit être possible de revendiquer un droit à l'oubli.
2. Il n'en reste pas moins que le souvenir est essentiel à la reconstruction individuelle et collective.

b) Les sujets qui posent une question ouverte

Dans ce cas, on attend du candidat qu'il propose une réponse explicative ou informative articulée autour de deux ou trois idées. Il n'est pas question ici d'opposer deux points de vue mais de présenter le sujet de la manière la plus complète possible.

EXEMPLE

Sujet : Qu'est-ce qui donne à un objet sa valeur ?
Vous répondrez d'une façon argumentée à cette question en vous appuyant sur les documents du corpus, vos lectures de l'année et vos connaissances personnelles.

Thèses :

1. La valeur économique de l'objet
2. La valeur affective de l'objet

1. 2. Trouver les arguments

a) Qu'est-ce qu'un argument ?

Quand la thèse est formulée, il s'agit de trouver des arguments pour la soutenir. L'argument est subordonné à la thèse et sert à la justifier ; il peut être introduit par « parce que ».

b) la subjectivité de l'argument

L'argument manifeste le point de vue du locuteur. Il est souvent accompagné de termes modalisateurs (ce sont des mots qui soulignent l'engagement du locuteur).

c) Où trouver les arguments ?

- Dans les documents du corpus.
- Dans les connaissances personnelles et celles acquises au cours des deux années de STS.

EXEMPLE

Sujet : Pensez-vous qu'il doive exister un droit à l'oubli ?
Vous répondrez d'une façon argumentée à cette question en vous appuyant sur les documents du corpus, vos lectures de l'année et vos connaissances personnelles.

Thèses et arguments :
1. Certes, il doit être possible de revendiquer un droit à l'oubli.
- L'oubli peut, dans certains cas, aider à la reconstruction de l'individu.
- L'oubli est un droit quand il est revendiqué par l'individu (sur internet, par exemple).

2. Il n'en reste pas moins que le souvenir peut être essentiel à la reconstruction collective
- Le souvenir évite de commettre à nouveau les mêmes erreurs.
- Le souvenir, la mémoire sont des facteurs de reconnaissance d'injustices.

2 Exemple développé : formuler deux thèses et les arguments pour les défendre

EXEMPLE

Sujet

Quelles sont les conséquences de l'expansion des villes ? Vous répondrez à cette question d'une façon argumentée, en vous appuyant sur les documents du corpus, vos lectures de l'année et vos connaissances personnelles.

Thèse 1

Si l'expansion des villes peut avoir des conséquences néfastes pour les individus...

Argument 1 : Elle entraîne souvent une paupérisation de la population.

Argument 2 : Elle a pour conséquence une importante promiscuité.

Thèse 2

... des avantages peuvent en découler

Argument 1 : Un meilleur accès aux services qu'à la campagne.

Argument 2 : Un marché de l'emploi plus important.

3 Point langue : les reprises nominales et pronominales

Dans un texte, lorsque l'on veut reprendre un terme déjà utilisé, on peut avoir recours à deux procédés.

3.1. La reprise nominale

Il s'agit de reprendre un mot :
– soit par un mot équivalent (un synonyme, entre autres) ou un mot générique ;
– soit par un GN plus précis : un nom + un adjectif qualificatif ou une proposition subordonnée relative qui peut expliquer ou comporter une opinion ;

EXEMPLE

J'ai rencontré une amie. Cette personne, qui m'avait aidé à rédiger mon CV, m'a donné des précisions sur le poste à pourvoir.
Le voisin a un chien. L'animal féroce m'a déjà attaqué.

3.2. La reprise pronominale

Dans ce cas, on reprend le terme déjà employé par un pronom (personnel, démonstratif ou possessif).

EXEMPLE

Sadia est la seule femme guide de montagne au Maroc. Mais son métier l'a aussi conduite à découvrir son propre pays.

Ces deux procédés permettent d'enchaîner les idées et évitent les répétitions.

Mot clés : Point de vue

S'ENTRAÎNER AU BTS
Exercices 8 et 9 : pp. 369-370

Savoir 8

Trouver des exemples pour illustrer les arguments

L'écriture personnelle développe une ou deux thèses, chacune étant défendue par des arguments. Chacun de ces arguments doit être illustré par au moins deux exemples. Une des difficultés est de formuler des exemples précis, référencés et de ne pas s'en tenir à des anecdotes vagues. Les références précises c'est ce qui permet au correcteur d'évaluer la maîtrise et la connaissance du thème étudié par le candidat.

1 Méthode

1.1. Comprendre ce qu'est un exemple

a) Ne pas confondre l'exemple et l'argument

L'argument a une portée générale et est souvent abstrait alors que l'exemple a une portée plus restreinte et est concret. L'exemple renforce l'argument et le rend plus convaincant car il peut toucher le lecteur par sa pertinence.

EXEMPLE

Thèse : Le succès des super-héros illustre le désir de sortir de la banalité du quotidien.
Argument : En effet, les super-héros font rêver.
Exemple : C'est le cas de Superman dont les pouvoirs extraordinaires lui permettent d'accomplir des prouesses.

b) L'exemple

L'exemple doit être précis et développé.
Illustrer un argument avec un ou deux exemples permet de rédiger un paragraphe et de ne pas se contenter d'écrire une seule phrase. Il ne doit pas être réduit à une allusion ou à une simple citation.

EXEMPLE

Thèse : Le succès des super-héros illustre le désir de sortir de la banalité du quotidien.
Argument : En effet, les super-héros font rêver.
Exemple développé : C'est le cas, par exemple, de Superman, personnage créé par Jerry Siegel en 1933. Grâce à ses pouvoirs, il vit des aventures extraordinaires. Ainsi peut-il voler et se battre avec les adversaires les plus puissants. Ses facultés visuelles, auditives et intellectuelles sont surhumaines et font rêver les lecteurs, leur permettant de s'évader, par le rêve, d'un quotidien parfois ennuyeux.

c) Argument, exemple : dans quel ordre ?

Il arrive qu'à la lecture d'un sujet d'écriture personnelle, des exemples – du fait de leur dimension concrète – viennent plus rapidement à l'esprit que les arguments. Il s'agit alors de regrouper les exemples et de formuler ensuite des arguments.

1.2. Trouver les exemples

Dans les Instructions officielles, chaque année, les deux thèmes au programme sont présentés. Ils sont accompagnés d'éléments bibliographiques précieux. Il s'agit de textes, de films et de documents iconographiques.
Les candidats ne sont pas tenus de lire intégralement les œuvres et de voir tous les films proposés. Le candidat pourra opérer sa propre sélection. Ceci permet de construire un corpus de références, d'exemples précis et pertinents.
La seconde source d'exemples, ce sont les documents étudiés pendant l'année ainsi que ceux proposés le jour de l'examen.

1.3. Relier l'exemple à l'argument

L'exemple illustre, éclaire l'argument en lui donnant une dimension concrète.
Il est donc souvent relié à l'argument par un connecteur logique : *ainsi*, *c'est le cas de*... Il peut être tout simplement introduit par la locution *par exemple*.

2 Exemple développé : illustrer les arguments avec des exemples

EXEMPLE

Sujet
Existe-t-il, d'après vous, des critères qui permettent de définir le beau de manière universelle ? Vous répondrez à cette question d'une façon argumentée en vous appuyant sur les documents du corpus, vos lectures de l'année et vos connaissances personnelles.

Thèse 1
On relève des critères qui permettent de définir le beau de manière universelle.

Thèse 2
Pourtant, il existe des critères propres à chaque génération, chaque culture et chaque époque.

Argument
La notion de beau peut dépendre de la culture d'un groupe.

EXEMPLES

Ainsi, la musique est-elle souvent un marqueur générationnel. Aujourd'hui, la culture musicale des adolescents est souvent très différente de celle de leurs parents et grands-parents. Ces derniers ont des références qui remontent aux années 1970-1980, tandis que leurs petits-enfants peuvent écouter du rap, du hip-hop...

3 Point langue : les compétences circonstancielles

Ce point de langue permet de voir comment développer les exemples et de ne pas s'en tenir à une remarque d'ordre général.
Les compléments circonstanciels indiquent les circonstances dans lesquelles un fait se déroule.
Les compléments circonstanciels peuvent exprimer le temps, le lieu, l'opposition, la condition, la cause...
Dans certains cas, ils peuvent être déplacés (voire supprimés). Néanmoins, ils sont importants car ils permettent de préciser votre pensée.

EXEMPLE

C'est en 1831, un an après la Révolution de juillet 1830, que le peintre Delacroix a réalisé son tableau *La Liberté guidant le peuple*.

Mots clés Exemples précis • Références

CULTURE GÉNÉRALE ET EXPRESSION

S'ENTRAÎNER AU BTS
Exercice 10 : p. 370

Savoir 9 — Construire le plan et rédiger l'écriture personnelle

Construire le plan de l'écriture personnelle, c'est organiser l'argumentation et lui donner une cohérence.

1 Méthode

1.1. Construire le plan de l'écriture personnelle

Il s'agit d'organiser une réflexion et d'élaborer la progression du raisonnement.

Structure du plan :
I. Thèse 1
A. Argument 1
Exemples
B. Argument 2
Exemples
Phrase de transition
II. Thèse 2
A. Argument 1
Exemples
B. Argument 2

Chaque ensemble [argument + exemples] fait l'objet d'un paragraphe. Le premier paragraphe de chaque partie présentera la thèse défendue. Il est recommandé de formuler la thèse et l'argument en début de paragraphe.

1.2. Rédiger l'introduction et la conclusion

a) L'introduction

Les étapes :
- une phrase d'appel qui propose une idée générale, en lien avec le sujet ;
- la problématique, qui reprend le sujet, sous forme interrogative ;
- l'annonce du plan de l'écriture personnelle.

L'introduction commence par un alinéa.

b) La conclusion

La conclusion de l'écriture personnelle répond à la question posée par la problématique.

On peut expliciter le lien entre la conclusion et le reste de l'écriture personnelle en utilisant une formule telle que : *pour conclure, en conclusion, ces éléments montrent donc, en conséquence*...

La conclusion commence par un alinéa.

1.3. Rédiger intégralement l'écriture personnelle

À la rédaction du travail, on veille à :
- soigner la syntaxe et l'orthographe ;
- sauter une ligne entre l'introduction et le développement, entre les deux thèses et le développement et la conclusion.

2 Exemple développé

2.1. Le plan

EXEMPLE

Sujet : La ville est-elle un lieu qui détruit l'être humain ?
Vous répondrez d'une façon argumentée à cette question en vous appuyant sur les documents du corpus, vos lectures de l'année et vos connaissances personnelles.

Plan proposé :
I. Certes, la ville peut nuire à l'être humain.
A. Elle peut le réduire à l'état de machine. Exemple : La fatigue engendrée par les transports entraîne des automatismes dans les comportements.
B. La promiscuité peut entraîner des comportements violents.
Exemple : les favelas, bidonvilles au Brésil
II. Mais la ville peut aussi être un lieu d'épanouissement.
A. Elle permet des rencontres avec des gens très variés.
Exemple : diversité des groupes culturels, tissu associatif dense
B. Elle offre une variété très nombreuse de lieux culturels.
Exemple : théâtre, cinéma, musées

2.2. L'introduction

EXEMPLE

Sujet : L'évolution technologique va entraîner une recrudescence des fraudes aux examens. Partagez-vous cet avis ? Vous répondrez à cette question en vous appuyant sur les textes du corpus et vos connaissances personnelles.

Chaque année, des fraudes aux examens sont constatées. Elles sont largement relayées par les médias qui mettent en avant l'inventivité des tricheurs et leur recours aux outils technologiques les plus récents : téléphones portables, i Phone... Peut-on pour autant dire que l'évolution technologique entraîne une augmentation des risques de fraudes ? On tentera de répondre à cette question en montrant, dans une première partie, que les nouvelles technologies peuvent certes faciliter la fraude mais, dans une seconde partie, nous verrons qu'elles ne risquent pas, malgré cela, d'entraîner une recrudescence du nombre de fraudeurs.

2.3. La conclusion

EXEMPLE On a donc montré que certains appareils sophistiqués, grâce notamment à leur format, peuvent faciliter l'accès à l'information, facilitant ainsi la fraude. C'est le cas, entre autres, de ceux qui permettent un accès à internet. Cependant, la peur de se faire prendre, les sanctions ont un effet dissuasif et empêchent l'accroissement du nombre de fraudeurs et de la triche aux examens.

3 Point langue : expression

La subjectivité : si dans la synthèse de documents l'expression reste objective, dans l'écriture personnelle on développe une argumentation personnelle, subjective. Les marques de cette subjectivité sont nombreuses :
– des adverbes : *évidemment*, *heureusement*...
– des verbes : *j'aime/je n'aime pas, je suis attaché à*...
– des adjectifs qui manifestent l'implication du locuteur : *bouleversant*, *superbe*, *bizarre*...

Mots clés Organisation • Présentation

S'ENTRAÎNER AU BTS
Exercices 11, 14 et 15 : pp. 370-371

Savoir 10 Rédiger un paragraphe d'écriture personnelle

Le paragraphe argumentatif est à la base de l'écriture personnelle. On attend au moins deux paragraphes par thèse.

1 Méthode

1.1. Présenter un paragraphe organisé

Le paragraphe commence avec un alinéa.
Il présente les étapes suivantes :
- la thèse (le point de vue, ce que l'on veut montrer),
- un argument qui soutient la thèse,
- deux exemples précis qui illustrent l'argument,
- une conclusion partielle qui clôt le premier paragraphe en reprenant (sans les répéter textuellement) les termes de l'argument.

1.2. Rédiger un paragraphe argumentatif

a) On, je, nous ?

Écriture personnelle : l'intitulé de l'exercice invite à développer un point de vue personnel. Le candidat est libre de choisir le pronom personnel utilisé.

- « Nous » induit une distance importante entre le locuteur et ce qui est dit.
- « On » marque une distance moindre entre le locuteur et son propos.
- « Je » montre une adhésion totale à l'avis défendu.

b) Cohérence du paragraphe

Le paragraphe argumentatif présente un raisonnement et une progression dans ce raisonnement. L'articulation des étapes est donc essentielle.

- **La thèse :** elle est formulée au début du premier paragraphe mais les autres paragraphes s'ouvriront sur un argument nouveau. Elle doit faire référence (par un terme, une proposition) au thème (ce dont il est question).

EXEMPLE

Sujet : Pensez-vous qu'être souvent connecté sur internet rende asocial ?
Le thème du sujet est la connexion à internet, la formulation de la thèse devra inclure le terme « internet ».
Thèse : Passer du temps sur internet ne rend pas/peut rendre asocial.

- **L'argument :** il doit être développé en deux ou trois phrases. Il est subordonné à la thèse et le lien logique entre les deux doit être clairement énoncé. Ce lien peut être un mot de liaison : *en effet*.
- **Les exemples :** on en attend au moins deux par argument. L'exemple est concret et, il doit être précis et référencé. Enfin, il est relié à l'argument par un mot de liaison : *ainsi, par exemple*... et les exemples sont reliés entre eux par un mot de liaison : *et, de plus, par ailleurs*...
- **La conclusion partielle :** elle clôt le paragraphe en une ou deux phrases. Elle résume le contenu du paragraphe.

La cohérence d'un paragraphe se fait également à travers les termes et le lexique choisis.
Veillez à utiliser des reprises nominales et pronominales pour éviter les répétitions.

2 Exemple développé : rédiger un paragraphe d'écriture personnelle

EXEMPLE

Sujet

Rêver est-il une perte de temps ? Vous répondrez à cette question d'une façon argumentée en vous appuyant sur les documents du corpus, vos lectures de l'année et vos connaissances personnelles.

Les rêves peuvent aider au progrès commun. En effet, il arrive qu'ils soient un puissant levier pour changer le monde ou au moins les mentalités. N'est-ce pas ce qu'ont réalisé des personnes comme Gandhi et Martin Luther King ? Ce dernier, dans son célèbre discours *I have a dream*, a rêvé une société sans ségrégation raciale où les Noirs et les Blancs vivraient côte à côte. Ce discours a été l'aboutissement d'un combat mené par Martin Luther King et d'autres. Suite à ce combat, la ségrégation raciale a été interdite par la loi. Gandhi a choisi de se battre de manière pacifique contre la colonisation britannique en Inde. Ce pays a fini par obtenir son indépendance. Ce qui pouvait paraître, au départ, comme une utopie, un rêve, a finalement transformé des sociétés.

3 Point langue : l'expression de la cause

Défendre un point de vue, une thèse, c'est développer une démonstration qui s'appuie nécessairement sur l'expression de la cause.
La cause peut s'exprimer de diverses manières :

a) La coordination

La conjonction de coordination *car* ou l'adverbe *en effet* introduisent un lien de cause entre deux propositions.

EXEMPLE

En Europe, les jeux vidéo ont supplanté la télévision. En effet, les ordinateurs créent des liens entre les gens.

b) La juxtaposition

Deux points (:) ou une virgule peuvent annoncer l'expression d'une cause.

EXEMPLE

L'ouverture d'internet aux jeux de hasard risque d'augmenter le risque d'addiction : elle va augmenter le nombre de personnes concernées.

c) La subordination

La cause peut être introduite par *parce que*, *comme* ou *puisque*.

EXEMPLE

Les parents se battent contre une utilisation excessive des jeux vidéo parce qu'ils empiètent sur la vie de famille.

Mot clés Cohérence

S'ENTRAÎNER AU BTS
Exercices 12 et 13 : p. 371

Exercice 1 Voir Fiche Savoir 1

Lire les documents et en reformuler les idées principales

1. Dans le poème suivant, vous surlignerez les deux idées principales de deux couleurs différentes.
2. Vous reformulerez les deux idées principales.

Melancholia

Où vont tous ces enfants dont pas un seul ne rit ?
Ces doux êtres pensifs que la fièvre maigrit ?
Ces filles de huit ans qu'on voit cheminer seules ?
Ils s'en vont travailler quinze heures sous des meules
Ils vont, de l'aube au soir, faire éternellement
Dans la même prison le même mouvement.
Accroupis sous les dents d'une machine sombre,
Monstre hideux qui mâche on ne sait quoi dans l'ombre,
Innocents dans un bagne, anges dans un enfer,
Ils travaillent.

Victor Hugo, *Les Contemplations*, 1856.

FAIT ☐ REVU ☐

Exercice 2 Voir Fiche Savoir 2

Confronter les documents du corpus

1. Reformulez les idées principales de ces deux documents.
2. Remplissez le tableau de confrontation.

Thème

Les discriminations dans le sport

Document 1

Une semaine après la clôture des enquêtes sur l'affaire dite des quotas dans le football, la ministre des Sports Chantal Jouanno a baptisé hier le Comité de lutte contre les discriminations chargé de combattre le racisme mais également le sexisme ou l'homophobie dans le sport.

« Racisme, sexisme et homophobie sont hors-jeu », *La Dépêche du Midi*, 17 mai 2011.

Document 2

Dimanche 24 juillet, l'association Femmes solidaires était présente à la station de métro Tuileries pour l'arrivée du Tour de France. Muni-e-s de banderoles *« à la TV, pas de filles hors-jeu »*, les militant-e-s souhaitaient alerter l'opinion publique sur l'absence de couverture médiatique des courses de cyclisme féminin, et des sports pratiqués par des femmes en général.

« L'association Femmes solidaires priée de ranger ses banderoles de promotion du cyclisme féminin », *50-50 Magazine*, 26 juillet 2011.

Tableau à remplir

DOCUMENT 1	DOCUMENT 2

FAIT ☐ REVU ☐

Exercice 3 Voir Fiche Savoir 3

Problématiser

Parmi les questions suivantes, quelles sont celles qui pourraient être des problématiques de synthèse ?

a. Les enfants ont-ils toujours raison ?
b. Quelle est la place des adolescents dans la société aujourd'hui ?
c. Quels sont les souvenirs des auteurs des documents ?
d. Que recouvre le devoir de mémoire ?
e. Qu'est-ce qui rend un objet sacré ?

FAIT ☐ REVU ☐

Exercice 4 Voir Fiche Savoir 3

Bâtir un plan de synthèse

Quel plan en deux parties peut-on proposer à partir des pistes suivantes ?

a. Les objets sont multifonctionnels.
b. L'objet peut devenir addictif.
c. L'objet peut s'avérer inutile.
d. À l'origine, chaque objet avait une fonction précise.

FAIT ☐ REVU ☐

Exercice 5 Voir Fiche Savoir 4

Rédiger un paragraphe de synthèse

À partir du corpus de textes suivants, vous rédigerez un paragraphe de synthèse.

Sujet

L'amour, par l'émerveillement qu'il provoque, nous transforme.

Document 1

Ce fut comme une apparition :

Elle était assise, au milieu du banc, toute seule ; ou du moins il ne distingua personne, dans l'éblouissement que lui envoyèrent ses yeux. En même temps qu'il passait, elle leva la tête ; il fléchit involontairement les épaules ; et, quand il se fut mis plus loin, du même côté, il la regarda.

Gustave Flaubert, *L'éducation sentimentale*, 1869.

Document 2

Vive le coup de foudre

Selon un sondage présenté hier, 73 % des Français pensent qu'on peut tomber amoureux fou en un instant. Et 52 % d'entre eux l'ont même déjà vécu.

La pupille qui se dilate, les jambes qui flageolent, le décor qui s'évanouit pour ne plus laisser qu'un être dans son champ de vision. Lui. Ou elle. L'autre, dont on ne sait pas vraiment pourquoi, au fond, il nous submerge ainsi. Le coup de foudre, cliché de littérature ou de cinéma ? Dans la vie, ça prend parfois plus d'une seconde, mais ça existe bel et bien.

Le Parisien, 16 mai 2012.

FAIT ☐ REVU ☐

Exercice 6 Voir Fiche Savoir 5

Rédiger une introduction et une conclusion de synthèse

À partir du corpus de textes suivants et de la problématique, vous rédigerez l'introduction et la conclusion de ce dossier de synthèse.

Thème

Je me souviens.

Problématique

En quoi le devoir de mémoire permet-il d'articuler le passé et le présent ?

Document 1

La loi du 21 mai 2001 dite « loi Taubira » sur l'esclavage, dispose :

Article 1er

La République française reconnaît que la traite négrière transatlantique ainsi que la traite dans l'océan Indien d'une part, et l'esclavage d'autre part, perpétrés à partir du XVe siècle, aux Amériques et aux Caraïbes, dans l'océan Indien et en Europe contre les populations africaines, amérindiennes, malgaches et indiennes constituent un crime contre l'humanité.

Document 2

Louis Aragon a écrit «Strophes pour se souvenir» en mémoire du groupe Manouchian, résistants étrangers fusillés par la Gestapo en 1944. L'annonce de leur condamnation avait été faite par une affiche reproduisant leurs photographies, et qui est restée sous le nom de l'Affiche rouge.

Strophes pour se souvenir

Vous n'avez réclamé la gloire ni les larmes
Ni l'orgue ni la prière aux agonisants
Onze ans déjà que cela passe vite onze ans
Vous vous étiez servi simplement de vos armes
La mort n'éblouit pas les yeux des Partisans

Vous aviez vos portraits sur les murs de nos villes
Noirs de barbe et de nuit hirsutes menaçants
L'affiche qui semblait une tache de sang
Parce qu'à prononcer vos noms sont difficiles
Y cherchait un effet de peur sur les passants
[...]

Ils étaient vingt et trois quand les fusils fleurirent
Vingt et trois qui donnaient leur cœur avant le temps
Vingt et trois étrangers et nos frères pourtant
Vingt et trois amoureux de vivre à en mourir
Vingt et trois qui criaient la France en s'abattant.

Louis Aragon, Extrait de « Strophes pour se souvenir », *Le Roman inachevé*, Éditions Gallimard, 1956.

Document 3

Discours prononcé à Chartres le 10 mai 1975 pour les femmes rescapées de la déportation, réunies pour célébrer le trentième anniversaire de la libération des camps.

Il y eut le grand froid qui mord les prisonnières comme les chiens policiers, la Baltique plombée au loin, et peut-être le fond de la misère humaine. Sur l'immensité de la neige. Il y eut toutes ces taches rayées qui attendaient. Et maintenant il ne reste que vous, poignée de la poussière battue par les vents de la mort. Je voudrais que ceux qui sont ici, ceux qui seront avec nous ce soir ; imaginent autour de vous les résistantes pendues, exécutées à la hache, tuées simplement par la vie des camps d'extermination. [...] Ce que furent les camps d'extermination, on le sut à partir de 1943. Et toutes les résistantes, et la foule d'ombres qui, simplement, nous ont donné asile, ont su au moins qu'elles risquaient plus que le bagne. [...] Les résistantes furent les joueuses d'un terrible jeu. Combattantes, non parce qu'elles maniaient des armes (elles l'ont fait parfois) : mais parce qu'elles étaient des volontaires d'une atroce agonie. Ce n'est pas le bruit qui fait la guerre, c'est la mort.

André Malraux, *La politique, la culture*, 1996.

FAIT ☐ REVU ☐

Exercice 7 Voir Fiche Savoir 6

Lire le sujet d'écriture personnelle

1. Vous associerez les mots clés à d'autres termes dans le tableau.

Sujet

Les souvenirs sont-ils nécessairement heureux ?

Vous répondrez à cette question d'une façon argumentée en vous appuyant sur les documents du corpus, vos lectures de l'année et vos connaissances personnelles.

Mots clés : « les souvenirs », « heureux ».

2. Vous ferez le lien entre les mots clés.

Sujet

« Twitter est avant tout un outil de communication, il vous permet de tenir vos amis au courant de ce que vous faites à un moment donné et de discuter entre vous. Grâce à la fonction de recherche, c'est aussi devenu un outil d'information. »

Pensez-vous que les réseaux sociaux comme Twitter sont à la fois un outil de d'information et un moyen de communication entre amis ?

a. Quel est le thème du sujet ?

b. Quels sont les mots ou expressions clés du sujet ?

c. Par quelle locution sont-ils reliés dans la question ?

d. Quels sont les deux aspects du thème que vous pouvez étudier ?

FAIT ☐ REVU ☐

Tableau à remplir

LES SOUVENIRS	HEUREUX

Exercice 8 Voir Fiche Savoir 7

Trouver les arguments

Voici une série de thèses et une série d'arguments. Vous relierez chaque thèse à un argument puis trouverez, pour chacune des thèses, un second argument.

Thèses

1. Les voyages ouvrent l'esprit...
2. Nous devons exiger une égalité de traitement entre hommes et femmes...
3. L'environnement est devenu une préoccupation majeure...
4. Le progrès peut être nuisible...

Arguments

a. ... en effet, les personnes doivent être rémunérées en fonction de leurs compétences seulement.

b. ... en effet, ils permettent d'aller à la rencontre de cultures différentes.

c. ... en effet, nous n'avons pas toujours le recul nécessaire pour évaluer ses effets.

d. ... en effet, nos vies sont fragilisées par la pollution.

FAIT ☐ REVU ☐

Exercice 9 Voir Fiche Savoir 7

Faire le lien entre thèses et arguments

Voici une liste de thèses et une liste d'arguments. Vous relierez les arguments à la thèse qu'ils défendent.

Thèses

1. « L'humanité s'installe dans la monoculture ; elle s'apprête à produire la civilisation en masse, comme la betterave » (C. Levi-Strauss, *Tristes Tropiques*, 1955) ...
2. Le sport de haut niveau est souvent réservé aux hommes...
3. L'expansion des villes a pour conséquence une paupérisation de la population...
4. La fraude aux examens est un fléau...
5. La mondialisation est bénéfique...

Arguments

a. ... parce que cela provoque des injustices et une rupture de l'égalité.
b. ... parce que la société est discriminante à l'égard des femmes.
c. ... parce qu'elle permet une meilleure circulation de l'information.
d. ... parce que ce phénomène entraîne, entre autres, la création de bidonvilles.
e. ... parce que la mondialisation homogénéise les sociétés.

FAIT ☐ REVU ☐

Exercice 10 Voir Fiche Savoir 8

Trouver des exemples pour illustrer les arguments

1. Dans le paragraphe suivant, vous relèverez l'argument et les exemples.

Chez le peintre Édouard Manet, la modernité, qui remet en questions les règles des siècles précédents, s'exprime par le choix de ses sujets. C'est le cas, notamment, dans trois de ses tableaux : *Le chemin de fer* (1873), *Le bar des Folies Bergères* (1882) et *Olympia* (1863) qui représente une courtisane du Second Empire.

D'après un article du monde.fr écrit par Nicolas Baudouin.

2. Parmi les phrases suivantes, vous distinguerez celles qui sont des arguments et celles qui sont des exemples.

a. L'adaptation filmée du *Seigneur des anneaux* montre des personnages et des scènes qui appartiennent au merveilleux.
b. Certains romans racontent des histoires puisées dans la réalité.
c. Dans le tableau de Georges de La Tour, *Le Tricheur à l'as de carreau*, les personnages féminins ont l'air complices.

3. Les étapes du raisonnement qui suit sont dans le désordre. Remettez-les dans l'ordre de manière à rédiger un paragraphe cohérent.

- On peut citer un autre exemple : celui des sites de téléchargement qui évitent d'aller chez le disquaire.
- Internet a changé notre vie d'une manière plus profonde que la télévision.
- On voit donc bien qu'internet n'est pas un simple loisir au même titre que les autres : il bouscule nos habitudes et incite à modifier nos comportements.
- Ainsi, avec internet, on n'a plus besoin de se déplacer – si on a les moyens ! –, en quelques clics on reçoit chez soi livres, nourriture...
- En effet, la télévision a changé seulement nos loisirs, alors qu'internet a bouleversé toute notre vie quotidienne.

FAIT ☐ REVU ☐

Exercice 11 Voir Fiche Savoir 9

Rédiger un paragraphe argumentatif

Pour le sujet ci-dessous, rédigez un paragraphe argumentatif. Vous aurez recours aux connecteurs logiques suivants : *ainsi, en effet, par ailleurs*.

Sujet

Les enfants qui passent plusieurs heures par jour sur des jeux vidéo risquent de ne plus faire la différence entre l'univers du jeu et celui de la réalité. Êtes-vous d'accord avec cette affirmation ? Vous répondrez dans un paragraphe argumenté.

FAIT ☐ REVU ☐

Exercice 12 Voir Fiche Savoir 10

Construire le plan et rédiger l'écriture personnelle

1. À partir du sujet suivant, vous rédigerez une introduction d'écriture personnelle.
Elle devra inclure trois étapes :
– une phrase d'appel ;
– la problématique ;
– l'annonce du plan de l'écriture personnelle.

Sujet
L'infraction aux lois (aux examens, dans la vie quotidienne...) entraîne une rupture de l'égalité entre les individus. Partagez-vous ce point de vue ?

Vous répondrez à cette question en vous appuyant sur les textes du corpus et vos connaissances personnelles.

2. Vous rédigerez une conclusion à partir du plan proposé.

Sujet
Se souvenir, est-ce réinventer la réalité ?

Vous répondrez à cette question en vous appuyant sur les textes du corpus et vos connaissances personnelles.

Plan proposé
1. Se souvenir, c'est se tourner vers le passé, et tâcher de se remémorer la réalité.
2. Se souvenir peut amener à reconstruire la réalité, volontairement ou involontairement.

FAIT ☐ REVU ☐

Exercice 13 Voir Fiche Savoir 10

Rédiger un paragraphe d'écriture personnelle

D'après le thème et le sujet suivants, vous rédigerez un paragraphe d'écriture personnelle correspondant à la thèse : « Il arrive que la démesure nous fascine ».

Thème
L'extraordinaire

Sujet
La démesure peut-elle être fascinante ? Vous répondrez à cette question de manière argumentée.

Thèse défendue
Il arrive que la démesure nous fascine.

FAIT ☐ REVU ☐

Exercice 14 Voir Fiche Savoir 9

Rédiger une introduction d'écriture personnelle

Vous rédigerez l'introduction d'écriture personnelle du sujet suivant.

Thème
L'extraordinaire

Sujet
Ce qui est extraordinaire peut-il devenir insupportable ? Vous répondrez à cette question de manière argumentée.

FAIT ☐ REVU ☐

Exercice 15 Voir Fiche Savoir 9

Construire un plan d'écriture personnelle

Vous construirez le plan d'écriture personnelle du sujet suivant.

Sujet
Ce qui est extraordinaire peut-il devenir insupportable ? Vous répondrez à cette question de manière argumentée.

Corrigés

Exercice 1 Voir Fiche Savoir 1

Lire les documents et en reformuler les idées principales

Où vont tous ces enfants dont pas un seul ne rit ?
Ces doux êtres pensifs que la fièvre maigrit ?
Ces filles de huit ans qu'on voit cheminer seules ?
Ils s'en vont travailler quinze heures sous des meules
Ils vont, de l'aube au soir, faire éternellement
Dans la même prison le même mouvement.
Accroupis sous les dents d'une machine sombre,
Monstre hideux qui mâche on ne sait quoi dans l'ombre,
Innocents dans un bagne, anges dans un enfer,
Ils travaillent.

1. Première idée : la description des enfants
Deuxième idée : les conditions de travail

2. Reformulation : À travers la description des enfants et de leurs conditions de travail, Hugo dénonce avec violence le travail des enfants.

Exercice 2 Voir Fiche Savoir 2

Confronter les documents du corpus

DOCUMENT 1	Discrimination sexiste dans le sport : les médias se désintéressent du sport féminin	Des manifestations ont lieu pour dénoncer cette discrimination
DOCUMENT 2	Un constat : des discriminations dans le sport	Un comité est créé pour combattre les discriminations dans le sport
PISTES	Il existe des discriminations dans le sport	Les moyens pour lutter contre ces discriminations

Exercice 3 Voir Fiche Savoir 3

Problématiser

b, **d** et **e**.

Exercice 4 Voir Fiche Savoir 3

Bâtir un plan de synthèse

Plan

I. Les fonctions de l'objet (**a** et **d**)
II. La place de l'objet dans nos sociétés (**b** et **c**)

Exercice 5 Voir Fiche Savoir 4

Rédiger un paragraphe de synthèse

L'amour, par l'émerveillement qu'il provoque, nous transforme. Ainsi Flaubert montre-t-il dans *L'Éducation sentimentale* que l'on peut tomber amoureux très rapidement. Le personnage féminin est présenté comme une « apparition », évoquant ainsi un ange. Cet amour fou, inconditionnel est également évoqué dans l'article du *Parisien*. Dans les deux documents, l'amour transforme et provoque des émotions. Dans le roman de Flaubert, le personnage est ébloui par la beauté de la femme. L'article de presse, lui, décrit l'effet physique que produit le sentiment amoureux sur la personne. Ainsi, les émotions que l'amour engendre agissent sur nous et nous bouleversent profondément.

Exercice 6 Voir Fiche Savoir 5

Rédiger une introduction et une conclusion de synthèse

Introduction

Le thème du corpus de textes est « Je me souviens » et plus particulièrement, le devoir de mémoire lié aux génocides et crimes contre l'humanité. En quoi ce devoir de mémoire permet-il d'articuler le passé et le présent ? Pour tenter de répondre à cette question nous verrons, dans une première partie, comment l'évocation et la mémoire des événements permettent de connaître et de comprendre certains pans de l'Histoire. Puis dans une seconde partie de quelle manière, aujourd'hui, la transmission de ces événements éclaire l'époque contemporaine.

Conclusion

La mémoire de crimes contre l'humanité et de génocides nous permet de nous rappeler toute l'atrocité de ces événements. Leur souvenir est également l'occasion, notamment pour des artistes ou pour des personnalités politiques, de les reconnaître pleinement et de les inscrire dans notre présent.

Exercice 7 Voir Fiche Savoir 6

Lire le sujet d'écriture personnelle

1. Tableau

LES SOUVENIRS	HEUREUX
Enfance/Famille Amitiés École Traumatismes Mélancolie	Insouciance Désir de vivre, de réaliser des projets, de faire des rencontres

2. a. Thème : Twitter

b. Mots et expressions-clés : « Twitter », « outil de communication », « outil d'information »

c. Lien entre ces mots : « aussi »

d. Twitter peut être étudié à la fois comme outil de communication et comme outil d'information.

Exercice 8 Voir Fiche Savoir 7

Trouver les arguments

1. Les voyages ouvrent l'esprit. En effet, ils permettent d'aller à la rencontre de cultures différentes. Par ailleurs, ils sont l'occasion de nous confronter à nos représentations et à nos préjugés.

2. Nous devons exiger une égalité de traitement entre hommes et femmes. En effet, les personnes ne doivent être rémunérées qu'en fonction de leurs compétences. De plus, ces inégalités renforcent la fragilité des femmes qui sont en situation précaire.

3. L'environnement est devenu une préoccupation majeure, parce que nos vies sont fragilisées par la pollution. En outre, si nous ne nous préoccupons pas de l'environnement, la disparition d'espèces animales et végétales risque de se précipiter.

4. Le progrès peut être nuisible. En effet, nous n'avons pas toujours le recul nécessaire pour évaluer ses effets. De plus, ses répercussions – parfois indirectes – deviennent parfois difficiles à maîtriser.

Exercice 9 Voir Fiche Savoir 7

Faire le lien entre thèses et arguments

1. L'humanité s'installe dans la monoculture ; elle s'apprête à produire la civilisation en masse, comme la betterave, parce que la mondialisation homogénéise les sociétés.

2. Le sport de haut niveau est souvent réservé aux hommes parce que la société est discriminante à l'égard des femmes.

3. L'expansion des villes a pour conséquence une paupérisation de la population parce que ce phénomène entraîne, entre autres, la création de bidonvilles.

4. La fraude aux examens est un fléau parce que cela provoque des injustices et une rupture de l'égalité.

5. La mondialisation est bénéfique parce qu'elle permet une meilleure circulation de l'information.

Exercice 10 Voir Fiche Savoir 8

Trouver des exemples pour illustrer les arguments

1. Argument : chez le peintre Manet, la modernité s'exprime par le choix des sujets.
Exemples : *Le Chemin de fer* (1873), *Le Bar des Folies Bergères* (1882), *Olympia* (1863).

2. Arguments : b / Exemples : a et **c**

3. Internet a changé notre vie d'une manière plus profonde que la télévision. En effet, la télévision a changé seulement nos loisirs, alors qu'internet a bouleversé toute notre vie quotidienne. Ainsi, avec internet, on n'a plus besoin de se déplacer – si on a les moyens ! –, en quelques clics on reçoit chez soi livres, nourriture… On peut citer un autre exemple : celui des sites de téléchargement qui évitent d'aller chez le disquaire. On voit donc bien qu'internet n'est pas un simple loisir au même titre que les autres : il bouscule nos habitudes et incite à modifier nos comportements.

Exercice 11 Voir Fiche Savoir 9

Rédiger un paragraphe argumentatif

Les enfants qui passent plusieurs heures sur des jeux vidéo risquent de ne plus faire la différence entre l'univers du jeu et celui de la fiction. En effet, les jeux vidéo proposent souvent des situations réalistes auxquelles les plus jeunes peuvent adhérer sans discernement, et la frontière entre jeu et réalité peut devenir ténue. Ainsi, c'est le cas de certains jeux de guerre qui mettent en scène des personnages qui ressemblent à des êtres humains. Le joueur est sollicité et doit agir de manière violente avec ou contre ces personnages. Par ailleurs, même si cette violence est virtuelle, il n'est pas exclu que des enfants développent des comportements violents suite à un usage répété de ces jeux.

Exercice 12 Voir Fiche Savoir 10

Construire le plan et rédiger l'écriture personnelle

1. Chaque année, des fraudes aux examens sont constatées, tant au niveau du secondaire, au baccalauréat entre autres, que dans l'enseignement supérieur. Elles sont largement relayées par les médias qui mettent en avant l'inventivité des tricheurs et leur recours aux outils technologiques les plus récents : téléphones portables, iPhone... **(phrase d'appel)** Peut-on pour autant dire que l'évolution technologique entraîne une augmentation des risques de fraudes ? **(problématique)** On tentera de répondre à cette question en montrant, dans une première partie, que les nouvelles technologies peuvent certes rendre la fraude plus facile mais, dans une seconde partie, nous verrons qu'elles ne risquent pas, malgré cela, d'entraîner une recrudescence du nombre de fraudeurs. **(annonce du plan)**

2. Conclusion : On peut convoquer ses souvenirs et tenter de restituer la réalité, et ce de la manière la plus objective possible. Pourtant, comme on l'a vu dans le développement qui précède, cette démarche est complexe, et il arrive qu'en faisant appel à ses souvenirs, on travestisse les événements passés.

Exercice 13 Voir Fiche Savoir 10

Rédiger un paragraphe d'écriture personnelle

Paragraphe rédigé

La démesure peut être fascinante. En effet, l'individu peut être subjugué par ce qui est excessif et sort de l'ordinaire. C'est le cas, par exemple, quand une rixe violente se déclenche dans un lieu public. Les personnes qui se trouvent à proximité ont rarement le réflexe de faire cesser la bagarre. Elles restent hypnotisées, à la fois figées et fascinées par la violence de la scène. Cette fascination soudaine peut s'expliquer par le fait que les gens, peu habitués à une telle violence, n'ont pas immédiatement conscience de la gravité de l'acte.

Exercice 14 Voir Fiche Savoir 9

Rédiger une introduction d'écriture personnelle

Introduction rédigée

Nous vivons dans une société qui produit de l'inédit, notamment par l'intermédiaire des médias. On est dans une quête permanente de la sensation. On peut se demander si ce qui est extraordinaire ne risque pas de nous devenir insupportable. Pour répondre à cette question, nous verrons que, si l'extraordinaire peut s'avérer, par certains aspects, difficile à supporter, une vie ordinaire n'est pas toujours entièrement satisfaisante.

Exercice 15 Voir Fiche Savoir 9

Construire un plan d'écriture personnelle

Plan

I. L'extraordinaire peut s'avérer insoutenable.

A. En effet, quand l'extraordinaire repose exclusivement sur la violence, il est insupportable.
Exemple : La multiplication des attentats

B. Les événements ne sont extraordinaires que s'ils sont rares, exceptionnels ; s'ils sont trop fréquents, ils perdent tout intérêt et peuvent être difficiles à supporter.
Exemple : Les événements sont systématiquement présentés, dans certains journaux télévisés, de manière sensationnelle. Cette façon de présenter l'information peut agacer les télespectateurs et les éloigner de ces émissions.

II. Pourtant, l'être humain peut-il se satisfaire d'une vie ordinaire ?

A. Une vie sans événement, sans rencontre extraordinaire serait monotone, ennuyeuse.
Exemple : Dans la nouvelle de Maupassant, *La Parure*, Mme Loisel a épousé un employé médiocre et s'ennuie.

B. Les événements, les rencontres extraordinaires permettent à l'individu de se révéler à lui-même et de se dépasser.
Exemple : L'amour fou qu'éprouvent l'un pour l'autre Roméo et Juliette.

Savoir **1**

La compréhension d'un enregistrement

Il est plus difficile de comprendre un enregistrement que de comprendre un texte écrit, mais vous y parviendrez mieux en procédant avec méthode.

1 Le sujet du document

Écoutez d'abord en cherchant à répondre à une question essentielle : quel est le sujet abordé dans le document ?
Avant la première écoute, servez-vous du titre et du sous-titre éventuels. Sachez que le titre et le premier paragraphe résument souvent le contenu d'un document/article.

EXEMPLE DE TITRE *Million women missing from Britain's workforce*
Le sujet est : les femmes et le travail en Grande Bretagne. Vous pouvez vous attendre à entendre des mots anglais signifiant : « femmes » (*women*), « le travail » (*work*), « un emploi » (*a job*), « l'emploi » (*employment*), « la garde des enfants » (*childcare*), « le revenu » (*income*), « rester à la maison » (*stay at home*).

2 La structure du document

Repérez la structure du document écouté : servez-vous des pauses entre les paragraphes.
Sachez qu'un article bien rédigé propose une idée par paragraphe.

3 Les sujets des phrases

Repérez les groupes nominaux (GN) sujets (S) des phrases. Le sujet grammatical du verbe indique ce dont on parle.
• Dans une phrase simple (sans proposition subordonnée), il y a un seul GN.
• Dans une phrase complexe (comprenant une proposition subordonnée), il y a un nouveau GN sujet ou bien une reprise du même sujet avec un pronom (*it*, *he/she*, etc.) après chaque conjonction de subordination comme *if*.

EXEMPLE
Living standards *(S) would be improved* ***{if}*** ***more women*** *were in work.* (*living standards* : le niveau de vie) ➜ Le niveau de vie s'améliorerait si plus de femmes travaillaient.

4 Le sens des mots inconnus

• Notez les mots inconnus que vous avez repérés en laissant des blancs.
Faites preuve de logique pour déduire le sens de ces mots inconnus.

EXEMPLE
Britain is <ranked?> 15th for female employment among the 34 OECD[1] *countries. ranked* = classé(e)

1. *OECD = Organisation for Economic Co-operation and Development* = OCDE : Organisation de coopération et de développement économiques.

- Avant les autres écoutes, concentrez-vous pour repérer les mots qui vous ont échappé lors de la 1re écoute.

EXEMPLE

The relative cost of <childcare provision?> appears to be a major factor <in whether?> a woman stays at home or chooses to work.

➜ Le coût relatif de ... apparaît comme un facteur essentiel ... une femme reste à la maison ou choisit de travailler.

Vous pouvez déduire qu'il est question des enfants à garder et de ce que cela coûte.

5 La compréhension globale

Sachez qu'il n'est pas nécessaire de tout comprendre.

Repérez les mots lexicaux, fortement accentués et porteurs de l'essentiel du sens, et les mots grammaticaux qui indiquent les rapports logiques (*because*, etc.) et chronologique (*until*, etc.).

Si vous ne connaissez pas le sens précis d'un mot, mais avez compris globalement de quoi il s'agit, remplacez-le par un terme plus général ou une définition (*3D printer* : imprimante 3D, machine pour fabriquer des objets en trois dimensions).

6 Les unités de sens

Habituez-vous à segmenter la chaîne sonore et à repérer les unités de sens. Dans une phrase anglaise, à l'oral, les mots d'un même groupe de sens sont reliés par des liaisons. Cela rend la compréhension plus difficile. Il faut donc segmenter les phrases pour distinguer les mots clés. La connaissance des mots grammaticaux vous aide.

EXEMPLE

Vous entendez : *Nations thatareaheadof Britain for femaleemploymentinclude thosein Scandinavia,* [pause] *renowned for family-friendly policies,* [pause] *butalso Russia, Germanyand Canada,* [pause] *the reporterargues.*

Vous lisez (script de l'enregistrement ; mots grammaticaux entre parenthèses) : *Nations {that} are {ahead of} Britain {for} female employment include {those} {in} Scandinavia, [pause] renowned {for} family-friendly policies, [pause] {but also} Russia, Germany {and} Canada, [pause] {the} reporter argues.*

7 Les points essentiels du document

Résumez le contenu de l'enregistrement à partir de vos notes. Ayez un cadre tout prêt :

« Le document enregistré que je viens d'écouter a pour sujet...

Il comporte (trois) parties/(six) paragraphes.

D'abord (l'auteur/le journaliste/la personne interrogée...)/ Ensuite.../ Puis.../ Après cela.../ Finalement ...

Le document est intéressant parce qu'il nous apprend/explique/montre/démontre que... »

S'ENTRAÎNER AU BTS

Exercice 1 : p. 379

Savoir 2

Les articles : *a/an*, *the*/article zéro

1 Les emplois particuliers de *a/an*

1.1. Devant un nom au singulier attribut (après *be* ou *become*)

EXEMPLE Son père était (un) homme d'affaires. ➜ *Her father was* ***a*** *businessman.* (pas : ~~*was businessman*~~)

1.2 Après une préposition

EXEMPLES
Ils ont trouvé l'endroit **sans problème.** ➜ *They found the place without* ***a*** *problem.* (ou : *without* ***any*** *problem* = sans le moindre problème)
The operation went on ***without a*** *hitch.* ➜ L'opération s'est déroulée sans anicroche. (pas : sans ~~une~~ anicroche)

1.3 Pour dire « deux fois par semaine », « une fois par an »...

EXEMPLES *All the collaborators meet twice* ***a*** *week.* ➜ Tous les collaborateurs se réunissent **deux fois par semaine.**
The results are assessed once ***a*** *year.* ➜ Les résultats sont évalués une fois **par** an.

2 L'emploi de *the* et de l'article zéro (Ø)

2.1 L'article zéro pour parler de quelque chose en général

EXEMPLE **La vie** professionnelle est parfois difficile. ➜ ***Ø Professional life*** *can be tough.* (la vie professionnelle en général, pas : ~~The~~ professional life)

2.2 L'article zéro devant les noms de pays et de continents

EXEMPLES
Les chaînes d'hypermarchés ont envahi **l'Europe** et **l'Amérique**.
➜ *Giant superstore chains have invaded* ***Ø Europe*** *and* ***Ø America***.
La Grande-Bretagne se porte mieux que **la France**.
➜ ***Ø Britain*** *is doing better than* ***Ø France***.

Exceptions : *the United Kingdom – the UK (le Royaume-Uni), the United states – the US (les États-Unis), the Netherlands (les Pays-Bas).*

2.3 Pour parler de quelque chose en particulier

On utilise *the* comme le/la/les quand on parle de quelque chose en particulier, quand ce dont on parle est défini par la situation ou le contexte. On n'emploie pas *the* devant un nom propre au génitif (cas possessif).

EXEMPLES
La vie de certains cadres est difficile. ➜ ***The life*** *of some executives can be tough.* (la vie spécifique de certaines personnes ; quand vous employez *of*, employez aussi *the*)
Les bénéfices **d'**Apple ➜ Apple**'s** profits ('s = les ... de..., pas ~~the~~ Apple's profits)

S'ENTRAÎNER AU BTS
Exercice 2 : p. 379

Savoir 3

La possession

1 « son/sa/ses... » et « le mien, les leurs... »

1.1 L'emploi des adjectifs possessifs

On choisit l'adjectif possessif en fonction du possesseur, non de ce qui est possédé.

EXEMPLES *She immediately phoned* ***her*** *husband,* ***her*** *family,* ***her*** *friends.* ➜ **Elle** a aussitôt téléphoné à **son mari**, à **sa famille**, à **ses amis**.
N.B. : En français l'accord se fait à droite, avec le nom au masculin, féminin ou pluriel.

1.2 L'emploi de *their* pour éviter de choisir entre *his* ou *her*

EXEMPLES Tout le monde a **son badge** ? ➜ *Has everybody got* ***their identification badges****?*
Si quelqu'un essaie d'entrer, demandez-lui **sa pièce d'identité**. ➜ *If anybody tries to enter, ask them for* ***their*** *ID.*
Chaque visiteur doit ouvrir **son** sac. ➜ *Every visitor must open* ***their*** *bags.*

1.3 L'emploi des pronoms possessifs

EXEMPLES Ce stylo est **à vous** ? Oui, c'est **le mien**. ➜ *Is this pen* ***yours****? Yes it's* ***mine****.*
On a aussi un fourgon de livraison. **Le leur** est un Mercedes, **le nôtre** est un Ford.
➜ *We have a delivery van, too.* ***Theirs*** *is a Mercedes,* ***ours*** *is a Ford.*

2 Les équivalents de « le ... de... », « À qui est ... », « celui de... »

2.1 « le ... de... » : génitif avec un possesseur animé, sinon *the ... of...*

On emploie le génitif avec un possesseur animé et *the ... of...* avec un inanimé.

EXEMPLES
L'emploi de Frank. ➜ *Frank's job.* (pas ~~the~~ Frank's job) (animé)
La porte **du** bureau. ➜ *The door* ***of/to*** *the office.* (pas ~~the office's door~~) (inanimé)

MAIS :
He's ***a*** *friend* ***of the manager's****.* ➜ C'est **un** ami **du directeur**.
He's ***a*** *friend* ***of hers****.* ➜ C'est **un** ami **à elle**.

2.1 « À qui est ... », « celui de... » : whose et le génitif

EXEMPLES
À qui est ce portable ? ➜ ***Whose*** *cellphone is this ?*
C'est **celui de** Mary. ➜ *It's* ***Mary's****.*

3 Pour résumer

POUR DIRE...	NE DITES PAS...	DITES...
À qui est ce stylo ?	*Whose ~~the~~ pen is this?*	***Whose*** *pen is this?*
Ce stylo est **à Ann**. C'est **le sien**.	*This pen is ~~to Ann~~. It's ~~his~~.*	*This pen is* ***Ann's****. It's* ***hers****.*
Jane et **son** associé.	*Jane and ~~his~~ partner.*	*Jane and* ***her*** *partner.*
Tout le monde a **son** passe ?	*Has everyone got ~~his pass~~ ?*	*Has everyone got* ***their passes****?*
L'hôtel a **sa** piscine.	*The hotel has ~~his~~ pool*	*The hotel has* ***its own*** *pool.*

S'ENTRAÎNER AU BTS
Exercice 3 : pp. 379-380

Exercice 1 voir Fiche Savoir 1

La compréhension d'un enregistrement

Lisez les extraits d'un article de la BBC, puis répondez aux questions en français.

The cobbled streets of Stockholm may be cold and snowy during winter, but **Europe's fastest growing city** is one of the world's hottest start-up hubs and a magnet for international talent.

Sweden's capital is the birthplace of Skype, Spotify and Mojang; only Silicon Valley boasts more billion dollar companies per capita, according to investment firm **Atomico**.

Many major international companies including Spotify, H&M and Ericsson offer expats accommodation for the first three months of their contracts in Stockholm.

According to **Statistics Sweden**, October figures showed the average cost of renting a two-bedroom apartment in Stockholm was 6,518 Swedish kronor ($783) per month.

The Swedish government offers free language classes for immigrants.

Sweden frequently scores praise for having the **largest proportion of working mothers in the EU** and was recently ranked the fourth most gender equal country by the **World Economic Forum**.

Source : BBC online

1. Le sujet de l'article est : a) Stockholm b) la Suède c) Stockholm et la Suède
2. La ville se développe : a) lentement b) rapidement c) très rapidement
3. Quel type d'entreprises trouve-t-on particulièrement dans la ville ?
4. L'article évoque la situation : a) des travailleurs suédois b) des expatriés c) des deux
5. Quel est le premier problème à régler pour les expatriés ?
6. Comment l'apprentisssage du suédois par les immigrants est-il facilité ?
7. La situation des femmes par rapport au travail est : a) la meilleure du monde b) la meilleure d'Europe c) la meilleure de Suède

FAIT ☐ REVU ☐

Exercice 2 voir Fiche Savoir 2

Les articles : *a/an, the*/article zéro

1. Traduisez les GN (groupes nominaux) en gras. Remarquez les différences entre les deux langues.

a) **Traders** earn a lot of money. (*N.B.* : *earn*, pas *win* = gagner au jeu)

b) **Time** is **money** and **business** is **business**. (*N.B. : business* = les affaires)

c) They even serve **salmon** at the cafeteria.

d) What about **gender equality** in **big companies**?

e) What are the main problems of **British society?**

f) They serve **breakfast** from 6 a.m.

g) **Petrol** is cheaper than last year. (*N.B. : petrol* = l'essence ; le pétrole = *oil*)

h) Most of my workmates like **football**. (*workmate* = collègue)

i) **Coffee** has become very popular in the UK.

j) Few business people can speak **Chinese**.

k) We'll get the new computers **next week**.

l) **Microsoft's turnover** is impressive. (*turnover* = chiffre d'affaires)

2. Complétez avec *a/an, this/that* ; *these/those* ou *Ø/the*.

a) His girlfriend is ... accountant. (*accountant* = comptable)

b) ... days (de nos jours) you can't live without ... cellphone.

c) The CEO (*PDG*) flies to China at least twice ... month.

d) ... China is the world's most populated country.

FAIT ☐ REVU ☐

Exercice 3 voir Fiche Savoir 3

La possession

1. Corrigez les erreurs indiquées.

a) She met ~~his~~ boyfriend at work.

b) I know him well but I haven't met ~~her~~ girlfriend.

c) Does everybody remember ~~his password~~?

d) ~~The Fred's~~ CV is impressive.

e) ~~The article's author~~ is a journalist.

2. Complétez les traductions.

a) Jane ? On lui a volé son portable et sa tablette !
➜ Jane ? They've stolen ... mobile and ... tablet !

b) Elle a créé sa propre entreprise. ➜ She's created ... company.

c) L'entreprise devrait améliorer son image. ➜ The company should improve ... image.

d) Ce stylo est-il à vous ? ➜ Is this pen ....

e) Il est à John. ➜ It's ...

FAIT ☐ REVU ☐

Exercice 4

Les noms

1. Complétez les traductions.

a) Les femmes sont-elles moins bien payées ? ➜ Are ... less well-paid ?

b) Qui garde les enfants ? ➜ Who looks after the ... ?

c) Ses analyses sont intéressantes. ➜ Her ... are interesting.

d) Il a travaillé pour deux entreprises. ➜ He's worked for two ... .

e) Elle leur a donné deux bons conseils. ➜ She gave them two good ... .

2. Corrigez les erreurs.

a) Don't wear ~~a jeans~~ to work.

b) Having lunch at the cafeteria is a good ~~mean~~ to meet your colleagues.

c) The storm caused a lot of ~~damages~~.

d) Now she's got a good ~~work~~.

e) He gave me ~~a good advice~~.

3. Mettez les segments de phrase dans l'ordre pour traduire.

a) l'Organisation mondiale du commerce ➜ the/ Trade/World/Organisation

b) certains des pays les moins développés ➜ least developed/some of/countries/the

c) les pays les plus pauvres du monde ➜ the/ poorest countries/world's

d) les règles internationales de la propriété intellectuelle ➜ Ø/ intellectual property/international/ rules

FAIT ☐ REVU ☐

Exercice 5

Les adjectifs

1. Corrigez les erreurs.

a) They've launched two ~~news~~ products. (*launch :* lancer)

b) It's a car for the very ~~riches~~.

c) With 2,000 employees, it's a very ~~important~~ company.

d) The contestant gave all the ~~good~~ answers and won 3,000 euros. (*contestant :* concurrent)

e) Their boss is ~~a man very powerful~~.

f) The boss's PA ~~speaks very well German~~. (*PA = Personal Assistant :* secrétaire de direction)

g) They've hired two ~~handicaped~~. (*hire :* embaucher)

h) She's going out with ~~an English~~.

i) They've been taken over by a ~~chinese~~ firm. (*talken over :* repris)

j) He's very ~~interesting by~~ new technology.

k) The job applicant had an ~~afraid~~ look. (*applicant :* candidat)

l) The product is packed in ~~boxes in plastic~~.

2. Complétez avec la préposition qui convient.

a) en colère **contre** qqn : angry ... sb

b) en colère **au sujet de** qqch : angry ... sth

c) bénéfique pour qqn/qqch : beneficial ... sb/sth

d) occupé **par** qqch : busy ... sth

e) préoccupé **par** qqch : concerned ... sth

f) différent **de** : different ...

g) déçu **par** qqch : disappointed ... sth

h) mécontent **de** qqch : dissatisfied ... sth

i) intéressé **par** qqch : interested ... sth

j) satisfait **de** qqch : pleased ... sb

k) optimiste **à propos** de qqch : optimistic ... sth

l) responsable **de** qqch : responsible ... sth

FAIT ☐ REVU ☐

Exercice 6

La comparaison

Corrigez les erreurs.

a) It's a ~~biger~~ car ~~that~~ the Audi.

b) Italian is ~~more easy~~ than English.

c) Your open-plan office is as big ~~that~~ mine.

d) It's a ~~gooder~~ product.

e) We sell the ~~goodest~~ equipment.

f) The firm is the best ~~of~~ europe.

g) The atmosphere is even ~~badder~~ now.

h) This is our ~~baddest~~ season.

i) He's one of their best ~~employee~~.

j) Malta is the ~~less~~ populated country ~~of~~ the EU.

k) The company has grown ~~two times faster~~ than last year.

l) It's ~~three times faster~~ by plane.

FAIT ☐ REVU ☐

Exercice 7

Le présent

Complétez les traductions en mettant le verbe entre parenthèses soit au présent simple (a), soit au présent en V-ing (b), soit au present perfect (c), soit à la forme will + V (d).

a) Elle travaille pour une agence de voyages. → She (work) for a well-known travel agent.

b) Cela fait maintenant deux ans qu'elle travaille pour eux. → She (work) for them for two years now.

c) Je ne peux pas aller au pub. Je travaille. → I can't go to the pub. I (work).

d) L'ordinateur s'arrête au bout de trois minutes. → The computer (stop) after three minutes.

e) Je louerai une voiture quand j'arriverai à Londres. → I (rent) a car when I (arrive) in London.

FAIT ☐ REVU ☐

Exercice 8

Le passé

1. **Donnez le prétérit et le participe passé des verbes suivants.**

a) become b) build c) drive d) fall e) give f) keep g) leave h) make i) meet j) take

2. **Complétez avec le mot grammatical adéquat.**

(two weeks) ago (Il y a deux semaines...) – for two weeks (pendant deux semaines) – yesterday – last week – next month (le mois prochain) – in the 20th century – on 8th April – at 10 p.m. (à 10 heures du soir)

a) The store opened three years ... .

b) The museum will be inaugurated ... June 6th ... 11 a.m.

c) They had to wait ... several hours.

d) These institutions were created ... the 20th century.

e) We'll try to do it ... week.

FAIT ☐ REVU ☐

Exercice 9

Les auxiliaires de mode

Complétez les traductions.

a) She could use a computer when she was five. → Elle ... utiliser un ordinateur à cinq ans.

b) The firm was able to take over their main competitor. → L'entreprise ... absorber son principal concurrent.

c) They'll never be able to compete with the Chinese. → Ils ne ... jamais rivaliser avec les Chinois

d) They will have to fire dozens of employees. → Ils ... licencier des dizaines d'employés.

e) Tourists needn't apply for a visa for a short stay. → Les touristes ... à faire une demande de visa pour un court séjour.

f) The UK is to send $10m in urgent aid. → Le Royaume Uni ... envoyer 10m de dollars d'aide urgente.

g) The CEO should have resigned. → Le PDG ... démissionner.

h) They shouldn't have signed that contract. → Ils ... signer ce contrat.

FAIT ☐ REVU ☐

Exercice 10

La construction du verbe

Complétez les traductions en construisant correctement le verbe entre parenthèses.

a) Arrête de jouer avec ton portable. → Stop ... with your mobile. (to fiddle)

b) Elle s'est arrêtée pour répondre au téléphone. → She stopped ... the phone. (to answer)

c) Ça dépendra du temps. → It will ... the weather. (to depend)

d) Il n'a pas assisté à la réunion. ➜ He didn't ... the meeting. (to attend)

e) Écoutez leurs conseils. ➜ ... their advice. (to listen)

f) Regardez bien l'écran. ➜ ... the screen carefully. (to look)

g) Il n'a pas l'habitude de négocier. ➜ He ... negotiating. (to be used to)

h) La police les a fait reculer. ➜ The police made them ... . (to move back)

i) Elle a fait réparer l'ordinateur. ➜ She had the computer ... . (to fix)

j) Les clients sont sortis en criant. ➜ The passengers ... shouting. (to run out)

FAIT ☐ REVU ☐

Exercice 11

La phrase

1. Traduisez.

a) Il aime beaucoup son nouvel emploi (*new job*).

b) Elle m'a décrit la scène.

c) L'auteur nous explique comment ça marche. (*how it works*)

d) Il leur parle de l'accident.

e) Elle lui a donné son numéro de portable. (*her mobile number*)

f) Il y a eu beaucoup de plaintes. (*complaints*)

g) C'est ce qu'explique l'auteur.

h) Devenir traducteur n'est pas facile. (*a translator*)

i) Comment dites-vous « logiciel » ?

j) Comment cela s'appelle-t-il ?

2. Corrigez les erreurs de construction.

a) She ~~likes a lot her job~~.

b) He ~~described her the situation~~.

c) The man ~~explained us~~ how things work.

d) ~~Whose the seat~~ is this?

e) She gave ~~the address to him~~.

f) There ~~was~~ a lot of victims.

g) That's what ~~show the video~~.

h) What are you ~~looking~~?

i) How ~~you say~~ "système d'exploitation"?

j) I ~~understood not~~ that passage.

FAIT ☐ REVU ☐

Exercice 12

La phrase

Traduisez.

a) Employers would like immigrants to stay in the country.

b) The secretary they have just hired is very efficient.

c) They want it to be done by next Friday.

d) She wants him to make an effort.

e) We can either hire someone full time or resort to a part-time agency.

FAIT ☐ REVU ☐

CORRIGÉS

Exercice 1 voir Fiche Savoir 1

La compréhension d'un enregistrement

1. c) Stockholm et la Suède

2. c) très rapidement

3. des startups et des grandes sociétés comme H&M ou Ericsson

4. b) des expatriés

5. trouver un logement

6. grâce à des cours de langue gratuits

7. b) la meilleure d'Europe

Exercice 2 voir Fiche Savoir 2

Les articles : *a/an*, *the*/article zéro, *this/that*

1. a) **Traders** : les traders

b) **Time** is **money** and **business** is **business**. : le temps ; de l'argent ; les affaires ; les affaires

c) They even serve **salmon** at the cafeteria. : du saumon

d) What about **gender equality** in **big companies**? : l'égalité des sexes ; les grandes sociétés

e) What are the main problems of **British society?** : la société britannique

f) They serve **breakfast** from 6 a.m. : le petit-déjeuner

g) **Petrol** is cheaper than last year. : l'essence

h) Most of my workmates like **football**. : le football

i) **Coffee** has become very popular in the UK. : le café

j) Few business people can speak **Chinese**. : (le) Chinois

k) We'll get the new computers **next week**. : la semaine prochaine

l) **Microsoft's turnover** is impressive. : le chiffre d'affaires de Microsoft

2. a) an **b)** These/a **c)** a **d)** Ø *(pas d'article)*

Exercice 3 voir Fiche Savoir 3

La possession

1. a) her **b)** his **c)** their **d)** Fred's **e)** the author of the article

2. a) her/her **b)** her own **c)** its **d)** yours **e)** John's

Exercice 4

Les noms

1. a) Are **women** less well-paid? **b)** Who looks after the **children**? **c)** Her **analyses** are interesting. **d)** He's worked for two **companies**. **e)** She gave them two good **words/pieces of advice**.

2. a) Don't wear **jeans** to work. **b)** Having lunch at the cafeteria is a good **way** to meet your colleagues. **c)** The storm caused a lot of **damage**.
d) Now she's got a good **job**. **e)** He gave me **a good word of advice**.

3. a) the World Trade Organization **b)** some of the least developed countries **c)** the world's poorest countries **d)** international intellectual property rules

Exercice 5

Les adjectifs

1. a) They've launched two **new** products. **b)** It's a car for the very **rich**. **c)** With 2,000 employees, it's a very **big** company. **d)** The contestant gave all the **right** answers and won 3,000 euros. **e)** Their boss is **a very powerful man**. **f)** The boss's PA **speaks German very well. g)** They've hired two **handicapped persons**. **h)** She's going out with **an Englishman**. **i)** They've been taken over by a **Chinese** firm. **j)** He's very **interested in** new technology. **k)** The job applicant had a **frightened** look. **l)** The product is packed in **plastic boxes**.

2. a) en colère **contre** qqn : angry **with** sb

b) en colère **au sujet de** qqch : angry **about** sth

c) bénéfique pour qqn/qqch : beneficial **to** sb/sth

d) occupé **par** qqch : busy **with** sth

e) préoccupé **par** qqch : concerned **with** sth

f) différent **de** : different **from**

g) déçu **par** qqch : disappointed **with** sth

h) mécontent **de** qqch : dissatisfied **with** sth

i) intéressé **par** qqch : interested **in** sth

j) satisfait **de** qqch : pleased **with** sb

k) optimiste **à propos** de qqch : optimistic **about** sth

l) responsable **de** qqch : responsible **for** sth

Exercice 6

La comparaison

a) bigger **b)** easier **c)** as **d)** better **e)** best **f)** in **g)** worse **h)** worst **i)** employees **j)** least **k)** twice **l)** three times as fast

Exercice 7

Le présent

a) works **b)** has worked **c)** I'm working **d)** will stop **e)** will rent/arrive

Exercice 8

Le passé

1. a) became, become **b)** built, built **c)** drove, driven **d)** fell, fallen **e)** gave, given **f)** kept, kept **g)** left, left **h)** made, made **i)** met, met **j)** took, taken

2. a) ago **b)** on/at **c)** for **d)** in **e)** next

Exercice 9

Les auxiliaires de mode

1. savait **2.** a pu **3.** pourront **4.** devront **5.** n'ont pas à/n'ont pas besoin de **6.** va **7.** aurait dû **8.** n'auraient pas dû

Exercice 10

La construction du verbe

a) fiddling **b)** to answer **c)** depend on **d)** attend **e)** listen to **f)** look at **g)** isn't used to **h)** move back **i)** fixed **j)** ran out

Exercice 11

La phrase

1. a) She likes her new job a lot. **b)** She described the scene to me. **c)** The author explains (to us) how it works. **d)** He's telling them about the accident. **e)** She gave him her mobile number. **f)** There were lots of complaints. **g)** That's what the author explains. **h)** Becoming a translator isn't easy. **i)** How do you say 'logiciel'? **j)** What do you call it?

2. a) likes her job a lot **b)** described the situation to her **c)** explained to us **d)** Whose seat **e)** him the address **f)** were **g)** the video shows **h)** looking at **i)** do you say **j)** didn't understand

Exercice 12

La phrase

a) Les employeurs voudraient que les immigrants restent dans le pays.

b) La secrétaire qu'ils viennent d'embaucher est très efficace.

c) Ils veulent que ce soit fait d'ici vendredi.

d) Elle veut qu'il fasse un effort.

e) On peut soit engager quelqu'un à plein temps, soit recourir à une agence d'intérim.